世界语言类型学

[德]马嘉思 金大卫 著

復旦大學出版社

图书在版编目(CIP)数据

世界语言类型学/(德)马嘉思,金大卫著.—上海:复旦大学出版社,2023.10
ISBN 978-7-309-17010-8

Ⅰ.①世… Ⅱ.①马…②金… Ⅲ.①类型学(语言学) Ⅳ.①H003

中国国家版本馆 CIP 数据核字(2023)第 181650 号

世界语言类型学
[德]马嘉思 金大卫 著
责任编辑/方尚芩

复旦大学出版社有限公司出版发行
上海市国权路 579 号 邮编:200433
网址:fupnet@fudanpress.com http://www.fudanpress.com
门市零售:86-21-65102580 团体订购:86-21-65104505
出版部电话:86-21-65642845
常熟市华顺印刷有限公司

开本 787 毫米×960 毫米 1/16 印张 35.25 字数 523 千字
2023 年 10 月第 1 版
2023 年 10 月第 1 版第 1 次印刷

ISBN 978-7-309-17010-8/H・3281
定价:118.00 元

如有印装质量问题,请向复旦大学出版社有限公司出版部调换。
版权所有 侵权必究

目　录

前言 ·· i
表格目录 ··· iii
图目录 ·· xiii
缩略语对照表 ·· xv

第 1 章　语言类型学导论 ·· 1
　1.1　什么是语言类型学？ ·· 1
　　　1.1.1　演绎科学与归纳科学 ·· 1
　　　1.1.2　两门语言间的比较与多门语言间的比较 ············· 9
　　　1.1.3　同一门语言内部的变异与不同语言间的变异 ······ 11
　　　1.1.4　遗传和区域分类与类型学分类 ·························· 13
　1.2　语言类型学史 ·· 16
　　　1.2.1　20 世纪之前 ·· 17
　　　1.2.2　20 世纪 ·· 19
　　　1.2.3　21 世纪 ·· 22
　1.3　语言类型学在中国的发展 ··· 23
　　　1.3.1　21 世纪以前的类型学研究 ································ 23
　　　1.3.2　21 世纪的中国类型学 ······································· 28

第 2 章　共性、类型和取样 ·· 31
　2.1　共性和类型 ·· 31

2.1.1　单变量 ……………………………………………… 32
　　　2.1.2　两个或多个变量 …………………………………… 39
　2.2　抽样方法 ………………………………………………… 47
　　　2.2.1　(基于)方便抽样 …………………………………… 48
　　　2.2.2　遗传性抽样 ………………………………………… 49
　　　2.2.3　地域抽样 …………………………………………… 55

第3章　语音 ……………………………………………………… 57
　3.1　引论 ……………………………………………………… 57
　3.2　辅音对立 ………………………………………………… 58
　　　3.2.1　根据发音部位分类 ………………………………… 58
　　　3.2.2　根据发音方式分类 ………………………………… 63
　3.3　元音对立 ………………………………………………… 70
　　　3.3.1　主要元音特征 ……………………………………… 70
　　　3.3.2　次要元音特征 ……………………………………… 73
　3.4　声调对立 ………………………………………………… 74
　　　3.4.1　平调 ………………………………………………… 74
　　　3.4.2　单调调式 …………………………………………… 76
　　　3.4.3　起伏调 ……………………………………………… 78
　3.5　国际音标(汉语版) ……………………………………… 79
　3.6　国际音标(英文版) ……………………………………… 80
　3.7　作业 ……………………………………………………… 81

第4章　语音系统 ………………………………………………… 83
　4.1　引论 ……………………………………………………… 83
　4.2　辅音系统 ………………………………………………… 83
　　　4.2.1　辅音库存的大小 …………………………………… 83
　　　4.2.2　不常见辅音的存在 ………………………………… 89
　　　4.2.3　常见辅音的缺失 …………………………………… 91

目录

- 4.3 元音系统 ⋯⋯ 93
  - 4.3.1 库存大小 ⋯⋯ 93
  - 4.3.2 不常见元音的存在 ⋯⋯ 95
  - 4.3.3 常见元音的缺失 ⋯⋯ 97
- 4.4 声调系统 ⋯⋯ 98
  - 4.4.1 两声调系统 ⋯⋯ 98
  - 4.4.2 三声调系统 ⋯⋯ 99
  - 4.4.3 四声调系统 ⋯⋯ 100
  - 4.4.4 五声调系统 ⋯⋯ 101
  - 4.4.5 六声调系统 ⋯⋯ 101
  - 4.4.6 七声调系统 ⋯⋯ 102
  - 4.4.7 八声调系统 ⋯⋯ 102
  - 4.4.8 九声调系统 ⋯⋯ 103
- 4.5 作业 ⋯⋯ 104
  - 4.5.1 安多克语(Andoque) ⋯⋯ 104
  - 4.5.2 阿巴扎语(Abaza) ⋯⋯ 105
  - 4.5.3 英语(English) ⋯⋯ 107

第5章 词缀 ⋯⋯ 108

- 5.1 引论 ⋯⋯ 108
- 5.2 非独立词素与独立词素 ⋯⋯ 108
- 5.3 派生和屈折词缀 ⋯⋯ 111
- 5.4 词层面词缀和短语层面词缀 ⋯⋯ 113
- 5.5 词缀的类型 ⋯⋯ 115
  - 5.5.1 前缀(Prefix) ⋯⋯ 115
  - 5.5.2 后缀(Suffix) ⋯⋯ 115
  - 5.5.3 后缀比前缀常见 ⋯⋯ 116
  - 5.5.4 中缀(Infix) ⋯⋯ 118
  - 5.5.5 环缀(Circumfix) ⋯⋯ 119

		5.5.6 中后缀（Confix）	120
		5.5.7 超缀（Suprafix）	121
		5.5.8 减缀（Disfix）	122
	5.6	词缀的顺序	124
		5.6.1 名词性词缀	124
		5.6.2 动词性词缀	125
	5.7	作业	127

第 6 章 形态类型 …… 129

- 6.1 形态的三个维度 …… 129
  - 6.1.1 指数和每个词缀编码的范畴数 …… 129
  - 6.1.2 综合性和每个词的词缀数量 …… 134
  - 6.1.3 词素变体 …… 139
- 6.2 语法标记 …… 143
  - 6.2.1 单一句子成分的特征标记 …… 143
  - 6.2.2 两个句子成分的依存性标记 …… 145
- 6.3 作业 …… 150

第 7 章 词序 …… 151

- 7.1 固定词序、灵活词序和基本词序 …… 151
- 7.2 一组句子成分之间的词序关系 …… 154
  - 7.2.1 主语、宾语和动词的顺序 …… 154
  - 7.2.2 宾语、附加语和动词的顺序 …… 159
  - 7.2.3 指示代词、数词、形容词和名词的顺序 …… 161
  - 7.2.4 领有者和被领有者的顺序 …… 167
  - 7.2.5 定语从句和名词的顺序 …… 168
  - 7.2.6 否定词和动词的顺序 …… 170
  - 7.2.7 从句引导词和补语从句的顺序 …… 172
- 7.3 两组句子成分词序之间的关联 …… 173

目录

- 7.3.1 中心语和依存语顺序之间的最大关联性 ·········· 175
- 7.3.2 中心语和依存语之间缺乏关联性 ·········· 176
- 7.4 作业 ·········· 178

第8章 语法格 ·········· 181
- 8.1 语义角色和格标记 ·········· 181
  - 8.1.1 语义角色 ·········· 181
  - 8.1.2 语义格 ·········· 183
  - 8.1.3 合并格标记的情形 ·········· 191
  - 8.1.4 差异性格标记 ·········· 200
- 8.2 格的数量 ·········· 203
  - 8.2.1 没有格标记 ·········· 204
  - 8.2.2 两个格的情况 ·········· 204
  - 8.2.3 三个格的情况 ·········· 205
  - 8.2.4 四个格的情况 ·········· 206
  - 8.2.5 五个格的情况 ·········· 206
  - 8.2.6 六个格的情况 ·········· 207
  - 8.2.7 六个格以上的情况 ·········· 208
- 8.3 格词缀的位置 ·········· 209
  - 8.3.1 后缀 ·········· 209
  - 8.3.2 前缀和环缀 ·········· 210
  - 8.3.3 名词词干变化 ·········· 211
  - 8.3.4 声调变化 ·········· 211
- 8.4 作业 ·········· 212

第9章 语法一致 ·········· 215
- 9.1 定义 ·········· 215
- 9.2 按照句子成分划分 ·········· 216
  - 9.2.1 动词性一致 ·········· 216

9.2.2　名词性一致 ……………………………………………………… 223
9.3　按照范畴分类 ………………………………………………………… 226
9.3.1　人称范畴 ………………………………………………………… 227
9.3.2　数范畴 …………………………………………………………… 227
9.3.3　性别范畴 ………………………………………………………… 229
9.3.4　格范畴 …………………………………………………………… 229
9.3.5　定指性 …………………………………………………………… 230
9.4　复杂一致性关系 ……………………………………………………… 231
9.5　作业 …………………………………………………………………… 234

第10章　语法人称、指称及生命度 ………………………………………… 236
10.1　层级的概念 …………………………………………………………… 236
10.1.1　人称层级 ………………………………………………………… 236
10.1.2　指称层级 ………………………………………………………… 237
10.1.3　生命度层级 ……………………………………………………… 238
10.2　层级在语法标记中的应用 …………………………………………… 239
10.2.1　按域划分 ………………………………………………………… 239
10.2.2　按段划分 ………………………………………………………… 242
10.3　作业 …………………………………………………………………… 259

第11章　语法性别及类别 …………………………………………………… 261
11.1　引论 …………………………………………………………………… 261
11.2　分类方法 ……………………………………………………………… 261
11.2.1　在名词短语里 …………………………………………………… 262
11.2.2　在简单句里 ……………………………………………………… 268
11.2.3　在复杂句里 ……………………………………………………… 270
11.3　类别的形式 …………………………………………………………… 271
11.3.1　语音特性 ………………………………………………………… 271
11.3.2　形态特性 ………………………………………………………… 272

11.4 类别的语义 274
　　11.4.1 按生物性别 274
　　11.4.2 基于生命度 280
11.5 类别的数量 284
　　11.5.1 一个类别 286
　　11.5.2 最小数量 286
　　11.5.3 平均数量 289
　　11.5.4 最大数量 290
11.6 作业 292
　　11.6.1 汉语 292
　　11.6.2 俄语 293
　　11.6.3 葡萄牙语 294

第12章 语法及物与配价概念 296
12.1 引论 296
12.2 配价减少的语法过程 296
　　12.2.1 被动语态(Passive) 296
　　12.2.2 反被动语态(Anti-Passive) 299
　　12.2.3 反使动语态(Anti-Causative) 301
12.3 配价转换的语法过程 301
12.4 配价增加的语法过程 304
　　12.4.1 双系态(Applicative) 304
　　12.4.2 使动态(Causative) 306
12.5 作业 311

第13章 时态及体态 312
13.1 引论 312
13.2 时态 312
　　13.2.1 绝对时态 313

13.2.2　相对时态 …………………………………………… 325
　13.3　体态 ……………………………………………………… 334
　　　13.3.1　词汇体 …………………………………………… 334
　　　13.3.2　相位体 …………………………………………… 335
　　　13.3.3　视角体 …………………………………………… 338
　　　13.3.4　量化体 …………………………………………… 340
　13.4　时体标记 ………………………………………………… 342
　　　13.4.1　小品词 …………………………………………… 342
　　　13.4.2　异干替换 ………………………………………… 344
　　　13.4.3　前缀 ……………………………………………… 344
　　　13.4.4　后缀 ……………………………………………… 345
　　　13.4.5　声调 ……………………………………………… 347
　13.5　作业 ……………………………………………………… 348

第14章　情态及示证性 ……………………………………………… 350
　14.1　情态和语气 ……………………………………………… 350
　　　14.1.1　情态 ……………………………………………… 350
　　　14.1.2　语气 ……………………………………………… 354
　　　14.1.3　句子类型 ………………………………………… 360
　14.2　示证 ……………………………………………………… 372
　　　14.2.1　独家信息来源 ……………………………………… 373
　　　14.2.2　包容性信息来源 …………………………………… 384
　　　14.2.3　示证标记的数量 …………………………………… 386
　14.3　作业 ……………………………………………………… 393

第15章　并列构式 …………………………………………………… 395
　15.1　并列的定义 ……………………………………………… 395
　15.2　联结并列("和") ………………………………………… 396
　　　15.2.1　连接词位置 ………………………………………… 397

目 录

  15.2.2 连接词的意义 ································ 407
  15.2.3 连接词的数量 ································ 413
 15.3 析取并列("或") ·································· 420
  15.3.1 相容性和不相容性 ···························· 422
  15.3.2 并列连词的数量 ······························ 425
 15.4 转折并列("但是") ································ 427
 15.5 连续并列("所以") ································ 429
 15.6 句法属性 ·· 432
  15.6.1 省略 ·· 432
  15.6.2 换指 ·· 434
 15.7 作业 ·· 437

第 16 章 从属构式 ·· 439
 16.1 三种从句类型 ···································· 439
 16.2 定语从句 ·· 441
  16.2.1 定语从句策略 ·································· 442
  16.2.2 定语从句可及性层级 ···························· 447
  16.2.3 限定性与非限定性定语从句 ······················ 451
 16.3 补语从句 ·· 453
  16.3.1 控制关联 ······································ 454
  16.3.2 经验证据 ······································ 456
 16.4 状语从句 ·· 460
  16.4.1 时间、条件、违实 ······························ 460
  16.4.2 因果句和目的句 ································ 465
 16.5 作业 ·· 467

参考文献 ·· 469
主题索引 ·· 511
语言索引 ·· 522

前　　言

我们写作这本书的想法最早酝酿于 2020 年。当时,我们积累了大量汉语学界关于语言类型学的最新成果和资料。在此基础上,我们立意撰写一部与国内和国际上的同类著作相比,有自身鲜明特色的类型学著作。

本书侧重于对每一类我们考察的语言现象,都确定一种跨语言间存在变异的逻辑变量。例如,句法上的可能词序或者词法上的词缀类型在语言间存在变异,此两种现象对应于名目变量。句法格(如主格、宾格、与格、斜格等)组成层级性的次序变量。语法性别的数量或者量词的数量构成等距变量。辅音库存和元音库存构成等比变量。

着重考察了变异的来源之后,我们在此基础上系统考察每一种可能的语言类型,并对每一类型给出至少一门语言的例子予以说明和佐证。为做到这一点,本书一共收集了 500 余种语言的参考语法,引用了超过 330 种语言的数据。可以认为,这一语言样本对全世界的语言来说是具备代表性的。本书末尾列出了语言索引,将书中引用的语言以及其 ISO-639-3 代码和类型学-国家(地区)分类都一一罗列。

本书还注重做到对引入的概念在 16 个章节中互相协调与结合。比如,第 9 章介绍了语法一致性关系,这一概念在第 11 章作为主要的技术手段用于讨论量词分类。两章里的相关讨论互不重复,分别采用各自不同的视角。本书除了提供语言索引以外,还提供了主题索引。书中用于对语言例子进行行间标注的缩略语一部分根据莱比锡标注规则,一部分依托书中引用的参考语法中的规范。

本书既面向研究人员,也面向学生。为方便读者检验效果,每一章都附以练习。作者之一的马嘉思在撰写本书过程中得到了上海交通大学的资助（项目编号 WF220809003），对此致谢。我们还特别感谢上海交通大学人文学院和汉语国际教育中心在出版过程中提供的额外资助。

2022 年 9 月于上海

表 格 目 录

表 1.1　曼尼普尔语中的差异化主语标记 ················· 7
表 1.2　罗罗语中的差异化宾语标记 ··················· 8
表 1.3　世界范围内定冠词的分布情况 ·················· 10
表 1.4　英国英语和美国英语齿龈后近音的发音对比 ··········· 11
表 1.5　纽约英语中后齿龈近音的发音和社会阶层的关系 ········· 12
表 1.6　北方汉语子方言中[f][h]合并的情况 ·············· 12
表 1.7　北方汉语子方言中[n][l]合并的情况 ·············· 13
表 1.8　汉语子方言中的共同创新 ··················· 14
表 1.9　云南省使用的语言（以 ISO 639-3 代码不同为准划分）······ 15
表 1.10　根据桥本的南北划分得出的一些汉语方言规律 ·········· 27
表 2.1　六个名目变量的频率分布 ··················· 33
表 2.2　从蕴涵层级结构衍生出的语言类型 ··············· 34
表 2.3　鼻音层级对应的语言类型 ··················· 35
表 2.4　按颜色术语的数量划分的语言类型 ··············· 36
表 2.5　部分语言中的辅音-元音比 ··················· 38
表 2.6　逻辑并取共性的频率分布 ··················· 40
表 2.7　逻辑析取共性的频率分布 ··················· 41
表 2.8　共性 3 和 4 的频率分布 ···················· 44
表 2.9　共性 5 的频率分布 ······················ 46
表 2.10　格林伯格(1963)根据 30 种语言得出的方便抽样调查结果 ······ 48
表 2.11　六个最大语系的占比 ····················· 49

表 2.12	爱斯基摩·阿留申的多样性值的计算	52
表 2.13	Ruhlen(1987)划分方式下构建的 200 门语言样本库	53
表 2.14	OV/VO 词序以及跨属和跨语言区的介词	55
表 3.1	埃维语中双唇音与唇齿音的对立	59
表 3.2	英语中唇齿音与齿间音的对立	59
表 3.3	缅甸语中齿间音与齿龈音的对立	59
表 3.4	呢苏语中齿龈音与卷舌音的对立	60
表 3.5	马尔格希语中硬腭音与软腭辅音的对立	61
表 3.6	尼斯加语中软腭音与小舌音的对立	62
表 3.7	卡巴尔迪安语中软腭音与小舌音的对立	62
表 3.8	阿格呼尔语中咽音与声门音的对立	63
表 3.9	诺苏语中双唇塞音与双唇颤音的对立	64
表 3.10	意大利语中齿龈塞音与齿龈颤音的对立	65
表 3.11	巴伐利亚方言中软腭塞音与软腭颤音的对立	66
表 3.12	桑达韦语中搭嘴音与擦音的对立	67
表 3.13	斯珀坎因语中挤喉音和塞音的对立	68
表 3.14	伊博语中内爆音与塞音的对立	68
表 3.15	布央语中的送气和呼气辅音	69
表 3.16	尼姆波然语中非圆唇元音三个前后位置的对立	71
表 3.17	挪威语中圆唇元音三个前后位置的对立	71
表 3.18	越南语中四种非圆唇元音的高度对立	71
表 3.19	阿姆施泰滕德语中四种圆唇元音的高度对立	72
表 3.20	阿姆施泰滕德语中圆唇元音与非圆唇元音的高度对立	72
表 3.21	泰语中长短元音的对立	73
表 3.22	雄语中普通元音和鼻化元音的对立	74
表 3.23	黑苗语中高平调的对立	75
表 3.24	阿细语中低平调的对立	76
表 3.25	侗语中的低升调和高升调	77
表 3.26	侗语中的高降调和低降调	77

表 3.27	毛南语中的峰调和谷调		78
表 3.28	黔东南苗语中的擦音		81
表 4.1	罗托卡斯语的辅音库存		84
表 4.2	圭语的简单辅音		84
表 4.3	圭语中的搭嘴音辅音		85
表 4.4	圭语搭嘴辅音的对立举例		86
表 4.5	汉语普通话的辅音库存		88
表 4.6	赫阿语的搭嘴音		89
表 4.7	埃维语的辅音库存		91
表 4.8	埃维语中双唇、软腭和双唇-软腭音的对立		91
表 4.9	维奇塔语的辅音系统		92
表 4.10	克里巴提语的辅音系统		92
表 4.11	阿巴扎语的元音		93
表 4.12	阿巴扎语中处于互补分布的元音		94
表 4.13	德语的元音		94
表 4.14	德语上萨克森方言中的五个短元音		96
表 4.15	卡内拉语中的口腔元音		96
表 4.16	四种无亲缘联系的语言中的五个常见元音		97
表 4.17	特胡埃尔切语中的元音		98
表 4.18	纳瓦霍语的三个平音系调		99
表 4.19	约鲁巴语中的三个平调		99
表 4.20	汉语普通话中的四个音系调		100
表 4.21	愒语中的四个音系调		100
表 4.22	泰语中的五个音系调		101
表 4.23	粤语中的六个音系调		101
表 4.24	绿苗语中的七个音系调		102
表 4.25	黑苗语中的八个音系调		103
表 4.26	侗语中的九个音系调		103
表 5.1	旁遮普语的非独立名词词根和格后缀		110

表 5.2	派生词缀和屈折词缀的判定标准一览表	111
表 5.3	布列塔尼语屈折动词变位	112
表 5.4	泰语派生名词化前缀	113
表 5.5	塔马舍克语派生使动前缀	113
表 5.6	奇南特克语时、体、情态前缀	115
表 5.7	卡纳达语格后缀	116
表 5.8	高棉语名词化中缀	118
表 5.9	阿奇语性别屈折的数词中缀	119
表 5.10	日耳曼语族语言中的分词环缀	119
表 5.11	卡约语名词化中后缀	121
表 5.12	诺苏语动词中的连读变调	121
表 5.13	矛瓦克语中的减缀	123
表 5.14	呢苏语使动动词	127
表 6.1	古希腊语主要词类的指数	130
表 6.2	古希腊语中动词范式 lý-"释放"局部	131
表 6.3	古希腊语形容词范式 sof-"明智的"	131
表 6.4	北缇瓦语中的一致性前缀	132
表 6.5	土耳其语中的单指数词缀	133
表 6.6	达依语中的单指数时态	134
表 6.7	马普切语动词范式的三个位置	137
表 6.8	马普切语动词范式中的 amu-"去"的变位	137
表 6.9	英语中的三个复数异形词	139
表 6.10	德语中的两个缩小义名词后缀	140
表 6.11	列兹金语通格词缀中的异形词	141
表 6.12	拉丁语 am-"爱"的不完整动词范式	142
表 6.13	拉丁语中五个动词变位的主要部分	143
表 6.14	斯瓦西里语中的数量和生命度标记	144
表 6.15	芬兰语中形容词的比较级和最高级	144
表 6.16	卡纳达语中的时态标记	145

表 6.17	语法依存关系	145
表 6.18	拉丁语中的形容词依存关系	147
表 6.19	诺苏语中领属代词的元音和调型变化	148
表 6.20	阿拉伯语中局部动词范式-k_t_b-"写"	150
表 7.1	基本词序	157
表 7.2	主语、宾语、动词相对频率的解释	158
表 7.3	宾语、附加语和动词的相对频率的解释	161
表 7.4	一个包含 576 个语言的样本中 24 种词序的分布情况	162
表 7.5	遵守格林伯格语言共性第 20 条和 Dryer 五原则的情况	165
表 7.6	词序之间的关联	174
表 8.1	语义角色（部分采自 Dik 1997：118-122）	182
表 8.2	诺苏语中动词带接受者和其他间接宾语的情形	188
表 8.3	工具格和伴随格	189
表 8.4	布拉灰语中工具格与伴随格差异性标记的情况	190
表 8.5	S、A 和 O 格标记的可能配列情形	192
表 8.6	克木语的中性式配列[S,A,O]	193
表 8.7	爱尔兰语中的中性配列格系统	194
表 8.8	梵语中的主格-宾格系统	195
表 8.9	拉萨藏语中的作格-通格系统	196
表 8.10	鲁沙尼语中的不及物-及物类格标记系统	197
表 8.11	旺库马拉语的三分类格标记系统	198
表 8.12	从拉丁语中的五个格到罗马尼亚语中的两个格	205
表 8.13	帕马里语中的三个格	205
表 8.14	旁遮普语中的三个格	206
表 8.15	古希腊语中的四个格	206
表 8.16	特鲁麦语的五个格	207
表 8.17	维吾尔语的六个格	207
表 8.18	匈牙利语的二十一个格	208
表 8.19	泰米尔语中的格后缀	210

表 8.20	曼加拉伊语的格前缀和环缀	210
表 8.21	尼亚斯语中通过名词词干变化表达作格和通格	211
表 8.22	诺苏语单数代词的语法调	212
表 9.1	句法角色的一致性标记	216
表 9.2	羌语及物动词的人称标记后缀	219
表 9.3	巴斯克语人称标记词缀	221
表 9.4	法语中的定指范畴	223
表 9.5	卡西语中的定冠词	224
表 9.6	西班牙语中的形容词依存关系	224
表 9.7	克罗地亚语中的定语代词	225
表 9.8	马卡雷洛语中动词与主语的数范畴一致关系	228
表 9.9	德语中的格一致关系	230
表 9.10	匈牙利语中的定指一致关系	231
表 9.11	阿巴扎语中的复杂一致性关系	233
表 10.1	代词宾语的格标记	237
表 10.2	指称宾语的格标记	237
表 10.3	不同生命度宾语的格标记	238
表 10.4	阿伊努语一致性词缀	241
表 10.5	特拉惠托特佩克·米克斯语中的两套一致性前缀	243
表 10.6	加穆提派语的衣架人称前缀	245
表 10.7	马库什语的成词形式代词和不成词形式代词	248
表 10.8	中古高地德语的宾格	249
表 10.9	科斯拉伊语中的主语和宾语前缀	249
表 10.10	匈牙利语动词变位范式	252
表 11.1	意大利语中的两个性别由定冠词定义	262
表 11.2	阿奇语中根据性别屈折的数词	263
表 11.3	量词的其他属性	264
表 11.4	马林德语中由形容词元音定义的四个语法性别	267
表 11.5	阿奇语中的两个根据性别屈折的副词	269

表 11.6	阿奇语中不可以参与屈折的十三个副词	269
表 11.7	阿法尔语中的两个语音性别	272
表 11.8	基库尤语中的 9 个性别	273
表 11.9	德语中带后缀名词的性别	274
表 11.10	卡拉·拉告·雅语中的指示词	275
表 11.11	卡拉·拉告·雅语的两个性别	276
表 11.12	迪里语中的定冠词	277
表 11.13	迪里语的两个性别	278
表 11.14	泰米尔语中的第三人称单数性别后缀	278
表 11.15	泰米尔语的三个语义性别	279
表 11.16	奥吉布瓦语中的有生命性别和无生命性别	280
表 11.17	提里约语中第一、二、三人称代词之间的对立数量	281
表 11.18	侗语中由表人量词分类的名词	283
表 11.19	伊马斯语的动物类别（性别 3）	283
表 11.20	侗语中的植物量词	284
表 11.21	不同语言中语法性别的数量	285
表 11.22	芬兰语中的人称代词	286
表 11.23	西班牙语中的两个性别	287
表 11.24	汉语中目前在活跃使用的 42 个量词	289
表 11.25	基里维拉语中 177 个量词前缀节选	292
表 11.26	汉语动量词	293
表 11.27	俄语完成体前缀	294
表 11.28	葡萄牙语中的三个变位类型	294
表 12.1	古希腊语动态动词变位	297
表 12.2	僧伽罗语动态动词变位	298
表 12.3	世界范围内使用被动构式情况	299
表 12.4	世界范围内使用反被动构式情况	301
表 12.5	图康·贝斯语一致性词缀	302
表 12.6	图康·贝斯语词序	303

表 12.7	世界范围内使用双系构式情况	306
表 12.8	呢苏语使动形态构成举例	308
表 12.9	雷布查语使动动词	309
表 13.1	德语中的过去时和非过去时	316
表 13.2	芬兰语中的过去时和非过去时	317
表 13.3	雅加利亚语中的未来时和非未来时	318
表 13.4	戴尔博尔语中的未来时和非未来时	318
表 13.5	马拉亚拉姆语中的过去时、现在时和未来时	320
表 13.6	法语的三个时态	321
表 13.7	亚瓜语的现在时和过去时	322
表 13.8	温尤语的两个过去时和三个未来时	323
表 13.9	耶姆巴语的 10 个时态	324
表 13.10	古希腊语中的前期相对时态	327
表 13.11	东亚美尼亚语的 be-完成体	328
表 13.12	冰岛语中的强动词和弱动词 have-完成体	329
表 13.13	拉丁语中第一变位的相对过去时形式	330
表 13.14	拉丁语中所有四种变位的相对过去时形式	331
表 13.15	拉丁语第一变位的相对未来时形式	332
表 13.16	拉丁语中所有四种变位的相对未来时形式	333
表 13.17	万德勒的四大词形体类别	334
表 13.18	特佩华语中的开启式和使动式前缀	335
表 13.19	罗罗语的三个相位体	336
表 13.20	格陵兰语的三个相位体	337
表 13.21	俄语的动词未完成体和完成体形式	338
表 13.22	俄语完成体前缀的分布	339
表 13.23	诺苏语的三个量化体	341
表 13.24	印尼语中的时体标记	342
表 13.25	阿尔巴尼亚语的异干替换时态形式	344
表 13.26	斯瓦西里语中的前缀时态标记	345

表 13.27	库克博罗克语中的后缀时态标记	……	345
表 13.28	卡纳达语的后缀时态标记	……	346
表 13.29	尼泊尔语的后缀时态标记	……	346
表 13.30	巴奥勒语的声调时态标记	……	347
表 13.31	阿拉姆布拉克语的时态系统	……	348
表 13.32	莫霍克语的体态系统	……	349
表 14.1	纳瑟语的认识必要性和认识可能性	……	353
表 14.2	现实语气和非现实语气	……	356
表 14.3	韩语和古典藏语的言语行为标记	……	360
表 14.4	胡普德语和闽南语的疑问词	……	362
表 14.5	阿姆哈拉语直陈和强祈使-弱祈使完全动词变位	……	365
表 14.6	巴斯克语助动词的特殊强祈使和弱祈使形式	……	366
表 14.7	布鲁沙斯基语的特殊强祈使和弱祈使形式	……	367
表 14.8	林布语助动词的特殊强祈使和弱祈使形式	……	368
表 14.9	诺苏语的愿望和恐惧附着形式	……	370
表 14.10	古希腊语的祈愿和祈使式	……	371
表 14.11	列兹金语的祈愿语气	……	372
表 14.12	拉萨藏语的示证标记	……	374
表 14.13	北羌语的示证标记	……	377
表 14.14	德萨诺语的示证标记	……	378
表 14.15	尤奇语的听觉示证标记	……	379
表 14.16	北埃姆贝拉语的两个引证式示证标记	……	381
表 14.17	萨菲吉语的两个推断式示证标记	……	383
表 14.18	切罗基语的直接和间接证据标记	……	384
表 14.19	尤卡吉尔语的直接和间接证据标记	……	385
表 14.20	有一个示证标记的语言	……	387
表 14.21	有两个示证标记的语言	……	389
表 14.22	有三个示证标记的语言	……	390
表 14.23	有四个示证标记的语言	……	391

表 14.24	图于卡语的示证标记	391
表 15.1	联结的真值表	397
表 15.2	形成多偶并列的六种策略	405
表 15.3	连接图中分出来的并列连接词数量	414
表 15.4	呢苏语的十种并列连词	416
表 15.5	带三个并列连接词的语言	419
表 15.6	相容性析取的真值表	421
表 15.7	不相容性析取的真值表	421
表 15.8	相容性和不相容性析取连接	422
表 15.9	从并列图中拆分出的析取连词数量类型	425
表 15.10	反预期连词和纠正性连词	429
表 15.11	相容性连续句真值表	430
表 15.12	不相容性连续句真值表	430
表 15.13	相容性和不相容性连续连接词	431
表 15.14	六种省略模式	433
表 15.15	迪里语的换指	435
表 15.16	瓦尔皮里语的换指	436
表 16.1	从句与短语成分间的对应关系	439
表 16.2	英语中的关系代词	444
表 16.3	保加利亚语中的关系代词	444
表 16.4	可作定语从句中心语的句法角色	448
表 16.5	时间连词、条件连词、违实连词	461

图 目 录

图 1.1　创新及树状图 …………………………………………… 14
图 1.2　汉藏语族基因分类（节选）…………………………… 15
图 2.1　爱斯基摩·阿留申语言的分布位置 ………………… 51
图 2.2　爱斯基摩·阿留申语系树形图 ……………………… 51
图 3.1　发音部位 ………………………………………………… 58
图 3.2　卷舌音的部位 …………………………………………… 60
图 3.3　咽音和声门音（会厌音）的部位 …………………… 62
图 3.4　搭嘴音的形成 …………………………………………… 66
图 3.5　五个搭嘴音（国际音标）……………………………… 67
图 3.6　挤喉音（国际音标）…………………………………… 67
图 3.7　五个内爆音（国际音标）……………………………… 68
图 3.8　两种声调标记 …………………………………………… 74
图 4.1　563 种语言中辅音库存大小的直方图 ……………… 88
图 4.2　564 种语言中元音库存大小的直方图 ……………… 95
图 6.1　科萨提语中的二十三个词缀位置 ………………… 135
图 9.1　名词一致相关性 ……………………………………… 226
图 11.1　三种基于生物性别的性别系统 …………………… 275
图 13.1　绝对时态和相对时态的概念 ……………………… 312
图 13.2　绝对时态的概念 …………………………………… 313
图 13.3　绝对时态值 ………………………………………… 313
图 13.4　相对时态值 ………………………………………… 326

图 14.1　证据类型 …………………………………………… 373
图 15.1　P∧Q …………………………………………………… 397
图 15.2　P∨Q …………………………………………………… 421
图 15.3　P∨$_e$Q ………………………………………………… 421
图 15.4　P→Q …………………………………………………… 430
图 15.5　P↔Q …………………………………………………… 430

缩略语对照表

-	affix boundary	ANA	Anaphoric
/	alternatively	ANI	Animate
~	reduplication	ANT	Anterior
<>	infix	APASS	Anti-Passive voice
=	clitic boundary	APPL	Applicative
1	First person	ART	Article
2	Second person	ASS	Assertive
2H	Second hand	ATTR	Attributive
3	Third person	AUD	Auditory evidential
3H	Third hand	AUG	Augmentative
A	Agent or transitive subject	AUX	Auxiliary
ABIL	Ability	AV	Actor voice
ABL	Ablative	B	Ditransitive Indirect Object
ABS	Absolutive	BCL	Bare classifier
ACAUS	Anti-Causative	BEN	Benefactive
ACC	Accusative	BN	Bare noun
ACT	Active voice	CAUS	Causative
ADJ	Adjective	CAUSAL	Causal conjunction
ADVL	Adverbalizer	CE	Causee
AG	Agent	CL	Classifier
ALT	Alternative question	CL1	Noun class 1

CNSQ	Consequence	DISTR	Distributive
CNT	Continuative aspect	DO	Direct object
COM	Comitative	DOM	Differential object marker
COMP	Complementizer	DOUH	Morpheme in Kam language
CompADJ	Comparative adjective	DP	Dynamic perfect
COMPL	Completive aspect	DS	Different subject
CONC	Concessive	DU	Dual
COND	Conditional	DYN	Dynamic
CONJ	Conjunction	ECT	Extended current tense
COP	Copula verb	EGO	Speaker evidential
COUN	Counterfactual	EmCl	Embedded Clause
COV	Coverb (preposition)	EMPH	Emphatic
CP	Classificatory particle	EPI	Epistemic
CR	Causer	EQ	Equative marker
CSM	Change-of-state marker	ERG	Ergative
CTRP	Centripetal(向心的)	EXCL	Exclusive
D	Dependent	EXH	Exhaustive aspect
DAM	Differential agent marker	EXIST	Existential verb
DAT	Dative	EXP	Experiential aspect
DD	Discourse deixis	EXPR	Expressive
DECL	Declarative	F	Feminine gender
DEF	Definite	FA	Factive
DEG	Degree	FAM	Familiar
DEM	Demonstrative	FEAR	Morpheme for speaker fears
DESC	Descriptive	FIN	Finite
DIM	Diminutive	FO	Impersonal force
DIR	Direct case, direct evidential	FOC	Focus
DIRT	Directional	FUT	Future tense
DISJ	Disjunct	FUT1	Future (very near)
DIST	Distal	FUT2	Future (near)

FUT3	Future (medium)	INV	Inverse
FUT4	Future (far)	IO	Indirect object
FUT5	Future (very far)	IRR	Irrealis mood
FV	Final Vowel	LNK	Linking morpheme
G1	Gender 1	LOC	Locative
G10	Gender 10	LOG	Logophoric anaphor
G2	Gender 2	LV	Locative version
G3	Gender 3	M	Masculine gender
G4	Gender 4	MED	Medial
GEN	Genitive	MID	Middle voice
GET	GET resultative particle	N	Noun or Neuter gender
H	Head	NANI	Inanimate
HAB	Habitual aspect	NAUD	Non-Auditory evidential
HON	Honorific	NEG	Negation
HOR	Horizon of interest	NES	Necessary modality
HUM	Human	NFUT	Non-Future tense
IMP	Imperative	NHUM	Non-Human
IMPF	Imperfective aspect	NMLZ	Nominalization
INCH	Inchoative	NOM	Nominative
INCL	Inclusive	NP	Noun phrase
IND	Indicative	NPST	Non-Past tense
INDEF	Indefinite	NQUOT	Non-Quotative
INDIR	Indirect	NSIT	New situation
INF	Infinite or Infinitive	NUM	Numeral
INFER	Inferential	NVIS	Non-Visual evidential
INGR	Ingressive aspect	O	Transitive Object
INS	Intensifier	OBJ	Object
INSTR	Instrument	OBL	Oblique
INT	Interrogative	OBV	Obviative (Object)
INTR	Intransitive	OCOMP	Object of comparison

OF	O-Focus	PST2	Past (near)
OPP	Opposite side	PST3	Past (medium)
OPT	Optative	PST4	Past (far)
PAR	Partitive	PST5	Past (very far)
PASS	Passive voice	PURP	Purposive conjunction
PAT	Patient	QUOT	Quotative
Pe	Possessee(被领有者)	REA	Reasoning
PER	Periodical aspect	REAL	Realis mood
PFV	Perfective aspect	REAS	Reason(ing)
PIF	Past in the Future	REC	Recipient
PL	Plural	RED	Reduplication
PLP	Pluperfect	REFL	Reflexive
PN	Proper name	REL	Relative morpheme
PO	Positive polarity	Rel	Relative clause
POL	Politeness marker	REM	Remote
POS	Possible modality	REPL	Reply particle
POSS	Possessive	RES	Result(ative)
POSTP	Postposition	RP	Relative pronoun
Pr	Possessor(领有者)	RS	Realis subject
PR	Possessor	S	Intransitive subject
PRED	Predicative	SBJV	Subjunctive
PREF	Prefix	SEND	SEND resultative particle
PREP	Preposition	SENT	Sentence
PROG	Progressive aspect	SG	Singular
PROL	Prolative case ("along")	SIM	Simultaneous
PROX	Proximal	SOC	Sociocentric evidential
PRS	Present tense	SS	Same subject
PRT	Participle	STP	Stative perfect
PST	Past tense	SU/SUBJ	Subject
PST1	Past (very near)	SUFF	Suffix

缩略语对照表

SUG	Suggestive	TS	Thematic suffix
SUP	Superlative	V	Verb
SV	Subjective version	VBL	Verbalizer
SW	Switch reference	VIS	Visual evidential
TAM	Tense, aspect and modality	VOC	Vocative
TNS	Agreement tense in Choctaw	VP	Verb phrase
TOP	Topic	WISH	Morpheme for speaker wish
TP	Tense phrase	XO	Oblique object
TR	Transitive		

第 1 章 语言类型学导论

1.1 什么是语言类型学？

语言类型学(Linguistic Typology)是一门具有成熟原则和方法的学科。本章将引入归纳学科的概念,阐明语言类型学作为一种归纳学科,有别于属于演绎学科的生成语法和优选论(详见 1.1.1 小节)。其次,本章介绍语言类型学这一学科与曾流行一时的**对比语言学**(Contrastive Linguistics)在研究目标上的不同(见 1.1.2 小节),并讨论语言类型学与**社会语言学**(Sociolinguistics)的区别(见 1.1.3 小节)。最后,本章讨论语言类型学如何对**语言类型**(language type)进行分类,以及这种分类与基于遗传的分类和基于区域的分类有何不同(见 1.1.4 小节)。

1.1.1 演绎科学与归纳科学

演绎(deduction)是从一组有效前提中得出结论的过程。如果前提是真的,那么结论就不可能非真。多数情况下,理论就是从一组前提中演绎出来的所有命题的集合。演绎科学指的是主要通过演绎的方式,建立理论来获得知识的科学。

而**归纳**(induction)是从一组观察中推导出结论和一般原则的过程。归纳法与演绎法不同。在演绎法下,如果前提是真的,那么其结论肯定是真的,而归纳法下,即使观察是真的,结论也只是**可能为真**(probable),不是**确定的**(certain)。归纳科学是从可观察的事实中得出一般原则的科学,也被称为**经验科学**(empirical science)。

语言学与其他人文、社会科学一样,既包含演绎性的结论,也包含归纳性的结论。语言学既不是一门完全的演绎科学,也不是一门完全的归纳科学。这里举几个演绎性结论和归纳性结论的例子。例(1)中,汉语的反身代词"自己"所在的句子是否**合语法**(grammatical),与生成语法中的**约束原则A**(Binding Principle A)有关。例(2)中,从汉语语料库中得出了对体貌标记"了"的一组观察,这一组观察(错误地)概括出了语言的一种属性。

(1) 演绎

    a. **假设**:约束原则 A

       反身代词必须在其约束域内被约束。(Chomsky 1981; Huang and Liu 2001)

    b. **结论**:下例合语法,因为反身代词"自己"满足约束原则 A。"自己"的约束域是其所在的简单句,而"自己"在句中被约束。

       [张三]$_i$批评了[自己]$_i$。

    c. **结论**:下例不合语法,因为反身代词"自己"不满足约束原则 A。"自己"的约束域是其所在的简单句,而"自己"在句中没有被约束。

       *[自己]$_i$批评了[张三]$_j$。

(2) 归纳

    a. **观察**:1,000 个汉语句子中,800 个都使用了体貌词"了",而这 800 个句子都表达了过去的指称。

    b. **结论(错误结论)**:体貌词"了"总是表达过去指称。

    基于这些概念,可以说,生成语法和优选论等语法模型主要是演绎科学,因为它们从基本原则(前提)推导出语法结构。相比之下,语言类型学几乎完全是归纳科学,所有的结论都是从描述性观察中得出的。类型学的研究目标是识别跨语言的结构,以及这些结构之间的关联,而不是构建抽象的语法模型。下文将进一步阐述语言类型学和这两种语法理论之间的区别,1.1.1.1 小节讨论生成语法,1.1.1.2 小节讨论优选论。

1.1.1.1 生成语法与语言类型学

    作为一门演绎科学,**生成语法**(Generative Grammar,以下简称 GG)假设存在普遍语法,并预置于每个人的大脑中。普遍语法由生成性的**短语结构**

第1章　语言类型学导论

规则(phrase structure rules)组成,类似于编写计算机程序中使用的**重写规则**(rewrite rules)。生成语法的核心是 X-bar 理论,它能确定短语结构规则的格式。这些规则的最一般形式是 XP→YP ZP,这里的 XP、YP 和 ZP 可以是名词短语、动词短语或其他短语。其中一个短语被称为**中心语**(head),另一个被称为**补语**(complement)。普遍语法有一个**参数设置**(parameter setting)机制,将中心语设置为先(于补语)出现或后出现。此外还有一个转换模块,带有一套移位规则,可以根据**普遍语法**(universal grammar)中表层语言的具体要求,变化句子成分的位置。

下面,简要举例说明短语结构规则是如何生成简单句的。在中心语参数设定完成的情况下,普遍语法允许生成两种词序,分别是 VOA 和 AOV。雷阿劳·奇南特克语(Lealao)和日语(Japanese)中分别使用这两种词序。

(3)雷阿劳·奇南特克语(墨西哥境内,欧托曼格语系)

TP→VP NP （中心语优先）：
VP→V NP　（中心语优先）：

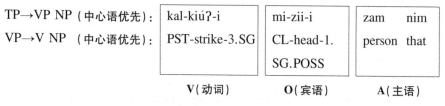

"That person struck my head."(Rupp 1989：38)

(4)日语(日本境内,日本语系)

TP→NP VP （中心语在后）：
VP→NP V　（中心语在后）：

"Taro assisted the teacher."(Shibatani 1990：284)

中心语参数设定后,就只能生成 VOA 和 AOV,而不能生成其他四个逻辑上可能的词序,即 VAO、AVO、OVA 和 OAV。有些版本下的 GG 允许参数设置存在变异,例如对于 TP(小句)短语设置为中心语优先,而对于 VP 短语设置为中心语在后。这样就允许生成两个额外的词序：VAO[适用于帕里语 Päri,见例(5)]和 AVO[适用于汉语和英语,例(6)给出了汉语的情况]。

(5) 帕里语(南苏丹境内,尼罗-撒哈拉语系)

TP→VP NP （中心语优先）：
VP→NP V （中心语在后）：

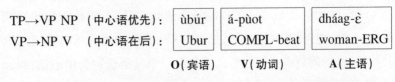

        O(宾语) V(动词) A(主语)

"The woman beat Ubur." (Andersen 1988:292)

(6) 汉语(中国境内,汉藏语系)

TP→NP VP （中心语在后）：
VP→V NP （中心语优先）：

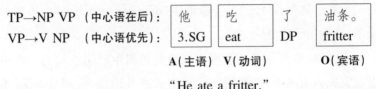

        A(主语) V(动词)   O(宾语)

"He ate a fritter."

即便多了这层变异,逻辑上仍有两个词序不能依规则生成。对于这两类词序,GG利用上述的转换模块,通过中心语移位(AOV→VAO)和名词短语移位(AVO→OAV)导出,下面以阿拉伯语(Arabic)和托巴提语(Tobati)为例。

(7) 阿拉伯语(阿拉伯国家境内,亚非语系)

中心语移位：

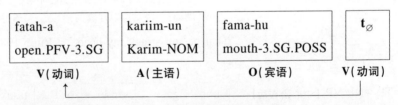

  V(动词)   A(主语)   O(宾语)   V(动词)

"Karim opened his mouth." (Ryding 2005:65)

(8) 托巴提语(印度尼西亚境内,南岛语系)

名词短语移位：

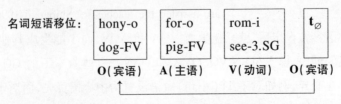

  O(宾语) A(主语) V(动词) O(宾语)

"The pig saw the dog." (Donohue 2002:199)

从词序的讨论可以看出,GG要想推导出世界上各种语言的不同词序,需要不断增设机制,而随着机制的增多,会出现愈发不合直觉的机制。从这个角度来看，GG 虽然成功地反映出人类语言的计算属性，但其采用纯演绎的方法有可能使其陷入教条主义。换句话说，当该理论依托的假设（即短语结构规则）无法解释某一类结构的语法合理与否时，如果死守假设不变去寻找解释，则该解释会变得越来越不自然。

语言类型学作为一门归纳科学，不存在教条主义的问题。类型学研究者根据观察进行概括，根据观察所得的模式是常见或罕见再做解释（Song 2018：63）。据称，现代类型学的创始人约瑟夫·格林伯格（Joseph Greenberg）给学生提过如下建议（Croft et al. 1990：63；Song 2018：63）：

> 你得在各语言的语法书里到处看看，不要带着一个预设的目标读一本语法，要东找找西找找，直到无意中发现有意思的东西。("You have to muck around in grammars. You shouldn't read a grammar with a predetermined goal in mind. Just look around until something interesting pops out at you.")

格林伯格鼓励他的学生避免先入为主，而是直接接触语言数据，这种方式与生成语法采用的演绎法形成了鲜明对比。下一节将比较语言类型学与优选论。

1.1.1.2　优选论与语言类型学

除了生成语法，**优选论**（Optimality Theory，以下简称 OT）是另一个被主流语言学界广泛采用的形式理论框架。OT 中有一个搜索算法，寻找最小元素，有些类似应用数学中的优化问题。OT 中的普遍语法不是由短语结构规则构成的，而涉及抽象约束的概念。OT 假设所有语言都受制于相同的共性（语音、形态、句法）约束。语法之间的差别来自约束条件的优先级不同，或约束条件的排序不同。因此，OT 几乎总是用在跨语言比较上，很少用在单一语言中。每种对约束条件的不同排序都会产生一种语言类型。因此，OT 比 GG 更适合于语言类型学。

下面简单举例说明 OT 是如何根据不同的格标记约束，导出不同的格系统的（Blutner 2000；De Hoop and Malchukov 2008）。许多有语法格的语言并不标记所有的主语或所有的宾语,而只标记一些主语和一些宾语。这样的格标记被称为**差异性主语标记**(differential subject marking, DAM)或**差异性宾语标记**(differential object marking, DOM)。格标记涉及三个共性约束条件,OT 中这些条件可以违反。

(9) 三个格标记的约束条件

  a. 标记(IDENTIFY): 只标记施事主语或受事宾语(De Hoop 和 Malchukov 2008: 568)。

  b. 区分(DISTINGUISH): 及物句的两个论元之间必须是要可区分的(De Hoop and Malchukov 2008: 570)。

  c. 经济性(ECONOMY): 不允许形态标记(De Hoop and Malchukov 2008: 572)。

曼尼普尔语(Manipuri)用后缀-**nə** 标记施事主语,非施事主语使用零标记(Bhat and Ningomba 1997)。

(10) 曼尼普尔语(印度境内,汉藏语系)

  a. | əy-nə   tebəl-də   theŋŋi.
    1.SG-**DAM**$_1$ table-LOC   touch.PST |

  "I touched the table (volitionally)."

  b. | əy-∅   tebəl-də   theŋŋi.
    1.SG-**DAM**$_2$ table-LOC   touch.PST |

  "I touched the table (involuntarily)."

在 OT 中,有四个相关的逻辑形式-意义配对(形意对):(-nə,施事)、(-nə,非施事)、(-∅,施事)和(-∅,非施事)。下表中列出了这些形意对满足和违反约束条件的情形。当形意对满足一个约束条件时,其对应单元格留空;当形意对违反一个约束条件时,单元格用"﹡"标记。三个约束条件之间的每一个排序都引发形意对之间的竞争,其中至少有一个排序(标记<经济性<区分)会使(-nə,施事)和(-∅,非施事)两个对赢得竞争。竞争按如下方式进行。如两个形意对有相同的形式或有相同的意义,则允许它们竞争。按从左到右的排序来算,违反限制更少的一对获胜。因此,下表中的第一个形意对在竞争

中优于第二对和第三对,但不能与第四对竞争(因为它们不具备共同的形式或意义)。第一对和第四对通过这种竞争被选中(优化),我们用"☝"表示。

表 1.1 曼尼普尔语中的差异化主语标记

(形式,意义)	标　记	经济性	区　分
☝(-nə,施事)		*	
(-nə,非施事)	*	*	
(-∅,施事)	*		*
☝(-∅,非施事)			*

在中国云南省使用的罗罗语(Lolo),如果谓语本身语义不足以确定主语和宾语的角色,就使用宾语标记 t^hie^{21}(DOM_1)。而在主宾语可以通过谓语明确确定的情形下(如﹛约翰,裤子,洗﹜),则用零后缀-∅(DOM_2)标记(Gerner 2008)。

罗罗语(中国境内,汉藏语系)

(11) a. çɛ³³mo³³　z̩ɔ²¹　　-tʰie²¹　　tʂʰɔ³³　zi³³.
　　　 snake　　3.SG　　DOM₁　　follow　go
　　　"The snake follows him."

　　b. z̩ɔ²¹　　çɛ³³mo³³　-∅　　tʂʰɔ³³　zi³³.
　　　 3.SG　　snake　　 DOM₂　follow　go
　　　"He follows the snake/The snake follows him."

(12) a. *bɔ³³lu²¹　mɔ³³lu³³　-tʰie²¹　tsʰɨ²¹　ɔ³³.
　　　 Bolu　　　trousers　　DOM₁　　wash　　DP
　　　"Bolu washed trousers."

　　b. bɔ³³lu²¹　mɔ³³lu³³　-∅　　tsʰɨ²¹　ɔ³³.
　　　 Bolu　　　trousers　　DOM₂　wash　　DP
　　　"Bolu washed trousers."

宾语标记 t^hie^{21} 和-∅ 不能标记受事宾语，因此都违反了标记约束。在四个形意对(t^hie^{21},模糊)、(t^hie^{21},不模糊)、(∅,模糊)和(∅,不模糊)中，罗罗语以排序区分<经济性<标记为优先，选择(t^hie^{21},模糊)和(∅,不模糊)这两对作为优化过程的输出。

表 1.2　罗罗语中的差异化宾语标记

（形式，意义）	区　分	经济性	标　记
✌ (t^hie^{21},模糊)		*	*
(t^hie^{21},不模糊)		*	*
(∅,模糊)	*		*
✌ (∅,不模糊)			*

对于这三个约束条件，逻辑上共有六个（=3!）约束条件的排名，但在差异化宾语标记上，似乎不存在将经济性排在其他约束条件之上（即经济性<区分<标记）的语言。从上述说明已经可以清晰地看出，OT 是一个**演绎性的**语法模型，会生成一些逻辑类型（或约束排序），这些抽象类型可以反映在某些具体的语言中，也有的类型无法在任何语言中找到。因此，OT 作为一个语言变异的模型，生成语言类型。

OT 存在的问题主要有以下三个。首先，尽管约束条件被视为是普遍的，但其设立常常是任意的，受具体 OT 约束的设立者的看法影响。然而，由约束排序所定义的语言类型，只有在约束条件本身确实具备普遍性的情况下才是有效的。其次，与通常的演绎语法模型类似，OT 的约束条件在表述上往往是以规范（normative）的形式出现，包括诸如"必须"（must）或"应该"（should）这样的必要义务性助动词（deontic）。与此相比，语言类型学截然不同，它的归纳均来自观察，所以表述上多使用认识（epistemic）可能性或确定性形式，而非"应该"这一类必然性形式。第三个区别涉及 OT 和语言类型学中使用的变量类别。OT 中的普遍约束几乎都是名义变量，带有两至三个可能结果，没有数字结构，而在语言类型学中变量的范围是全覆盖的，包括名义、词序、区间和比率变量(详见第 2 章)。

1.1.2 两门语言间的比较与多门语言间的比较

语言学内,涉及跨语言比较的(归纳性)学科有两门,分别是**对比语言学**(Contrastive Linguistics)和语言类型学。对比语言学对两门(有时是三门)语言作系统研究,以确定其结构上的异同。这门学科在 20 世纪 50 年代到 90 年代之间非常流行,此后渐渐陷入沉寂。Jacek Fisiak(1980)在该学科发展高峰期,全面介绍了其方法和目标。

下面,依据近期 David Li 和 Zoe Luk(2018)发表的《汉英对照语法》举例说明。此处,定指的概念以独特、可辨识的指称来定义(见 Lyons 1999),可以据此对比汉语和英语的定指名词短语,将两者的用法罗列如下。汉语没有专门的定冠词,英语使用"the"的地方,汉语往往使用光杆名词表达定指。

(13) **定指性不是英语"the"使用的充分条件**
    a. The dog is a carnivore. | "The" can have generic indefinite reference
    b. 狗是食肉动物。

(14) **定指性不是英语"the"使用的必要条件**
    a. I want to buy **this** book, no other book. | Definiteness encoded also by other forms than "the"
    b. 我只想买这本书,不要别的。

(15) **英语专名**
    a. I have given a book to ~~the~~ Mary. | "The" not used with proper names which are definite
    b. 我给玛丽亚一本书。

(16) **英语唯一个体**
    a. ~~The~~ **earth** revolves around the sun. | "The" not used with unique entities which are definite
    b. 地球围绕太阳转。

(17) **英语语境(exophoric)用法**
    a. Mind **the** gap. | "The" can mark definite entities in speech situation
    b. 小心台阶。

(18) 英语回指(anaphoric)用法

  a. I met a lawyer yesterday who told me that a new copyright law came into effect. I then talked with **the** lawyer for an hour. | "The" can mark anaphoric reference to definite noun phrases in the preceding discourse

  b. 昨天我碰到一位律师。这位律师告诉我,现在有一个新的版权法。后来我与他商量了一个多小时。

(19) 汉语带"把"字的名词

  a. 我把桌子挪到那边。
  b. I moved **the** table over there. | Bare nouns marked by 把 are always definite

(20) 汉语中的话题短语

  a. 房子造好了。
  b. As for **the** house, someone finished to build it. | Bare nouns as sentence-initial topics are definite

相比之下,在语言类型学中,研究者不仅要比较两种语言,还要比较许多语言。一般来说,根据研究的类型,需要比较的语言数量通常在100到600种之间。面对如此多的语言,不可能进行非常详细的比较。例如,在定指问题上,类型学家并不像对比语言学家对英语和汉语所做的那样,给出一个等值句子的列表[如(13)—(20)],而是选出一个变量(定指词素的存在与否),有时与另一个变量(不定词素的存在与否)配对,通过调查大量的语言样本了解各种语言类型下的语言分布情况。Matthew Dryer(2013a)就通过这种方式进行研究,发现了定冠词的类型和数量。

表1.3 世界范围内定冠词的分布情况

语言类型	语言数量
定指标记与指示代词标记不同	216
指示代词标记用作定指标记	69

续表

语 言 类 型	语 言 数 量
定指名词词缀	92
无定指词但有不定指词	45
既无定指也无不定指词	198
合计	**620**

1.1.3 同一门语言内部的变异与不同语言间的变异

语言类型学研究的是不同语言之间的变化,而**社会语言学**(Sociolinguistics)则研究同一语言内的变化。在一定范围内,同一种语言的使用者可能会在发音(语音)、选词(词汇)、形态或句法方面有所不同。在社会语言学最为著名和广为人知的一项研究就是威廉·拉波夫(William Labov 1972)对美国英语语言变异的研究。拉波夫研究了纽约人后齿龈近音[ɹ]的发音。英国和美国英语中,当[ɹ]后面有元音时(如 red 的[ɹɛd]),[ɹ]都发音。但当[ɹ]后没有其他音或后面有辅音时,英美英语存在差异,见下表。

表 1.4 英国英语和美国英语齿龈后近音的发音对比

方 言	red	floor	fourth
英国英语	[ɹɛd]	[flɔː]	[fɔːθ]
美国英语	[ɹɛd]	[flɔː]/[flɔːɹ]	[fɔːθ]/[fɔːɹθ]

像"floor"和"fourth"这样的词中发[ɹ]音在美国英语中,属于相对较新的现象,并不是所有的人都一直会这样使用。拉波夫发现,像"floor"和"fourth"这样的词中发[ɹ]音与否,跟发音人属于哪个社会阶层(上层社会、中层社会、下层社会)相关。他在纽约的三类百货公司中,要求 264 人按照

顺序念出"floor"和"fourth"。1970年的时候,上层阶级经常光顾第五大道的赛克斯百货,中产阶级光顾梅西百货,下层阶级光顾S.克莱因百货。从下表的百分比分布,可以清楚看出,赛克斯百货在"floor""fourth"等词中发[ɹ]音的数量最多,在梅西百货较之少些,在S.克莱因最少。按要求,每位受试者都说了两遍。在第二遍时,受试会更多地控制他们的发音,因此[ɹ]数量较少(Labov 1972;Hudson 1980)。

表1.5 纽约英语中后齿龈近音的发音和社会阶层的关系

百货商店	光顾对象	[flɔːɹ]		[fɔːɹθ]	
		第一次发音	第二次发音	第一次发音	第二次发音
赛克斯(Saks)	上层阶级	65	40	64	32
梅西(Macy's)	中产阶级	61	22	45	28
S.克莱因(S. Klein)	下层阶级	20	17	10	8

拉波夫研究的精髓在于发现了纽约的上层社会对这种特殊的语言创新持更加开放的态度。这项研究通常被认为是现代社会语言学的奠基之作,带动了世界各地许多类似的调查。

在汉语北方方言中也同样存在发音变异,但这种变化似乎更多受地理环境制约。例如,西南次方言中[h][f]合并,还有一个例子是[n][l]合并。兰州次方言中,[n]和[l]可自由变换,背后可能受制于一个未知的社会语言学变量(Norman 1988:192)。

表1.6 北方汉语子方言中[f][h]合并的情况

	湖	福
北京	hú	fú
成都	fú	fú

表 1.7　北方汉语子方言中[n][l]合并的情况

	那	拉
北京	nà	lā
兰州	nà/là	nā/lā
成都	nà	nā
扬州	là	lā

除了发音上的差异,语言内部还可能在形态和句法上出现差异(Hudson 1980:145)。例如,对一些讲英语的人来说,否定词之后的不定名词短语包含 any(I didn't eat **any** apples),而对于其他人来说,则包含 no(I didn't eat **no** apples)。

语言类型学研究的是不同语言之间的差异,而不是单一语言内部的差异。在任何专题的研究中,跨语言的变异在结构上都比语言内的变异更复杂。这两个学科的区别还表现在用于检验假设的样本上。语言类型学需要语言的样本,而社会语言学则需要人的样本。

1.1.4　遗传和区域分类与类型学分类

语言类型学根据所考虑的变量将不同的语言分类。类型学分类法必须与其他两种语言分类法区别开来,即遗传分类法和区域分类法。

遗传分类法根据遗传关系,将源自某一共同祖先语言的语言划分为不同的类别。所有的汉语方言都来自上古汉语,而上古汉语和上古藏语来自一个共同的祖先语言(称为原始汉藏语)。

然而,并非所有汉语方言的亲缘关系都同样密切。普通话与上海话比较接近,但与闽南话则距离远得多。因此,汉语方言组有一个内部结构,最好能有一些方法来表示这种内部结构。目前使用最广泛的方法是借助树状图,这种表示法最早由德国语言学家奥古斯特·施莱谢尔(August Schleicher)在 19 世纪中期提出。

在历史语言学中,语言分类最重要的原则是**共同创新**(shared innovation)(Trask 1996:182)。没有发生某种语言演变的语言很早就从那些具有共同创新的语言中分裂出来。就汉语方言而言,历史语言学家已经发现,一些北方和中部汉语方言(北京话、上海话)共同拥有的创新,在更为保守的南方汉语方言中则没有(粤语、闽南话)(Norman 1988)。

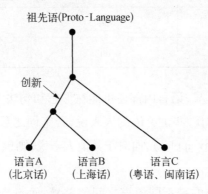

图 1.1 创新及树状图

表 1.8 汉语子方言中的共同创新

共同创新	北京话 (Li 1981)	上海话 (Zhu 2006)	粤语/广东话 (Matthews and Yip 1994)	闽南话 (Chen 2020)
否定词"不"	bù	veʔ	m̀h	m⁵
性别词缀"母"	**mǔ**-jī 'hen'	**mú**-jiǜ 'hen'	gāi-**lá** 'hen'	kue¹-**bu**³ 'hen'
动词"走"	zǒu	tseu	hang	kiã²
名词"房子"	fángzi	vongtsir	ūk	tshu⁵

在各个层次应用共同创新的概念以后,可以得出图 1.2 中的汉藏语族内部结构:

遗传分类和类型分类彼此有关联,即遗传上接近的语言也会倾向于在类型上接近,属于相同的结构语言类型。例如同属汉藏语系的语言,往往有

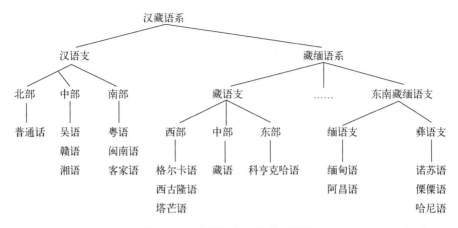

图 1.2 汉藏语族基因分类(节选)

量词、孤立形态特征以及其他共同特征。

除基因分类之外,还有区域分类,也就是将所有属于一个地区的语言都归为一组,而不考虑其遗传和类型学特性。表 1.9 列出了在中国云南省使用的 109 种语言。

类型学分类和地区分类也有一定关系。当不同基因来源的语言在同一地区使用几世纪后,相互接触及相互借用词汇会随着时间的推移导致语法间的同化。云南省的语言就因为人们共同居住在一个地区,而具有了共同的语法特征(Gerner 2002)。该区域的语言包括汉语(汉藏语)、白语(汉藏语)、彝语(汉藏语)、哈尼语(汉藏语)、苗语(苗瑶语)、泰语(侗台语)、壮语(侗台语)和佤语(南亚语)。

表 1.9 云南省使用的语言(以 ISO 639-3 代码不同为准划分)

阿昌语	川黔滇苗语	科鲁拉语	密岔彝语	普帕语	红金傣语	乔尼语
阿齐语	东山坝拉罗语	孔扣语	莫吉语	普法语	塔鲁语	卡苏语
阿鲁谷语	庄语	夸马斯语	穆达语	普扎语	堂郎语	卡特索语
干彝语	东拉鲁语	宽语	穆兹语	卡表语	托珀语	克蔑语
阿尼珀瓦语	东尼苏语	夸-尼斯语	纳罗语	齐拉穆姬语	濮满语	马鲁语

续　表

阿瓦语	埃马布杨语	拉伯珀瓦语	纳西语	利昂语	佤语	米里语
阿乌语	埃努语	拉姆语	尼斯语	萨马陶语	西拉鲁语	闽兹壮语
阿细语	白彝语	郎架布央语	北穆姬语	萨梅语	黑彝语	珀罗语
阿伊兹语	哈尼语	花苗语	北尼苏语	桑孔语	武鸣诺苏语	普马语
阿扎语	赫珀珀瓦语	勒期语	远西北尼苏语	萨尼语	乌撒纳苏语	毕苏语
阿哲语	勒尔苏语	拉乌语	怒语	萨尼语	西山坝拉罗语	南尼苏语
巴哈布杨语	绿苗语	俐米语	帕迪语	小花苗语	瑶勒伊诺语	南普米语
比约语	赫尼语	黑傈僳语	北白语	索纳加语	柔若语	西南尼苏语
伯克哈语	角苗语	罗罗语	佩拉语	南白语	佐克霍语	
布甘语	胡语	傣仂语	帕拉语	南倮罗颇彝语	白语	
布元伊诺语	康语	曼美特语	珀拉语	南穆姬语	切苏语	

尽管该地区的语言有不同的基因系属,但某些共同语言模式贯穿于该地区的所有语言中。例如,许多语言的量词和体标记让人联想到汉语的"了""过""着"。几个世纪以来,云南的少数民族也一直将汉语作为第二语言使用,并学习了邻近群体的语言。如苗语从彝语中借用词汇,泰语从白语中借用词汇等等。

从上面的讨论中可以看出,虽然遗传、地区和类型学分类是基于不同的原则进行的,但遗传和地区分类与类型学分类存在明显的关联性。

1.2　语言类型学史

语言类型学这一学科成型的历史可以分为三个部分:序言阶段(从古代到20世纪)、革命阶段(20世纪)、成熟阶段(21世纪)。下面将逐一在1.2.1、1.2.2和1.2.3小节介绍。

1.2.1　20世纪之前

对人类语言的系统反思始于古代,隶属于当时的人文科学,包括语法(语言的艺术)、逻辑(分析的艺术)和修辞(说服的艺术)。世界上有三个地区出现了现代语言学的先驱者,分别在中国、古印度和古希腊。

孔子(公元前551—前479年)是中国古代最著名的哲学家,也是人类历史上最具影响力的人物之一。孔子在《论语》中着重强调正确使用语言对社会秩序及和谐至关重要(Ames and Rosemont 1998)。孔子认为,语言不仅具有描述性功能,而且从根本上说还具有表演性功能。担任公共职务的人使用语言不当可以造成社会不稳定,而熟练地使用语言可以促进社会和谐与繁荣。孔子把熟练使用语言称为"正名"。孔子对人类语言的思考以实用为主,并整合了语法、逻辑和修辞这三大板块。

印度语文学者波你尼(Pāṇini,公元前520—前460年)的《古典梵语语法》(Aṣṭādhyāyī)是有史以来第一部真正意义上的语言描述。波你尼被誉为古代最重要的语言学家。他在梵文语法中描述了句法和语义的规则,甚至提出了零词缀的概念,这一概念直到20世纪才被语言学界接受(Staal 1969: 506)。

古希腊语的第一篇论文是语文学者狄俄尼索斯·特拉克斯(Dionysius Thrax,公元前170—前90年)的《语法的艺术》(Téchnē Grammatikḗ)。现代语言学的术语"语法"就起源于狄俄尼索斯的这部作品(Davidson 1874)。这篇论文对现代语言学影响深远,文中提出了词类的概念(mérē toû lógou),其中包括八个词类:名词、动词、分词、冠词、代词、介词、副词、连词。

希腊语长期以来是罗马帝国的强势语言(雅言),在古典拉丁语时期(公元前75年至公元300年)逐渐被拉丁语取代。在罗马帝国解体后(公元500年),北非语言学家普里西安(Priscian)写下了非常有影响力的巨著《语法学》(Institutiones Grammaticae)。这本书是整个欧洲中世纪学习拉丁语的标准教科书(Baratin et al., 2009)。

文艺复兴时期(14世纪到17世纪)逐渐出现了语言研究中的跨语言维

度,当时的欧洲学者就哪种语言能享有原始而纯正的地位展开了辩论。这种讨论以推测为主,受意识形态左右,不符合现代语言学作为一门可证伪科学的规范(Ramat 2010)。18 世纪的语文学家约翰·戈特弗里德·赫尔德(Johann Gottfried Herder)开始提出更符合现代科学范式的观点,体现了早期的"比较主义"思想。例如他在《语言起源论》(*Treatise on the Origin of Language*)(1772)中提出,解开人类语言形成之谜的历史线索可能就存在于世界语言的多样性中。

从中世纪晚期(1550 年)开始,基督教传教士前往美洲和东亚,与当地居民接触并学习他们的语言。传教士对这些当时未知的语言给出了一系列第一手的描述,这就是所谓的"传教士语言学"。这些描述帮助欧洲学者了解了他们不熟悉的语言的结构。传教士的工作也为 19 和 20 世纪语言类型学取得成功奠定了基础(Ramat 2010)。

最早的语言分类是由施莱格尔兄弟奥古斯特·冯·施莱格尔(August von Schlegel,1767—1845)和弗里德里希·冯·施莱格尔(Friedrich von Schlegel,1772—1829)在论文《奥克语的语言文学观察》(1818)中建立的。他们提出世界上的语言可以分为三种形态类型:"黏着型""屈折型"和"无结构型"。黏着型语言指的是将具有单一意义的语法词缀(如复数)附加到词根上的语言,如土耳其语。屈折型语言指的是将具有复杂含义的语法词缀(如第三人称阳性复数)附加到一个词根上的语言,如古希腊语。施莱格尔把像汉语这样的缺乏词缀的语言称为"无结构"语言。(21)—(23)对每种类型的语言举例说明。

(21) **"黏着型语言":** 土耳其语(土耳其境内,阿尔泰语系)

  top-∅-u   masa-∅-nın   altına   at-tı-m
  ball-SG-ACC   table-SG-GEN   under   throw-PST-1.SG
  "I threw the ball under the table." (Lewis 1967:90)

(22) **"屈折型语言":** 古希腊语(希腊境内,印欧语系)

  ūk   eχr-ɛn   mentoi   skop-ein   ɔ   sɔkrates,
  NEG   should-IND.PRS.   however   consider-   EXCL   Sokrates-
      ACT.3.SG   INF   VOC

```
        kai    ho          ti               apologɛ-sɛ:
        and    ART.SG.     what.SG.N.ACC    defend-IND.PST.
               M.NOM                        MID.2.SG
```

"Socrates, ought you not to be giving some thought to what defence you are going to make?"（Xenophon, Apology; Brownson 1979）

(23) **"无结构型语言"**：汉语（中国境内，汉藏语系）

```
        我      洗      好      了      衣服      了。
        1.SG    wash    well    PFV    clothes   DP
```

"I have washed the clothes."

威廉·冯·洪堡（Wilhelm von Humboldt）（1767—1835）在论文《论人类语言结构的多样性》（1836）中认可了这三种形态类型的划分，但提出可以用"孤立语"取代"无结构语"。他还提出了第四种类型，"合并"类型，即两个词根被合并到一个词缀组中的语言。（24）来自纳瓦特尔语（Nāhuatl，墨西哥境内，犹他-阿兹特克语系），a 句体现了直接宾语合并，b 句中的直接宾语出现在了动词词组之外。

(24) **"合并型语言"**：纳瓦特尔语（墨西哥境内，犹他-阿兹特克语系）

    a. ni-naka-kwa.

       1.SG.A-meat-eat

       "I eat meat."（Humboldt 1836: 165）

    b. nik-k-kwa   in   naka-tl.

       1.SG.A-3.SG.O-eat   DEF   meat-ACC

       "I eat the meat."（Humboldt 1836: 165）

施莱格尔兄弟和洪堡提出的术语影响深远，至今仍在语言类型学中使用，与一些新术语互为补充（详见第 6 章）。

1.2.2　20 世纪

20 世纪上半叶发生的两次语言学运动为 60 年代以后语言类型学取得突破奠定了基础。第一次运动是**欧洲结构主义**（又称**欧洲功能主义**），创始人是费尔迪南·德·索绪尔（Ferdinand de Saussure）（1857—1913）和随后的布拉格学派。功能语言学家着重考察使人类语言成为一种成功的交流工具的功能因素(如经济性、象似性等)。二战期间及战后,许多欧洲功能语言学家移居美国,影响了美国语言学的发展(例如,他们在1943年成立了"纽约语言学圈",1969年改名为"国际语言学协会")。

第二次运动是**美国结构主义**(又称**美国描述主义**),其创始人是法兰兹·鲍亚士(Franz Boas, 1858—1942)、爱德华·萨丕尔(Edward Sapir, 1884—1939)和伦纳德·布龙菲尔德(Leonard Bloomfield, 1887—1949)。这些学者专注于研究美国本土语言,他们发现的模式有时被归结为文化或心理因素。例如,萨丕尔提出了著名的"语言相对性"假说,提出语言会影响或决定说该种语言的人的思想、世界观和文化。

现代的语言类型学由约瑟夫·格林伯格(Joseph Greenberg, 1915—2001)于20世纪60年代在斯坦福大学创立。他通过对不同语言的抽样调查,总结出45种语言共性。其中三个他称为**简单共性**(呈以下形式:"每一种语言都有属性 X"),一个是**并取共性**("每一种语言都有属性 X 和 Y"),其余41个是**蕴涵共性**("每一种有属性 X 的语言也有属性 Y")。我们在第2章中将详细讨论这些共性。下面简要介绍格林伯格的**共性 2**。

(25) 共性 2 (Greenberg 1963)

    a. 带前置介词的语言,领有者几乎总是出现在被领有者之后(In languages with prepositions, the possessor almost always follows the possessee)。

    b. 带后置介词的语言,领有者几乎总是出现在被领有者之前(while in languages with postpositions, it almost always precedes)。

根据共性 2 的第一部分,尼日利亚约 200,000 人使用的格梅语(Goemai)使用前置介词,且领属词置于被领属词之后,如例(26)所示。

(26) 格梅语(尼日利亚境内,亚非语系)

    a. ndoe   shel-n-sh'e   t'o | k'a | muk |
       some   game-LOC-foot   lie.SG | on | 3.SG.POSS |
                                                                      前置介词   名词

    "A ball lies on it."(Hellwig 2003:37)

"His people, they have all died."（Hellwig 2003：24）

共性 2 的第二部分反映在巴西有 210 人使用的卡罗语（Karo）中。卡罗语使用后置介词,并将领有者放在被领有者之前,如例（27）所示。

卡罗语（巴西境内,图皮语系）

(27)

"He went through the forest."（Gabas 1999：129）

"his eye"　　"parrot's eye"（Gabas 1999：116）

共性 2 是一种概率性的规律,所以也允许有例外。如印尼东部有 33,000 人使用的布鲁语（Buru）就使用前置介词,但将领有者置于被领有者之前。

布鲁语（印度尼西亚境内,南岛语系）

(28) a.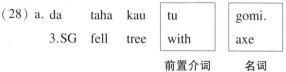

"He felled the tree with an axe."（Grimes 1991：250）

b.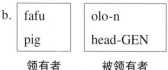

"head of pig"（Grimes 1991：190）

格林伯格只用了 30 种语言样本来测试他提出的这些共性,按照目前的标准,这个样本量是不够的。然而他的方法是开创性的。斯坦福大学的共性研究项目吸引了其他学者,最后的成果以一套四卷本的"人类语言的共性"丛书出版(Greenberg 1978a,b,c,d),其中包括约 30 名研究者对语音、形态和句法类型学的研究。

继格林伯格和斯坦福大学的研究项目之后,其他类型学的研究中心也开始出现,如琼·拜比(Joan Bybee)在新墨西哥大学的研究团队调查了时态、体貌和情态形式的类型学,特别侧重历时的角度(Bybee 1985,1994)。康斯坦茨大学的弗兰斯·普兰克(Frans Plank,2000)创建了一个大型的稀有属性(raras)和共性数据库,并在 1997 年创办了语言类型学学会的会刊《语言类型学》(Linguistic Typology),一年三期。

1.2.3 21 世纪

到了世纪之交,不同学者的类型学研究如雨后春笋般出现,其中最瞩目的成就要属《世界语言结构地图集》[马丁·哈斯佩尔马思(Martin Haspelmath)、马修·德赖尔(Matthew Dryer)、戴维·吉尔(David Gil)和贝尔纳·科姆里(Bernard Comrie)编辑]的出版。该书于 2005 年首次以纸质书形式出版,并于 2013 年发布了修订后的在线版本。在这部里程碑式的作品中,55 位学者使用规模不一的语言样本(150 种到 1,200 种语言),调查了大约 152 个语言变量(故全书分为 152 章)。对于每个变量,都有一个类型(属性)列表,对于每个类型,都引用描写语法中的例子。数据表和世界地图显示了样本语言在给定类型中的分布情况(换言之,数据表和世界地图显示了样本中每种语言属于哪种类型)。世界地图集使用实证、定量的方法,并鼓励研究者们在后续的关联性研究中使用这些数据。

语言类型学现已成为一门成熟的学科,拥有成体系的原则和方法(见第 2 章)。在类型学上有突破性发现的时代可能已经过去了,但研究者从相关研究中仍可获得一些重要的见解(例如句法构式与动词的某些语法层面之间的相关性)。

1.3 语言类型学在中国的发展

1.3.1 21世纪以前的类型学研究

中国的语言资源极其多样,93%的人口使用十种主要汉语方言(北方话、晋语、湘语、赣语、徽语、吴语、闽语、客家话、粤语和平话)。其余7%的人口使用100余种与汉语长期接触的少数民族语言,分别归入藏缅语、阿尔泰语、侗台语等。然而在历史上的传统语法和小学研究中,这些语言资源没有得到应有的重视。中国长期以来重视语言与文学和文字的关系,对于其他语系或者汉语方言都较少关注。跨语言和跨方言的描述取得的进展,多数集中在语音学。

历时语言学和类型学这两个领域的发展在中国与西方有所不同。在西方,类型学的新动向引起了历时句法研究的复兴,特别是语法化研究的复兴,而在中国则呈现了相反的趋势。学界对历时语言演变机制一直比较关注,并带动了类型学研究的发展。

1980年代以来,国内语言学界接触到了格林伯格的工作,并结合70年代末以来社会科学院的刘坚先生和江蓝生先生的历时句法研究工作,类型学开始起步。早期开拓性的工作是朱德熙先生做出的。朱德熙在1980年的一篇论文中从对比的角度考察了北京话的多义助词"的"及其在广东话(粤语)、文水方言(晋语)和福州方言(闽语)中的对应形态。1985年的另一篇文章讨论了汉语中一种特殊的问句——反复问句句式,并指出在汉语方言中反复问句体现为【动词-否定词-动词重叠】的形式,或者【副词-动词】的形式。朱德熙先生对于反复问句这一语言类型跨方言的分布的研究,启发了后辈学者(如张敏1990),在随后数十年里,这一问题引起了方言学界持续的兴趣,从样本数量、地域分布、句子结构等多方面进行了综合全面的考察。反复问句的研究也堪称是成功的类型学研究范例。

其中一类反复问句形式,称为A-不-A形式,其中动词重叠,且在两个形式相同的动词形式之间嵌入否定词,以汉语普通话为例(完成体情形下使用"没",其他情形下使用"不")。

(29)　　**A-不-A 型问句**
　　　　a. 你知道不知道?
　　　　b. 你吃没吃饭?

另一类反复问句形式称为"K-VP 问句形式",其中动词前附着一个疑问词素,使全句带有疑问解读。这个词素在不同汉语方言中有所不同。

(30)　　**K-VP 型问句**
　　　　a. 你可睡觉?(北方方言,信阳话)
　　　　b. 耐阿晓得?(吴语,苏州话)
　　　　c. 你格上街?(北方方言,昆明话)

反复问句的分布与正反问句,如英语的 yes-no 倒装问句和汉语的"吗"问句不同。比如,在许多方言中,A-不-A 型问句和 K-VP 型问句可以出现在宾语从句的环境下,但是"吗"问句不可以。

(31) a. 我不记得【他说没说过】。
　　　b. 我不记得【他可曾说过】。
　　　c. *我不记得【他说过吗】?

反复问句也不同于选择问句("A *or* B"型问句),如反复问句不能兼容于全部的从句环境,只能带一正一反两个备选项,而且疑问焦点的词类受到限制,只能接谓词(动词或者形容词)。因此,从类型学的角度,汉语中的反复问句是一种具有重要意义的独特疑问类型。

张敏(1990)等人的研究还发现两类反复问句呈现复杂的分布,如某些方言允许两类融合的形式,即 K-V-neg-V 形式,或者与"吗"连用的情形。江蓝生先生(1990)从历时演变的角度,注意到疑问副词"可"可能是从态度语助词语法化而来,这一轨迹是否在区域和跨语言的历时类型学考察中从其他语言得到验证,也极具价值。

其他研究集中在汉语的类型学系属、词序特征等语法特征以及历时类型学的考察上,提出了一系列重要的原创成果。下文将根据曹茜蕾等人(Chappell et al. 2007)发表于《语言类型学》上的中国类型学史综述文章,择取一些代表成果加以介绍。

1.3.1.1 历时类型学

历时类型学将类型学与历史语言学相结合,尤其关注语法化过程。其基本观点是,如果有证据建立起语言类型之间的联系,这些类型就可以在历时演变阶段中,或是在语法化过程中联系起来。历史类型学关注在形态句法变化中的可能性和其合理性的问题,并考察哪些变化是常见的,哪些是罕见的(Croft 1990,2003)。下文扼要介绍基于汉语方言得出的一些重要发现。

1.3.1.2 伴随格

伴随助词"with"语法化轨迹的问题一直是类型学研究的重要内容。《语法化世界词库》(Heine and Kuteva 2002)注意到,在不同语言中,伴随助词的语法化路径有多种,包括演变为并列连词、方式(manner)标记、夺格或工具格和施事标记等。AVO语言一般常见的两个语法化轨迹为:

(32) a. 伴随助词>并列连词;
    b. 伴随助词>工具助词>方式助词。

吴福祥(2003)根据对汉语方言的共时类型学考察,首次指出上述语法化轨迹与伴随助词相对于动词的位置相关。轨迹(32a)见于伴随助词在动词之前的语言,轨迹(32b)则出现在伴随助词置于动词后的语言。刘坚先生与法国学者阿兰·贝罗贝(Alain Peyraube)针对汉语族语言伴随助词与并列连词的关联,提出了如下假设:伴随助词"同""和""跟"不是直接由动词演变而来,而是由介词演变而来,而介词本身又是从动词演变而来(Liu and Peyraube 1994)。具体地,他们提出两个链式的语法化过程:

(33) a. 动词>副词>介词>连词(如"同"和"共");
    b. 动词>介词>连词(如"和""跟",包括古汉语的"及"和"与")

借由链式的路径,这些助词在不同的历史时期演变为并列连词。

1.3.1.3 否定词

Croft(1991)的研究发现,世界上的语法存在从否定存在副词到一般否定副词的语法化轨迹。张敏(Zhang 2002)以Croft(1991)的研究为基础,对汉语方言的否定词历时类型学进行了考察。张敏提出,方言之间否定词语法化的速度不同。语法化速度快的方言,如广西玉林方言(平话区),已经完成了两个周期的语法化过程。每个周期都是"拥有"类动词与一般否定标记融合成新的否定存在标记。一般的否定标记此时作为无标记形式,用于否定现在和未来的事件,而否定存在标记(作为有标记形式)则用于否定过去的事件。张敏还发现北方方言、上古汉语和中古汉语中也存在类似发展轨迹。

1.3.1.4 被动标记

汉语对类型学研究的另一重要贡献是被动标记来源的问题。传统的语法学家已经注意到汉语史上使役动词演变为被动标记的现象。桥本万太郎先生(1987)和江蓝生先生(1990)等发现,北方汉语口语中被动标记的来源多为"问"类或"叫"类动词,这类动词先发展为使役动词,再进而发展为被动标记。从遭受义发展而来的被动标记"被"虽也保留,但往往用于书面场合。这种来源的模式类似于与北方汉语毗邻的阿尔泰语言。而南方汉语方言的被动标记一般来源于"给予"类动词,这一点上可以与东南亚的许多不相关的语言联系起来。这种南北差异可能来自历史上的语言接触(桥本提出北方汉语的阿尔泰化假说),也可能由独立的机制造成。张敏(2000)注意到,使役动词到被动标记的语法化过程普遍出现在大量不相关的语言中。在以"给予"类动词为来源的情况下,使役阶段充当了这类动词和被动标记之间的关键联系。因此,以"给予"动词为来源的被动标记并不是直接从这些动词中衍生出来的,而是从使役动词中演化出来的(蒋绍愚 2002)。语言中被动标记往往呈现下列两组关联中的一种情形:

(34) **被动标记的两组关联**

    a. 要么是"给予"类动词与使役动词、与格标记和被动标记有相同/相似的形式。

    b. 要么是被动标记仅与使役动词有相同/相似的形式。

似乎找不到语言是使用同一种形式标记"给予"动词、与格标记和被动标记,但是不用来标记使役动词的。由于直接由"给予"类动词发展为被动标记的情况不常见,而被动标记直接从使役关系中语法化而来的情况却很常见,因此可以提出以下的蕴涵共性(Chappell and Peyraube 2006)。

(35) 被动标记的蕴涵共性
  a. 如果一种语言有一个被动标记,并且其来源是"给予"类动词,那么它必然有一个使役动词,其来源同样是"给予"类动词,即
  b. (给予>被动标记)→(给予>使役)

1.3.1.5 地理类型学

桥本万太郎先生(Hashimoto 1976,1986)根据语音、词汇和句法的主要类型学特征,提出汉语方言的南北划分,并猜测南北汉语分别受与之长期接触的北方阿尔泰语和南方侗台语影响。这一研究开拓了汉语地理类型学这一学科。表1.10列出了这两个区域内汉语的一些不同趋势。

表 1.10 根据桥本的南北划分得出的一些汉语方言规律

北 部 地 区	南 部 地 区
阿尔泰化(北方汉语)	壮侗化(南方汉语)
以重音为主,音调较少	音调较多
多音节词的比例较高	单音节词的比例较高
量词较少	量词较多
偏向修饰语在前中心语在后的语序	偏向中心语在前修饰语在后的语序
双及物动词带 IO-DO 词序	双及物动词带 DO-IO 词序
副词在动词前	存在句尾副词的可能性

余霭芹先生在桥本先生基础上,做出了许多开创性贡献,如进一步发现中国语言之间的类型学差异,并结合这些问题为类型学者编写了一部田野调查中国语言的手册(Yue-Hashimoto 1983)。罗杰瑞先生进一步完善了桥本的南北划分(Norman 1988),并在中国中部增加了第三个区域,指出该区域的汉语方言属于南北过渡语言,可以找到介于表1.10中南北类型特征之间的类型。

1.3.1.6 中国语言简志

另一项类型学研究的重要工作是调查了中国的少数民族语言。从 1980 年到 1988 年,中国社科院和中央民族大学的语言学者先后编著了 55 种少数民族语言的语言简志,由民族出版社出版。代表性的简志有《独龙语简志》(孙宏开 1982)、《佤语简志》(周植志、颜其香 1984)、《苗语简志》(王辅世 1985)、《阿昌语简志》(戴庆厦、崔志超 1985)、《鄂温克语简志》(胡增益、朝克 1986)等。

1.3.2 21 世纪的中国类型学

进入 21 世纪,中国语言类型学研究的队伍迅速地壮大,根植于中国境内广袤而多元的语言资源,产出了大量原创研究,在深度和广度上都取得了突破。

1.3.2.1 综合著作

其中最能体现经验研究方法和大(语言)样本量的要数几部工具书和地图的出版。2007 年出版的《中国的语言》由中国社会科学院民族学与人类学研究所组织国内少数民族语言学界的 90 多位专家参与编写,凝结了国内几代语言学家的心血,堪称中国类型学研究史上里程碑式的事件。这部专著以全面的资料和新颖的观点系统介绍了中国境内语言的种类、分布及现状,覆盖了语音、词汇和语法各方面并在讨论中考察了所涉及语言的类型特征。所考察的语言脱离传统少数民族分类的藩篱,包括了近年来新发现的语言、混合语等共计 129 种语言。作者们也对一些类型学界存在争议的理论问题,如谱系分类上的困难和不确定性,语言和方言的界限等,在文中大胆提出了自己的原创观点。

由中澳两国学者合作编著[斯蒂芬・沃姆(Stephen Wurm)和李荣教授联合主编]的《中国语言地图集》于 1987 年出版第一版,2008 年由张振兴教授领导推出了修订第二版。新版参照《世界语言结构地图集》(WALS)的设计架构(见上文 1.2.3 小节),选取语言变量,针对变量类型,以地图的形式给出对应的样本语言在给定类型下的分布情况,覆盖语音、词汇和句法特征诸方面。曹志耘教授团队也应用类似的语言变量分布框架,出版了《汉语方言地图集》,同样分设语音、词汇、语法三部分,全部数据都来自统一的实地考察,反映了20世纪汉语方言的基本面貌。

普通语言学的国内权威期刊《中国语文》《外语教学与研究》上发表的类型学论文越来越常见。由中国社会科学院语言研究所和《中国语文》编辑部组织的专门致力于研究语言类型学问题的《语言类型学国际学术研讨会》从2011年开始每两年举办一届,截至2021年已举办五届,参与人次和覆盖面逐年扩大(以第五届研讨会为例,口头报告包括了语音、词汇、语义和语法的25个单元)。

近二十年来,在早年民族语言简志的基础上,通过细微描写和全面分析研究汉语方言和少数民族语言的著作大量涌现。代表性的语法著作包括《满语语法》(Gorelova 2002)、《毛难语语法》(Lu 2008)、《羌语语法》(LaPolla 和 Huang 2003)、《凉山彝语语法》(Gerner 2013b)和《闽南语语法》(Chen 2020)等。

1.3.2.2 前人类型学著作概述

值得一提的是,近年来国内还出版了几部各具特色的语言类型学教材。其中,刘丹青教授的《语言类型学》(2017)是在多年来大学授课的讲义基础上写成。该著作凝聚了作者在国内语言类型学前沿从事研究的思考,侧重于对类型学作为一种研究方法的阐述,为了体现类型学的方法论特点而有针对性地择取若干话题(如词序类型学)作通俗而深入的讨论。该书的理论性还体现在系统性地介绍了刘丹青教授首创的"语言库藏类型学"思想。从库藏的内涵和理论背景出发,刘著扼要探讨了这一理论框架在形态、句法、语义语用等领域上的具体运用。因而该书是系统了解库藏类型学的不可缺少的专著。

由陆丙甫教授、金立鑫教授主编的《语言类型学教程》(2015)由国内11位知名类型学者分章撰写,既注重对语言类型学主要概念和方法的引入,也提供数量可观的具体语料支撑。由于著作的性质是合作撰写,章节之间并不力求建构在相同的理论基础上,而是充分反映不同学者各自的知识背景和研究取向,体例也不苛求统一(如每章有自己的参考文献部分)。相应的,该著作与本书虽然都是侧重实证描写,但在风格和内容上差别较大。本书所有部分都来自两位作者的统一撰写,因此所选取的反映语言变异的逻辑变量始终保持一致,从而全书的概念、理论和课题也都建构在统一的基础上,体例也保持一致。本书选取的具体语料几乎全部直接引自发表于第一手数据的参考语法或论文,具备极高的实证价值。

第 2 章　共性、类型和取样

2.1　共性和类型

在社会科学和语言学中，**属性**（attribute）指一个人、事物或语言所具有的一种特性。属性之间往往互相关联，构成一个逻辑集合。一个属性的逻辑集合被称为一个**变量**（variable）。以汉语举例。汉语陈述句中使用 AVO（主语-动词-宾语）作为基本词序。因此，AVO 词序是汉语的一个属性，而 AOV 词序是日语的一个属性。所有六种可能的词序（AOV、OAV、AVO、OVA、VAO、VOA）合在一起，构成了一个逻辑上的属性集合，一个变量，即词序变量。

我们有了这些概念以后，就可以定义简单语言共性和复杂语言共性这两个概念。**简单语言共性**（simple language universal）是一个对世界上所有语言都适用的属性，而**复杂语言共性**（complex language universal）是对所有语言都适用的一种不同属性之间的逻辑关系（=逻辑并取、逻辑析取或蕴涵型）。例如，如果所有的语言都有相同的词序 AVO,那么这将是一个普遍的词序，一个简单语言共性。（关于复杂语言共性的例子，见 1.1.1.2 和 1.1.2 节）语言共性对所有语言都有效，没有例外。如果某一属性允许有例外，但仍然适用于所有语言里很大的一部分，则有时用**概率共性**（probabilistic universal）这一术语指代这类属性。

一个语言共性定义一种语言类型。不是共性的属性可以定义出至少两种语言类型：那些拥有该属性的语言和那些不拥有该属性的语言。词序变量虽然不是一种共性的属性，但却定义了六种语言类型。对于这六种词序中的每一种，都有以这种词序为基本词序的语言。最常见的词序是 AOV,世界上有 45% 的语言使用这种词序（见第 7 章）。

语言类型学的任务是寻找语言共性,也寻找语言类型的频率分布。类型学研究是一种实证研究,语言共性和语言类型都是在可观测到的语言数据的基础上建立的。由于验证世界上所有 7,000 种语言的属性是不可行的,学者一般会构建小一点的语言样本,以某种适当的方式代表所有语言。第 2 节将讨论不同的抽样方法。为了说明问题,我们在这一节中假设我们已经收集了 200 种语言的样本,并且能参阅已出版的语法。为了更好地了解语言共性和语言类型,我们需要探讨变量的性质(2.1.1 节)和不同变量之间存在的逻辑关系(2.1.2 节)。

2.1.1 单变量

心理学家史蒂文斯发表了一篇开创性论文,其中区分了四种变量(Stanley Stevens 1946)。他本人称其为一个变量的四个测量层次:**名目**(nominal)变量、**次序**(ordinal)变量、**等距**(interval)变量和**等比**(ratio)变量。这些概念在过往 70 多年间对人文科学、社会科学和自然科学有很大的影响,被广泛用于自然现象的统计建模中。在 2.1.1.1 至 2.1.1.4 小节中,我们将重点讨论它们在类型学研究中的作用。

2.1.1.1 名目变量

名目变量(nominal variable)由两个或多个属性组成,不包含数值结构。它的属性"仅通过名称"来区分,因此被称为名目变量。语言学中许多属性属于名目变量,如**声音**(辅音、元音)、**数**(单数、复数)、**性别**(阳性、阴性、中性)、**生命度**(有生命、无生命)、**词缀**(前缀、中缀、后缀)、**小句**(陈述句、疑问句、命令句)、**词序**(AOV、OAV、AVO、OVA、VAO、VOA)。本章(1)至(3)中给出了若干作为语言共性的名目属性的例子,以及具有概率共性和产生语言类型的名目属性的例子。

（1）a. 所有语言　　　　存在辅音　　　　A
　　　b. 所有语言　　　　存在疑问句
（2）a. 大多数语言　　　存在后缀
　　　b. 大多数语言　　　存在祈使句
（3）a. 一些语言　　　　使用 VAO 词序
　　　b. 一些语言　　　　使用阳性归类的名词

像(1)和(2)中的说法，我们可以用刚才假设的 200 种语言样本里的语法中的实证数据来进行检验。要说明(1)中表述了一个语言共性，在"¬A"（非A）下面的单元格中的频率分布必须有零值。要说明(2)中的概率共性现象，深色单元格中的频率分布不能超过 10% 或 5% 的样本量（即该规则的例外处于这一范围内）。要说明(3)中语言类型的存在，频率分布必须在"A"下面的单元格中出现大于零的数值。

表 2.1　六个名目变量的频率分布

		A	¬A	依托的来源
绝对共性	辅音	200	0	Maddieson（2013b）
	疑问句	200	0	Whaley（1997: 32）
概率共性	后缀	≥190	≤10	Bybee 等人（1990）
	祈使句	≥190	≤10	Whaley（1997: 32）
语言种类	VAO 词序	19	181	Hammarström（2016）
	阳性格	65	135	Corbett（2013）

2.1.1.2　次序变量

次序变量（ordinal variable）就像名目变量一样有两个或更多的属性，但同时还具有一种数值结构，尤其是有一种对属性排序的次序。虽然次序变量在许多语言学的子学科中都要用到，但在类型学中的作用尤为突出，因为它以蕴涵层级的形式出现。参考下例(4a)。次序变量或层级结构将排名最高的属性放在首位,将排名最低的属性放在最后。如(4b)所示,这些处于排序中的属性通过一系列蕴涵共性互相联系起来。这些蕴涵共性通常可以翻译成如(4c)这样的语句。

(4) **蕴涵层级结构**

    a. A>B>C>D

    b. 对于所有 X, Y ∈ {A, B, C, D} 且 X>Y,蕴涵关系 Y→X 代表一条复杂语言共性。(For all X, Y ∈ {A, B, C, D} with X > Y, the implication Y→X is a complex language universal.)

    c. 每个为 Y 标记的语言也为任何更高排序的属性 X 标记,X>Y 且 X, Y ∈ {A, B, C, D} (Every language marked for Y is also marked for any higher-ranking X > Y with X, Y ∈ {A, B, C, D})。

当蕴涵层级规律是一种共性规律且不存在例外的情形下,一个层级可以定义 $n+1$ 个语言类型组成的集合,其中 n 为层级中的数量值。这些语言类型可以由以下的属性矩阵导出。

表 2.2 从蕴涵层级结构衍生出的语言类型

语言类型	A	B	C	D
1	+	+	+	+
2	+	+	+	−
3	+	+	−	−
4	+	−	−	−
5	−	−	−	−

层级结构在音系类型学、形态类型学和句法类型学中都作为一种方便的描述工具使用。一些较有影响的层级结构包括 Ferguson(1974)阐述的鼻音层级结构,Corbett(1991:78)的数层级结构和 Blake(1994:89)的格层级

结构。这些层级结构能够对世界上的语言中某些声音的存在或者某些语法标记的存在做出预测(第 10 章、第 15 和 16 章中对蕴涵层级结构有更多讨论)。

(5) a.(音系学)　鼻音层级：　　n>m>ɲ
　　b.(形态学)　数范畴层级：　单数>复数>双数>三数
　　c.(句法学)　格范畴层级：　主格>宾格>属格>与格>位格

根据音系学的鼻音层级 n>m>ɲ,可以预测存在有四种语言类型:第一种类型没有这些鼻音辅音,第二种类型有一个,第三种类型有两个,第四种类型三个鼻音都有。目前为止,虽然还没有一个类型学家给出这几种类型的频率分布,但这是可以做得到的。为了说明这一点,我们根据上文提到的 200 种语言的样本,给出假设的数字。

表 2.3　鼻音层级对应的语言类型

语言类型	n	m	ɲ	频率	例　　子
1	+	+	+	40	布列塔尼语(Press 1986:32)
2	+	+	-	134	德语(Wiese 1996)
3	+	-	-	23	维奇塔语(Rood 1976)
4	-	-	-	3	皮拉哈语(Everett 1986)

2.1.1.3　等距变量

等距变量(interval variable)有许多可转换为数值的属性,同时还允许两种算术运算:+(加法)和-(减法)。以摄氏度为单位的温度就是一类等距变量。在语言类型学中,等距变量可以作为计数变量从其他变量中衍生出来。如**辅音**(p、t、k……)、**颜色词**(黑、白、红、黄、绿、蓝……)或**格**(主格、宾格、属格……)等变量在具体的语言中有一定数量的属性。汉语有 22 个辅音,英语有 24 个;泰米尔语有 6 个颜色术语,俄语有 12 个;拉丁语有 6 个格,匈牙利语有 21 个。

(6) a.（音系学） 辅音的数量： **6≤n≤88**
　　b.（词汇学） 颜色术语的数量： **2≤n≤12**
　　c.（句法学） 格的数量： **2≤n≤21**

因此，与特定的语言变量相关的计数变量对每个数值 n 都定义了一个语言类型，该类型中的语言拥有一个正好有 n 个项目的系统（辅音、颜色术语、格）。试考虑世界语言中颜色术语的数量。Berlin 和 Kay(1969)发现语言中颜色术语的数量范围在 2 到 12 项之间。非派生颜色术语指的是该颜色可以用在多个语境下（"blond""金色"不符合这个条件，因为不可以说*"blond clothes"，也即是说 blond 不能在多个语境下用，而是限定语境的），且不能是其他颜色的一种（可以排除汉语中的"粉红色"，因为它是红色的一种，也可以排除英文中的"azure""天蓝色"，因为它是"blue""蓝色"的一种）。

色彩对立(color opponency)是一种源于 19 世纪的神经学色彩理论。根据这一理论，有六种颜色是神经学意义上的基本色，构成三种互为对立的对：黑-白、绿-红、黄-蓝。如果一门语言的颜色术语少于六，这些术语的适用范围就会很广。如在印度尼西亚有 9 万人使用的大谷达尼语（Grand Valley Dani）只使用两个颜色术语。一个术语涵盖了"白色/红色/黄色"的范围，另一个则涵盖"黑色/绿色/蓝色"的范围。基于这一考虑，可以看出语言具备以下的非派生颜色术语系统（Berlin and Kay 1969；Kay and Maffi 1999）。

表 2.4　按颜色术语的数量划分的语言类型

数	术语T1	术语T2	T3	T4	T5	T6	T7	T8	T9	T10	T11	T12	例子
2	白/红/黄	黑/绿/蓝											达尼语（Bromley 1967）
3	白	黑/绿/蓝	红/黄										隆达语（Turner 1966）
4	白	黑/绿/蓝	红	黄									伊博语（Berlin 1969）

续 表

数	术语 T1	术语 T2	T3	T4	T5	T6	T7	T8	T9	T10	T11	T12	例子
4	白	黑	绿/蓝	红/黄									哈努诺语（Conklin 1955）
5	白	黑/蓝	绿	红	黄								泽套语（Berlin 1969）
5	白	黑	绿/蓝	红	黄								达扎加语（Le Coeur 1956）
6	白	黑	绿	蓝	红	黄							泰米尔语（Gardner 1966）
7	白	黑	绿	蓝	红	黄	棕						马拉亚拉姆语（Goodman 1963）
8	白	黑	绿	蓝	红	黄	棕	紫					乌尔都语（Berlin 1969）
9	白	黑	绿	蓝	红	黄	棕	灰	粉红				越南语（Nguyen 1995）
10	白	黑	绿	蓝	红	黄	棕	紫	橙	灰			汉语普通话
11	白	黑	绿	蓝	红	黄	棕	紫	粉红	灰	橙		英语
12	白	黑	绿	浅蓝	红	黄	棕	紫	粉红	灰	橙	深蓝	俄语（Goddard 2003）

等距变量可进行加减法算数演算。比如，可以说越南语和乌尔都语相差一个颜色术语（1=9-8）。

2.1.1.4 等比变量

等比变量（ratio variable）就像区间变量一样有许多属性，可以转换为数值。等比变量还具有÷（除法）算术操作，这是区间变量所不具备的。等比变量多用于物理学和自然科学，如测量长度和质量。在语言类型学中，当我们对两种形式的集合之间比例的大小进行跨语言比较时，就会涉及等比变量。

例如,一种语言中辅音和元音的比例,或后缀和前缀的比例对了解该语言的构成可以提供有用的信息。

(7) a.（音系学）　　辅音-元音的比例　　**0.73≤x≤31**
　　 b.（形态学）　　后缀-前缀比率　　　**a≤x≤b**

目前为止尚无人详细研究过世界语言中后缀和前缀之间的比例。但 Bybee 等人（1990）曾做过粗略估计,发现后缀比前缀更常见,比例为 3∶1。这种说法背后假定每一种语言或者是有后缀,或者是有前缀。现实中语言可能同时包含一定数量的后缀和前缀。另一方面,Maddieson（2013c）计算出了 564 种语言中辅音-元音比例的分组频率分布。

表 2.5　部分语言中的辅音-元音比

语言	辅音	元音	比例	参考文献
安多克语	11	15	0.73	Landaburu（2000）
汉语普通话	22	21	1.05	Li and Thompson（1981）
罗托卡斯语	6	5	1.2	Firchow（1969）
英语	25	18	1.39	Giegerich（1992）
绿苗语	54	13	4.15	Lyman（1979）
卡尔库同语	20	3	6.67	Blake（1979）
圭语	88	12	7.33	Nakagawa（1996）
列兹金语	54	6	9	Haspelmath（1993）
柏柏尔语	38	3	12.67	Quitout（1997）
卡巴尔迪安语	49	2	24.5	Colarusso（1992）
阿布哈兹语	62	2	31	Chirikba（2003）

表 2.5 是另一项独立研究中计算得出的部分语言中辅音-元音的比率。有两种语言值得注意,在哥伦比亚有 370 人使用的安多克语（Andoque）的比

率最低,为 0.73(元音多于辅音),而格鲁吉亚有 20 万人使用的阿布哈兹语的比率最高,为 31(62 个辅音,只有 2 个元音)。

2.1.2 两个或多个变量

我们在 2.1.1.2 节中探讨的蕴涵层级,定义了拥有两个或多个**相同变量**属性的语言类型。在这一节中,我们研究拥有**不同变量**属性的语言。属于不同变量的属性可以通过逻辑并关系(2.1.2.1 节)、析取关系(2.1.2.2 节)或蕴涵关系(2.1.2.3 节)关联起来。每种关联关系都有其特有的频率分布,我们以我们假设的 200 种语言样本为例加以说明。

2.1.2.1 逻辑并取

当我们有两个属性 A 和 B 时,我们可以提出形如"A 和 B"的共性规律。这类共性表述被称为逻辑**并取共性**(conjunctive universal)。试考虑格林伯格(Greenberg,1963)列出的 45 个语言共性中的两个简单共性第 14 条和第 42 条。

(8) a. **共性 14**: 在条件语句中,条件句在结论之前,这是所有语言中的正常顺序(In conditional statements, the conditional clause precedes the conclusion as the normal order in all languages)。

    b.   **A**:   在一个条件句中,前项通常在后项之前。

(9) a. **共性 42**: 所有语言都有涉及至少三个人称和两个数的代词类别(All languages have pronominal categories involving at least three persons and two numbers)。

    b.   **B**:   代词系统对三个人称和两个数进行编码。

(10)   **A∧B**: 在条件句中,前项通常在后项之前,代词系统编码三个人和两个数。

格林伯格的原始表述在(8a)和(9a)中,而较短的版本在(8b)和(9b)中给出。这两条共性都涉及名目变量。共性第 14 条似乎是可靠的,已经在 Comrie(1986:83)的条件句类型学研究中得到证实。共性第 42 条似乎也被后来的研究验证过(例如 Ingram 1978：227)。因此,逻辑并取下的陈述也肯定是一个语言共性。如果我们在我们假设的 200 种语言的样本中独立检查这一点,我们应该得出表 2.6 中的频率分布。为了证明一条逻辑并取共性,频率分布必须在深色单元格中显示零值。深格中全部为零值,体现了并取性。

表 2.6 逻辑并取共性的频率分布

	B	¬B	合计
A	200	0	200
¬A	0	0	0
合计	200	0	200

2.1.2.2 逻辑析取

我们也可以假设一个"A 或 B"的共性,称为逻辑**析取的共性**(disjunctive universal)。这种类型在类型学文献中不常被提出。我们看下方的例子。有些语言没有系动词"be",另一些语言没有不及物动词"exist"(与"be"不同),但似乎没有一种语言同时缺少这两类动词。因此,我们可以提出以下逻辑析取的共性。

(11) **A**： 有一个系动词"be"。

(12) **B**： 有一个不及物的非系动词"exist"。

(13) **A∨B**： 有一个系动词"be"或者有一个不及物的非系动词"exist"。

如果 200 种语言中的频率分布满足以下的条件,我们就可以假定存在逻辑析取共性：(i) 零值必须出现在深色单元格中(没有语言同时缺少"be"和"exist");(ii) x、y 和 z 可以是任何数字,但相加必须为 200,即 x+y+z=200;(iii) z>0(如果 z=0,频率分布将是蕴涵共性而不是析取共性)。

共性(13)的背景是另一条共性,由 Harves 和 Kayne(2012)提出,现在已经被证实不成立。这条共性的表述是："所有具有对应于'need'的及物动词的语言也有对应于'have'的及物动词"。尽管 Antonov 和 Jacques(2014)用几

第 2 章 共性、类型和取样

表 2.7 逻辑析取共性的频率分布

	B	¬ B	合 计
A	x	z>0	x+z
¬ A	y	0	y
合计	x+y	z	200

个反例推翻了这一共性,但学者们仍然执着于寻找类似的共性。由于缺乏系统的类型学数据,我们只是试探性地给出(13)中的析取共性。但它看上去比较可信。

如果一种语言有系动词的话,系动词应该用于名词性谓语,也可以用于形容词性谓语,但不太常见。存现动词出现在存在性结构中,有时也出现在领有性结构中。下文给出的语言分别代表 A∧B、¬ A∧B 和 A∧¬ B 这几种类型。似乎找不到一种语言呈现¬ A∧¬ B 这种类型。

汉语系动词为"是",不及物存现动词为"有",领有句中也作为及物动词使用。系动词通常不连接形容词谓语(Li and Thompson 1981)。

(14)　汉语　　　　　　　　　　　　　　　　　　　　　　　类型 A∧B

　　a. 张三　　是　　　老师。　　　　　　　　　名词谓语句
　　　 Zhangsan　COP　　teacher
　　　 "Zhangsan is a teacher."

　　b. 水瓶子　　空　　了。　　　　　　　　　　形容词谓语句
　　　 water bottle　empty　DP
　　　 "The water bottle is empty."

　　c. 外面　　有　　　一　　只　　狗。　　　　存现句
　　　 outside　exist　　NUM.1　CL　dog
　　　 "Outside there is a dog."

　　d. 他　　有　　　房子。　　　　　　　　　　领属句
　　　 3.SG　have　　house
　　　 "He has a house."

僧伽罗语(Sinhala)是斯里兰卡的官方语言,有1,700万人使用,它缺乏系动词但存在不及物存在动词"tiye"。这个动词也出现在领有句中,其中领有者是带与格标记的**斜论元**(oblique argument)(Morales 2006)。

(15) 僧伽罗语(印欧语系,斯里兰卡境内使用)　　类型¬A∧B

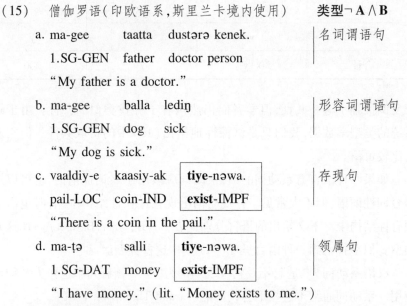

a. ma-gee　　　taatta　　dustərə kenek.　　　名词谓语句
　　1.SG-GEN　father　　doctor　person
　　"My father is a doctor."

b. ma-gee　　　balla　　lediŋ　　　　　　　　形容词谓语句
　　1.SG-GEN　dog　　　sick
　　"My dog is sick."

c. vaaldiy-e　　kaasiy-ak　　**tiye**-nəwa.　　　存现句
　　pail-LOC　　coin-IND　　**exist**-IMPF
　　"There is a coin in the pail."

d. ma-ṭə　　　salli　　　　**tiye**-nəwa.　　　领属句
　　1.SG-DAT　money　　　**exist**-IMPF
　　"I have money."(lit. "Money exists to me.")

中国东北地区的濒危语言满语中系动词的用途广泛。它与名词和形容词谓语一起出现,也在存在式和领有式结构中作为存现动词使用(Gorelova 2002)。

(16) 满语(阿尔泰语系,中国境内使用)　　类型A∧¬B

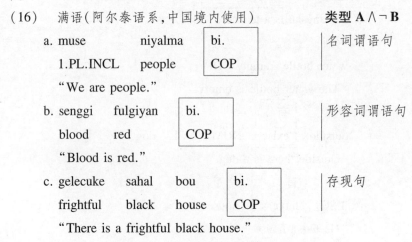

a. muse　　　niyalma　　bi.　　　　名词谓语句
　　1.PL.INCL　people　　　COP
　　"We are people."

b. senggi　　fulgiyan　　bi.　　　　形容词谓语句
　　blood　　red　　　　　COP
　　"Blood is red."

c. gelecuke　sahal　　bou　bi.　　存现句
　　frightful　　black　　house COP
　　"There is a frightful black house."

d. sin-de   sain   bithe | bi | 领属句
2.SG-DAT   good   book | COP |

"You have a good book." (lit. "A good book is to you.")

2.1.2.3 逻辑蕴涵

到目前为止最常见的复杂共性是逻辑蕴涵共性。它的有效性受到一个前提条件限制。考虑一下格林伯格45条共性中的两条共性。我们首先看一下格林伯格对共性3和4的原始表述。由于它们的蕴涵结构不够明显,我们在(17b—d)和(18b—d)中提供更简短的一种逻辑形式。

(17) a. **共性3**:具有主导性VAO词序的语言总是介词性的(Languages with dominant VAO order are always prepositional)。

    b. **A**:   一种语言有主导的VAO词序。

    c. **B**:   一种语言使用介词。

    d. **A→B**: 如果一种语言有主导的VAO词序,那么它就会使用介词。

(18) a. **共性4**:在绝大多数情况下,具有正常AOV词序的语言带后置介词

(With overwhelmingly greater than chance frequency, languages with normal AOV order are postpositional)。

    b. **A**:   一种语言有主导的AOV词序。

    c. **B**:   一种语言使用后置介词。

    d. **A→B**: 如果一种语言有主序AOV,那么它就会使用后置介词。

逻辑蕴涵的真值行为比较奇怪。形如A→B的蕴涵总是为真,除非A为真,B为非真。因此,要证实共性3不成立,必须找到一种主导词序为VSO,且有后置介词的语言。此外,除非找到一种具有主导词序为VSO,且有后置介词的语言,否则共性4都成立。我们必须注意到,格林伯格的45个共性仅仅建立在30种语言的样本上,而大多数类型学家都会认为以现代标

准来看，这是不够的。我们利用假设的 200 种语言的样本，如果频率分布在深色单元格中显示为零值，那么共性 3 和 4 将是有效的。这里 x、y 和 z 的值任意，唯一的约束条件是 x+y+z=200。A∧¬B 单元格中出现零值说明蕴涵成立。

表 2.8 共性 3 和 4 的频率分布

	B	¬B	合计
A	x	0	x
¬A	y	z	y+z
合计	x+y	z	200

然而，我们可以找到不符合共性 3 和共性 4 的语言，从而将这两条转为概率共性。格林伯格在提出共性 4 时已经意识到了这种可能性。墨西哥纳亚里特州 33,000 人使用的科拉语（Cora）构成共性 3 的一个罕见而重要的反例。科拉语有 VAO 词序，并使用后置词（Casad 1984：170, 238）。

(19) 科拉语（墨西哥境内，犹他－阿兹特克语系）

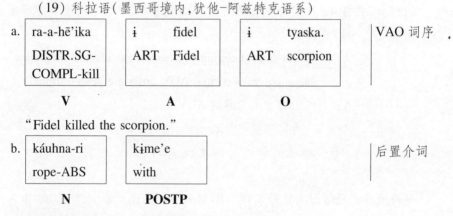

a. | ra-a-hē'ika | i fidel | i tyaska. | VAO 词序
　　DISTR.SG-　　ART Fidel　ART scorpion
　　COMPL-kill
　　　V　　　　　A　　　　O

"Fidel killed the scorpion."

b. | káuhna-ri | kɨme'e | 后置介词
　　rope-ABS　　with
　　　N　　　　POSTP

"with a rope"

坦桑尼亚有 60 万人使用的伊拉库语（Iraqw）在使用基本的 AOV 词序和介词方面与共性 4 构成矛盾（Mous 1992：226, 243）。

(20) 伊拉库语（坦桑尼亚境内，亚非语系）

第 2 章 共性、类型和取样

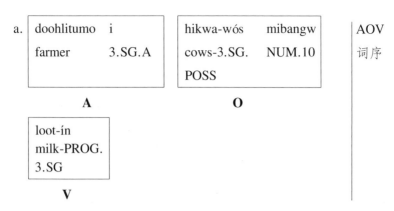

"The farmer is milking his ten cows."

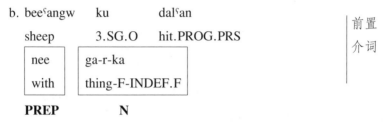

"The sheep is being hit with something."

格林伯格的 45 条共性中，大约有 15 条涉及三个变量，符合逻辑形式 (A∧B)→C。其中一个是共性 5，它将名词短语中的顺序与简单句中的顺序联系起来。

(21) a. **共性 5**： 如果一种语言有主导的 AOV 顺序，并且属词紧随支配名词，那么形容词也同样紧随名词（If a language has dominant AOV order and the genitive follows the governing noun, then the adjective likewise follows the noun）。

b. **A**： 一种语言有主导的 AOV 顺序。

c. **B**： 占有者名词跟在被占有者名词后面。

d. **C**： 形容词跟在名词后面。

e. (A∧B)→C： 如果一种语言有显性顺序 AOV，并且占有者名词在占有者名词之后，那么形容词在名词之后。

三个名目变量 A、B、C 共定义了 $2^3 = 8$ 种类型，我们的 200 个样本中的语言都分布在这些类型上。为了成为一个共性类型,零值必须出现在深色单元格中,所有单元格的总和必须是 200。

表 2.9 共性 5 的频率分布

	C	¬C	合 计
A∧B	x	0	x
¬A∧B	y	z	y+z
A∧¬B	t	u	t+u
¬A∧¬B	v	w	v+w
合计	x+y+t+v	z+u+w	200

然而这条共性也必须降级为概率共性。Lyle Campbell 等人(1988)发现了一种不符合共性 5 的语言,从而给出了反例。在厄立特里亚有一百万人使用的提格雷语(Tigre)中,基本词序是 AOV,领有者出现在被领有者之后,形容词出现在名词之前,违反了共性 5(Raz 1983: 32, 83, 95)。

(22) 提格雷语(厄立特里亚境内,亚非语系)

a. ḥa-mātu   nabra sannet   tə-wadde.   AOV
   3.SG.POSS- meal good   3.SG.F-   顺序
   mother-in-law   make.IMPF
   A   O   V

"His mother-in-law is making a good meal."

b. wa-dib   ʔab   la-ḥəsān   la-qablo.   占有
   and-to   father   DEF-boy   3.PL-return 结构
            被领有者 领有者

"They return to the boy's father."

"the big gate"

我们本节研究的三个共性中,共性4最强大,因为它能够对范围很广的语言作出预测,即所有满足"AOV词序"这一前提条件的语言。这就囊括了世界上45%的语言。共性3的预测力次之,其前提条件是"VAO词序"涵盖了世界上9%的语言。共性5是以共性4语言的一小部分为前提的,即那些符合"VAO词序和被领有者-领有者词序"这一复杂前提的语言。共性5只覆盖世界上不到5%的语言(关于这一点见第7章的详细介绍)。

2.2 抽样方法

为了确切地证明存在一个语言共性,我们需要检查地球上所有6,800种存在和灭绝的语言。这项任务不具备可行性,因为世上大多数语言都缺乏文献资料,只有1,200种语言留下了语言学家的描述。此外,已灭绝的语言无法再去记录(某些古典语言如文言文、拉丁文或梵文是例外,它们都留有大量文献记载),但同样值得研究,因为它们是人类历史的重要见证。尽管有这些限制,这1,200种语言在所有的语言中还是有代表性的,因为如果一个共性的东西在这1,200种语言中适用,那么它就毫无疑问地成立。然而,核查1,200种语言是一项繁琐的工作,因此,通常的做法是将类型学研究限制在更小的样本中,从100种到500种语言不等。

在社会科学和人文科学中存在两种基本的抽样方法:**随机抽样**(random sampling)和**比例抽样**(proportional sampling),在大多数情况下都用在**人的总体**(population of people)的统计上。随机抽样是任意选择总体人群中的部分成员,直到达到预期的样本量。比例抽样中的选择不是随机的,而是由所研究变量的人口结构决定。

在语言类型学中,我们是从所有**语言的总体**(population of all languages)中建立语言样本。随机抽样大致相当于所谓的(基于)**方便抽样**(convenience sampling)（见 2.2.1 节），而比例抽样则用于两种情况：**遗传性抽样**（genetic sampling）（见 2.2.2 节）和**区域抽样**（areal sampling）（见 2.2.3 节）。

2.2.1　（基于）方便抽样

在方便样本中，研究者选择有书面纪录的语言，或多或少带有随机性。格林伯格从 30 种语言的方便样本中建立了他的 45 个共性，他自己也承认其抽样是基于方便（Greenberg 1963：75）："这个样本的选择主要是为了方便。总的来说，它包含了我以前熟悉的一些语言，或者我能够获得相当详细的语法描写的一些语言。"

能否获取书面记录，以及有时对某些语言结构的熟悉程度，可能会影响到样本的选择。格林伯格的 30 种语言样本包括在下表中。以现代标准来看，其规模是不够的。在 1963 年，关于汉语的描述还不够充分，因此它不属于样本的一部分（英语也不在里面，另有原因）。

表 2.10　格林伯格（1963）根据 30 种语言得出的方便抽样调查结果

语　　言	语　　系	语　　言	语　　系
巴斯克语	孤立语	印地	印欧
柏柏尔语	非亚	意大利语	印欧
缅语	汉藏	卡纳达语	达罗毗荼
布鲁沙斯基语	孤立语	日语	日语族
奇布查语	奇布查语系	鲁利加语	帕马·努干
芬兰语	乌拉尔	马来	南岛
富拉语	尼日尔-刚果	毛利	南岛
希腊语	印欧	马萨伊语	尼罗·撒哈拉
瓜拉尼语	图皮	玛雅	玛雅语系
希伯来语	非亚	挪威语	印欧

续 表

语言	语系	语言	语系
努比亚语	尼罗·撒哈拉	泰语	壮侗
克丘亚语	克丘亚语系	土耳其语	阿尔泰
塞尔维亚语	印欧	威尔士语	印欧
桑海语	尼罗·撒哈拉	约鲁巴	尼日尔-刚果
斯瓦西里	尼日尔-刚果	萨波特克语	欧托曼格

方便抽样的问题是,某些语族或者地区的代表性可能过高或过低。例如,格林伯格样本中印欧语系的比例过高,为20%,而南亚语系的语言却没有被包括进来。因为这个原因,今天的语言类型学研究极少采用方便抽样。

2.2.2 遗传性抽样

艾伦·贝尔第一个提出基于遗传比例的系统抽样方法(Allan Bell 1978)。他的想法是,应该根据每个语族在总数为6,800的语言总体中所占的比例,确定其在样本中相应的比例。例如,南岛语族占世界语言的19%,因此当语言样本量为200个,南岛语族应该占其中的38个。

表2.11 六个最大语系的占比

语 系	语言数量	占世界语言的比例
尼日尔-刚果	1,514	22%
南岛	1,268	19%
跨新几内亚	477	7%
印欧	449	7%

续 表

语 系	语 言 数 量	占世界语言的比例
汉藏	403	6%
非亚	375	6%

贝尔的比例抽样法也招致了一些批评。语族的规模不一定是语言多样性的指标,也可以用特殊的历史因素来解释。在过去曾经发生过广泛迁徙的人口往往比一直定居的人口说的语言要多。例如,南岛语族的先民过去曾经在太平洋上的一片广阔区域范围内进行过多次迁徙,导致今日的南岛语有1,268种之多,然而这些南岛语在多样性上与有486种语言的跨新几内亚语族差不多,后者的先民并没有广泛迁移,而是一直定居在巴布亚新几内亚。

由于这些问题,里克霍夫(Rijkhoff)和他的同事(1993,1998)提出了一个改良版的遗传取样方法,把语族规模和多样性考虑进去。他们的取样方法需要对世界上的所有语言做遗传分类。目前有三个项目的学者对全世界6,800种语言进行了基因分类:**斯坦福共性项目**(The Stanford Universals Project:Ruhlen 1987)、**民族语项目**(The Ethnologue Project:Grimes 1997, Eberhard 2022)和 **Glottolog 项目**(The Glottolog Project:Hammarström 2022)。

在下文中我们介绍如何把里克霍夫的抽样方法应用于 Ruhlen(1987)的世界语言遗传分类系统。里克霍夫提出对每个语族给出**多样性值**(diversity value),这是一个衡量**语言家族树**(language tree)的深度和宽度的数值。语言家族可以理解为树状图,"根"在上面,"叶"在下面。根代表共同的祖先语言,中间节点代表中间的过渡祖先,叶子则代表现代的语言。

以由12种语言组成的小语族爱斯基摩·阿留申语族为例。爱斯基摩·阿留申语言分布在格陵兰、加拿大北部、阿拉斯加(美国)和东西伯利亚(俄罗斯)等区域,如下图所示。

图 2.1　爱斯基摩·阿留申语言的分布位置

（引自 Bloom 1999, Creative Commons 2.0 Generic license）

爱斯基摩·阿留申语家族树相对简单，只有四个中间层次。这十二种语言分类如下。

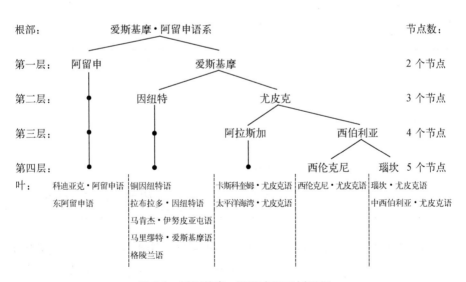

图 2.2　爱斯基摩·阿留申语系树形图

爱斯基摩·阿留申语系的多样性值（DV）根据以下公式计算。在这个公式中，L 是所考虑的语系中的中间层次的数量。对于爱斯基摩·阿留申语系，$L=4$。此外，L_{max} 不仅是爱斯基摩·阿留申语系的最大中间层次数，也是所有语系的最大中间层次数。在 Ruhlen 的分类系统中，$L_{max}=16$。在其他分类系统中，这一数值可能不同。

（23） **语系的多样性值（DV）**

  a. $L=$ 所考虑的语系中的中间层次数量（对于爱斯基摩·阿留申语系，$L=4$）；

  b. $L_{max}=$ 所有语系中的最大中间层次数量（在 Ruhlen 的分类系统中，$L_{max}=16$）；

  c. $N_0=0$；

  d. $N_k=$ 在第 k 级的节点数（$1<k<L$）；

  e. $DV = \dfrac{1}{L} \cdot \sum_{k=1}^{L}(L+1-k) \cdot \dfrac{(N_k - N_{k-1}) \cdot (L_{max} - (k-1))}{L_{max}}$。

上述（23e）给出了 Rijkhoff（1998）公式的具体演算（该公式可以递归推演）。表 2.12 给出爱斯基摩·阿留申语系的多样性值，为 3.34375。

表 2.12　爱斯基摩·阿留申的多样性值的计算

层　级	节点数	递　进	DV
1	2	8.0000+	
2	3	2.8125+	
3	4	1.7500+	
4	5	0.8125+	
		13.3750 →	$DV = \dfrac{13.3750}{4} = 3.34375$

Ruhlen（1987）的分类系统中的 27 个语系和 9 个孤立语的多样性值在 1 到 178.44 之间，汇总在表 2.13（Rijkhoff 1998：272）。因此，爱斯基摩·阿留申语系的多样性值 3.34 是处于较低的位置。里克霍夫和他的同事们提出对于样

本数为 n 的语言,可以遵循下列步骤构建样本。我们以样本数 200 为例说明。

(24) **建立 200 种语言样本的步骤**

a. **第一步**:选择所有的孤立语和从每个 $DV < \dfrac{S_{DV}}{200} = \dfrac{853.2}{200} = 4.266$ 的语系中选择一门语言(S_{DV} 为所有 DV 之和)。

b. **第二步**:令 M 为在第 1 步选择的语言数量。从每个 $DV \geq 4.266$ 的语系中选择 $(200-M) \cdot \dfrac{DV}{S_{DV}}$ 门语言(四舍五入到整数)。

c. **第三步**:由于四舍五入的原因,第 1 步和第 2 步中所选择的语言总数可能略低于或高于 200。从各语族中添加或删除语言,直到达到 200 的数字。

我们把这个步骤应用到 Ruhlen(1987)对 5,257 种语言的分类中,得出 200 种语言的样本(1980 年代还只有 5,257 种语言编入记录。这个数字后来多次修改,现在更准确的记录为 6,800 种)。因此,这个 200 种语言的样本准确代表了每个语族的规模和多样性。当涉及应该选择某一语系中的哪些语言的问题时,必须对语言组(或一级节点)重复这一步骤,这些语言组承担了之前"语系"所扮演的角色。

表 2.13　Ruhlen(1987)划分方式下构建的 200 门语言样本库

语系	语言	多样性值	第一步	第二步	第三步
非亚	258	55.53	0	12	12
阿尔泰	66	14.79	0	3	3
美洲(Amerind)	854	178.44	0	40	40
澳大利亚	262	67.58	0	15	15
大南方(Austric)	1,186	137.41	0	30	31
高加索	38	8.54	0	2	2
楚科奇·堪察加	5	2.47	1	1	1

续 表

语　系		语言	多样性值	第一步	第二步	第三步
埃兰·达罗毗荼		29	7.43	0	2	2
爱斯基摩·阿留申		9	3.34	1	1	1
印度·赫梯		180	39.71	0	9	9
印度·太平洋		748	123.39	0	27	28
科依桑		33	6.97	0	2	2
孤立语	巴斯克	1	1.00	1	1	1
	布鲁沙斯基语	1	1.00	1	1	1
	伊特拉斯坎语	1	1.00	1	1	1
	尼维克语	1	1.00	1	1	1
	胡里语	1	1.00	1	1	1
	愒语	1	1.00	1	1	1
	麦罗埃语	1	1.00	1	1	1
	纳哈里语	1	1.00	1	1	1
	苏美尔语	1	1.00	1	1	1
纳·德内		41	9.44	0	2	2
尼日尔-刚果		1,068	90.38	0	20	20
尼罗·撒哈拉		138	42.18	0	9	10
洋泾浜和克里奥尔		38	13.47	0	3	3
汉藏		268	38.52	0	9	9
乌拉尔·尤卡吉尔		27	4.93	0	1	1
合计		5,257	853.20	11	197	200

2.2.3 地域抽样

德赖尔（Dryer 1989，1992）对第 2.2.2 节中描述的遗传偏差问题提出了另一种解决方案。德赖尔放弃了语系的概念，将世界上的语言分为 252 个属（language genus），这些属是时间深度大致相同的语言组（如汉语族、日耳曼、蕃等）。他假设同一属的语言具有相同的类型学属性，例如具有相同的词序。这些属背后依托于共计 625 门语言的数据库，并与六个语言区域（非洲、欧亚大陆、东南亚和大洋洲、澳大利亚和新几内亚、北美洲和南美洲）联系起来。

有了这六个语言区域，就可以决定一种语言类型是全球覆盖还是局部覆盖。考虑两个名目变量 OV/VO 和前置介词/后置介词（并与 2.1.2.3 节中的共性 3 和共性 4 进行比较）。

(25) a. **A**: 一种语言有 OV 词序。
b. ¬**A**: 一种语言有 VO 词序。
c. **B**: 一种语言使用后置词。
d. ¬**B**: 一种语言使用前置介词。
e. **A→B**: 如果一种语言有 OV 词序，那么它就会使用后置词。
f. ¬**A**→¬**B**: 如果一种语言有 VO 词序，那么它就使用前置介词。

要使蕴涵共性 A→B 和 ¬A→¬B 对所有属和语言区域成立，必须在深色单元格中显示的值为零。由于有非零值，(25e—f) 的共性不成立。

表 2.14 OV/VO 词序以及跨属和跨语言区的介词

语言区域	A∧B	A∧¬B	¬A∧B	¬A∧¬B
非洲	15	3	4	16
欧亚	26	3	2	8
东南亚和大洋洲	5	0	0	15
澳大利亚和新几内亚	17	1	0	6

续 表

语言区域	A∧B	A∧¬B	¬A∧B	¬A∧¬B
北美	25	0	3	20
南美	19	0	4	5
合计	**107**	**7**	**12**	**70**

通过区分语言区域,我们可以很容易地发现违反共性(25e—f)的地区。唯一两个共性都成立的区域是东南亚和大洋洲。注意,地区栏中的数字并不代表个别语言,而是代表具有类似类型学特性的语言属。通过计算语言属而不是单个语言,我们可以确保某些类型不会因为大量密切相关的语言而被过度代表。

综上所述,德赖尔的区域抽样方法为遗传偏差的问题提供了一个解决方案,但也带来了一些实际问题,因为该方法需要极其大量的语言(例如每个属2—3种语言)。这可能给某些研究者带来实际问题(Whaley 1997:41)。

第 3 章 语 音

3.1 引论

语音学(Phonetics)研究人类声音是如何产生和感知的,而**音系学**(Phonology)研究语言如何在一个系统内排列声音。在类型学中,我们研究世界语言的声音时,会从这两个学科的角度切入。

在语音学中,声音通常以**最小对**(minimal pairs)的形式呈现,最小对中的两个声音仅在一个语音特征方面存在不同。例如,双唇塞音[p]和[b]仅在清浊音特征上有所不同:[p]是清音,而[b]是浊音。对语音学感兴趣的类型学学者试图为每个语音特征找到一种该特征具备区别意义作用的语言。每个语音特征对应一种语言类型。例如,我们可以将齿音划分为两类:唇齿音和齿间音。大多数语言不使用齿间音。我们可能会质疑齿间音是否是一种在语言中有意义的特征。要想消除这样的质疑,人们需要找到一种同时使用唇齿音和齿间音的语言(英语就是这样一种语言)。

对音系学感兴趣的类型学研究者会比较语言的整个声音系统,并聚焦在系统性的语音差异上,例如**对称性**(symmetry)、**空缺**(gap)或**音段数量**(number of segments)。我们将在第 4 章中探讨这些内容。

语音空间(sound space)一般被理解为一个二维空间,其中一个轴按照口腔中不同的发音部位(口腔前部/口腔后部)来组织,另一个轴则按照开口的不同程度(闭合/开放)来组织。语言中的所有辅音和元音都可以在这个语音空间中组织起来。这一章将根据辅音和元音的语言类型分别展开讨论。

3.2 辅音对立

发辅音时,口腔(oral cavity)中某些部分的气流受阻。阻滞可以发生在口腔中的 17 个不同部位。具体的受阻情形由参与发音过程的发音器官决定。发音器官和发音部位如图 3.1 所示。

如果两个辅音的发音部位相距较远(例如[p]和[k]),则较容易区分。反过来,如果两个辅音的发音部位相邻,则较难区分(例如[s]和[ʂ])。发音方式不同的辅音也是如此:发音方式差异最大的两个辅音(例如塞音和近音)容易区分,而发音方式相似的辅音(例如塞音和塞擦音)较难感知区别。

类型学的研究旨在考察每一对具备相邻发音部位的辅音,找到存在这一对辅音对立的语言(见 3.2.1 节),并且考察每一对具备相似发音方式的辅音,并找到存在这一对立的语言(见 3.2.2 节)。

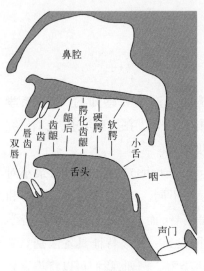

图 3.1 发音部位

3.2.1 根据发音部位分类

本节中我们考察的语言,分别具备双唇音与唇齿音之间的对立(见 3.2.1.1 节),或者唇齿音与齿间音(见 3.2.1.2 节)、齿间音与齿龈音(见 3.2.1.3 节)、齿龈音与卷舌音(见 3.2.1.4 节)、硬腭音与软腭音(见 3.2.1.5 节)、软腭音与小舌音(见 3.2.1.6 节),以及咽音与声门音之间的对立(见 3.2.1.7 节)。此处每一对都代表两个相邻的发音部位。

3.2.1.1 双唇音与唇齿音的对立

由于不可能产生唇齿塞音,双唇音和唇齿音的对立只能在擦音和鼻辅音中考察。埃维语(Ewe,加纳境内,尼日尔-刚果语系)就属于这样一种在类型学上罕见的语言。埃维语中存在双唇擦音和唇齿擦音之间的对立(Maddieson 2005:202)。

表 3.1 埃维语中双唇音与唇齿音的对立

		双 唇 音	唇 齿 音
擦音	清音	[ɸ]: eɸe "year"	[f]: efe "nail; debt"
	浊音	[β]: eβe "Ewe people"	[v]: eve "two"

3.2.1.2 唇齿音与齿间音的对立

同样地,在整个世界范围内,也仅有少数几种语言存在唇齿擦音和齿间擦音的对立,英语就属于这一类语言。

表 3.2 英语中唇齿音与齿间音的对立

		唇 齿 音	齿 间 音
擦音	清音	[f]: fæn "fan (admirer)"	[θ]: hiθ "heath"
	浊音	[v]: væn "van (vehicle)"	[ð]: bɹi:ð "breathe"

3.2.1.3 齿间音与齿龈音的对立

由于人类无法发出齿间塞音,齿间音与齿龈音之间的发音部位差异只能体现在擦音上。除了英语以外,缅甸语(Burmese,缅甸境内,汉藏语系)也存在这两个部位的对立,如表 3.3 所示(Okell 1969; Watkins 2001)。

表 3.3 缅甸语中齿间音与齿龈音的对立

		齿 间 音	齿 龈 音
擦音	清音	[θ]: θa^{21} "native"	[z]: za^{33} "lace"
	浊音	[ð]: ðou^{55} "this"	[s]: sa^{33} "writing"

3.2.1.4 齿龈音与卷舌音的对立

卷舌音是通过舌头在齿龈嵴和硬腭之间的某一点阻塞气流而形成的。在发音过程中,舌头呈扁平、凹形甚至卷曲的状态。相比之下,(非卷舌)齿龈音是通过舌背抵靠齿龈嵴阻塞气流产生的。

虽然英语不使用卷舌辅音,但汉语存在卷舌擦音和卷舌塞擦音。呢苏语(Neasu,又称黔西彝语,中国境内,汉藏语系)主要在贵州省威宁县使用。该语存在数量非常惊人的齿龈音和卷舌音对立,有22种之多。卷舌塞音和卷舌鼻辅音尤为引人注意(Gerner 2019,个人实地考察所得语料)。

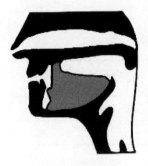

图 3.2 卷舌音的部位

表 3.4 呢苏语中齿龈音与卷舌音的对立

		齿 龈 音			卷 舌 音		
塞音	前鼻化	[nd] :	nde³³	"upside"	[ɳɖ] :	ɳɖʅ³³	"traverse"
	浊音	[d] :	de³³	"knock"	[ɖ] :	ɖʅ²¹	"fly"
	清音	[t] :	te¹³	"fog"	[ʈ] :	ʈʅ⁵⁵	"weave"
	送气清音	[tʰ] :	tʰe²¹	"run"	[ʈʰ] :	ʈʰʅ⁵⁵	"leave over"
塞擦音	前鼻化	[ndz] :	ndze¹³	"worthy"	[ɳdʐ] :	ɳdʐa³³	"measure"
	浊音	[dz] :	dze²¹	"root"	[dʐ] :	dʐa²¹	"import"
	清音	[ts] :	tse³³	"then"	[tʂ] :	tʂa³³	"support"
	送气清音	[tsʰ] :	tsʰe¹³	"oil"	[tʂʰ] :	tʂʰa³³	"should"
擦音	浊音	[z] :	ze²¹	"pillar"	[ʐ] :	ʐa⁵⁵	"forgive"
	清音	[s] :	sa¹³	"air"	[ʂ] :	ʂa³³ɬʅ³³	"healthy"
鼻音		[n] :	nu⁴³	"listen"	[ɳ] :	ɳu⁵⁵	"event"

3.2.1.5 硬腭音与软腭音的对立

世界上的语言中,极少语言中会将清、硬腭擦音与其他音构成对比,只有不到5%的语言有清、硬腭擦音[ç]。浊、硬腭擦音[ʝ]更为罕见,而带有腭塞音和腭擦音的语言则更是极为稀少。亚非语系的马尔格希语(Marghi,尼日利亚境内,亚非语系)兼具清和浊的硬腭擦音[ç]和[ʝ],也有清和浊的软腭塞音[k]和[g],以及清和浊的软腭擦音[x]和[ɣ]。也就是说,这一语言的语音系统中具备了非常罕见的八向对比,如下表所示(Maddieson 1984,1987)。

表 3.5　马尔格希语中硬腭音与软腭辅音的对立

		硬 腭 音		软 腭 音	
塞音	清音	[c]: càŋʷá	"cat"	[k]: kákádə	"book"
	浊音	[ɟ]: ɟadí	"hump of a cow"	[g]: gàlí	"spear"
擦音	清音	[ç]: çà	"moon"	[x]: xá	"big water pot"
	浊音	[ʝ]: ʝàjàɗə	"picked up"	[ɣ]: ɣàfə	"arrow"

3.2.1.6 软腭音与小舌音的对立

无论是在清音还是浊音的范畴内,似乎都不存在任何一种语言同时具备软腭与小舌塞音以及软腭与小舌擦音这两种对比。但有些语言具备软腭与小舌塞音之间的对立,也有一些语言具备软腭与小舌擦音之间的对立。

例如,加拿大的原住民语言尼斯加语(Nisga'a,加拿大境内,钦希安语系)存在两个软腭塞音(清音/浊音)以及两个小舌塞音(清音/浊音),如下表所示(Tarpent 1987:57)。

高加索地区使用的卡巴尔迪安语(Kabardian,俄罗斯境内,北高加索语系)存在软腭擦音和小舌擦音之间的对立,如下表所示(Matasović 2010)。

表 3.6　尼斯加语中软腭音与小舌音的对立

		软腭音	小舌音
塞音	清音	[k]: káp　"ten"	[q]: qáp　"piece"
	浊音	[g]: gus　"that"	[ɢ]: ɢos　"to jump"

表 3.7　卡巴尔迪安语中软腭音与小舌音的对立

		软腭音	小舌音
擦音	清音	[x]: xāda　"garden"	[χ]: naχ　"more"
	浊音	[ɣ]: žəɣ　"tree"	[ʁ]: dāxāʁa　"beauty"

3.2.1.7　咽音与声门音的对立

咽音(pharyngeal)和**声门音**(glottal)的发音部位是在舌根区域。这个区域产生的声音很难区分。对于咽音来说，发生阻塞的部位是咽部，即**鼻腔气闸**(air lock)的部位。由于几乎不可能完全阻塞咽部，所以不存在咽部塞音，只有咽部擦音([ħ]和[ʕ])。对于声门音，发生阻塞的位置在更深处的喉部，喉部是包含声带的器官。当声带本身被完全阻塞时，从逻辑上来说，产生的声音是清音。因此，声门塞音总是清音，并用[ʔ]表示，而声门擦音(阻

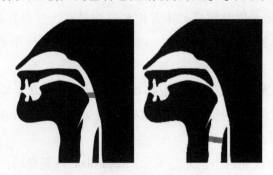

图 3.3　咽音和声门音(会厌音)的部位

第3章 语音

塞不完全时)可以用清音[h]或浊音[ɦ]表示。

更复杂的是,会厌音和声门音之间存在语音差异,但这种差异仅具备声学意义,似乎没有在任何语言中对应地出现音系上的区分。会厌音的阻塞位置略高于声门音。由于这种差异无法在任何语言中进行对比,因此我们从类型学的角度,将会厌音和声门音归在一起。

很少有语言区分咽部和声门这两个发音部位所发出的声音。在高加索地区使用的阿格呼尔语(Aghul,俄罗斯境内,北高加索语系)中,咽辅音和声门辅音之间存在有别义作用的对立,如下表所示(参见 Ladefoged and Maddieson 1996:38)。

表3.8　阿格呼尔语中咽音与声门音的对立

		咽　　音	会厌音/声门音
塞音			[ʔ/ʔ]: sɛʔ "measure" sɛʔer "measures"
擦音	清音	[ħ]: muħ "barn" muħar "barns"	[H/h]: mɛH "whey 乳清" mɛHer "wheys"
	浊音	[ʕ]: muʕ "bridge" muʕar "bridges"	[ʕ/ɦ]: {not attested in Aghul}

3.2.2　根据发音方式分类

语言中存在相似发音方式下产生的声音对立。在本节中,我们将说明不送气与送气辅音、塞音与颤音以及挤喉音与内破音之间的对立。每对代表相似的发音方式。

辅音的发音方式包含主要发音方式以及次要发音方式。主要发音方式是指发音器官的基本布局,包括塞音、颤音、擦音、鼻音和近音五种类型。次要发音方式包括更细微的发音机制,例如浊音、浊音清化、吸气、唇化、腭化和声门化等。在这里面,塞音和近音之间的差异很容易区分,因为它们对气流的阻碍程度最为不同([d]和[j])。其他辅音更难区分,因为它们的发音方式相似([t]和[tʰ])。在本节中,我们研究类似发音方式间的对立,针对每一组对立选取相应的语言以作例证。具体而言,我们先后讨论颤音与塞音(3.2.2.1 小节)、搭嘴音与擦音(3.2.2.2 小节)、挤喉音与塞音(3.2.2.3 小节)、内爆音与塞音(3.2.2.4 小节)、不送气与送气/呼气音(3.2.2.5 小节)的对立。

3.2.2.1 颤音与塞音的对立

颤音(trill)是由肺气流驱动一个发音器官对另一个发音器官产生冲击而产生的。当声道中一个柔软、可移动的发音部位(例如嘴唇、舌头、小舌)足够靠近另一个表面时,会由此产生口腔中的阻滞。此时适当强度的气流通过阻滞时,会出现气流通道重复的打开和闭合的模式,这一模式被听者感知为一种颤动。嘴唇的振动产生双唇颤音[ʙ],舌尖靠在齿龈嵴上的振动产生齿龈颤音[r],而小舌靠在舌背上的振动产生小舌颤音[ʀ]。

舌尖颤音[r]是迄今为止最常见的颤音类型,小舌颤音[ʀ]较少见,而双唇颤音[ʙ]的出现则极其罕见。已知的语言中没有同时涉及两个不同发音部位的颤音。一种语言要么没有颤音,要么有一个双唇颤音,要么有一个齿龈颤音或一个小舌颤音。下面逐个列举说明。

A. 双唇颤音和塞音的对立

在诺苏语(Nuosu,也称诺苏彝语或凉山彝语,中国境内,汉藏语系)中,双唇塞音[b]与双唇颤音[ʙ]在后元音[u]前呈现互补分布。如果后元音喉化(creaky)成[ṵ],颤音会更明显。此外,前鼻化的辅音[mb]/[mʙ]在元音[u]之前形成另一对同位异音。由于它只出现在互补分布的环境下,因此诺苏语双唇颤音的音系地位很弱(Gerner 2013b)。

表3.9 诺苏语中双唇塞音与双唇颤音的对立

		双 唇 音	
塞音	前鼻化	[mb]: mbo[33]	"roll"
	浊音	[b]: bo[33]	"go, leave"

续 表

颤音	前鼻化	双 唇 音		
		[mʙ]：mʙu³³		"curse"
	浊音	[ʙ]：ʙu³³		"exist"

B. 齿龈颤音和塞音的对立

意大利语(Italian,意大利境内,印欧语系)使用两类齿龈颤音:一个简单颤音和一个双生颤音。在双生辅音中,阻塞时间与非双生辅音相比更长。从下表可以看出,齿龈塞音和齿龈颤音都有简单和双生两套(参见 Bareggi 2010)。

表 3.10 意大利语中齿龈塞音与齿龈颤音的对立

		齿 龈 音		
塞音	浊音	[d]：lodio	(l'odio)	"animosity"
	浊双生音	[d:]：lad:io	(l'addio)	"farewell greeting"
颤音	浊音	[r]：oro	(oro)	"gold"
	浊双生音	[r:]：or:ore	(orrore)	"horror"

C. 小舌颤音和塞音的对立

小舌颤音[ʀ]在许多语言的非标准方言中都能找到,并且通常与标准方言中的浊擦音[ʁ]处于互补分布。比如德语的巴伐利亚方言(Bavarian)即存在这种情形。该方言使用小舌颤音[ʀ],而标准德语使用[ʁ]。在表 3.11 中,巴伐利亚方言的软腭塞音与小舌颤音形成对比。从表格右列可以看出,标准德语中是软腭塞音与小舌擦音形成对立。

表 3.11　巴伐利亚方言中软腭塞音与软腭颤音的对立

		软腭/小舌（巴伐利亚方言）		软腭/小舌（标准德语）	
塞音	浊音	[g]: gegən	"against"	[g]: gegən	"against"
	浊音	[g]: augən	"eyes"	[g]: augən	"eyes"
颤音	浊音	[ʀ]: ʀegən	"rain"	—	—
	浊音	[ʀ]: ᴅʀən	"ears"	—	—
擦音	浊音	—	—	[ʁ]: ʁegən	"rain"
	浊音	—	—	[ʁ]: ᴅʁən	"ears"

3.2.2.2　搭嘴音与擦音的对立

搭嘴音（click）在许多文化中用于非语言交流，但它们作为常规的语音出现在常规词语中的情形，仅限于南部非洲和东部非洲的某些语言（约占世界语言总数的 2%）。搭嘴音虽然时常被看作一种特别奇特的发音，但它们并非特别不常见。

搭嘴音，亦作吸着音、啧音、咔音、吮吸音、咂嘴音、嗒嘴音等，是发音方法的一种，泛指口腔内任何一个发声部位发出的一种吸气声音。发音时口

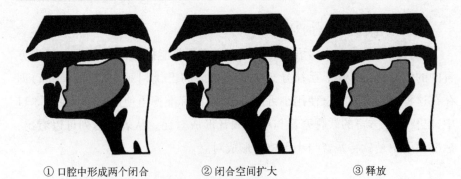

① 口腔中形成两个闭合　② 闭合空间扩大　③ 释放

图 3.4　搭嘴音的形成

腔中两个位置同时闭塞。后面的闭塞位置处于软腭，起着隔断口腔和其他共鸣腔（鼻腔和咽腔）之间的气流通路的作用。除阻时舌身下降，使两个闭塞位置之间空气稀少，形成负压，空气被吸进去发出噪音。是非肺部气流音的一种。

ʘ 双唇
ǀ 齿
ǃ 齿龈(后)
ǂ 硬腭
ǁ 齿龈边

图 3.5　五个搭嘴音（国际音标）

搭嘴音出现在南部非洲的所有科依桑语系（Khoisan family）的语言中，例如桑达韦语（Sandawe，坦桑尼亚境内，科依桑语系）中有唇齿搭嘴音、齿龈搭嘴音和齿龈吸气边音。从下表可以看出，它们与清擦音构成对立（Eaton 2010）。

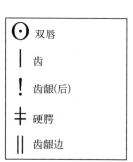

表 3.12　桑达韦语中搭嘴音与擦音的对立

		唇　齿	齿龈音（边音）	齿龈后音
搭嘴音	清音	[ǀ]：ǀè：kàwȁ “heavy”	[ǁ]：ǁë: iʔ “enter”	[ǃ]：ǃúā: “hair”
擦音	清音	[f]：fógógó “be clear”	[ɬ]：màɬé “choose”	[s]：sómbá: “fish”

3.2.2.3　挤喉音与塞音的对立

挤喉音（ejective）由声门（挤出）气流产生，由于在这个过程中，声门关闭以挤压空气通过口腔，所以挤喉音全都是清音。任何发音部位都能产生挤喉音，并与相应的通过肺部（流出）气流形成的常规辅音构成对比。世界上大概有20%的语言中存在挤喉音，主要分布在三个地区：中北美的部分地区、东非和高加索地区（Ladefoged 2005）。

ʼ 例：
pʼ 双唇
tʼ 齿／齿龈
kʼ 软腭
sʼ 齿龈擦

图 3.6　挤喉音（国际音标）

下面的数据取自蒙大拿州的斯珀坎因语（Spokane，美国境内，萨利希语系），引自 Flemming、Ladefoged 和 Thomason（1994）。

表 3.13　斯珀坎因语中挤喉音和塞音的对立

	常 规 辅 音		挤 喉 音	
双唇音	[p]: páʕas	"face is pale"	[p']: p'áʕáp	"grass fire"
齿龈音	[t]: tám	"it's not"	[t']: t'áq'ən	"six"
塞擦音	[tʃ]: tʃájɫqən	"cut hair"	[tʃ']: tʃ'aáwən	"I prayed"
软腭音	[k]: kʷateʔ	"face is pale"	[k']: kʷ'áltʃqən	"lid, cover"
小舌音	[q]: qáχeʔ	"mother's sister"	[q']: q'áq'ɫuʔ	"vein"

3.2.2.4　内爆音与塞音的对立

内爆音(implosive)的产生机制很复杂：气流首先**内吸**(ingressive)并流入声门，声门除了将肺部气流向上挤压进入口腔之外，还有一个次要的向下移动。内爆音通常是浊音，但也可以发生浊音清化。世界上大约有 13% 的语言中使用内爆音，主要集中在非洲和东南亚(尤其是越南)(Maddieson 2013d)。

表 3.14 中选取了伊博语(Igbo，尼日利亚境内，尼日尔-刚果语系)来举例说明内爆音与常规塞音之间的对立。数据摘自 Ladefoged(1976)。

图 3.7　五个内爆音
(国际音标)

表 3.14　伊博语中内爆音与塞音的对立

		双　　唇		齿　　龈	
塞音	清音	[p]: í pa	"to carry"		
	送气清音	[pʰ]: í pʰa	"to squeeze"	[tʰ]: í tʰa	"to blame"

续表

		双 唇		齿 龈	
塞音	浊音	[b]: í ba	"to get rich"	[d]: í da	"to cut"
	呼气浊音	[bʱ]: í bʱa	"to peel"	[dʱ]: í dʱa	"to fall"
内爆音	清音	[ɓ̥]: í ɓ̥a	"to gather"	[ɗ̥]: í ɗ̥a	"to chew"
	浊音	[ɓ]: í ɓa	"to dance"		

3.2.2.5 不送气与送气/呼气音的对立

布央语(Buyang,中国境内,台-卡岱语系)在云南和广西两地使用。该语存在一套丰富的不送气与送气/呼气辅音系统,其中牵涉一系列的发音部位和发音方式。呼气辅音的发音过程中,空气从肺部传出,声带保持震动。以下数据来源于 Li 和 Luo(2010)的布央语语法。

表 3.15 布央语中的送气和呼气辅音

		双唇音	齿龈音	齿龈-硬腭音	软腭音	小舌音
塞音	清音	[p]: pi³³ "duck"	[t]: taːk³³ "vomit"		[k]: ka³²² "handle"	[q]: qa³²² "grass"
	送气清音	[pʰ]: pʰi³³ "smell"	[tʰ]: tʰaːk³³ "to nail"		[kʰ]: kʰɔ³³ "afternoon"	[qʰ]: qʰɔ³³ "bone"
	浊音	[b]: baːu³³ "hug"	[d]: da³³ "boat"		[g]: ga⁴⁵ "water"	
	呼气浊音	[bʱ]: bʱaːu³³ʱi³³ "wave"	[dʱ]: dʱa³³ "wine"		[gʱ]: gʱa⁴⁵ "light"	
鼻音	浊音	[m]: man³²² "flee"	[n]: nuŋ³²² "dirty"	[ɲ]: ɲɛ³³ "only"	[ŋ]: ŋu³³ "pus"	
	送气清音	[m̥ʰ]: m̥ʰan³²² "porcupine"	[n̥ʰ]: n̥ʰuŋ³²² "muddy"	[ɲ̥ʰ]: ɲ̥ʰɛ³³ "sea"	[ŋ̥ʰ]: ŋ̥ʰu³³ "sweet"	

续 表

		双唇音	齿龈音	齿龈-硬腭音	软腭音	小舌音
近音	浊音	[w]: wi³³ "night"		[j]: ja¹¹ "female"		
	呼气浊音	[wʱ]: wʱi³³ "sack"		[jʱ]: jʱa¹¹ "throw"		
边音	浊音			[l]: laːk³³ "know"		
	呼气浊音			[lʱ]: lʱaːk³³ "collapse"		

3.3 元音对立

和辅音属性一样，元音属性也可以按照类似的参数进行归类。下文中，我们区分主要元音特征（3.3.1 小节）和次要元音特征（3.3.2 小节）。

3.3.1 主要元音特征

上文提到，辅音的两个主要特征是发音部位和发音方式。同样，元音也可以根据发音部位和发音方式进行区分。发音部位包括"前-后维度"。发音方式包括元音高度（开口程度）和圆唇-非圆唇维度。我们遵循之前在考察辅音时的做法，在下文中依然根据一对元音只在某一维度上存在差异的最小对立原则来选取语言。

3.3.1.1 前-后维度

在前-后维度的分类下，元音可以被分为三种：**前元音**（front vowels）、**央元音**（central vowels）和**后元音**（back vowels）。如果一种语言存在这三种元音的对立，那么这种对立一般倾向于发生在高（闭合）元音中，而较少发生在低（开放）元音中。例如，在印度尼西亚使用的尼姆波然语（Nimboran，印尼境内，尼姆波然语系)存在三个高、非圆唇元音[i]-[ɨ]-[ɯ](Anceaux 1965)。

表 3.16　尼姆波然语中非圆唇元音三个前后位置的对立

	前元音	央元音	后元音
高(闭合)	[i]：di　"wood"	[ɨ]：ɯndɨ "banana"	[ɯ]：dɯ　"child"
	[i]：ki　"woman"	[ɨ]：kɨ　"faeces"	[ɯ]：kɯ　"time, day"

挪威语(Norwegian,挪威境内,印欧语系)存在三个高、圆唇元音间的对立(Vanvik 1972)。

表 3.17　挪威语中圆唇元音三个前后位置的对立

	前元音	央元音	后元音
高（闭合）	[y]：by "woman"	[ʉ]：bʉ "shack"	[u]：bu "live"

3.3.1.2　元音高度

元音中区分四个(舌位)高度：所有语言在元音高度的对立方面都有各自不同的区分。越南语(Vietnamese,越南境内,南亚语系)在这一维度上具备独特性,因为无论是前、非圆唇元音抑或是后、非圆唇元音,都系统区分四种开口程度(Ladefoged and Maddieson 1996),见下表。

表 3.18　越南语中四种非圆唇元音的高度对立

		前(非圆唇元音)	后(非圆唇元音)
闭合	（高）	[i]：ti　　"bureau"	[ɯ]：tɯ　"fourth"
半闭合	（半高）	[e]：te　　"numb"	[ɤ]：tɤ　"silk"
半开放	（半低）	[ɛ]：tɛ́　"fall down"	[ʌ]：ʌŋ　"favor"
开放	（低）	[æ]：æŋ　"eat"	[ɑ]：tɑ　"we"

而在圆唇元音中区分四种不同的元音高度是极其罕见的。在奥地利使用的阿姆施泰滕德语方言(Amstetten,奥地利境内,印欧语系)存在前、圆唇元音和后、圆唇元音的四向高度对立。语言学家 Traunmüller(1982)最早观察到这一现象,但是没有给出具体词语的例子。

表 3.19　阿姆施泰滕德语中四种圆唇元音的高度对立

	前(圆唇元音)	后(圆唇元音)
闭合　　(高)	y	u
半闭合　(半高)	ø	o
半开放　(半低)	œ	ɔ
开放　　(低)	Œ	ɒ

3.3.1.3　圆唇-非圆唇维度

上一节中提到的阿姆施泰滕德语方言还呈现出另一组类型学上罕见的对立,这一对立建立在圆唇和非圆唇的前元音之间,如表 3.20 所示(Traunmüller 1982)。Traunmüller 同样没有给出体现这组对立的具体词语。

表 3.20　阿姆施泰滕德语中圆唇元音与非圆唇元音的高度对立

	非　圆　唇	圆　唇
闭合　　(高)	i	y
半闭合　(半高)	e	ø
半开放　(半低)	ɛ	œ
开放　　(低)	æ	Œ

3.3.2 次要元音特征

在有些语言中,元音还会显示出一些次要特性,例如长度(时长)变化(3.3.2.1 小节)或鼻化(3.3.2.2 小节),这些特性可能会附着于主要特征之上。

3.3.2.1 元音长度

泰国的官方语言泰语(泰国境内,台-卡岱语系)共计有九种简单元音,每一个元音都存在规则的长短对立(Tingsabadh and Abramson 1993:25)。

表 3.21 泰语中长短元音的对立

元音对立	短元音		长元音	
i–iː	krit^{22}	"dagger"	kriːt^{22}	"to cut"
e–eː	ʔen^{33}	"ligament"	ʔeːn^{33}	"to recline"
ɛ–ɛː	pʰɛʔ^{44}	"goat"	pʰɛːʔ^{44}	"to be defeated"
ɯ–ɯː	kʰɯn^{42}	"to go up"	kʰlɯːn^{42}	"wave"
ɤ–ɤː	ŋɤn^{33}	"silver"	dɤːn^{33}	"to walk"
a–aː	fan^{24}	"to dream"	faːn^{24}	"to slice"
u–uː	sut^{22}	"last, rearmost"	suːt^{22}	"to inhale"
o–oː	kʰon^{42}	"thick (soup)"	kʰoːn^{42}	"to fell (a tree)"
ɔ–ɔː	klɔŋ^{22}	"box"	klɔːŋ^{33}	"drum"

3.3.2.2 鼻化

在中国湖南省使用的一种东部苗语——雄语(Xong)有四个普通元音和一个双元音,每一种元音都与它们相应的鼻化音构成对立(Gerner 2019)。

表 3.22 雄语中普通元音和鼻化元音的对立

元音对立	口腔元音		鼻化元音	
i–ĩ	mi⁴⁵⁴	"meter classifier"	mĩ⁴⁵⁴	"understand"
a–ã	npa¹⁴	"pig"	npã⁴⁵⁴	"think"
ɑ–ɑ̃	mɑ⁴³	"blister, boil"	mɑ̃⁴³	"insect"
o–õ	ŋo⁴⁵⁴	"fierce"	ŋõ⁴⁵⁴	"silver"
ɣi–ɣ̃i	mɣi⁴³	"coal"	mɣ̃i⁴³	"human classifier"

3.4 声调对立

声调这一术语用于描述单个词或同一词的不同语法形式之间的**音高**(pitch)差异。声调语言分为两类：一类是每个音节都带有声调模式(**全音节声调语言**"omnisyllabic language")，一类是只有部分音节带有声调。声调语言中存在三类音高：平调(3.4.1 小节)、单一调式(3.4.2 小节)和起伏调式(3.4.3 小节)。在语音文献中，单一调式和起伏调式有时被称为**轮廓声调**(contour tones)(Maddieson 2013f)。在国际音标中一般使用两种声调标记：一种标记用笔画表示音高，另一种标记用数字表示音高。后一种标记是赵元任先生(Chao, 1930)设计的。赵元任使用五个数字对应五度音高，分别表示某一声调模式的起始音高，中间以及结束的音高。下图给出示例。

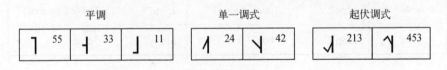

图 3.8 两种声调标记

3.4.1 平调

平调(flat tones)或水平调(level tones)是最常见的声调类型。只带两个

第 3 章 语音

声调的语言带的都是平调。具有三个以上声调的语言有时会有两个高平调或两个低平调。我们在 3.4.1.1 小节(高调)和 3.4.1.2 小节(低调)分别介绍这两类语言。

3.4.1.1 高调

黑苗语(Hmu,又称牡语)是一种苗语,在中国贵州省东南部使用,使用人口约有 130 万人。黑苗语使用八个全音节声调,其中两个是高平调:[44]和[55]。表 3.23 中是一组最小词对,两者均收集自张永祥和许士仁(1990)。

表 3.23 黑苗语中高平调的对立

基本音节	调值[55]		调值[44]	
pa	pa^{55}	"to rake"	pa^{44}	"pig"
pəu	pəu^{55}	"classifier"	pəu^{44}	"to sound"
da	da^{55}	"come"	da^{44}	"to kill"
təu	təu^{55}	"together with"	təu^{44}	"tree"
ki	ki^{55}	"Lusheng instrument"	ki^{44}	"egg"
ɢa	ɢa^{55}	"then"	ɢa^{44}	"to crow"
la	la^{55}	"long-lasting"	la^{44}	"to pinch"
nɛ	nɛ^{55}	"man, person"	nɛ^{44}	"marten"
çu	çu^{55}	"winter"	çu^{44}	"to soak"

3.4.1.2 低调

中国云南省弥勒县境内约有 30 万人使用阿细语(Axi,汉藏语系、彝语支)。阿细族是彝族的一支,但他们的语言与其他彝语不能互通。阿细语有五个声调,四个是平调,其中两个平调是低平调:[22]和[11]。表 3.24 中的数据是本书第一作者在 1996 年和 2000 年的两次个人田野调查中采集所得。

表 3.24　阿细语中低平调的对立

基本音节	调值[22]		调值[11]	
ti	ti^{22}	"盛"	ti^{11}	"一"
to	to^{22}	"根"	to^{11}	"累"
tʰo	tʰo^{22}	"银子"	tʰo^{11}	"时间"
xo	xo^{22}	"撒"	xo^{11}	"杀"
ʑi	ʑi^{22}	"水"	ʑi^{11}	"亿"
ni	ni^{22}	"坐"	ni^{11}	"牛"
ŋo	ŋo^{22}	"我"	ŋo^{11}	"五"
lo	lo^{22}	"糜子"	lo^{11}	"龙"

3.4.2　单调调式

单调调式包括音高上升的模式和音高下降的模式,出现于具有相对复杂声调系统的语言中,这些声调系统往往也包含平调。相对来说,有两个升调或有两个降调的语言比较少见。侗语(Kam)使用四个单调调式：两个升调和两个降调。我们将在下面分别举例。

3.4.2.1　升调

侗语(中国境内,台-卡岱语系)在中国贵州省东南部使用,使用人口约有一百万人。侗语中一共有九个声调,其中三个平调、四个单调调式和两个起伏调式。一个单调调式是低升调[13],另一个单调调式是高升调[35]。数据来自本书第一作者 1996 年至 2002 年间的个人田野调查(详见 Gerner 2019)。

第 3 章 语音

表 3.25 侗语中的低升调和高升调

基本音节	调值[13]		调值[35]	
no	no¹³	"老鼠"	no³⁵	"冷"
ȵɐp	ȵɐp¹³	"涩"	ȵɐp³⁵	"闭眼"
sak	sak¹³	"偶然"	sak³⁵	"拦"
toŋ	toŋ¹³	"谷桶"	toŋ³⁵	"葱"
woŋ	woŋ¹³	"推"	woŋ³⁵	"稗子"
çak	çak¹³	"喜鹊"	çak³⁵	"颜料"
jau	jau¹³	"怕"	jau³⁵	"枫"
pʰe	pʰe¹³	"叭"	pʰe³⁵	"尾"

3.4.2.2 降调

侗语中还有两个(单调)降调,与两个升调构成镜像关系。其中一个是高降调[53],另一个是低降调[31](参见 Gerner 2019)。

表 3.26 侗语中的高降调和低降调

基本音节	调值[53]		调值[31]	
ɛm	ɛm⁵³	"紫色"	ɛm³¹	"团"
pa	pa⁵³	"叶"	pa³¹	"大蝗虫"
pu	pu⁵³	"荒坪"	pu³¹	"父亲"
ȵa	ȵa⁵³	"臭虫"	ȵa³¹	"桃子"

续 表

基本音节	调值[53]		调值[31]	
çu	çu⁵³	"骂"	çu³¹	"挨"
jɐm	jɐm⁵³	"调零"	jɐm³¹	"椿芽"
mən	mən⁵³	"一些"	mən³¹	"马钩鱼"
ȵo	ȵo⁵³	"啃"	ȵo³¹	"乳"

3.4.3 起伏调

起伏调的轮廓复杂，包括上升和下降两部分。语言中存在两种起伏调：先升后降的**峰调**(peaking tone)和先降后升的**谷调**(dipping tone)。中国贵州南部和广西北部有 3 万人使用的毛南语(Maonan,台-卡岱语系)有八种升调，其中两种是起伏调，一种是峰调[231]，另一种是谷调[213]。下例引自 Lu(2008)。

表 3.27 毛南语中的峰调和谷调

基本音节	峰调[231]		谷调[213]	
ma	ma²³¹	"舌头"	ma²¹³	"喂养"
pən	pən²³¹	"天"	pən²¹³	"水井"
daːn	daːn²³¹	"名子"	daːn²¹³	"根"
ɦie	ɦie²³¹	"我"	ɦie²¹³	"一……就……"

3.5 国际音标(汉语版)

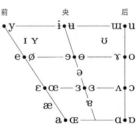

3.6 国际音标(英文版)

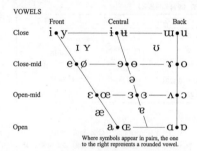

第 3 章 语音

3.7 作业

请分析下面词表中的词语,考察黔东南苗语(在中国贵州省东南部地区使用)中的擦音。

表 3.28 黔东南苗语中的擦音

黔东南苗语	汉语	黔东南苗语	汉语	黔东南苗语	汉语
yi^{323}	"喂"	s^{h}a^{33}	"白"	x^{h}i^{33}	"新"
x^{h}u^{53}	"选择"	ɣu^{55}	"好"	fi^{35}	"把、束"
χu^{11}	"尽管"	sɛ^{11}	"都"	ɕ^{h}u^{33}	"收回"
s^{h}u^{35}	"锁"	ɕ^{h}i^{33}	"害怕"	sa^{35}	"洗"
ɕ^{h}a^{33}	"筛"	χɛ^{33}	"和"	vi^{35}	"妻子"
vu^{53}	"祖母"	ɕi^{323}	"叫"	fu^{55}	"架子"
s^{h}ɛ^{44}	"砍"	s^{h}ei^{35}	"话"	ɕəu^{53}	"嚼"
su^{55}	"会"	ɕu^{53}	"提"	ja^{31}	"八"
f^{h}u^{35}	"头"	ju^{35}	"忍耐"	f^{h}ɛ^{35}	"翻"
va^{33}	"势力、威力"	f^{h}a^{33}	"轻"	sei^{55}	"也"
ɕa^{33}	"遮盖"	yi^{33}	"石头"	fu^{33}fa^{11}	"明天"
f^{h}i^{35}	"叉子"	χei^{33}	"粘"	vɛ^{31}	"换掉"
ɣəu^{323}	"活"	x^{h}a^{53}	"隔开"	ɣa^{323}	"锋利"
x^{h}əu^{33}	"声"	fa^{31}	"逃跑"	χa^{33}	"鞋"

根据上表,完成下面的练习:

(1) a. 把相同擦音开头的词语分成一组。

b. 请按照两个原则将词语分组：首先根据发音部位，其次根据发音方式（参见国际音标表中的辅音表）

c. 把每一组的词语根据元音的下列词序排列：

前元音>央元音>后元音>双元音

d. 每一组的词语如果包括/超过一个前/央/后元音的话，按照开口程度进行排列：

闭元音>半闭元音>半开元音>开元音

(2) a. 请找出，黔东南苗语的擦音辅音中总共区分多少种发音方式？

b. 你觉得比起其他语言，黔东南苗语的发音方式区分的种类算多吗？

第 4 章 语 音 系 统

4.1 引论

音系类型学的一个重要研究内容是辅音、元音和声调(如果语言有声调)整体库存中的特殊特征。具体来说,尤其值得关注的问题有三个:世界上的语言中,辅音、元音和声调库存的大小如何分布?存在不常见声音的语言系统是什么样的?不存在常见声音的语言系统又是什么样的?我们将在 4.2 节考察辅音库存,4.3 节考察元音库存,4.4 节考察声调库存。

4.2 辅音系统

辅音的库存规模是一定的,它构成了语言的基本属性(4.2.1 小节),其特殊之处可能在于库存中包含一些类型学上罕见的辅音(4.2.2 小节)或漏掉了一些常见的辅音(4.2.3 小节)。

4.2.1 辅音库存的大小

对辅音库存的研究结果表明,辅音库存的大小从 6 个辅音到 88 个辅音不等(个别语言甚至可能有 122 个辅音)。辅音系统平均包含大约 22 个辅音。

4.2.1.1 最小库存

罗托卡斯语(Rotokas,巴布亚新几内亚境内,布干维尔语系)的中部方言只有 6 个塞音辅音(Firchow and Firschow 1969, Robinson 2006),是已知的最小辅音库存之一。

表 4.1　罗托卡斯语的辅音库存

		双唇	齿龈	软腭
塞音	清	p	t	k
	浊	b	d	g

当然,这些辅音有很多自由变异形式。例如,浊唇音[b]在具体发音中可以表现为[β]、[b]和[m],而浊齿龈音[d]也存在一个异音[ɾ]。由于这些变异没有意义上的对立(不别义),所以辅音的总数只有六个。在4.3.1.1小节中,我们会看到阿巴扎语(Abaza)的元音也存在类似的情况。该语有两个具备别义功能的元音,这两个元音有四个异音。

4.2.1.2　最大库存

圭语(|Gui,博茨瓦纳境内,科伊桑语系)有88个辅音,可能是世界上辅音库存最大的语言之一。圭语中的简单辅音本身已经很多,而辅音总数如此多,还因为存在大量的吸气音:除了32个简单辅音和4个双辅音外,还有52个吸气音(Nakagawa 1996)。

A. 圭语中的简单辅音(32)

圭语中一共有32个简单辅音,参见下面的辅音表。

表 4.2　圭语的简单辅音

		双唇	齿龈	硬腭	软腭	小舌	声门
塞音	浊	b	d	ɟ	g	ɢ	
	清	p	t	c	k	q	ʔ
	送气·清	pʰ	tʰ	cʰ	kʰ	qʰ	
	挤喉音		t'	c'	k'	q'	

续 表

		双唇	齿龈	硬腭	软腭	小舌	声门
塞擦音	浊		dz				
	清		ts				
	送气·清		tsʰ				
	挤喉音		ts'		kx'		
鼻音		m	n		ŋ		
闪音			ɾ				
擦音			s				
滑音		w		j			

B. 圭语中的双辅音(4)

圭语中使用 4 个双辅音：tχ, tχ', tsχ, tsχ'。

C. 圭语中的吸气辅音(52)

语音学家 Peter Ladefoged 和 Anthony Traill(1994)根据搭嘴音类型和搭嘴音伴随类型来给搭嘴音归类。搭嘴音类型有双唇、齿音、齿龈、边音、硬腭音。搭嘴音中的一种,是指狭义上的吸气音。搭嘴音伴随发音是搭嘴音与其他音同时出现产生的声音。在圭语中,有 4 种吸气音类型和 13 种搭嘴音伴随类型,合计构成了 52 个完全对立的搭嘴音辅音。

表 4.3 中的词语列出了全部 52 个搭嘴辅音及之间的对立。

表 4.3 圭语中的搭嘴音辅音

搭嘴音伴随特征	搭嘴音类型	齿间 |	齿龈 !	边 ‖	硬腭 ǂ
塞音	浊·软腭	g|	g!	g‖	gǂ
	清·软腭	k|	k!	k‖	kǂ

搭嘴音伴随特征	搭嘴音类型	齿间 |	齿龈 !	边 ‖	硬腭 ǂ
塞音	清·软腭·送气	k|h	k!h	k‖h	kǂh
	浊·小舌	ɢ|	ɢ!	ɢ‖	ɢǂ
	清·小舌	q|	q!	q‖	qǂ
	清·小舌·送气	q|h	q!h	q‖h	qǂh
	清·软腭·挤喉	k|'	k!'	k‖'	kǂ'
	清·小舌·挤喉	q|'	q!'	q‖'	qǂ'
	清·小舌·塞擦	q|χ	q!χ	q‖χ	qǂχ
	清·小舌·塞擦·挤喉	q|χ'	q!χ'	q‖χ'	qǂχ'
鼻音	浊·软腭	ŋ|	ŋ!	ŋ‖	ŋǂ
	浊·软腭·送气	ŋ|h	ŋ!h	ŋ‖h	ŋǂh
	清·软腭·喉	ŋ̊|ʔ	ŋ̊!ʔ	ŋ̊‖ʔ	ŋ̊ǂʔ

表 4.4 圭语搭嘴辅音的对立举例

伴随特征	吸气音类型	齿间 |	舌尖中 !	边 ‖	舌面 ǂ
塞音	浊·软腭	g|âa "kind of tree"	g!áa "hurt"	g‖âa "have hard season"	gǂaa "move smoothly"
	清·软腭	k|aa "to skin"	k!áa "miss"	k‖áã "crave for"	kǂâa "to cover"
	清·软腭·送气	k|háa "put into grass"	k!hăa "piece"	k‖háa "cultivate"	kǂhaa "pan"
	浊·小舌	ɢ|áa "open"	ɢ!ââ "kind of termite"	ɢ‖ââ "twinkle"	ɢǂăa "spleen"

续 表

伴随特征	吸气音类型	齿间 ǀ	舌尖中 !	边 ǁ	舌面 ǂ
塞音	清·小舌	qǀāa "dried river"	q!àã "raise the back"	qǁáa "be dry"	qǂâa "silver"
	清·小舌·送气	qǀhâa "peep"	q!háa "spit out"	qǁhâa "spread"	qǂhâa "lying"
	清·软腭·挤喉	kǀ'âo "bend down"	k!'áã "taste like giraffe"	kǁ'áa "flower"	kǂ'âa "to faint"
	清·小舌·挤喉	qǀ'áa "carry"	q!'āã "smell like jackal"	qǁ'âa "sit upon heels"	qǂ'áe "to spit"
	清·小舌·塞擦	qǀχáa "meat"	q!χáa "diarrhea"	qǁχāa "during daytime"	qǂχáa "to move"
	清·小舌·塞擦·挤喉	qǀχ'áã "liquid, moist"	q!χ'áã "pound"	qǁχ'âa "wash"	qǂχ'ãã "termite"
鼻音	浊·软腭	ŋǀàa "stomach"	ŋ!àa "choose"	ŋǁâã "horn"	ŋǂâa "to stare"
	浊·软腭·送气	ŋǀhaa "find in container"	ŋ!haa "lack horns"	ŋǁháa "cut intestines"	ŋǂhâã "go before"
	清·软腭·喉	ŋ̊ǀʔáã "smell of sand"	ŋ̊!ʔáã "know"	ŋ̊ǁʔaa "bat-eared fox"	ŋ̊ǂʔáa "to hide"

4.2.1.3 平均大小的库存

上文提到,世界上语言的辅音库存大小介乎 6 到 88(122)之间。Maddieson(2013b)研究了全球 563 种语言中辅音库存的规模大小。在他的样本中,平均库存大小为 22.7,中位数为 21,众数为 22[呈现**平均数**(mean)>**众数**(mode)>**中位数**(median)的情况;这种情况在数理统计中可称为分布略呈正偏态]。库存大小大致呈正态分布(数理统计中的"正态分布"是一种形状像钟形曲线的概率分布)。辅音库存按大小可以分为五类。这 563 种语言分布在以下五个类别中：6—14 个辅音(89 种语言)；15—18 个辅音(122 种语言)；19—25 个辅音(201 种语言)；26—33(94 种语言)；超过 33 个辅音(57 种语言)。

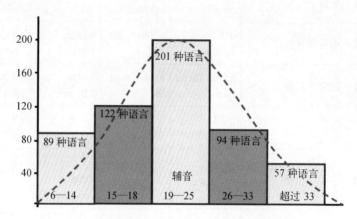

图 4.1 563 种语言中辅音库存大小的直方图

因此，比较典型的辅音库存规模在 20—25 个辅音左右。英语有 24 个辅音，汉语普通话有 22 个辅音，所以英语和汉语的辅音库存大小属于平均水平。以下是汉语普通话的辅音库存列表。

表 4.5 汉语普通话的辅音库存

		汉语辅音发音部位									
		唇音		齿龈音		卷舌音		腭化齿龈音		软腭音	
		音标	拉丁	音标	拉丁	音标	拉丁	音标	拉丁	音标	拉丁
塞音	清不送气	p	b	t	d					k	g
	清送气	p^h	p	t^h	t					k^h	k
擦音	浊					ʐ	r				
	清	f	f	s	s	ʂ	sh	ɕ		x	h

续 表

		汉语辅音发音部位								
		唇音		齿龈音		卷舌音		腭化齿龈音		软腭音	
		音标	拉丁	音标	拉丁	音标	拉丁	音标	拉丁	音标	拉丁
塞擦音	清不送气			ts	z	tʂ	zh	tɕ	j		
	清送气			tsʰ	c	tʂʰ	ch	tɕʰ	q		
鼻音	浊	m	m	n	n					ŋ	ng
边音	浊			l	l						

4.2.2　不常见辅音的存在

根据563种语言的样本，Maddieson(2013e)将类型学上罕见的辅音确定为吸气音(4.2.2.1小节)、唇腭塞音(4.2.2.2小节)、咽塞音(4.2.2.3小节)和齿间擦音(4.2.2.4小节)。下面将通过不同语言的数据来分别讨论这些辅音。

4.2.2.1　搭嘴音

吸气音在人类语言中很罕见。在Maddieson样本中的563种语言里面，只有10种语言(即1.8%)存在吸气音。我们已经在第3章和本章的4.2.1.2小节中介绍到了搭嘴音。下面我们用赫阿语(Hoa，博茨瓦纳境内，科依桑语系)举例说明。① 赫阿语搭嘴音的数量比我们在4.2.1.2小节中提到的圭语还要多。

表4.6　赫阿语的搭嘴音

赫阿语的搭嘴音	例子	意思
ǃ 伴随着浊软腭塞音特征的齿龈搭嘴音	ǃgi	"snake"
ǃ 伴随着送气软腭塞音特征的齿龈搭嘴音	ǃkhaʼa	"jaw"

---

① 请参见前文对赫阿语的讨论。

续 表

赫阿语的搭嘴音	例子	意 思
! 伴随着挤喉特征的齿龈搭嘴音	!'a	"leg"
! 伴随着挤喉特征的齿龈搭嘴音	!'ae	"outside"
‖ 伴随着送气特征的边音搭嘴音	‖ha	"to plough"
‖ 伴随着送气喉塞音的边音搭嘴音	‖hʔoa	"stone"
ǂ 伴随着浊软腭塞音特征的硬腭搭嘴音	ǂgao	"big"
ǂ 伴随着送气特征的硬腭搭嘴音	ǂhoe	"ash"
ǂ 伴随着送气特征的硬腭搭嘴音	ǂhi	"big, fat, thick"
ǀ 伴随着鼻音前及浊软腭塞音特征的齿间搭嘴音	nǀgae	"to laugh"
ǀ 伴随着鼻音前及浊软腭塞音特征的齿间搭嘴音	nǀgoi	"to ridicule"

4.2.2.2 双唇-软腭塞音

双唇-软腭塞音(labial-velar plosive)是另一类罕见的辅音。这类辅音的发声机制与吸气音有一处相似,即两者都存在两处闭合:一处在嘴巴后部,一处在嘴唇。但这类辅音与吸气音不同的是,爆破力来自肺部的气流,就像塞音[k]或[p]一样。由于有两处闭合,双唇-软腭塞音在音标上可简单使用两个单独的闭塞音符号,进行组合。[k͡p]表示一个清、双唇-软腭塞音,[g͡b]表示一个浊、双唇-软腭塞音(为了与两个先后发音的简单塞音相区别,通常会在双唇-软腭塞音上加上弧线,例如[k͡p])。根据Maddieson(2013e)的调查,双唇-软腭塞音在世界范围内出现在约8%的语言中,特别是两个地区的语言。第一个是西非和中非地区,其中[k͡p]、[g͡b]或者单独或者同时出现在尼日尔-刚果语系中,包括埃维语和约鲁巴语。第二个地区是新几内亚的东端,有两种巴布亚语带有双唇-软腭塞音,分别是卡特语(Kâte)和德杜阿语(Dedua)。

加纳有 700 万人使用埃维语(尼日尔-刚果语系)。埃维语是非洲重要的通用语,其辅音库存的大小处于平均水平,有 19 个辅音。双唇-软腭塞音在这些音中显得很特别(来自 Warburton 1968 的数据)。

表 4.7　埃维语的辅音库存

		双唇	唇齿	舌尖中	舌根	唇-软腭	喉
塞音	清	p		t	k	k͡p	
	浊	b		d	g	g͡b	
塞擦音	清			ts			
	浊			dz			
擦音	清	ɸ	f	s	x		
	浊	β	v	z	ɣ		ɦ

在表 4.8 中,我们将双唇-软腭塞音与常规的双唇塞音、软腭塞音进行对比。

表 4.8　埃维语中双唇、软腭和双唇-软腭音的对立

	双　唇	软　腭	双唇-软腭
清	pàpá　"father"	kú　"to die"	k͡pè　"heavy"
	pé　"chisel"	kɔ́　"tall"	k͡pɔ́　"to see"
浊	biá　"to ask"	gà　"money"	g͡bè　"voice"
			g͡bɔ́　"side, vicinity"

4.2.3　常见辅音的缺失

双唇音、擦音和鼻辅音在语言中非常常见。有些语言会缺少这些辅音。下文讨论缺失这些辅音的语言。

4.2.3.1 双唇辅音

根据 Maddieson(2013a)的调查,世界上只有不到 1%的语言没有双唇辅音。维奇塔语(Wichita,美国境内,卡多语系)是美国俄克拉何马州的一种原住语言,它只有 10 个辅音,完全没有双唇辅音。然而,维奇塔语有两个唇化软腭辅音,即发音涉及嘴唇(数据来自 Rood 1976)。

表 4.9 维奇塔语的辅音系统

	舌尖中	舌根	唇化软腭	喉
塞音	t	k	kʷ	ʔ
塞擦音	ts			
鼻音	n			
擦音	s			
近音	j		w	

4.2.3.2 擦音

在澳大利亚和其他地方的一些分布较稀疏的语言中,擦音是缺失的。Maddieson(2013a)发现,在他调查的 563 种语言样本中,大约 9%的语言缺少擦音。克里巴提语(Kiribati)就是一种没有擦音的语言,这是一种在太平洋基里巴斯岛上使用的南岛语(Blevins 1999)。

表 4.10 克里巴提语的辅音系统

		双唇	腭化双唇	舌尖中	舌根
塞音		p	pˠ	t	k
鼻音	舌低	m	mˠ	n	ŋ
	长	m:		n:	ŋ:
近音			ʋˠ	ɾ	

4.3 元音系统

元音库存远小于辅音库存,元音数量在 2 到 14 个之间。元音库存的大小在世界上的语言中呈正态分布(3.1 小节)。3.2 和 3.3 小节将继续仿效之前对辅音的讨论顺序,依次考察具有罕见元音的语言和缺失常见元音的语言。

4.3.1 库存大小

语言中简单元音的平均数量略低于 6(占所有语言的 52%)。有记录的最小元音库存要数北高加索语系的语言,只有 2 个元音音素(4.3.1.1 小节),最大的是日耳曼语系的语言,有 14 个元音(4.3.1.2 小节)。

4.3.1.1 最小库存

卡巴尔德语、阿布哈兹语和阿巴扎语是在俄罗斯和格鲁吉亚使用的西北高加索语言①,它们仅使用两个元音音素:[a]和[ə]。表 4.11(Arkadiev 2020:19)展示了阿巴扎语(Abaza)中的一组最小元音音素对立。

表 4.11　阿巴扎语的元音

	前	央	后
闭		[ə]: ẑə- "nine"	
开		[a]: ẑa- "ten"	

然而,当这两个音素与近音[j]和[w]共同出现时,它们会呈现为不同的变异音。音素单独发音时,只能感知到[a]和[ə]以及[j]和[w],但在正常语流中,某些形态-音系规则会导致这些复合词收缩并产生元音变体。然而,这

---

① 关于卡巴尔德语详见 Kuipers(1960)。关于阿布哈兹语详见 Chirikba(2003)。关于阿巴扎语详见 Arkadiev(2020)。

些变体仅在语音意义上存在,并不在音位意义上存在,因为它们无法与其他元音构成对立,而是与[a]和[ə]互补分布。表 4.12 中列出了这些变异音。

表 4.12 阿巴扎语中处于互补分布的元音

规则		范例	规则	条件	范例
[ə]+[j]	→[i]	təj→ti "pay" (PST)	[ə]+C→[ə]	with C≠[j], [w]	tən "if"
[j]+[ə]	→[i]	jə→i- "go" (PST)	C+[ə]→[ə]	with C≠[j], [w]	pə- "tip"
[ə]+[w]	→[u]	dəw→du "large"	[ə]+C→[ə]	with C≠[j], [w]	dər "know"
[w]+[ə]	→[u]	wə→u "your" (SG)	C+[ə]→[ə]	with C≠[j], [w]	mə- "not"
[a]+[j]	→[e]	baja→bea "rich"	[a]+C→[a]	with C≠[j], [w]	Abaza "Abaza"
[a]+[w]	→[o]	awat → oat "those" (DIST)	[a]+C→[a]	with C≠[j], [w]	anat "those" (MED)

4.3.1.2 最大库存

元音库存规模最大的语言是德语(German,德国境内,印欧语系),有 14 个简单元音。在某些德语方言中,元音对立的数量可能超过 14 个。

表 4.13 德语的元音

	前		央	后	
	不圆唇	圆唇		不圆唇	圆唇
闭	[i]: zi "she"	[y]: tʰytʰə "bag"			[u]: tust "do.2.SG"
闭、除阻	[ɪ]: ɪç "I"	[ʏ]: ɣblɪç "usual"		[ʊ]: mʊst "must"	[o]: onə "without"
半闭	[e]: tʰe "tea"	[ø]: fløtə "flute"	[ə]: maχən "make"		[ɔ]: ɔb "whether"

续表

	前		央	后	
	不圆唇	圆唇		不圆唇	圆唇
半开	[ɛ]：sɛgə "saw"	[œ]：œl "oil"			
开			[a]：man "man"		

4.3.1.3 平均库存

世界上大多数语言的元音库存规模介乎最小和最大库存之间。根据 Maddieson(2013g) 计算的库存大小分布概率，在 564 种语言中，93 种语言有 2—4 个元音，287 种语言有 5—6 个元音，184 种语言有 7—14 个元音。

4.3.2 不常见元音的存在

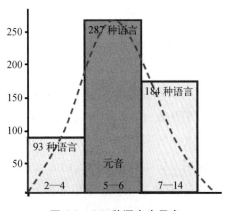

图 4.2 564 种语言中元音库存大小的直方图

半开放、央、圆唇元音[ɵ]和非圆唇元音[ɜ]极少作为独立音位出现。下文分别在 3.2.1 和 3.2.2 小节中讨论这两个音素。

4.3.2.1 半开放、央、圆唇元音[ɵ]

德语的上萨克森方言(Upper Saxon)存在半开放、央、圆唇元音[ɵ]，与发音位置毗邻的元音[ɵ]（半闭合、央、圆唇元音）、[ɛ]（半开放、前、非圆唇元音）和[ʌ]（半开放、后、圆唇元音）形成对比。标准德语中[ɵ]的对应音是[ɔ]（数据来自 Khan and Weise 2013）。

表 4.14 德语上萨克森方言中的五个短元音

	前		央		后	
	不圆唇	圆唇	不圆唇	圆唇	不圆唇	圆唇
闭	[ɪ]: ʋɪnt "wind"					
半闭				[ɵ]: ʋɵntoˀ "wonder"		
半开	[ɛ]: ʋɛn "when, if"			[ə]: ʋənə "bliss"	[ʌ]: ʋʌnə "tub"	
开						

4.3.2.2 半开放、央、非圆唇元音[ɜ]

半开放、央、非圆唇元音[ɜ]存在于多种语言中,但不作为独立的音位存在。人们听到这个声音,通常是作为[ɨ]或[ə]的变异音。在巴西有5,000人使用的提比拉语卡内拉语方言(Canela,巴西境内,让语系)中,[ɜ]作为一个音位性音素出现,与相邻的[ə]、[ɛ]、[ɔ]和[a]构成对立(数据来自Amado and Souza 2007)。

表 4.15 卡内拉语中的口腔元音

	前		央		后	
	不圆唇	圆唇	不圆唇	圆唇	不圆唇	圆唇
闭	[i]: protti "frog"		[ɨ]: kukrɨt "tapir"			[u]: mut "neck"
半闭	[e]: pi "to bend"		[ə]: kʰwər "manioc"			[o]: kokoj "monkey"
半开	[ɛ]: tɛp "fish"		[ɜ]: pɜt "anteater"			[ɔ]: rɔʔti "anaconda"

续表

	前		央		后	
	不圆唇	圆唇	不圆唇	圆唇	不圆唇	圆唇
开			[a]: ma "liver"			

4.3.3 常见元音的缺失

五个简单元音[i]、[e]、[a]、[o]和[u]一般存在于各种语言中,是最常见的元音(Ladefoged and Disner 2001:26-27)。从下表可知,四种无亲缘联系的语言中都出现了这些元音。这些元音在不同的语言中出现时,可能会有轻微的发音差异。例如,日语元音[u]听起来更像[ʊ]甚至[ɯ],但这些语言的数据可以看出的是,如果只看[i]、[e]、[a]、[o]和[u]在元音空间中的相对位置的话,大多数语言都发这些音。

表4.16 四种无亲缘联系的语言中的五个常见元音

元音	西班牙语		夏威夷语		斯瓦西里语		日语	
[a]	masa	"dough"	kaka	"to rinse"	pata	"hinge"	ma	"interval"
[e]	mesa	"table"	keke	"turnstone"	peta	"bend"	me	"eye"
[i]	misa	"mass"	kiki	"to sting"	pita	"pass"	mi	"fruit, nut"
[o]	mosca	"fly"	koko	"blood"	pota	"twist"	mo	"algae"
[u]	musa	"muse"	kuku	"to beat"	puta	"thrash"	mu	"nothing"

这些元音中,似乎唯有[a]是所有语言通用的,尽管有些语言可能会使用[a]的替代音,例如[ɑ]。一些英语方言就是使用元音[ɑ]而非[a]。有一些语言缺少一些常见元音。除了上文提到的只有两个音素(包含四个语音变体)的阿巴扎语(4.3.1.1节)之外,特胡埃尔切语(Tehuelche,阿根廷境内,

乔恩语系)缺少高元音[i]和[u]。特胡埃尔切语已经于 2019 年灭绝。该语仅存在三种元音音素,且没有变异音,主要的对比是在短元音和长元音之间(数据来自 Fernández Garay 1998)。

表 4.17 特胡埃尔切语中的元音

	前	央	后
半闭	[e] men "do" [eː] meːn "calf"		[o] t'on "flour" [oː] t'oːn "spider"
开		[a] xaw "brother-in-law" [aː] xaːw "ask for"	

4.4 声调系统

声调语言在全球的分布并不均匀。Maddieson(2013f)估计世上 40% 的语言是有声调的,而 60% 没有声调。相当一部分声调语言在东亚使用,其声调属性与孤立的形态类型相关。然而,黏着语言也可以有声调。例如,在俄罗斯使用的偈语(Ket,俄罗斯境内,德内-叶尼塞语系)具有四个声调的黏着形态。在接下来的八个小节中,我们分别介绍八种语言,其声调库存分别为 2 到 9 个声调。

4.4.1 两声调系统

纳瓦霍语(Navajo,美国境内,德内-叶尼塞语系)是一种黏着语,平均每一个词都包括三类语素,即词根、附着词和语法词缀。此外,纳瓦霍语的词根和附着词上会有两个平调——高调[55]和低调[11],而词缀通常无声调。这两个平调都用来表示词汇和语法上的对立。在表 4.18 的第一列中给出了一对具有别义功能的半词缀(clitics)最小对立组,第二列和第三列给出了两个词根的语法对立。词根 bąːs "处理" 在高调时具有完成时的意思,在低调时是未完成的意思。词根 tʂiːd "用手处理" 的语法意义则相反:高调表示未完成意义,低调表示完成意义(数据来自McDonough 1999:507-511)。

表 4.18 纳瓦霍语的三个平音系调

音标	na	bạːs	tʂiːd
55	na⁵⁵ = "upward"	bạːs⁵⁵ "处理"(Perfective)	tʂiːd⁵⁵ "用手处理"(Imperfective)
11	na¹¹ = "about"	bạːs¹¹ "处理"(Imperfective)	tʂiːd¹¹ "用手处理"(Perfective)

以下示例显示了对应于英语简单句的纳瓦霍语动词复合体的声调。无声调语素 ho-未标有声调数字。

(1) 纳瓦霍语(美国境内,德内-叶尼塞语系)

ho-ni⁵⁵-lįːd¹¹

1/3.S-appear.PFV

"I/he appeared."

4.4.2 三声调系统

约鲁巴语(Yoruba,尼日利亚境内,尼日尔-刚果语系)是一种孤立语,在尼日利亚约有 5,000 万人使用。该语言有三个全音节平调:[⁵⁵]、[³³]和[¹¹]。表 4.19 给出三个音节的最小对立组(数据来自 Awobuluyi 1978)。

表 4.19 约鲁巴语中的三个平调

音标	ba-	sẹ-	le-
55	ba⁵⁵ "overtake"	sẹ⁵⁵ "to break"	le⁵⁵ "be surplus"
33	ba³³ "hide oneself"	sẹ³³ "to come to pass"	le³³ "be hard"
11	ba¹¹ "touch down"	sẹ¹¹ "to happen"	le¹¹ "be able to"

4.4.3 四声调系统

汉语普通话有一个平调、两个单调调和一个起伏调,这些声调可以出现在开音节和以鼻音为音节尾的闭音节中。下表中以汉语普通话中可使用的音节类型举例。

表4.20 汉语普通话中的四个音系调

音标	piː	daː	maː	ʂu	ɕiː	waŋ
55	piː55 "逼"	daː55 "答"	maː55 "妈"	ʂu55 "书"	ɕiː55 "西"	waŋ55 "汪"
35	piː35 "鼻"	daː35 "达"	maː35 "麻"	ʂu35 "熟"	ɕiː35 "席"	waŋ35 "亡"
53	piː53 "必"	daː53 "大"	maː53 "骂"	ʂu53 "树"	ɕiː53 "系"	waŋ53 "忘"
213	piː213 "比"	daː213 "打"	maː213 "马"	ʂu213 "属"	ɕiː213 "喜"	waŋ213 "网"

在俄罗斯境内的中西伯利亚地区约有100人使用猲语,他们是濒临灭绝的叶尼塞语族中仅存的猲语母语者。近期有研究显示,叶尼塞语与北美使用的阿萨巴斯坎语在语系上存在关联。因此,猲语与4.4.1小节中讨论的纳瓦霍语有很大关系。猲语的四个声调在语音上较为复杂,分别是[35]、[354]、[231]和[55],其中两个是起伏调(数据来自Georg 2007:47-51)。

表4.21 猲语中的四个音系调

音标	su	in	ul	es
55	su55 "cradle-hook"	in55 "long (time)"		es55 "strap"
35	su35 "blood"	in35 "to stand"	ul35 "water"	es35 "heaven"
354	su354 "salmon"	in354 "needle"	ul354 "algae"	
231	su231 "sledge"	in231 "to carry"	ul231 "smooth"	eːs231 "wholesome"

4.4.4 五声调系统

泰语(Thai)是泰国的官方语言(台-卡岱语系),有五个声调,分别是三个平调和两个单调调,两个单调调包括一个上升调和一个下降调(Iwasaki 2005:5-8)。这些声调都能出现在开音节中,但在以辅音为音节尾的入声音节中,只能使用[55]、[11]和[53]这三个声调。

表 4.22 泰语中的五个音系调

音标	paː	maː	taː	kʰaː
55		maː⁵⁵ "bench"	taː⁵⁵ "to defy"	kʰaː⁵⁵ "to trade"
33	paː³³ "to bring"	maː³³ "to come"	taː³³ "to paint"	kʰaː³³ "unsettled"
11	paː¹¹ "to chop"	maː¹¹ "to brew"	taː¹¹ "Chinese pagoda"	kʰaː¹¹ "galangal root"
35	paː³⁵ "cliff"	maː³⁵ "dog"	taː³⁵ "to rush"	kʰaː³⁵ "leg"
53	paː⁵³ "cloth"	maː⁵³ "demon"	taː⁵³ "harbour"	kʰaː⁵³ "to kill"

4.4.5 六声调系统

粤语/粤方言(Cantonese,汉藏语系)有六个声调,包括三个平调和三个单调调。所有声调都可以在开音节和以鼻音结尾的音节中出现。在以塞音结尾的闭音节中,只能使用平调(数据来自 Matthews and Yip 1994)。

表 4.23 粤语中的六个音系调

音标	paː	siː	maː	wuː	jiː	sik
55	paː⁵⁵ "疤"	siː⁵⁵ "思"	maː⁵⁵ "妈"	wuː⁵⁵ "乌"	jiː⁵⁵ "衣"	sik⁵⁵ "式"
33	paː³³ "坝"	siː³³ "死"	maː³³ "吗"		jiː³³ "意"	(sek³³ "锡")
22	paː²² "罢"	siː²² "事"	maː²² "蚂"	wuː²² "户"	jiː²² "易"	sik²² "食"

续 表

音标	paː	siː	maː	wuː	jiː	sik
35	paː³⁵ "把"	siː³⁵ "史"	maː³⁵ "麻"	wuː³⁵ "捂"	jiː³⁵ "椅"	
13		siː¹³ "市"	maː¹³ "蚂"		jiː¹³ "议"	
21		siː²¹ "四"	maː²¹ "骂"	wuː²¹ "狐"	jiː²¹ "仪"	

4.4.6 七声调系统

在泰国北部帕府和楠府使用的绿苗语(Green Hmong,苗瑶语系西苗语支)具有七个声调:四个平调、两个单调调和一个起伏调。声调[11]只与带呼气音的音节一起使用,而起伏调[214]只用于带有嘎裂声的音节(数据来自 Lyman 1979:10-11)。

表 4.24　绿苗语中的七个音系调

音标	tau		taɯ	
55	tau⁵⁵	"pumkin"	taɯ⁵⁵	"basket"
33	tau³³	"get"	taɯ³³	"foot"
22	tau²²	"axe"	taɯ²²	"to shine"
11	ta̤u¹¹	"follow"	ta̤ɯ¹¹	"firewood"
35	tau³⁵	"dam up"	taɯ³⁵	"hard, tough"
41	tau⁴¹	"kind of grass"	taɯ⁴¹	"pitter-patter"
214	tau²¹⁴	"bean"	taɯ²¹⁴	"to go out"

4.4.7 八声调系统

黑苗语在中国黔东南地区有一百多万人使用。该语有八个声调,在开

第 4 章 语音系统

音节和入声音节中均能使用。在这些声调中,四个是平调,两个是上升的单调调,两个是下降的单调调(数据来自张永祥和许士仁 1990)。

表 4.25 黑苗语中的八个音系调

音标	pa		ta		la		ça		ja	
55	pa^{55}	"扒"	ta^{55}	"来"	la^{55}	"久"			ja^{55}	"挪动"
44	pa^{44}	"猪"	ta^{44}	"早晨"	la^{44}	"掐"	ça^{44}	"债"	ja^{44}	"散开"
33	pa^{33}	"大腿"	ta^{33}	"回答"	la^{33}	"光滑"	ça^{33}	"遮盖"	ja^{33}	"扁着嘴"
11	pa^{11}	"坏"	ta^{11}	"丢失"	la^{11}	"英俊"			ja^{11}	"吧"
35	pa^{35}	"父亲"	ta^{35}	"长短"	la^{35}	"抹"	ça^{35}	"难"	ja^{35}	"催促"
53			ta^{53}	"翅膀"			ça^{53}	"梳"		
13	pa^{13}	"普遍"	ta^{13}	"死"	la^{13}	"旱地"	ça^{13}	"当然"	ja^{13}	"撮箕"
31	pa^{31}	"划"	ta^{31}	"搭"	la^{31}	"谈"	ça^{31}	"吓唬"	ja^{31}	"八"

4.4.8 九声调系统

侗语(又称锦语)有九个单字调,包括三个平调、四个单调调和两个起伏调(数据来自 Gerner 2019)。

表 4.26 侗语中的九个音系调

音标	pa		ma		na		ça		ja	
55	pa^{55}	"鱼"	ma^{55}	"菜"	na^{55}	"富足"	ça^{55}	"遮盖"	ja^{55}	"布"
33	pa^{33}	"糠"	ma^{33}	"嚼喂"			ça^{33}	"就"	ja^{33}	"也"
11	pa^{11}	"游泳"	ma^{11}	"舌头"	na^{11}	"印堂"	ça^{11}	"察验"	ja^{11}	"二"
35			ma^{35}	"来"			ça^{35}	"写"		
53	pa^{53}	"翅膀"							ja^{53}	"田"

续 表

音标	pa	ma	na	ça	ja
13			na¹³ "弓箭"	ça¹³ "纺"	ja¹³ "帕子"
31	pa³¹ "蝗虫"	ma³¹ "马"			ja³¹ "恶"
453		ma⁴⁵³ "浸泡"		ça⁴⁵³ "晒"	ja⁴⁵³ "红"
323	pa³²³ "姑妈"	ma³²³ "云"	na³²³ "脸"		

4.5 作业

请分析下表中安多克语、阿巴扎语和英语的辅音系统和元音系统：

（1）分别比较每种语言中辅音和元音的关系。

（2）比较三种语言中辅音和元音的关系。

4.5.1 安多克语(Andoque)

试考虑安多克语（哥伦比亚境内，博拉－维托托语系）的部分辅音和元音。

（i）辅音

	双唇	齿龈	龈后	软腭	声门
塞音	p	t		k	ʔ
	b	d			
塞擦音			tʃ		
			dʒ		
擦音	ɸ	s			h

第4章 语音系统　　105

(ii) 元音

	口腔元音			鼻化元音		
	前	央	后	前	央	后
闭	i	ɨ	u	ĩ		
半闭	e	ə	o	ẽ	ɜ̃	õ
半开		ʌ			ʌ̃	
开		a	ɒ		ã	

4.5.2 阿巴扎语(Abaza)

阿巴扎语(俄罗斯境内,北高加索语系)的辅音和元音提供如下。

(i) 辅音

		双唇	唇齿	齿龈	龈后	舌尖后	腭化齿龈	软腭	小舌	咽
塞音	浊	b		d				g		
	浊·唇化			d^w				g^w		
	浊·腭化							g^j		
	清	p		t				k		
	清·唇化			t^w				k^w		
	清·腭化							k^j		
	挤喉音	p'		t'				k'	q'	
	挤喉音·唇化			t'^w				k'^w	q'^w	
	挤喉音·腭化							k'^j	q'^j	

续 表

		双唇	唇齿	齿龈	龈后	舌尖后	腭化齿龈	软腭	小舌	咽
塞擦音	浊			dz	dʒ	dʐ	dʑ			
	清			ts	tʃ	tʂ	tɕ			
	挤喉音			ts'	tʃ'	tʂ'	tɕ'			
擦音	浊		v	z	ʒ	ʂ	ʑ		ʁ	
	浊·唇化				ʒʷ	ʂʷ	ʑʷ		ʁʷ	
	浊·腭化								ʁʲ	
	清		f	s	ʃ		ɕ		χ	ħ
	清·唇化				ʃʷ		ɕʷ		χʷ	ħʷ
	清·腭化								χʲ	
	挤喉音								χ'	
	挤喉音·唇化								χ'	
鼻音		m		n						
边音				l						
近音					ɹ		ɥ			

(ii) 元音

	口腔元音		
	前	央	后
闭		ə	
开		a	

第4章 语音系统

4.5.3 英语(English)

英语(英国境内,印欧语系)的辅音系统和元音系统提供如下。

(i) 辅音

		双唇	唇齿	齿间	齿龈	龈后	硬腭	软腭	喉
塞音	浊	b			d			g	
	清	p			t			k	
塞擦音	浊					dʒ			
	清					tʃ			
擦音	浊		v	ð	z	ʒ			
	清		f	θ	s	ʃ		x	h
鼻音		m			n			ŋ	
边音					l				
近音					ɹ		j	w	

(ii) 元音

		口腔元音						口腔双元音		
		前		央		后		前	央	后
		不圆唇	圆唇	不圆唇	圆唇	不圆唇	圆唇			
闭	舌低	i					u			ɔɪ
	除阻	ɪ					ʊ		ɪə	ʊə
半闭		e		ə				eɪ	eə	
半开				ɜ		ʌ	ɔ			
开		æ				ɑ		ʌɪ		ʌʊ

第 5 章 词 缀

5.1 引论

　　语言学中,形态学这一分支致力于词素的研究。类型学者研究形态学一般从两个观点切入:个别语素类型的观点和整个形态系统的观点。个别的观点是通过各种语言中的例子来验证逻辑上可能存在的词素类型。本章就是采取这一观点。而整体的观点则是研究各个语言的词素库,并系统性地比较语素库之间的差异。不同的语言在每个词素的含义数量或每个词的词素数量等方面都可能存在系统差异。我们在第 6 章中会采用整体观点。这种先个别后整体的方式比较类似于第 3 章和第 4 章中对个别声音和整个声音系统进行分类的方法。

　　下文将讨论世界上的语言如何区分非独立词素和独立词素(5.2 节),如何区分派生词素和屈折词素(5.3 节),使用什么样的词缀(5.4 节)以及这些词缀遵循什么样的顺序排列(5.5 节)。

5.2 非独立词素与独立词素

　　我们先展开讨论词素的概念。词素可以是词根,也可以是词缀。无论是词根还是词缀,都具备表示一定意义的形式成分。词根是**词汇模块**(lexicon)的成分,而词缀则承担**语法**(grammar)功能。这里需要注意,词汇模块和语法模块之间的界限有时不是十分清晰(Aronoff and Fudemann 2005:2;Haspelmath 2002:18)。

　　(1)　**定义**

　　　　a. **词素**(morpheme)是语言中最小的意义单位(例如,*rén* 人、*-mén* 们)。

b. **词根**(root)是语言中最小的词汇意义单位(例如,*rén* 人)。

c. **词缀**(affix)是语言中最小的语法意义单位(例如,*-mén* 们)。

d. **半词缀**(clitic)是兼具词汇单位和语法单位特点的一种词缀(例如,*-hǎo* 好)。

词素本身可以是一个词,但也可以不成词。词素与词的主要区别是词素有时不能独立使用(即非独立词素),而词必须独立使用。

(2) **定义**

a. 一个词素是**非独立的**(bound),当且仅当该词素出现在语句中时,依赖于其他词素来组成一个词语。

b. 一个词素是**独立的**(free),当且仅当该词素在语句中出现时,可以独立于其他词素,成为一个词语。

汉语中存在非独立词素,例如"们"("人们")或者"公"("公绵羊")。而"狗""山"这一类词素则是独立词素。如何界定词缀是否独立?Whaley(1997)提出了三个用来区分独立与非独立词素的语音验证条件。

(3) **独立性的验证条件**

a. **验证条件一(词内插词)**

在两个潜在的非独立词之间是否允许其他词的插入?如果存在允许其他词插入的情形,则上述的两个词素不属于非独立词素。反之,如果不允许其他词插入,则上述的两个词素是非独立词素。(例如:独立量词词素"只"和独立名词词素"狗"之间允许其他词插入,诸如"三只黑狗"。)

b. **验证条件二(重音)**

词素能否在给定的环境下自带重音?如果能,则说明该词素是独立的,如果不能的话,则说明该词素是非独立的。(例如独立量词词素"只"可自带重音,用粗体表示:"我说了'三**只**狗',没说'三**群**狗'"。)

c. **验证条件(停顿)**

在咬字清晰的语句表达时,每个词素都尽可能说准,此时两个独立词素之间一般会插入停顿。这种情况下,停顿的位置可以体现独立词素之间的边界。(例如:假设某情境下对听力障碍人士慢速说出下面的话:"家__里__有__三__只__狗。"这时,你把停顿放在量词词素"只"与名词词素"狗"之间会显得较自然,这证实了量词"只"属于独立词素)。

试比较此处的独立量词词缀"只"与非独立复数语法词缀"们"。可以看出,"们"与它所修饰的名词之间不能被其他词素分隔开("老师__们"),本身也不能带重音,而且也不允许在与它所修饰的名词之间插入停顿。基于以上检验条件得出的结果,可以认为汉语词缀"们"是非独立的。

词素的含义本身不决定它是非独立的还是独立的。比如,在英语和汉语中,复数词素-s 和"们"是非独立的,但在白苗语(White Hmong)中,同样意义的复数词素 **de**^{42} 是独立的,允许形容词定语插入复数词素和名词之间(Xiong and Cohen 2005:66)。

(4) 白苗语(中国境内,苗瑶语系)

a. de^{42}　(mi^{35})　dɾa^{33}　　　b. de^{42}　(ɢo^{54})　ŋao^{42}
　　PL　　small　　knife　　　　　PL　　old　　　boat
　　"the (small) knives"　　　　　　"the (old) boats"

词缀总是非独立的。然而,词根可以是非独立的,也可以是独立的,具体情况因语言而异。在汉语中,名词词根永远是独立的,例如"狗""山"等。另一方面,在许多其他语言中,名词词根和动词词根是非独立词素。在旁遮普语(Punjabi,巴基斯坦境内,印欧语系)中,名词词根不独立出现,并可以在三种情况下产生名词变格:直接格/主格、间接格/宾格以及呼格。比如,名词词根 **mund-**"男孩"只能与以上的某一个格后缀结合使用(Gill 1962:46)。

表 5.1　旁遮普语的非独立名词词根和格后缀

格	单　数	复　数
直接格(主格)	mund-a	mund-e
间接格(宾格)	mund-e	mund-ɪã
呼格	mund-ɪa	mund-ɪo

5.3 派生和屈折词缀

本章剩余部分集中讨论词缀。词缀可分为派生词缀和屈折词缀。类型学上不是通过单一的定义来区分这两种词缀,而是通过判定标准来决定(Aronoff and Fudeman 2005:162; Haspelmath 2002:71; Whaley 1997:121)。

表 5.2 派生词缀和屈折词缀的判定标准一览表

属　　性	派生词缀	屈折词缀
词根的核心词汇含义	变	不变
词根的词汇类别	可能会变	不会改变
语义透明性(可预测性)	不可预测,个性化	可预测
形态句法特征(格、一致关系)	不表达	表达
能产性(词缀能够附着的词根数量)	有限制	不限制
词缀出现位置	更靠近词根	更远离词根
作为词汇模块的一部分	更有可能	更小可能

Whaley 等人的上述判定标准可以有效区分词缀,但如果比较词缀与词根的含义,给出词缀的单一定义也是可能的(Gerner 2022b)。

(5) 定义

a. 一个词缀是**屈折的**(inflectional),当它表示词根中未指定/不指定的意思("屈折"的词源是拉丁语的 *inflectere* "to bend",意指"the affix bends the root")。

b. 一个词缀是**派生的**(derivational),当它表示的意思与词根所指定的意思构成对立,使得无该词缀的词根义与该词缀结合后的词根义构成最小语义对立。

下文举例介绍**未指定**(underspecified)/**不指定**(unspecified)这一概念。英语动词 build 中对于主语的类型这一信息是不指定的,但可以通过添加屈折后缀-s(即结合以后形成 builds)实现指定。而另一方面,build 中指定了动词词义,与添加了派生后缀-ing 以后形成的 build-ing 的词义构成对立。

为了说明屈折词缀,我们接下来考察布列塔尼语(Breton,法国境内,印欧语系)中的动词变位。该语是在法国西北部使用的濒危语言。布列塔尼语的动词可以由 36 个不同的屈折后缀共轭,每个后缀提供一个语气意义(直陈性、条件性)、一个时态意义(过去、现在、未来)以及主语名词短语的人称和数(Press 1986:133-137)。

表 5.3 布列塔尼语屈折动词变位

人	数	直 陈 式				条 件 式	
		现在时	过去未完过去时	过去时	未来时	非过去时	过去时
1	SG	lenn **-an**	lenn **-en**	lenn **-is**	lenn **-in**	lenn **-fen**	lenn **-jen**
2	SG	lenn **-ez**	lenn **-es**	lenn **-jout**	lenn **-i**	lenn **-fes**	lenn **-jes**
3	SG	lenn **-Ø**	lenn **-e**	lenn **-as**	lenn **-o**	lenn **-fe**	lenn **-je**
1	PL	lenn **-omp**	lenn **-emp**	lenn **-jomp**	lenn **-imp**	lenn **-femp**	lenn **-jemp**
2	PL	lenn **-it**	lenn **-ec'h**	lenn **-joc'h**	lenn **-ot**	lenn **-fec'h**	lenn **-jec'h**
3	PL	lenn **-ont**	lenn **-ent**	lenn **-jont**	lenn **-int**	lenn **-fent**	lenn **-jent**

例如,后缀-Ø(即零后缀)和-**as** 在动词词根上增加了四种语法意义。

(6)　布列塔尼语(法国境内,印欧语系)

  a. lenn-　Ø   b. lenn-　as

   read IND.PRS.3.SG   read IND.PST.3.SG

   "He reads."   "He read."

第 5 章 词缀

派生词缀产生的意义与词根中表达的意义形成对比。词根中表达的含义类型是词类信息和配价信息。词类信息指的是词根所属词类的信息,例如属于名词、动词还是形容词。配价信息是关于可以与词根同时出现的词类的信息。例如,动词的一个典型的配价含义是它是否不带宾语、带一个宾语或两个宾语。因此,如果词缀改变了词类或配价信息,该词缀就是派生的。

我们考虑以下例子。泰语(Thai,泰国境内,台-卡岱语系)名词化前缀 kaan-将词根的词类从动词转变为名词,因此改变了词类信息(Iwasaki 2005:28),而塔马舍克语(Tamasheq,马里境内,亚非语系)致使前缀 s-增加了动词核心论元的数量,因此改变了配价信息(Heath 2005:442)。

表 5.4 泰语派生名词化前缀

动 词	名词(名词化的动词)
khít "to think"	kaan-khít "process of thinking"
rúu "to know"	kaan-rúu "process of knowing"
taay "to die"	kaan-taay "process of dying"

表 5.5 塔马舍克语派生使动前缀

动 词	致 使 动 词
vgəvəl "short"	s-vgəvəl "shorten"
vŋŋu "cook"	s-vŋŋu "let cook"
ùtər "seek"	s-ùtər "let seek"

5.4 词层面词缀和短语层面词缀

短语层面词缀(phrasal affix),或者**半词缀**,指的是附着于短语上的词素,有别于附着于词上的词素。如英语的领属后缀-s 就是短语层面的词缀,附着于领有者名词短语的最后一个成分上。

（7）英语短语层面后缀-s：
    a. [John]'s hat
    b. [The president of France]'s pen
    c. [The boy who I talked to]'s sister

澳大利亚的濒危语言巴迪语（Bardi）的作格后缀-nim 附着于名词短语的第一个词上。此时,第一个词既可以是修饰名词中心语的形容词（如例 8a 属于这一情形）,也可以是名词中心语（如例 8b）。

（8）巴迪语（澳大利亚境内,努尔努兰语系）

a. boordiji-**nim**   niiwandi   aamba   i-na-m-boo-na   aril.
    fat-**ERG**   tall   man   3.SG-TR-PST-poke-REM.PST   fish
    "The tall fat man speared a fish."

b. aamba-**nim**   i-na-m-boo-na   aril.
    man-**ERG**   3.SG-TR-PST-poke-REM.PST   fish
    "The man speared a fish."

有的语言允许短语词缀以前缀或者后缀形式灵活地附着于词上。如意大利语宾语代词 lo "him"就可以落位于助动词左边,也可以在不定式动词右边,哪一种位置表达的意思都不改变（Gerlach 2002: 64）。

（9）意大利语（印欧语系,意大利境内）

    a. **Lo**   devo   dare   a   Claudia
       3.SG.O   must.1.SG   give.INF   to   Claudia
       "I must give it to Claudia."

    b. Devo   dare-**lo**   a   Claudia
       must.1.SG   give.INF-**3.SG.O**   to   Claudia
       "I must give it to Claudia."

与之相反,本章中讨论的词缀,多数都不是短语层面的,而是词层面的,总是附着在词上。

5.5 词缀的类型

词缀类型中最常见的是前缀(4.1节)和后缀(4.2节),其中后缀在世界上的语言中出现的频率远远超过前缀(4.3节)。相对而言非常少见的词缀类型是中缀(4.4节)、环绕词缀(4.5节)、中后缀(4.6节)和超缀(4.7节)。

5.5.1 前缀(Prefix)

科马尔特佩克·奇南特克语(Chinatex,墨西哥境内,欧托曼格语系)是一种在墨西哥有一万人使用的欧托曼格语系声调语言。科马尔特佩克语极其偏向于使用**前缀**(prefix),几乎所有的词缀都是前缀。以下是可附加到动词词根的时体前缀和情态前缀(Anderson 1989: 8-12)。

表 5.6 奇南特克语时、体、情态前缀

时、体、情态范畴	前缀	带前缀动词
最近未来时 Immediate Future	ni^{11}-	ni^{11}-hme$ʔ^{55}$ "will do immediately"
最近过去时 Recent Past	la^{11}-	la^{11}-hme$ʔ^{55}$ "just now did"
过去时 Past	ka^{11}-	ka^{11}-hme$ʔ^{55}$ "did"
完成体 Perfective	ni^{55}-	ni^{55}-hme$ʔ^{55}$ "have done"
非连续体 Discontinuative	ho^{11}-	ho^{11}-hme$ʔ^{55}$ "no longer do"
否定情态 Negation	ha^{11}-	ha^{11}-hme$ʔ^{55}$ "not do"

5.5.2 后缀(Suffix)

许多语言主要使用**后缀**(suffix),偶尔使用一点前缀。卡纳达语(Kannada,印度境内,达罗毗荼语系)是南印度4,300万人使用的一种达罗毗荼语,有很强的后缀倾向。例如,卡纳达语现存六个语法格都使用后缀标记(Sridhar 2007: 156)。

表 5.7 卡纳达语格后缀

格 范 畴	后 缀	带后缀名词	
主格 Nominative	-∅	pustaka-∅	"书"(主语格)
宾格 Accusative	-vannu	pustaka-**vannu**	"书"(宾语格)
属格 Genitive	-da	pustakaa-**da**	"那本书的"
与格 Dative	-a: kke	pustaka-**a: kke**	"给那本书"
工具格 Instrumental	-dinda	pustaka-**dinda**	"用那本书"
呼格 Vocative	-e:	ta: yi: -**e:**	"女孩子!"(呼叫用)

5.5.3 后缀比前缀常见

Bybee、Pagliuca 和 Perkins(1990)考察了一些代表性的语言后发现,后缀比前缀更常见(后缀与前缀的比例大约为 3∶1)。对于动词后置语言(SOV 语言以及 OSV 语言)来说,后缀-前缀比甚至更高,达到 5∶1。而对于动词居中语言(SVO 以及 OVS 语言)来说,该比例仍然达到 2∶1。对于动词居首语言(VSO 以及 VOS 语言),比例为 1∶1。

Whaley(1997)在 Cutler-Hawkins 和 Gilligam(1985)的调查基础上提出了一个很有意思的理论解释。他们认为后缀的这种优势是两种力量作用的结果。首先,认知科学实验表明,人脑将注意力集中在单词的初始部分,以优化处理速度。由于词汇意义比语法意义的信息量更大,如果初始位置表达词汇意义,后面的位置表达语法意义,则处理速度最快。

(10) a. 第一种认知力

如果词汇信息出现在词语或者其他表达的开始部分,会优化信息处理速度。

随着时间的推移,语言通过语法化过程反映出这种认知力的作用。语法化是将词汇语素转化为语法语素的过程。因此,一种语言会更偏好那些产生后缀的语法化过程,而不是那些产生前缀的过程。

    b. **第二种认知力**

        语法化过程作用在出现于其他词汇性词素后面的词汇性词素上。

这两种力量的作用可以解释为什么后缀相对于前缀的出现频率更高。为理解这一现象,我们以现代汉语中充当完成体标记的动词后缀"了"为例。孙朝奋(Sun, 1996)注意到,"了"是 liǎo 的音韵化简,最初在中古汉语中用作动词,意思是"完成"和"理解",如(12a—b)所示。

(11)   现代汉语普通话

他	吃	了	三	顿	饭。
tā	chī	-le	sān	dùn	fàn.
3.SG	eat	PFV	NUM.3	CL	food

(12) a. 中古汉语(《晋书·傅毅传》)

官	事	未	易	了	也。
guan	shi	wei	yi	liao	ye.
official	matter	NEG	easy	complete	DECL

"政府事务不容易完成。"

    b. 中古汉语(《晋书》)

寓	目	则	了。
yu	mu	ze	liao.
send	eye	then	understand

"一看就知道。"

在中古汉语中,后缀"却"表示动作的完成,紧挨动词出现,在直接宾语之前,如(12c)。

    c. 中古汉语(《祖堂集》)

过	却(←了)	多少	林木。
guo	que(←liao)	duoshao	linmu.
pass	COMPL	much	wood.

"走完了很多森林。"

从公元 10 世纪开始,"了"开始出现在动词后的位置。除了表"完成"义之外,其他义项口头使用变得越来越少。公元 10 世纪后,"了"变为表示动作的完成,开始代替"却"。到了 15 世纪,"了"在语音上被简化为 -le,语法化过程结束。

5.5.4 中缀(Infix)

中缀是插入到词根内部的词缀。在高棉语(柬埔寨境内,南亚语系)中,一定数量的动词可以接词素 <n>(及其同位异形 <b>)作为中缀,其作用是将动词转化为**产品名词化**(product nominalizer)的对应名词(Huffman 1970:314-316)。

表 5.8　高棉语名词化中缀

动词		产品名词化	
cuəl	"to rent"	c<n>uəl	"a rent(n.)"
siət	"to insert"	s<n>iət	"an insert(n.)"
cam	"to wait"	c<n>am	"a year(n.)"
dam	"to plant"	d<n>am	"a plant(n.)"
le:ŋ	"to play"	l<b>æ:ŋ	"a play(n.)"
rɔəm	"to dance"	rɔ<b>am	"a dance(n.)"

在俄罗斯约有 970 人使用的阿奇语(Archi,北高加索语系,俄罗斯境内)共有四个中缀,嵌入数词中间,表示数词所修饰名词的语法性别。表 5.9 给出了数词"二"和"三"的中缀化情形。本书第 11 章 2.1.2 小节还会更进一步讨论(数据取自 Bond and Chumakina 2016)。

第 5 章　词缀

表 5.9　阿奇语性别屈折的数词中缀

性别	q'ʷˤetu "二"			ɬibtu "三"		
G1	q'ʷˤe\<w\>u	bošor	"two men"	ɬib\<w\>u	bošor	"three men"
G2	q'ʷˤe\<r\>u	ɬ: onnol	"two women"	ɬib\<r\>u	ɬ: onnol	"three women"
G3	q'ʷˤe\<b\>u	noˤš	"two horses"	ɬib\<b\>u	noˤš	"three horses"
G4	q'ʷˤe\<t\>u	nok ɬ	"two houses"	ɬib\<t\>u	nok ɬ	"three houses"

中缀在世界语言中少见。有中缀的语言一般也只出现在有限数量的词根中，并且能产性相对较低。对于中缀稀缺的现象，类型学家也是借助认知力来解释（Hawkins and Cutler 1988；Whaley 1997）。由于中缀断开了词根的组成部分，当大脑将注意力集中在词根上，即词的有效信息部分时，中缀起到了干扰大脑注意力的作用。中缀会增加大脑的处理成本，因此被大脑排斥。

5.5.5　环缀（Circumfix）

环缀由两部分组成，围绕一个词根放置，但仅表达**一个单一的含义**。较著名的例子是日耳曼语族语言中的分词环缀。所谓的**强动词**（strong verbs），其动词分词由环缀 **ge-...-t** 构成，而所谓的**弱动词**（weak verbs），其分词则由环缀 **ge-...-en** 构成。现代英语去掉了环缀的第一部分 **ge-**，但保留了第二部分 **-t** 或 **-en**（参见 Donaldson 1997：148-155 中的荷兰语数据）。

表 5.10　日耳曼语族语言中的分词环缀

英语		荷兰语		德语	
不定式	分词	不定式	分词	不定式	分词
强动词					
to bite	bitt-**en**	bijt-en	**ge**-bet-**en**	beiß-en	**ge**-biss-**en**
to drive	driv-**en**	drijv-en	**ge**-drev-**en**	treib-en	**ge**-trieb-**en**

续 表

英　语		荷 兰 语		德　语	
不定式	分　词	不定式	分　词	不定式	分　词
to praise	prais-**ed**	prijz-en	**ge**-prez-**en**	preis-en	**ge**-pries-**en**
to write	writt-**en**	schrijv-en	**ge**-schrev-**en**	schreib-en	**ge**-schrieb-**en**
to suffer	(Latin loanword)	lijd-en	**ge**-led-**en**	leid-en	**ge**-litt-**en**
to get	got-Ø	krijg-en	**ge**-kreg-**en**	krieg-en	**ge**-krieg-**t**
弱动词					
to bring	brought-Ø	breng-en	**ge**-brach-**t**	bring-en	**ge**-brach-**t**
to think	thought-Ø	denk-en	**ge**-dach-**t**	denk-en	**ge**-dach-**t**
to seek	sought-Ø	zoek-en	**ge**-zoch-**t**	such-en	**ge**-such-**t**
to buy	bought-Ø	kop-en	**ge**-koch-**t**	kauf-en	**ge**-kauf-**t**
to chase	chas-**ed**	jag-en	**ge**-jaag-**d**	jag-en	**ge**-jag-**t**
to say	sai-**d**	zegg-en	**ge**-zeg-**d**	sag-en	**ge**-sag-**t**

与中缀类似,环缀也不常见,原因类似。由于环缀对应一条信息但分布在单词的两个位置上,因此需要大脑特别努力地跟踪该信息。此外,Whaley(1997)还指出,环缀并不经济(需要用两个词缀表达一条信息)。由于说话者喜欢经济地使用语言,因此经济的形式在世界语言中常见,其他不经济的形式则不常见。出于这个原因,英语失去了环缀 **ge**-...-**en**(或 **ge**-...-**t**)的第一部分,只在荷兰语和德语中保留。

5.5.6　中后缀(Confix)

中后缀是一种罕见的词缀形式,由一个中缀与一个后缀结合构成。在卡约语(印尼境内,南岛语系)中,产品名词化通过在一组有限的动词上加上中后缀而得到(Eades 2005:69)。

表 5.11　卡约语名词化中后缀

动 词 词 根		产 品 名 词 化	
-tiró-	"to request"	t-**en**-iró-**n**	"request; dowry"
-tuni-	"to hide"	t-**en**-uni-**n**	"savings"
-tasó-	"to store away"	t-**en**-aso-**n**	"storage"
-kunul-	"to sit"	k-**en**-unul-**en**	"house sitting area/session"

由于中缀和环缀本身已经非常少见，因此在世界语言中，中后缀是相当罕见的现象。

5.5.7　超缀(Suprafix)

目前为止介绍的所有词缀类型都是由辅音和元音组成的音段。**超音段现象**(suprasegmental phenomenon)是音节层面，或者更大的语音单位层面的特性。语调、重音和声调属于超音段现象。**超缀**(suprafix)指的是词根上的超音段变化，伴随着这一变化，带来意义上的变化。关于超缀，比较知名的例子是英语中双音节动词的重音转换。例如，当 in**crease** 或 tor**ment** 用作动词时，重音落在第二个音节(显示为粗体)，但当用作名词时，则第一个音节重读，即 **in**crease 或 **tor**ment。

诺苏语中，有几十个单音节动词，带两种声调：低声调[21]和高声调[44]。带低声调时，动词必须与固定语序 OAV 搭配，而高声调则与语序 AOV 搭配(Gerner 2013b：420)。

表 5.12　诺苏语动词中的连读变调

OAV[21]	AOV[44]	英文翻译
hɯ[21]	hɯ[44]	"see"
ndu[21]	ndu[44]	"beat, hit"

续 表

OAV[21]	AOV[44]	英文翻译
si²¹	si⁴⁴	"take"
lu²¹	lu⁴⁴	"rob"
vu²¹	vu⁴⁴	"sell"
po²¹	po⁴⁴	"open"
su²¹	su⁴⁴	"resemble"
sɨ²¹	sɨ⁴⁴	"know"
ho²¹	ho⁴⁴	"paint"
ʂɯ²¹	ʂɯ⁴⁴	"look for"

(13) 诺苏语(中国境内,汉藏语系)

a. 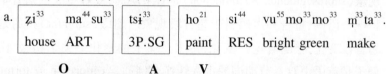 si⁴⁴ vu⁵⁵mo³³mo³³ m̩³³ta³³.
   RES bright green make

"He painted the house in bright green."

b.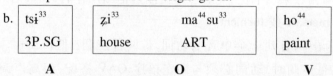

"He painted the house."

5.5.8 减缀(Disfix)

上文提到的词缀都是在一个基本词根或词干之上添加音段或者是超音段。然而,有的语言词缀化的过程是相反的,不是增添音段,而是移除(已有的)音段。学者们对这一过程有多种叫法,如**减法式形态**(subtractive morphology)(Manova 2011:125-172),**尾音脱落**(apocope)或**减缀**(disfix)

第 5 章 词缀

(Hardy 和 Montler 1988)。本书将采用最后一种叫法。可以明显看出,减缀不同于零词缀。

以矛瓦克语(Mauwake,巴布亚新几内亚境内;跨新几内亚语系)为例。该语具备两个动词化词缀。其中一个表示为-/,另一个是显性后缀-**r**(带异性词缀-**l**)。两词缀都主要与形容词结合,显性后缀-**r** 能产性更高,但在下表中可以看出,两个词缀都可以与一系列形容词词干,构成最小对关系(Berghäll 2010:120-124)。

表 5.13 矛瓦克语中的减缀

形容词		动词(使动式)		动词(起始式)	
dubila	"smooth"	dubil-/-	"smoothen"	dubila-r	"become smooth"
samora	"bad"	samor-/-	"destroy"	samora-r	"become bad"
itita	"soft"	itit-/-	"smash"	itita-r	"become soft"
maneka	"big"	manek-/-	"enlarge"	maneka-r	"become big"
momora	"fool"	momor-/-	"confuse"	momora-r	"become a fool"
dabela	"cold"	dabel-/-	"make cold"	dabela-l	"become cold"
masia	"bitter"	masi-/-	"make bitter"	masia-l	"become bitter"

上表中可见,因为动词**起始式**(inchoative)的形成是通过起始式后缀附着于形容词上,所以动词使动式应该也是通过形容词去掉词末元音形成的,而非由动词使动式导出形容词。因为动词使动式和形容词的形式不一样,可以很明显得出结论,这一元音脱落过程有别于零词缀。

(14) 矛瓦克语(巴布亚新几内亚境内,跨新几内亚语系)

    a. Akia   nan   mukuna=pa   ik(a)-eya
       banana there fire=LOC   be-2/3.SG.DS
       o   nan   samora   aaw-o-k.
       3.SG there bad, sick get-PST-3.SG
       "While the banana was there on the fire, he got sick."

b. Aruf-ami   me   samor-/-eka!
   hit-SS.SIM   not   bad-VBL-IMP.2.SG
   "Don't hit and destroy it."

c. Miiw-aasa   samora-r-e-k.
   land-canoe   bad-INCH-PST-3.SG
   "The car broke."

5.6　词缀的顺序

一个词根上附加多个词缀时，就涉及词缀的排列顺序问题。根据这些词缀的语法功能，可以预测它们出现的先后顺序。下面在 6.1 节讨论名词词缀的顺序，在 6.2 节讨论动词词缀的顺序。

5.6.1　名词性词缀

格林伯格(1963)提出的语言共性规律第 39 条，假设如果一门语言同时具有独立的数范畴词缀和格范畴词缀，则数词缀总是比格词缀更加靠近词根。

(15) **共性 39**：当表达数范畴和格范畴的词素同时出现，并且都出现在名词词根之前或者之后时，数范畴的表达几乎总会出现在名词词根和格范畴表达之间(Where morphemes of both number and case are present and both follow or both precede the noun base, the expression of number almost always comes between the noun base and the expression of case)。

以下来自马拉雅拉姆语(Malayalam)的示例可以佐证数后缀和格后缀的相对顺序(Asher and Kumari 1997: 248)。

(16) 马拉亚拉姆语(印度境内，达罗毗荼语系)
     kappal   tiramaala-kaḷ-e   bheed-iccu
     ship   wave-PL-ACC   split-PST
     "The ship broke through the waves."

5.6.2 动词性词缀

Bybee(1985a：33-35；1985b：25-26)考察了50种语言的样本,在此基础上总结了体貌范畴、时态范畴和语气范畴屈折变化的成对顺序。她提出,跨语言来看,这些范畴呈现下列排序：

(17) 语态<体态<时态<情态<人称

代表这些范畴的五个词缀全部堆积在一起的例子很少。有些语言将这些词缀放在动词词根的两侧,如将人称、体貌和时态标记放在词根的左侧,将被动标记放在词根的右侧。这样的语言仍然可以被视为遵守 Bybee 的基本词缀排序。例如,伊顿语(Eton)就以这种方式排列词缀(van der Velde 2008：83)。

(18) 伊顿语(喀麦隆境内,尼日尔-刚果语系)

"An 'aaa' was heard."

在俄罗斯和中国境内使用的鄂温克语(Evenki)经常叠加四个词缀,这些词缀的相对顺序也符合 Bybee(17)中的顺序,参见 Nedjalkov(1997：100)。

(19) 鄂温克语(俄罗斯及中国境内,满-通古斯语族)

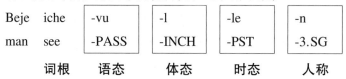

"The man started to get into view."

由于体貌、时态和情态这些概念相互交织,往往不能分开,无法做到词缀与这些概念一一对应,因此 Dik 和 Hengeveld(1997：50)针对这些语法概念提出了一种更宏观的理解。具体而言,人类思维在四个连续的认知层中将事件概念化：**谓词层**(predicate)、**述谓关系层**(predication)、**命题层**(proposition)和**言语行为层**(illocution)。排序如下：

(20) **A**(谓词层)<**B**(述谓关系层)<**C**(命题层)<**D**(言语行为层)

词缀可能与上述的某一个层面相关联。谓词词缀表达的是事件的内部属性,例如,事件参与者所处的阶段或相对位置关系。述谓关系词缀根据事件发生的时间和频率或义务和许可,将事件锚定在外部世界中。命题词缀传达说话者的态度或信息来源,而言语词缀则对言语行为类型进行表达。

彝语中的动词半词缀在语义上兼具体貌、时态和情态的概念,但可以明确地与某一个认知层相关联。下面的示例来自 Gerner(2014),从中可以看出(20)中词缀顺序的有效性。

(21) 诺苏语(中国境内,汉藏语系)

a. $tʰi^{55}$ ko^{33} ta^{33} mu^{33} $a^{44}ɲi^{33}$ $gɯ^{33}$ $tsʰɨ^{33}$
   here LOC COV mushroom much CL 3.SG

   $ʂɯ^{21}$ | $ɣɯ^{44}$ | $ndzo^{21}$ | $to^{44}ʥi^{21}$. |
   search | GET | EXP | EPI.POS |
            | **A层** | **B层** | **C层** |

   "It might have been here that he once found many mushrooms."

b. $ɔ^{33}ɲe^{33}$ $tsʰɨ^{33}$ $ɲe^{33}$ | sa^{55} | o^{44} | di^{44}. |
   hair   3.SG   cut | EXH | DP | QUOT |
                                        | **A层** | **B层** | **C层** |

   "It is said that he cut all the hair."

c. $a^{33}ma^{55}$ $i^{21}mo^{21}$ go^{55} | ndi^{55} | $to^{44}ʥi^{21}$ | da^{21}? |
   mother   belly   ache | PER | EPI.POS | ALT |
                                           | **B层** | **C层** | **D层** |

   "Is it possible that Mom sometimes has stomach-ache?"

(22) 呢苏语(中国境内,汉藏语系)

   $ɕi^{21}$ $sɤ^{33}$ | $χo^{13}$ | he^{33} | le^{55}. |
   3.SG   run | SEND | FUT | REPL |
                      | **A层** | **B层** | **D层** |

   "[Let me reply you:] He will complete [his paths]."

第 5 章　词缀　　　　　　　　　　　　　　　　　　　　　　　127

5.7　作业

在黔西地区的呢苏语中，有以下动词对。它们的区别在于：如果简单动词是不及物动词的话，则使动动词是及物动词；如果简单动词是及物动词的话，则使动动词是双及物动词。

表 5.14　呢苏语使动动词

简　单　动　词		使　动　动　词	
vi^{13}	"wear"	fi^{13}	"dress"
$bɿ^{13}$	"burst"	$pɿ^{13}$	"make burst"
$dʑi^{21}$	"melt"	$tɕi^{21}$	"make melt"
$ɖa^{33}$	"collapse"（intr.）	t^ha^{33}	"make collapse"
dzu^{33}	"eat"	$tʂu^{33}$	"feed"
gi^{33}	"torn"（intr.）	ki^{33}	"tear"（tr.）
$lɤ^{33}$	"shake, move"（intr.）	$ɬɤ^{33}$	"shake, move"（tr.）
bu^{21}	"open"（intr.）	p^hu^{21}	"open"（tr.）
ndo^{33}	"drink"	$tɔ^{21}$	"give to drink"
$dʐɔ^{33}$	"fear"	$tɕɔ^{33}$	"frighten"

下面举例给出其中的一组动词。

(23)　呢苏语（中国贵州威宁县，汉藏语系）

　　a.　si^{33}　　ga^{55}　　　dze^{21}　$kɔ^{55}$　　$lɤ^{33}$.
　　　　tree　　DEM.DIST　　CL　　PROG　　move
　　　"That tree is moving."［For example：its branches and leaves by the wind］

b. si^{33}　ga^{55}　　　dze^{21}　ɕɿ^{21}　le^{55}　ɬɤ^{33}.
　　tree　DEM.DIST　CL　　3.SG　PASS　move
　　"That tree is moved by him/her."〔For example：by shaking the stem〕

(24) **任务**

a. 试描绘简单动词和使动动词之间的音系区别。

b. 你认为这些动词对是否代表了一个词缀？如果是的话，请说出它们涉及哪一类的词缀？

第6章 形态类型

6.1 形态的三个维度

本章的目标是根据整个语素库的属性来定义语言类型,而不再像第5章一样研究单个语素的属性。

十九世纪德国语言学家施莱格尔(August von Schlegel,1767—1845)和洪堡(Wilhelm von Humboldt,1767—1835)是最早根据语素库的属性对所有语言进行分类的人。他们命名了三种基本类型:**孤立语言**(isolating languages)、**屈折语言**(inflectional languages)和**黏着语言**(agglutinative languages)。这三种术语我们一直沿用至今。

二十世纪美国语言学家萨丕尔(Edward Sapir)于1921年提出,上述的形态类型可以进一步地细分为两个更基本的语言参数,这两种参数后来被Bernard Comrie(1989a)重新命名为**熔合**(fusion)和**综合**(synthesis)。第一个参数衡量一个语素所编码的语法意义的数量,第二个参数衡量词缀的数量。

我们在本书中采用**指数**(exponence)和**综合**(synthesis)这两个术语,因为它们在过去二十年来是较为通行的术语。我们在下文 6.1.1 节探讨指数,在 6.1.2 节探讨综合,在 6.1.3 节探讨两者之间的关系。此外,还有一个变量,即**词素变体**(allomorphy),它与指数和综合的概念都存在交集,在词类的构成中起着关键作用。我们将在 6.1.4 节介绍词素变体的概念。

6.1.1 指数和每个词缀编码的范畴数

指数,也叫作熔合,指的是累积到单一词缀上的语法范畴的数量。如果一个词缀只编码了一个语法范畴,那么带有该词缀的表达方式就被称为黏着型,而如果该词缀编码了一个以上的语法范畴,我们就称其为指数型或熔合型。

对上述这些概念进行概括,就可以将指数型或熔合型语言定义为一个词缀平均编码一个以上的意义的语言。而黏着语中,平均一个词缀编码一个意义。**多指数语**(polyexponential language)中,平均一个词缀编码相对较多的意义,例如三个或三个以上。

在下面的小节中,我们将依次描述具有**最大指数**(maximal exponence)(小节6.2.1.1)、**平均指数**(average exponence)(小节6.2.1.2)和**最小指数**(minimal exponence)(小节6.2.1.3)的语言。

6.1.1.1 最大指数

多指数语言主要存在于印欧语系语言中,部分存在于尼罗-撒哈拉语系、闪含语系和乌拉尔语系。据目前所知,世界上语言中发现的最高指数是5。古希腊语(Ancient Greek,希腊境内,印欧语系)可以体现动词上的最大指数。动词上的单一词缀可以针对五个不同的语法范畴产生屈折变化:人称、数、情态、语态、时态,而属性形容词和名词针对三个不同的范畴产生屈折变化:格、数、性(语法性别)。

表6.1 古希腊语主要词类的指数

动词					名词、形容词、定冠词		
情态	时态	语态	人称	数	格	性	数
直陈 虚拟 祈愿 祈使	现在时 过去时 过去未完成时 未来时 现在完成时 过去完成时	主动 被动	第一 第二 第三	单数 复数	主格 属格 与格 宾格	阳性 阴性 中性	单数 双数 复数

下表展示了动词 lý- "释放"的部分范式。该表虽然缺少一些情态和时态,但足以让我们看到每个词缀所编码的意义的密度。所有这些词缀都是单体词缀:主要是后缀,有些是环形词缀(如 e-...-θεn)。其中有一定数量是多音节的(如-θεsómeθa)。

第 6 章 形态类型 131

表 6.2 古希腊语中动词范式 lý-"释放"局部

lý-		陈 述 情 态					祈 愿 情 态			
人称	数	现在时主动	现在时被动	过去时主动	过去时被动	未来时主动	未来时被动	现在时主动	现在时被动	过去时主动	过去时被动
1	单	lý-ɔ	lý-omai	e-lý-sa	e-lý-θɛn	lý-sɔ	lý-θɛsomai	lý-oimi	lý-oimɛn	lý-saimi	lý-θeiɛn
2	单	lý-eis	lý-ɛ	e-lý-sas	e-lý-θɛs	lý-seis	lý-θɛsɛ	lý-ois	lý-oio	lý-sais	lý-θeiɛs
3	单	lý-ei	lý-etai	e-lý-se	e-lý-θɛ	lý-sei	lý-θɛsetai	lý-oi	lý-oito	lý-sai	lý-θeiɛ
1	复	lý-omen	lý-ómeθa	e-lý-samen	e-lý-θɛmen	lý-somen	lý-θɛsómeθa	lý-oimen	lý-oimeθa	lý-saimen	lý-θeiɛmen
2	复	lý-ete	lý-esθe	e-lý-sate	e-lý-θɛte	lý-sete	lý-θɛsesθe	lý-oite	lý-oisθe	lý-saite	lý-θeiɛte
3	复	lý-usin	lý-ontai	e-lý-san	e-lý-θɛsan	lý-susin	lý-θɛsontai	lý-oien	lý-ointo	lý-saien	lý-θeiɛsan

下表给出的是属性形容词 sof-"明智的"的完整范式，它使用了 36 个单音节后缀，用于区分格、性和数范畴。该表体现了希腊语形容词和名词的指数（为 3），然而注意到这一范式中有几个后缀的意思不唯一（如-oin）。

表 6.3 古希腊语形容词范式 sof-"明智的"

sof-"明智的"语法格	阳 性			阴 性			中 性		
	单数	双数	复数	单数	双数	复数	单数	双数	复数
主格	sof-os	sof-ɔ́	sof-oi	sof-ɛ	sof-á	sof-ai	sof-ón	sof-ɔ́	sof-á
属格	sof-u	sof-oin	sof-ɔn	sof-ɛs	sof-ain	sof-ɔn	sof-u	sof-oin	sof-ɔn
与格	sof-ɔ̨	sof-oin	sof-ois	sof-ɛ̨	sof-ain	sof-ais	sof-ɔ̨	sof-oin	sof-ois
宾格	sof-ón	sof-ɔ́	sof-us	sof-ɛn	sof-a	sof-ás	sof-ón	sof-ɔ́	sof-á

6.1.1.2 平均指数

具有平均指数的语言是指在一个词缀中平均来说编码了不到三种义项。美国新墨西哥州 230 人使用的语言北缇瓦语(Northern Tiwa),采用了动词前缀,累积了三种意义,即主语的人称和数量以及直接宾语的名词类别。此外,北缇瓦语使用时态后缀和**名词合并**(noun incorporation),在这个过程中,直接宾语名词被嵌入动词复合体中,并被协议标记和时态标记包围。请看下面的例子,在这里名词 **p'a**"水"被嵌入到动词-**tay**"倒"中。

(1) 北缇瓦语(美国境内使用,基欧瓦-塔诺安语系)

  ti-p'a-tay-hu

  1.SG.CL1-water-pour-PRS

  "I pour the water down."(Zaharlick 1977:58)

(1)中的前缀 **ti**-指的是第一人称主语和直接宾语,属于名词类 1。该前缀归入 45 个一致前缀的范式。

表 6.4 北缇瓦语中的一致性前缀

主语		词类				
		名词类 1	名词类 2	名词类 3	名词类 4	名词类 5
1	单数	ti-	pi-	ta-	tana-	ta-
2	单数	'a-	'i-	ko-	'aną-	'a
3	单数	∅-	'i-	'o-	ną-	ma-
1	双数	'ąn-	pą-	kąm-	'ąnną-	kąm-
2	双数	mąn-	pą-	kąm-	mąnną-	mąm-
3	双数	'ąn-	pą-	'ąm-	'ąnną-	'ąm-
1	复数	'i-	pi-	ku-	'iną-	kima-
2	复数	mą-	pi-	mu-	miną-	mima-
3	复数	'i-	pi-	'u-	'iną-	'ima-

这个过程与汉语中的名词复合过程不同(如毕业、理发、跳舞等)。在北缇瓦语中,名词语素附着于动词语素之上,而在汉语中,名词语素并不是附着在上面的：我们可以在名词和动词词素之间插入其他语素,比如"他毕了业了""他还没理过发""他连舞都不跳"。此外,汉语的名词是不特定、不定指的,而北蒂瓦语的名词是特定、定指的。

6.1.1.3 最小指数

指数最小的语言,即 1,被称为黏着语,黏着语在世界上广泛分布。例如,土耳其语的名词范式中,每个名词都由两个单指数词缀组成。名词 **el-**"手"附加一个单数(零)或复数(**-ler**)后缀和六个格后缀中的一个(Lewis 1967: 29)。

表 6.5　土耳其语中的单指数词缀

el-"手"	单　　数	复　　数
主格	el-∅-∅	el-ler-∅
宾格	el-∅-ı	el-ler-ı
与格	el-∅-e	el-ler-e
处格	el-∅-de	el-ler-de
夺格	el-∅-den	el-ler-den
属格	el-∅-ın	el-ler-ın

黏着语可以是综合型,也可以是分析型(综合/分析的概念将在第 1.2 节中介绍)。从这个角度来说,土耳其语是一种黏着综合型语言,而达依语(Daai,缅甸钦邦,有 4 万人使用)是一种黏着分析型语言。达依语在动词后面使用了两个时态后缀(**-kti** 和 **-kkhai**),而除此之外动词并没有主语一致的屈折变化(So-Hartman 2008: 247)。

表 6.6　达依语中的单指数时态

	非未来时	未来时
kaai "爬"	kaai-kti	kaai-kkhai
sit "走"	sit-kti	sit-kkhai
sap "切"	sap-kti	sap-kkhai
lo "来"	lo-kti	lo-kkhai

下面的两个例子说明了这两种时态的使用方式。

(2)　达依语(藏缅语族,缅甸境内使用)

　　a. Thang　sun　　thi: ngpa: m-a　　kaai-**kti**.
　　　 Thang　DEM　tree.top-LOC　　climb-NFUT
　　　 "Thang climbs/climbed to the top of the tree."

　　b. Thang　sun　　thi: ngpa: m-a　　kaai-**kkhai**.
　　　 Thang　DEM　tree.top-LOC　　climb-FUT
　　　 "Thang will climb to the top of the tree."

6.1.2　综合性和每个词的词缀数量

综合词指的是由一个词汇义词项和一个词缀组成的一个固定表达单元。而任何不与词缀**结合的词**(synthetical)都被称为**分析词**(analytical)。这种综合的概念隐含表现出了给定的一门语言中可出现的词缀的数量,包括附着在词根上的词缀的平均数量和最大数量。在计算词缀时,环形词缀因前缀和后缀部分合起来贡献一个单一的意义所以被视为一个词缀。例如,匈牙利语的环缀算作一个词缀(Kenesei et al.,1998:100)。

(3)　匈牙利语(Hungarian,乌拉尔语系,匈牙利境内使用)

　　a　**leg**-unalmas-**abb**　　elõdás
　　　 the　SUP-boring-SUP　lecture
　　　 "The most boring lecture"

由于综合本身是一种程度概念而不是绝对概念,所以我们只能在一定程度上人为规定综合语是平均一个词至少有一个词缀的语言,而分析语是平均一个词的词缀数少于一个的语言。**超熔语**(polysynthetical language)是平均一个词有相对较多词缀的语言,例如四个或四个以上的词缀。

在下面的小节中,我们将描述具有最大综合(6.1.2.1 节)、平均综合(6.1.2.2 节)和最小综合(6.1.2.3 节)的语言。

6.1.2.1　最大综合

似乎没有哪一种语言可以在一个词根上附加超过 12 个词缀。在美国路易斯安那州和得克萨斯州 370 人使用的科萨提语(Koasati)一个动词词根上可以堆积多达 12 个词缀,并且每个词缀上会表达一个不同的语法范畴。但大多数动词复合体包含的词缀较少。理论上讲,动词词根虽然保留了 9 个前缀位置和 14 个后缀位置,但最多只有 12 个词缀会同时出现。一致性、位置和方向性标记附在动词词根左边,时、体和情态范畴的标记附在词根右边。23 个位置上对于不同语法范畴的编码或范畴的具体取值我们在下图进行了说明(Kimball 1991)。

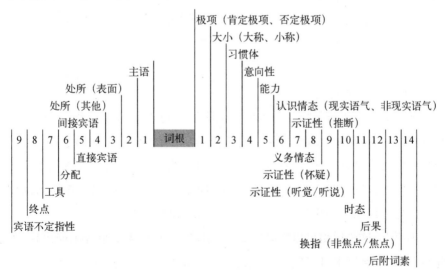

图 6.1　科萨提语中的二十三个词缀位置

下面的例子说明了一个由两个分句组成的复杂句。两个分句都是由一个词根和一些词缀组成的单个词语。第一个复句包含一个有四个前缀和八个后缀的动词根;第二个复句有两个前缀和一个后缀(Kimball 1991)。

(4)科萨提语(美国境内,穆斯科吉语系)

o-	st-	oh-	im-	**ilà:**	-ci
DIRT.go	INSTR	DISTR	3.DAT	**arrive**	PO
8	7	6	4	**ROOT**	1
-halpí: sa	-laho:	-li	-má: mi	-mpa	-y
ABIL	IRR	INFER	QUOT	PRS	CNSQ
5	6	7	10	11	12
-on,	im-	ca-	**yím**	-kõ	
SW.FOC	3.OBJ	1.SG	**believe**	NEG	
13	5	1	**ROOT**	1	

"It is said that they all might be able to go and bring it to him(lit. to go to his place with it), but on the contrary, I do not believe them."

"据说他们都可能去把它带到他那里去(带着它去他那里),但相反,我不相信他们。"

6.1.2.2 平均综合

平均综合的语言是指在一个词根上附加 1 到 3 个词缀的语言。智利的马普切语(Mapuche,阿劳坎语系)就是这样的一种综合语。动词范式包含三个强制出现的位置,每个位置都表达一个语法范畴,该范畴可以取三个不同的值。因此,马普切语是黏着型的。我们可以从下例观察到马普切语动词范式中异形词和零词缀的展开(Smeets 2008:181)。

理论上,这些后缀可以串联成 27 个字符串,但有 4 个组合不能出现,因此只有 23 个字符串可以实际被观察到。表 6.8 给出的是动词 **amu**-"去"的完整范式。

表 6.7　马普切语动词范式的三个位置

	第一个位置：情态	第二个位置：人称	第三个位置：数
amu-"去"	直陈 -(ü)n, -(ü)y 条件 -(ü)l 祈使 -chi, -y, -∅	1 -∅, -i 2 -m, -nge 3 -∅, -ng, -e, -pe	单数 -∅, -i 双数 -u 复数 -iñ, -ün

表 6.8　马普切语动词范式中的 amu-"去"的变位

		直 陈		条 件		祈 使	
1	单数	amu-n-∅-∅	"I go"	amu-l-i-∅	"if I go"	amu-chi-∅-∅	"let me go"
2	单数	amu-y-m-i	"you go"	amu-l-m-i	"if you go"	amu-∅-nge-∅	"go!"
3	单数	amu-y-∅-∅	"he goes"	amu-l-e-∅	"if he goes"	amu-∅-pe-∅	"let him go"
1	双数	amu-y-∅-u	"we both go"	amu-l-i-u	"if we both go"	amu-y-∅-u	"let us both go"
2	双数	amu-y-m-u	"you both go"	amu-l-m-u	"if you both go"	amu-∅-m-u	"you both go!"
3	双数	amu-y-ng-u	"they both go"				
1	复数	amu-y-∅-iñ	"we go"	amu-l-i-iñ	"if we go"	amu-y-∅-iñ	"let us go"
2	复数	amu-y-m-ün	"you go"	amu-l-m-ün	"if you go"	amu-∅-m-ün	"go!"
3	复数	amu-y-ng-ün	"they go"				

6.1.2.3　最小综合

分析型语言，如汉语普通话和越南语，表现出最小的综合性，即每个词不包含或最多包含一个词缀。在这两种语言中都没有屈折词缀。与分析型语言这一概念密切相关的是孤立型语言的概念，其定义是每个词的平均语素比例为1（或接近1）。普通话和越南语综合的程度类似，都很低，但相对而言越南语比普通话更具有孤立性。我们首先考虑越南语，其中所有的简单词都是单音节的,所有的复杂词都是通过简单词添加词缀、重叠或者与另一个简单词复合这几个形态过程形成的。(5)中的例子包含的是单音词,(6)中的例子是添加词缀,(7)中的例子是单音词复合。例子来自 Nguyen (1997)的越南语语法。

  越南语(越南境内,南亚语系)

(5) nhà   cúa   ān   ngù   bàng
    "house"   "door"   "to eat"   "to sleep"   "by means of"

    bòi   vói
    "because of"   "together with"

(6) vô- dụng   siêu- thị   đồng -hoá   tác -gia
    PREF use   PREF market   same SUFF   create SUFF
    "useless"   "supermarket"   "assimilate"   "author"

(7) chim muông   quàn áo   lo   nghĩ   dò   bân
    bird   beast   pants   coat   worry   think   dirty   bird
    "animal"   "clothes"   "to worry"   "filthy"

  相比之下,普通话中并不是每个简单的词都是单音词,而是有相当数量的简单双音词,这些词是由一个或两个非独立的词素组成的。例如,词素"葡"和"萄"都表达"葡萄"的意思,但它们不是独立的,只能共同出现在"葡萄"上。此外,与越南语相似,我们可以观察到同样的词缀化、重叠或复合的形态过程。例(8)是简单的双音词,(9)中给出了词缀化单音词,(10)中给出了复合单音词。

  汉语普通话(中国境内,汉藏语系)

(8) 朋 友 |学 校 |葡 萄

(9) 眼 药 |河 马 |摩 擦 |寒 冷

(10) 可 笑 |好 受 |恶 化 |作 家

  与普通话相比,古汉语和中古汉语似乎更接近于典型的孤立语。和现代越南语一样,更多的词是单音词。例(9)源于公元前 300 年的古汉语时期(Sun 1996),只涉及单音词。从那时起,汉语中的单音词经历了复合的过程,产生了许多双音词。

(11)《孟子·梁惠王上》(公元前 300 年)

吾 非 爱 其 财 而 易 之 以 羊 也。
wu fei ai qi cai er yi zhi yi yang ye.
1.SG NEG love its fortune CONJ trade it for sheep DECL
"I did not begrudge its expense, and exchanged it for a sheep."

6.1.3 词素变体

异形词(allomorph)是语素的一种变异的语音形式,或者说,是一种在声音上有变化而意义上没有变化的意义单位。我们需要区分两种异形词,即处于**互补分布**(complementary distribution)的异形词和**处于相同分布**(identical distribution)的异形词(也称**自由变化** free variation)。

例如,英语普通名词的复数后缀有三种异形,它们的分布是互补的。异形词的选择取决于名词的最后一个音素。

表 6.9 英语中的三个复数异形词

异形词	音系条件	举例
-z	以元音或者浊辅音结尾的名词	boys[bɔi-z], bags[bæg-z]
-əz	以响音(如 ʃ 或 s)结尾的名词	matches[mætʃ-əz], buses[bʌs-əz]
-s	以清辅音(如 p)结尾的名词	gaps[gæp-s], hats[hæt-s]

在德语中,有两个异形词后缀(**-chen** 和 **-lein**)可以附加在名词上,衍生出表示缩小义的名词。这两个异形词后缀可以自由地相互替换而不改变其含义。因此,它们是自由分布的(或自由变化的)。

呈现互补分布的异形词似乎比相同分布的异形词在世界上的语言中分布得更广泛。互补分布的异形词往往是由词根的音系条件引发的。在下面的章节中,我们将探讨几种具有极端情况的异形词的语言。

表 6.10　德语中的两个缩小义名词后缀

名　词		缩小义后缀 -chen		缩小义后缀 -lein	
Tisch	"table"	Tisch-chen	"little table"	Tisch-lein	"little table"
Kind	"child"	Kind-chen	"little child"	Kind-lein	"little child"
Haus	"house"	Häus-chen	"little house"	Häus-lein	"little house"
Katze	"cat"	Kätz-chen	"little cat"	Kätz-lein	"little cat"
Vogel	"bird"	Vögel-chen	"little bird"	Vögel-lein	"little bird"
Fuss	"foot"	Füss-chen	"little foot"	Füss-lein	"little foot"
Baum	"tree"	Bäum-chen	"little tree"	Bäum-lein	"little tree"

6.1.3.1　每个词缀的最大同形词数量

列兹金语（Lezgian）据目前所知，可能是同一个给定词缀拥有异形词数量最多的语言，共有 18 个同词缀异形词，以互补分布的方式出现。这些异形变体都是通格的异形（见第 8 章关于通格的讨论）。在下面的例子中，名词 **krč**-"horn" 呈现为通格标记的变体-**i**。

（12）列兹金语（俄罗斯境内，北高加索语系）

Jac-ar-in　　krč-ar-i　　　žanawur-∅　q'uluq^{h}di　gadar　q^{h}uwu-na
ox-PL-GEN　horn-PL-**ERG**　wolf-ABS　　back　　　throw　repeat-PST
"The oxen's horns threw the wolf back again."

这 18 个变体与不同的名词共同出现，具体的变体取决于名词干的含义或发音。但有时它们并不表现出任何可识别的条件。下表说明了异形词分布的情况（Haspelmath 1993：74）。

第 6 章 形态类型

表 6.11 列兹金语通格词缀中的异形词

异形词例：	1(-i) krč-i "horn"	2(-di) bubá-di "father"	3(-a) Farid-a "Farid"	4(-u) jarúbur-u "red ones"
异形词例：	5(-édi) nek'-édi "milk"	6(-ádi) c'ap-ádi "manure"	7(-re) sew-re "bear"	8(-ra) lam-ra "donkey"
异形词例：	9(-ini) c'il-íni "rope"	10(-úni) kam-úni "rope"	11(-é) q'el-é "salt"	12(-á) luw-á "wing"
异形词例：	13(-ǘ) q'ünt-ǘ "elbow"	14(-ci) par-ci "load"	15(-či) čar-či "paper"	16(-c'i) kar-c'i "rolling pin"
异形词例：	17(-č'i) č'ar-č'i "hair"	18(-ži) žin-ži "ghost"		

6.1.3.2 屈折词类及其主要部分

多指数语言和超熔语言都倾向于在名词和动词范式中表现出异形词的现象。由于分布互补，这些异形词构成了所谓的屈折类，即具有完全相同词缀的动词（或名词）类。动词的屈折类被称为**变位**（conjugations），名词的屈折类被称为**变格**（declensions）。一般来说，这种类型的语言会拥有三到十个规则的屈折类和一定数量的不规则屈折类。不规则类的数量可以达到几十个，视乎语言的具体情况而有所不同。

每个词素，无论是动词还是名词，都有一个完整单元（cell）的范式，可以与一个屈折类相联系。词素范式的一个单元是指词素与词缀和语法值的配对。下面是拉丁语（印欧语系）动词 **am**-"爱"的不完整动词范式的例子（拉丁语是一种多指数语，与本章前面讨论的古希腊语情况相似）。

表 6.12　拉丁语 am-"爱"的不完整动词范式

情态	人称	数	现在时主动	现在时被动	过去时主动	过去时被动	完成时主动	未来时主动	未来时被动
陈述	1	单	am-ō	am-or	am-ābam	am-ābar	am-āvī	am-ābō	am-ābor
	2	单	am-ās	am-āris	am-ābas	am-ābāris	am-āvistī	am-ābis	am-āberis
	3	单	am-at	am-ātur	am-ābat	am-ābātur	am-āvit	am-ābit	am-ābitur
	1	复	am-āmus	am-āmur	am-ābāmus	am-ābāmur	am-āvimus	am-ābimus	am-ābimur
	2	复	am-ātis	am-āminī	am-ābātis	am-ābāminī	am-āvistis	am-ābitis	am-ābiminī
	3	复	am-ant	am-antur	am-ābant	am-ābantur	am-āvērunt	am-ābunt	am-ābuntur
虚拟	1	单	am-em	am-er	am-ārem	am-ārer	am-ārer		
	2	单	am-ēs	am-ēris	am-ārēm	am-ārēris	am-ārēris		
	3	单	am-et	am-ētur	am-āret	am-ārētur	am-ārētur		
	1	复	am-ēmus	am-ēmur	am-ārēmus	am-ārēmur	am-ārēmur		
	2	复	am-ētis	am-ēminī	am-ārētis	am-ārēminī	am-ārēminī		
	3	复	am-ent	am-entur	am-ārent	am-ārentur	am-ārentur		
主动不定式：			am-āre				完成分词：	am-atum	

　　动词 am-"爱"属于所谓的第一变位，是五个规则变位之一。学习拉丁语时，学习者根据主要部分来学习各个动词在这五个变格中采用的形式（Stump and Finkel 2013）。主要部分是动词范式中的关键单元，其形式有助于预测所有其他（非主要）单元的形式。表 6.12 中 am-"爱"的单元被灰色阴影所覆盖。记住这些主要部分就可以预测动词 am-"爱"的所有其他形式。下表提供了拉丁语中所有五个规则动词变位的主要部分（Kennedy 1962）。

第 6 章 形态类型

表 6.13 拉丁语中五个动词变位的主要部分

动词变位	主动不定式		陈述式现在时 主动语态 第一人称单数		陈述式完成时 主动语态 第一人称单数		完成分词	
(一)	am-āre	"to love"	am-ō	"I love"	am-āvī	"I have loved"	am-ātum	"loved"
(二)	mon-ēre	"to warn"	mon-eō	"I warn"	mon-uī	"I have warned"	mon-itum	"warned"
(三)	dūc-ere	"to lead"	dūc-ō	"I lead"	dūc-sī	"I have led"	dūc-tum	"led"
(四) (-iō)	cap-ere	"to take"	cap-iō	"I take"	cēp-ī	"I have taken"	cap-tum	"taken"
(五)	aud-īre	"to hear"	aud-iō	"I hear"	aud-īvī	"I have heard"	aud-ītum	"heard"

6.2 语法标记

词缀作为语法标记有两种功能。首先,它们附在宿主(名词、形容词、动词)上,标记宿主的所指(实体、状态、事件等)在交际空间中的某个特征。这些特征可能是一个人的性别,一个具备级差状态中的某一个程度,抑或一个事件的指称时间。我们将在 6.2.1 节中详细说明这些特征。

其次,词缀还标记两个句子成分(或短语)之间的依存关系。例如,属性形容词和名词中心语之间的关系,或者主语和谓语之间的关系。我们将在 6.2.2 节中探讨依存性标记。

6.2.1 单一句子成分的特征标记

由名词词缀标记的单一句子成分特征可以是数、语法性别或定指等范畴。形容词词缀可以标记比较级、最高级等范畴。动词词缀可以标记时、体和语态等范畴。下面各举一些例子说明。

在斯瓦西里语中(Swahili,坦桑尼亚境内,尼日尔-刚果语系),单数和复数名词由两个不同的前缀来标记,这两个前缀互为异形词。这些异形词产生的名词类可以在语义上分为人类类、有生命(但不是人类)类、无生命类和其余类(数据取自 Mohammed 2001:40)。

表6.14 斯瓦西里语中的数量和生命度标记

	单 数		复 数	
人类别	**m**-tu	"person"	**wa**-tu	"persons"
有生命类别	**m**-nazi	"coconut tree"	**mi**-nazi	"coconut trees"
无生命类别	**ki**-lima	"hill"	**vi**-lima	"hills"
剩余类别	**ji**-we	"stone"	**ma**-we	"stones"

在芬兰语中(Finnish,芬兰境内,乌拉尔语系),比较级和最高级形容词由两个后缀来标记,这两个后缀附在级差形容词的简单形式上。这些后缀标志着形容词所编码的状态的不同程度(数据来源于 Sulkala 和 Karjalainen 1992:338)。

表6.15 芬兰语中形容词的比较级和最高级

	"low"	"hard"	"young"	"big"
简单形式	matala	kova	nouri	suuri
比较级	matala-**mpi**	kove-**mpi**	noure-**mpi**	suure-**mpi**
最高级	matala-**in**	kove-**in**	noure-**in**	suure-**in**

卡纳达语(印度境内,达罗毗荼语系)是一种在南印度使用的达罗毗荼语,通过附加在动词词根上、处于主语一致标记前的三个后缀来编码现在时、未来时和过去时态。时态是动词所指事件的一种属性(数据来自 Sridhar 1990:219)。

表 6.16　卡纳达语中的时态标记

时态	标记	ma: d- "to do"		ho: g- "go"		tegey- "open"	
未来时	-uv	ma: d -uv-anu	"he will do"	ho: g -uv-anu	"he will go"	tegey- uv-anu	"he will open"
现在时	-utt	ma: d -utt-anu	"he does"	ho: g -utt-anu	"he goes"	tegey- utt-anu	"he opens"
过去时	-id	ma: d -id-anu	"he did"	ho: g -id-anu	"he went"	tegey- id-anu	"he opened"

6.2.2　两个句子成分的依存性标记

一个句子中使用的两个成分(词或短语)在语义上可以相互依赖,其中一个成分是从属成分,另一个是主成分。依存关系存在于三个层面,即短语层面、小句层面和句子层面。下表(改编自 Nichols 1986)总结了现有的主要依存关系。之所以将否定词("不")和助动词("将")分析为中心语,相应地把动词分析为从属的依存成分,是因为在大多数语言中,否定词和助动词是用于表达定指的地方。当这些定指的元素存在时,动词通常是不定的,缺乏人称或时态标记。

表 6.17　语法依存关系

层　次	关系	依存语($D_{ependent}$)	中心语(H_{ead})
短语	领属	领有名词	被领有名词
	形容词	形容词	名词
	名词化	定语从句	名词
	介词	名词短语	介词(前置介词/后置介词)
小句	述谓	论元	谓词
	述谓	附加语	谓词

续 表

层 次	关系	依存语($D_{ependent}$)	中心语(H_{ead})
小句	否定	动词	否定词
	时体情态	动词	助动词
句子	从属	从句	引导词

我们根据其中的几个依存对,扼要说明世界上的语言所采用的主要依存标记策略:中心语标记(6.2.2.1 节)、依存语标记(6.2.2.2 节)、双重标记(6.2.2.3 节)和不定标记(6.2.2.4 节)。

6.2.2.1 中心语标记

对于及物动词,羌语(Qiang)中采用所谓的一致性标记,以编码主语和宾语的人称。中心语动词是用后缀来标记它与主语和宾语的关系。它反映或"一致于"从属主语和宾语的人称和属性。因此,这种标记被称为**中心语一致标记**(head agreement marking)。

(13) 羌语(中国境内,汉藏语系)

a. qɑ ʁosu-pi-wu fɑ-ɑ-qəi zə-p(ə)-ɑ
1.SG fifty-CL-INSTR clothes-NUM.1-CL DIRT-buy-1.SG.A.NANI.O

"I bought one item of clothing for fifty dollars."

b. ʔũ ʁosu-pi-wu fɑ-ɑ-qəi zə-pə-n
2.SG fifty-CL-INSTR clothes-NUM.1-CL DIRT-buy-2.SG.A.NANI.O

"You bought one item of clothing for fifty dollars."

c. theː ʁosu-pi-wu fɑ-ɑ-qəi zə-pə-∅
3.SG fifty-CL-INSTR clothes-NUM.1-CL DIRT-buy-3.SG.A.NANI.O

"He bought one item of clothing for fifty dollars."

在领属关系中,中国贵州西部地区的阿卯语(Ahmao)采用领有者的量词(在这里是中心语)作为形式标记。因此,这种策略可以归入中心语标记的一个实例。在领属关系是**不可分割**(inalienable)的情况下,量词是强制出现的,否则量词是可以省略的。例(14)取自阿卯语的语料。

(14)　　阿卯语(中国境内,苗瑶语系)

a. qai⁵⁵　　　　dzƒio³⁵　ḷaɯ⁵³paɯ⁴⁴
　　<u>hen</u>　　　　<u>CL</u>　　<u>neck</u>
　　领有名词(D)　　被领有名词(H)
　　"the hen's neck"

b. ku⁵⁵　　　　ŋkai⁵³　a⁵⁵ma³¹
　　<u>1.SG</u>　　　<u>CL</u>　　<u>eye</u>
　　领有名词(D)　　被领有名词(H)
　　"my eyes"

6.2.2.2　依存语标记

拉丁语中的名词都有性、数、格后缀,当它们与属性形容词共同出现时,形容词呈现与中心语名词匹配的性、数、格后缀。我们此时称这两个成分呈现一致性关系。这种标记被称为依存语一致性标记(Kennedy 1962)。

表 6.18　拉丁语中的形容词依存关系

中心语(名词)	依存语(形容词)	性别	译　文
fili-**a**	bon-**a**	(阴性)	"good daughter"
fili-**ae**	bon-**ae**	(阴性)	"good daughters"
fili-**us**	bon-**us**	(阳性)	"good son"
fili-**i**	bon-**ī**	(阳性)	"good sons"
auxili-**um**	bon-**um**	(中性)	"good measure of help"
auxili-**a**	bon-**a**	(中性)	"good measures of help"

在诺苏语中,人称代词作为领属代词使用时,会出现变调,在某种情况下还会引发元音音值的改变。由于领属代词是依存语成分,因此标记发生在依存成分上(数据来源于 Gerner 2013b:16)。

表6.19　诺苏语中领属代词的元音和调型变化

人称	代词基本形式		领属代词
1.SG	ŋa^{33}	→	ŋa^{55}
2.SG	nɯ^{33}	→	ni^{55}
3.SG	tsʰɨ^{33}	→	tsʰɨ^{21}

(15)　诺苏语(中国境内,汉藏语系)

  a. tsʰɨ^{21}　　　　　i^{33}tɕʰi^{33}
   3P.SG.POSS　　head
   领有名词(D)　　被领有名词(H)
   "his head"

  b. ŋa^{55}　　　　　i^{44}zi^{33}
   1P.SG.POSS　　younger brother
   领有名词(D)　　被领有名词(H)
   "my brother"

6.2.2.3　双重标记

土耳其语通过在领有者身上使用的属格标记和在被领有者身上使用的第三人称标记来标记领属关系。这种标记被称为双重标记(Lewis 1967:42)。

(16)　土耳其语(土耳其境内,阿尔泰语系)

  a. uzman-ın　　　　rapor-u
   expert-**GEN**　　　report-**3.SG**
   领有名词(D)　　被领有名词(H)
   "The expert's report"

第6章 形态类型

  b. çoban-ɪn   kɪz-ɩ
  shepherd-**GEN** daughter-**3.SG**
  领有名词（D）   被领有名词（H）
  "the shepherd's daughter"

6.2.2.4 不定标记

不定标记可以没有任何显性的标记。侗语（Kam）中没有任何词缀或助词标记领属关系。领有者总是置于被领有者之后。

(17) 侗语（中国境内，侗台语系）

  a. tin^{55} pət^{55}
  foot   duck
  被领有名词（H） 领有名词（D）
  "the duck's foot"

  b. pʲɐn^{55} jau^{11}
  tooth   1.SG
  被领有名词（H） 领有名词（D）
  "my tooth"

有些语言也会在依存成分和中心语成分之间夹入一个连接词，但并不能清楚看出标记的位置。在中国湖南的苗族语言雄语（Xong）中，连接词-**naŋ**^{44}-位于两个成分之间。

(18) 雄语（中国境内，苗瑶语系）

  a. ve^{43} -naŋ^{44}-   qo^{44}tɯ^{44}
  1.SG   ATTR   hand
  领有名词（D）   被领有名词（H）
  "my hand"

  b. ʑuŋ^{31} -naŋ^{44}-   pa^{44}n̻o^{31}
  sheep   ATTR   mouth
  领有名词（D）   被领有名词（H）
  "the sheep's mouth"

6.3 作业

阿拉伯语动词中表达下列语法范畴：情态、人称、性、数、体态、语态。表 6.20 以动词 -k_t_b-"写"为例，给出了完整动词范式。

表 6.20 阿拉伯语中局部动词范式 -k_t_b-"写"

情态	人称	性	数	完成体主动	完成体被动	非完成体主动	非完成体被动
陈述	1		单	katab-**tu**	kutib-**tu**	**a**-ktub-**u**	**u**-ktab-**u**
	2	阳	单	katab-**ta**	kutib-**ta**	**ta**-ktub-**u**	**tu**-ktab-**u**
	2	阴	单	katab-**ti**	kutib-**ti**	**ta**-ktub-**īna**	**tu**-ktab-**īna**
	3	阳	单	katab-**a**	kutib-**a**	**ya**-ktub-**u**	**yu**-ktab-**u**
	3	阴	单	katab-**at**	kutib-**at**	**ta**-ktub-**u**	**tu**-ktab-**u**
	2		双	katab-**tumā**	kutib-**tumā**	**ta**-ktub-**āni**	**tu**-ktab-**āni**
	3	阳	双	katab-**ā**	kutib-**ā**	**ya**-ktub-**āni**	**yu**-ktab-**āni**
	3	阴	双	katab-**-atā**	kutib-**atā**	**ta**-ktub-**āni**	**tu**-ktab-**āni**
	1		复	katab-**nā**	kutib-**nā**	**na**-ktub-**u**	**nu**-ktab-**u**
	2	阳	复	katab-**tum**	kutib-**tum**	**ta**-ktub-**ūna**	**tu**-ktab-**ūna**
	2	阴	复	katab-**tunna**	kutib-**tunna**	**ta**-ktub-**na**	**tu**-ktab-**na**
	3	阳	复	katab-**ū**	kutib-**ū**	**ya**-ktub-**ūna**	**yu**-ktab-**ūna**
	3	阴	复	katab-**na**	kutib-**na**	**ya**-ktub-**na**	**yu**-ktab-**na**

（19） 任务

a. 请分析动词类型，分析词缀的类型。

b. 写出每个词缀的指数。

第7章 词　　序

7.1　固定词序、灵活词序和基本词序

　　我们在给语言按照词序类型分类时，所使用到的最重要的词序是简单及物句中主语、宾语和动词的顺序。为了区分不及物句和及物句，我们用符号 S 表示不及物句的主语，用符号 A 和 O 表示及物句的主语和宾语，用 V 表示任何一个句子中的谓语。S 和 V 在逻辑上存在两种可能的顺序，A、O 和 V 则存在六个顺序。这些顺序都能在世界上的语言中找到。

　　当然，理论上一个语言的词序既可以是固定的，也可以是灵活的。但似乎世界上并不存在真正完全固定词序的语言，即只有一种词序的可能性。我们所观察到的语言至少存在两种可能的词序。例如，英语正好使用两种可能的词序，而汉语则允许三种。

　　　　　　汉语　　　　　　　　　　　　英语
(1) a. AVO: 他 在 看 今天的报。　　b. John peeled the onion.
(2) a. OAV: 今天的报 他 在 看。　　b. The onion, John peeled.
(3) a. AOV: 他 今天的报 都 看好 了。b. *John the onion peeled.
(4) a. OVA: *今天的报 在 看 他。　　b. *The onion peeled John.
(5) a. VAO: *看 他 今天的报。　　　b. *Peeled John the onion.
(6) a. VOA: *看 今天的报 他。　　　b. *Peeled the onion John.

　　其他语言则可能涉及更灵活的词序。在澳大利亚的原住民语言瓦尔皮里语(Warlpiri)中，所有的六种词序都能出现。无论使用哪一种词序，都不会对语用意义构成影响，如下例所示。唯一要求是时态助词必须作为句子中第二个出现的成分(Simpson 1983: 140)。

(7) 瓦尔皮里语(澳大利亚境内,帕马-努干语系)

a. AVO： | Kurdu-ngku | ka-ju | nya-nyi | nga-ju |
| child-ERG | AUX.PRS-1.SG | see-NPST | 1.SG-ABS |

b. OAV： nga-ju ka-ju kurdu-ngku nya-nyi

c. AOV： Kurdu-ngku ka-ju nga-ju nya-nyi

d. OVA： nga-ju ka-ju nya-nyi kurdu-ngku

e. VAO： nya-nyi ka-ju kurdu-ngku nga-ju

f. VOA： nya-nyi ka-ju nga-ju kurdu-ngku

"The child sees me."

而瓦尔皮里语中主语和宾语的句法角色也不是通过词序,而是通过格标记分配给名词短语的。每个名词都有一个格后缀。比如说主语角色的后缀是 **-ngku** 而宾语角色的**通格**(absolutive)后缀是 **-ju**。相比之下,汉语和英语是通过词序来分配句法角色的,因为它们不涉及格的词缀。因为词序的作用不同,所以词序在瓦尔皮里语中是相对灵活的,但在汉语和英语中相对固定。不过,固定和灵活都是相对而言的。

虽然似乎没有一种语言仅仅具有一种词序,但大多数语言都表现出对某一种词序的偏好。(一个语言中)使用得最自然、最频繁和没有限制的顺序会被称为**基本**、首选或无标记的词序。假设存在这种词序的话,接下来的问题就是如何确定一种语言的基本词序。

基本词序和非基本词序可以从标记性和频率两方面进行区分。非基本词序往往在语音、形态、句法或语用上比基本词序有更为明显的标记。例如,在汉语和英语中,基本词序是 AVO。只有当说话人想把宾语确立为语境中的话题时,才会使用 OAV 这个词序。在汉语中,说话人还经常在话题化的宾语名词短语后使用停顿或显性话题标记,如(2c)。这让 OAV 比(1a)中的基本词序 AVO 更突出对话题的标记。(3a)中的汉语词序 AOV 甚至在语用上更受限制。这种被特别标记了的顺序表达了一种与某人的期望相矛盾的意味。

（2）c. OAV：今天的报（停顿）他 在 看。　　语音有标记
　　　　　　呢，　　　　　　　　　　　　　形态有标记
（3）a. AOV：他 今天的报 都 看好 了。　　　语用有标记

此外，在有些情况下，非基本的词序在句法上也有标记。德语在主句中使用 AVO 顺序，但在从句中则强制使用 AOV 的顺序。

（8）德语（德国境内，印欧语系）

a. AVO： | Der Bauer | pflügte | das Feld. | 句法有标记
　　　　 | DEF farmer.NOM | ploughed | DEF field | 主句

"The farmer ploughed the field."

b. AOV： Ich sah daß | der Bauer | das Feld | pflügte. | 句法有标记
　　　　 1.SG saw that | DEF farmer.NOM | DEF field | ploughed | 从句

"I saw that the farmer ploughed the field."

除了标记性，词序的相对频率也可以揭示它是否为基本词序。一种方法是计算整个语料库中可找到并出现过的词序，然后把其中最频繁的词序确立为基本词序。但可惜的是，统计频率并不总能确定哪一种词序是基本词序。例如，瓦尔皮里语似乎所有六种词序的频率都相同，因此很难决定究竟哪种才是基本词序（Simpson 1983：140）。

一种语言可以同时既没有灵活的词序（如瓦尔皮里语），也缺乏基本词序的概念。但反过来，固定词序的语言也有可能没有基本词序。例如，诺苏语只允许有两个词序，使用哪一种词序由句子的体态决定。未完成体小句须有强制性的 AOV 顺序，结果体小句须有强制性的 OAV 顺序。这两种词序的频率分布大致相同，所以导致了诺苏语也缺乏基本词序（Gerner 2004，2013b：15）。

（9）诺苏语

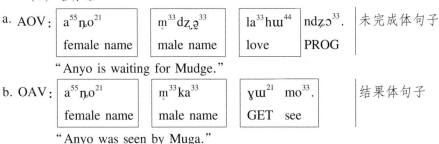

7.2 一组句子成分之间的词序关系

本节研究各种类型的词序关系：主语、宾语、动词（之间的词序）(7.2.1 节)；宾语、附加语、动词(7.2.2 节)；数词、指示代词、形容词、名词(7.2.3 节)；领有者、被领有者(7.2.4 节)；定语从句、名词(7.2.5 节)、从句引导词、补语(7.2.6 节)；否定词、动词(7.2.7 节)。

7.2.1 主语、宾语和动词的顺序

主语、宾语和动词之间存在六种逻辑上可能的词序。其中的任何一种都作为基本词序存在于世界上至少一门语言中。请看下面的例子。

(10) 乌克兰语（乌克兰境内，印欧语系）（Pugh & Press 1999：241）

AVO：Transitive Clause

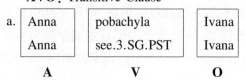

"Ana saw Ivan."

SV：Intransitive Clause

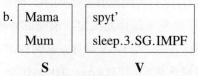

"Mum is sleeping."

(11) 韩语（韩国境内，孤立语）　　　　　（Sohn 1999：286）

AOV：Transitive Clause

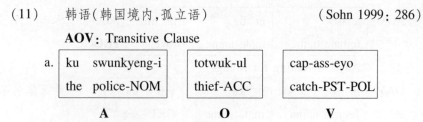

"That policeman caught a thief."

第 7 章 词序　　　　　　　　　　　　　　　　　　　　　　　　　155

SV：Intransitive Clause

b. | ne | nun | simsimha-ta |
| 1.SG | TOP | bored-DECL |

　　S　　　　　　　　V

"I am bored."

（12）塔马舍克语（马里共和国境内，亚非语系）　（Heath 2005：17）

VAO：Transitive Clause

a. | ənhǽy-æn | médd-æn | élu |
| see.PFV-3.M.PL | man-M.PL | elephant |

　　V　　　　　　A　　　　　O

"The men saw the elephant."

VS：Intransitive Clause

b. | ì-wæt | ə̀-jənnɑ |
| 3.M.SG-hit.PFV | SG-rain |

　　V　　　　　　S

"The rain struck (= fell)."

（13）雷阿劳·奇南特克语（墨西哥境内，欧托曼格语系）

（Rupp 1989：38）

VOA：Transitive Clause

a. | kal-báh-i | hạ:h | zam　nim |
| PST-beat-3.SG | child.3.SG | person　that |

　　V　　　　　　O　　　　　　A

"That person beat his child."

VS：Intransitive Clause

b. | mam-hláh-i | ɲiʔvh |
| PST-cry-3.SG | baby |

　　V　　　　　　S

"The baby cried."

(14) 帕里语(南苏丹境内,尼罗-撒哈拉语系) (Andersen 1988:292)

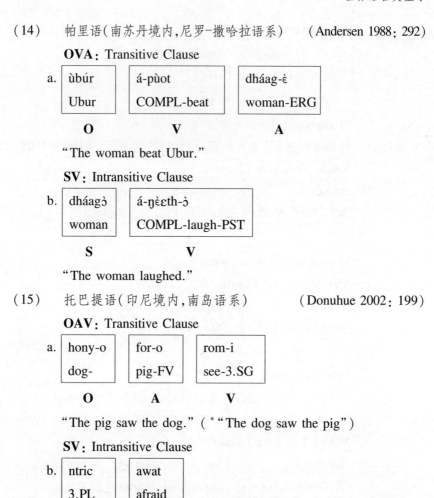

"The woman beat Ubur."

"The woman laughed."

(15) 托巴提语(印尼境内,南岛语系) (Donuhue 2002:199)

"The pig saw the dog." (*"The dog saw the pig")

"They are afraid."

不及物从句中如果呈现 VS 词序,也就意味着及物从句中的词序应为 VAO 或 VOA,反过来及物语从句是 VAO 或 VOA,则不及物从句则应该是 VS 的顺序,如(12)—(13)中的例子所示。在过去的 60 年里,四位类型学家分别研究了这些词序在世界语言中的分布情况,进行了量化的统计工作。他们采集的样本小的包含 30 种语言,大的包含 5,252 种语言,但无论样本大小,最后得出的分布结果类似,如表 7.1 所示。如果 A、V 和 O 的排序是完全

第 7 章 词序

随机的,那么每一种排序类型出现的频率应该近似,各为 17%。然而,实际的分布情况却严重偏向于 AOV 和 AVO。

表 7.1 基 本 词 序

词序	Greenberg(1963)		Tomlin(1986)		Dryer(2013b)		Hammarström(2016)	
	数量	%	数量	%	数量	%	数量	%
AOV	11	37	180	45	565	41.0	2,275	43.3
AVO	13	43	168	42	488	35.4	2,117	40.3
VAO	6	20	37	9	95	6.9	503	9.5
VOA	0	0	12	3	25	1.8	174	3.3
OVA	0	0	5	1	11	0.8	40	0.7
OAV	0	0	0	0	4	0.3	19	0.3
灵活	0	0	0	0	189	13.7	124	2.3
合计	30	100	402	100	1,377	100	5,252	100

在所有这些统计中,可以看出主语在宾语前的语言频率很高(约 96%)。格林伯格在他的第一条语言共性规律中概括了这种主语先于宾语的倾向(Greenberg 1963)。

(16) **格林伯格语言共性 1**

在有名词性主语和宾语的陈述句中,主导的顺序几乎总是主语在宾语之前。

此外,表 7.1 中的统计数据还显示出动词与宾语有很强的毗邻倾向,或者是 OV 词序,或者是 VO 词序。世界上大约 91% 的语言都属于这两类。Comrie(1989a:93)和 Whaley(1997:84)用主语突出性和短语结构规则这两个认知因素来解释为什么世界上的语言会偏好"主语<宾

语"顺序和"动<宾"毗邻顺序。在及物句中,主语一般指的是动作发起方,往往他们处于掌控地位。而宾语则一般是承受动作结果的实体。主语的这种特性使它比宾语更容易被人脑感知到。反映在语言上,就是主语被放在宾语之前(也见格林伯格语言共性规律1)。生成语法中的短语结构规则解释了 V 和 O 的毗邻关系。短语结构规则被广泛用来模拟人脑的计算能力。(17)是一个生成基本句子结构的规则。(17)可以导出(18)中的结构。而这些结构所对应的词序,正好是世界上的语言中已知存在的六种词序中的四种。剩下的两种词序 OAV 和 VAO 不能由短语结构规则生成。

(17) a. TP(小句) → NP_A VP 或 VP NP_A
　　 b. VP → V NP_O 或 NP_O V
(18) a. NP_A V NP_O = AVO
　　 b. NP_A NP_O V = AOV
　　 c. V NP_O NP_A = VOA
　　 d. NP_O V NP_A = OVA

Whaley(1997:85)以主体突出性和短语结构规则的生成来解释这六种词序的相对频率。AOV 和 AVO 满足这两个属性,这就解释了为什么它们是最常见的词序。那些满足其中一个属性的词序相对少见一些,而违反了两个属性的 OAV 词序则极为罕见。

表 7.2　主语、宾语、动词相对频率的解释

词序	Hammarström(2016)		主语突出性 (格林伯格语言共性1)	短语结构规则 (X-bar)
	数量	%		
AOV	2,275	43.3	√	√
AVO	2,117	40.3	√	√
VAO	503	9.5	√	×
VOA	174	3.3	×	√

词 序	Hammarström(2016)		主语突出性 (格林伯格语言共性 1)	短语结构规则 (X-bar)
	数量	%		
OVA	40	0.7	×	√
OAV	19	0.3	×	×
灵活	124	2.3	—	—
合计	5,252	100		

7.2.2 宾语、附加语和动词的顺序

附加语(adjunct object)或**斜宾语**(oblique object)是表达边缘性句法角色论元的名词短语,这类角色包括**受益者**(beneficiary)、**工具**(instrument)或**处所**(location)。附加语宾语通常被一个介词所标记,从中可以看出其地位的边缘性。直接宾语(O)、附加语(X)和谓语(V)之间有六种可能的逻辑顺序,它们的分布频率也不是均匀的。例如 VXO 的顺序在任何语言中都不是基本顺序,只是作为可能的顺序(Dryer and Gensler 2013)。其他五种顺序至少作为基本顺序存在于某一种语言中,如下图所示。

(19) 西班牙语(西班牙境内,印欧语系)　　　(Butt 1988:495)

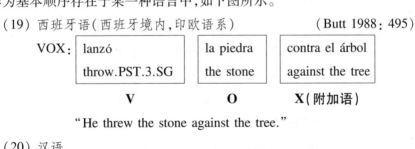

"He threw the stone against the tree."

(20) 汉语

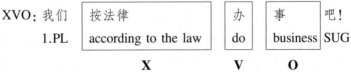

"Let's handle the matter according to the law."

(21) 诺苏语(中国境内,汉藏语系)　　　(Gerner 2013b: 234)

XOV: ŋa³³ | ʙu³³tʙu³³ a³³dẓ³³ tɕi³³ si⁴⁴ | tʰɯ³³ẓə²¹ | ʙu³³.
1.PL | pencil DEM.DIST CL PREP.with | book | write
　　　　　　　　　　X　　　　　　　　O　　　V

"I am writing a book with that pencil."

(22) 塔佩特语(巴拉圭境内,图皮语系)　　(Gozales 1988: 224)

OVX: | manzana | a-kärë | shɨ-pe
　　　| apple | 1.SG-scratch | 3.SG-for
　　　　　O　　　　　V　　　　　X

"I scratch the apple for him."

(23) 格陵兰语(格陵兰境内,爱斯基摩·阿留申语系)

(Fortescue 1984: 92)

XVO: | angalanir-a-nik | apir | -aat
　　　| journey-his-with | ask | 3.PL.A.3.SG.O.INDIC
　　　　　X　　　　　　　V　　　　O

"They asked him about his journey."

(24) 卡努里语(尼日利亚境内,尼罗-撒哈拉语系)

(Hutchison 1981: 258)

OXV: | kóródə́ | dâ ngâmdə́n | làpsâi.
　　　| donkey | dry meat | load.3.PL
　　　　　O　　　　X　　　　　V

"They loaded the donkey with dried meat."

Dryer 和 Gensler(2013)统计了这些顺序在世界语言中的分布。表 7.3 给出了统计结果,其中频率的递减显示出世界语言对 VOX 顺序的偏好。我们可以通过三个认知原则来解释这种频率偏好。第一个原则是宾语和动词的相邻性(短语结构规则)。第二个是和谐性,指的是直接宾语和附加语宾语应该出现在动词的同一侧。第三个原则是宾语突出性,指的是直接宾语比边缘性的附加语宾语更容易感知。

（25） 三个认知原则

  a. **短语结构规则**（Phrase Structure Rules）

    直接宾语往往比间接宾语更靠近动词。

  b. **和谐性**（Harmony）

    直接宾语和间接宾语倾向于出现在动词的同一侧。

  c. **宾语突出性**（Object Saliency）

    直接宾语在间接宾语之前，以反映其较高的显著性。

这三个原则按从左到右的顺序排列。一种词序符合的原则越多，被使用得就越频繁。作为最频繁的词序，VOX 满足所有的三个原则，而语言中无法找到的词序 VXO 违反这些原则的次数最多。

表 7.3 宾语、附加语和动词的相对频率的解释

词序	Dryer 和 Gensler（2013）		短语结构规则	和谐性原则	宾语突出性
	数量	%			
VOX	210	42	√	√	√
XOV	48	9.6	√	√	×
OVX	45	9	√	×	√
OXV	27	5.4	×	√	√
XVO	3	0.6	√	×	×
VXO	0	0	×	√	×
灵活	167	33.4	—	—	—
合计	500	100			

7.2.3 指示代词、数词、形容词和名词的顺序

名词短语最多可以包含五个修饰语：一个数词、一个指示代词、一个（属

性)形容词、一个领有者名词和一个定语从句。这些修饰语很少五个同时出现,但两个或三个修饰语却经常同时出现。并且当它们同时出现时,它们之间的相对顺序往往是固定的。本节我们研究指示代词、数词、形容词和名词的相对顺序。

N(noun 名词)、R(numeral 数词)、A(adjective 形容词)和 D(demonstrative 指示代词)的 24 种逻辑上可能的顺序确实都存在,但它们的分布是不均匀的。根据对一个 576 种语言的样本进行的调查,Dryer(2018)发现,NARD 是最常见的词序(32%),而有 6 种词序在任何样本的语言中都找不到。下表显示了所有词序的分布情况,频率呈递减顺序排列(改编自 Dryer 2018:823)。

表 7.4 一个包含 576 个语言的样本中 24 种词序的分布情况

词序	数量	%	词序	数量	%	词序	数量	%	词序	数量	%
NARD	182	31.59	NDAR	13	2.25	ANRD	5	0.86	ARND	0	0
DRAN	113	19.61	DANR	12	2.08	ANDR	5	0.86	ARDN	0	0
RNAD	67	11.63	DNRA	12	2.08	RNDA	5	0.86	ADNR	0	0
DNAR	53	9.2	NRAD	11	1.91	DARN	3	0.52	ADRN	0	0
DRNA	40	6.94	NDRA	8	1.38	RDAN	2	0.35	RADN	0	0
NADR	36	6.25	RAND	8	1.38	NRDA	1	0.17	RDNA	0	0

下面的一系列例子展示的是四个最频繁的词序和两个最不频繁的词序,这些词序在表 7.4 中用灰色标出。

(26) 丰语(贝宁境内,尼日尔-刚果语系)　　　　(Lefebvre 2002:54)

"The two red loincloths."

第 7 章　词序　　　　　　　　　　　　　　　　　　　　　　　　　163

(27) 意大利语(意大利境内,印欧语系)

(Maiden & Robustelli 2000：49, 81)

DRNA： | questi | due | scherzi | cattivi |
| --- | --- | --- | --- |
| DEM.M.PL | NUM.2 | joke.M.PL | bad.M.PL |

　　　　　D　　　　R　　　　N　　　　A

"These two bad jokes."

(28) 科霍语(越南境内,南亚语系)　　(Manley 1972：157)

RNAD： | bàr | nəm | sraʔ | pa | khay | dɔ |
| --- | --- | --- | --- | --- | --- |
| NUM.2 | CL | book | new | 3.SG.POSS | DEM.PROX |

　　　　R　　　　N　　　　A　　　　　　　　D

"These two new books of his."

(29) 克里克语(美国境内,穆斯科吉语系)　(Martin 2011：393)

DNAR： | ma | ifá | laslat-i: | toccî: n-i: | pó: si | á: ssi: c-í: |
| --- | --- | --- | --- | --- | --- |
| DEM.DIST | dog | black-PROG | three.RES-PROG | cat | chase-PROG |

　　　　D　　　N　　　A　　　　　　　R

"Those three black dogs that are chasing cats."

在 576 种语言中,只有两种语言存在 RDAN 词序,其中一种是阿富汗境内使用的维嘉里语(Waigali)。① 坦桑尼亚的哈亚语(Haya)是全世界唯一采用 NRDA 语序的语言。

(30) 维嘉里语(阿富汗境内,印欧语系)　(Degener 1998：205, 227)

DAN 词序

a. RDAN： | sa | uma | düṣṭö | ra |
| --- | --- | --- | --- |
| that | 1.SG.GEN | old | brother |

　　　　　　D　　　　　A　　　　　N

"that older brother of mine"

----

① 维嘉里语法的作者没有提供含有全部四个成分的名词短语的例子,但这个词序可以通过 DAN 这一顺序和数词总是在指示代词之前的事实推得。

RDN 词序

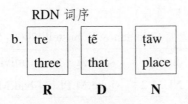

"those three places"

(31) 哈亚语(坦桑尼亚境内,尼日尔-刚果语系) (Byarushengo 1977:13)

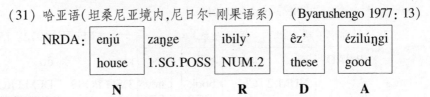

"These two good houses of mine"

一些类型学者试图从蕴涵共性规律和认知原则的角度来解释这24个顺序分布不均衡的现象。格林伯格(Greenberg 1963)最早通过蕴涵共性来预测名词性成分的词序。

(32) **格林伯格语言共性第 20 条**

当指示代词、数词和描述性形容词这三个成分全部或者其中任何一个出现在名词之前时,它们总是按照指示代词<数词<描述性形容词这个顺序出现。如果它们跟在名词后面,它们之间的顺序要么相同,要么反过来。

在下面表 7.5 中,我们按照是否符合格林伯格共性第 20 条来给逻辑上可能的 24 个顺序进行了分类。同时我们列举了 Dryer(2018)提出的五个认知原则,以解释这些顺序的相对频率。

(33) **Dryer 五原则**

a. 象似性(Iconicity) 1

当指示代词和形容词或数词(或两者一起)出现在名词的同一侧时,指示代词往往比形容词和数词离名词更远。

b. 象似性(Iconicity) 2

当形容词和数词出现在名词的同一侧时,形容词往往比数词更靠近名词。

第 7 章 词序

c. **不对称性**(Asymmetry)

象似性原则对名词前修饰语的适用性比对名词后修饰语的适用性更强;象似性原则的例外情况只发生在名词后修饰语中。

d. **NA 偏好**(NA-Preference)

名词-形容词顺序优于形容词-名词顺序。

e. **和谐性**(Harmony)

指示代词、数词和形容词都倾向于出现在名词的同一侧。

在表 7.5 中,违反原则的情况我们做了灰色特殊标记。这样就能体现出一个一般性趋势,即频率较低的词序出现例外的情形较多。与 2.1 和 2.2 节中讨论的情况类似,我们将 Dryer 的原则也从左到右排列。但这次我们并不只是通过简单地统计符合原则的数量多少来决定词序的排行。我们同时需要考虑原则之间的排序。也就是说,符合排名高的原则比符合原则次数多但这些原则排名较低更具优势。例如,NDRA 比 ANRD 虽然符合更多的原则,但 NDRA 比 ANRD(NA-偏好和和谐性)违反了排位更高的原则(Iconicity 1+2)。

表 7.5 遵守格林伯格语言共性第 20 条和 Dryer 五原则的情况

词序	数量	%	格林伯格语言共性第 20 条	Dryer 象似性原则 1	Dryer 象似性原则 2	Dryer 不对称性原则	Dryer NA-偏好原则	Dryer 和谐性原则
NARD	182	31.59	√	√	√	√	√	√
DRAN	113	19.61	√	√	√	√	×	√
RNAD	67	11.63	√	√	√	√	√	×
DNAR	53	9.2	√	√	√	√	√	×
DRNA	40	6.94	√	√	√	√	√	×
NADR	36	6.25	√	×	√	√	√	√

续表

词序	数量	%	格林伯格语言共性第20条	Dryer象似性原则1	Dryer象似性原则2	Dryer不对称性原则	Dryer NA-偏好原则	Dryer和谐性原则
NDAR	13	2.25	√	×	√	√	√	√
DANR	12	2.08	√	√	√	√	×	×
DNRA	12	2.08	√	√	×	√	√	×
NRAD	11	1.91	√	√	×	√	√	√
NDRA	8	1.38	√	×	×	√	√	√
RAND	8	1.38	√	√	√	√	×	×
ANRD	5	0.86	√	√	√	√	×	×
ANDR	5	0.86	√	×	√	√	√	√
RNDA	5	0.86	√	×	√	√	√	×
DARN	3	0.52	×	√	×	×	×	√
RDAN	2	0.35	×	×	√	×	×	√
NRDA	1	0.17	√	×	×	×	√	√
ARND	0	0	×	√	×	×	×	×
ARDN	0	0	×	×	×	×	×	√
ADNR	0	0	×	×	√	×	×	×
ADRN	0	0	×	×	×	×	×	√
RADN	0	0	×	×	√	×	×	√
RDNA	0	0	×	×	√	×	√	×

7.2.4 领有者和被领有者的顺序

领属名词短语包含两个名词性元素,即领有者(Pr)和被领有者(Pe)。它们两者处于领属关系,比如 John's father 中的 John 和 father。我们下面统一使用领有者和被领有者这两个词,其中也包括并非涉及控制权和所有权的一些关系(如短语 the school's principal)。在表达领属关系时,语言有两种可能的词序,PrPe 和 PePr。下面我们选取四门语言的数据来讨论这些可能性。

泰国的克木语(Khmu)采用 PePr 顺序(Premsrirat 1987:30);巴布亚新几内亚的陶亚语(Tauya)强制使用 PrPe 顺序(MacDonald 1990:133),而澳大利亚的沃达曼语(Wardaman)(Merlan 1994:236)则同时采用 PrPe 和 PePr 两种顺序,词序变换并不会产生任何意义上的变化。

(34) 克木语(泰国境内,南亚语系)

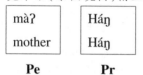

"Háng's mother"

(35) 陶亚语(巴布亚新几内亚境内,跨几内亚语系)

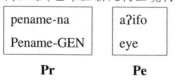

"Pename's eye"

(36) 沃达曼语(澳大利亚境内,孤立语)

a.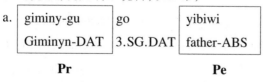

"Giminyn's father"

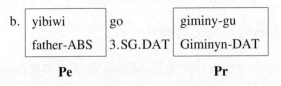

      Pe   **Pr**

     "Giminyn's father"

  印度尼西亚西巴布亚省的麦布拉特语（Maybrat）使用两种固定词序，具体采用哪种词序受制于领属关系是否具备可转让的属性。可转让领有关系指的是领有者可以相对容易地与被占有的物体分离的一种领属关系，比如"**他的钱**"（his money），而在不可转让领有关系中，领有者和被领有者两个实体不能彼此分离，比如"**他的眼睛**"（his eyes）。麦布拉特语中，不可转让领有使用 PrPe 词序，可转让领有使用 PePr 词序（Dol 1999：135）。

  （37）麦布拉特语（印尼境内使用，孤立语）

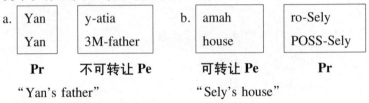

   Pr   不可转让 **Pe**   可转让 **Pe**   **Pr**

  "Yan's father"   "Sely's house"

7.2.5 定语从句和名词的顺序

  定语从句是一种修饰名词中心语的小句，句中的一个论元成分与该名词具有相同的指称。被修饰的名词被称为定语从句的中心语。我们必须区分名词中心语（N）和定语从句（Rel）之间的四种词序。我们选取四门不同的语言分别予以说明。

  （38） 四个顺序：   语言：

    a. N Rel   姆瓦吾尔语（Frajzyngier 1993：501）

    b. Rel N   粤语（Matthews and Yip 1994：110）

    c. N Rel/Rel N（灵活词序） 诺苏语（Gerner 2013b：17）

    d. Rel<N>（名词中心语位 加米拉雷语（Williams 1980：115）
      于定语从句内部）

第 7 章 词序

（39）姆瓦吾尔语（亚非语系境内，亚非语系）

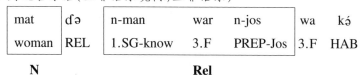

mat	ɗə	n-man	war	n-jos	wa	kɔ́
woman	REL	1.SG-know	3.F	PREP-Jos	3.F	HAB

　　N　　　　　　　　Rel

toŋ　n-mupun　　yak sə̀.
live　PREP-Mupun　now

"The woman I knew in Jos now lives in Mupun area."

（40）粤语（中国境内，汉藏语系）

我	请	（佢哋）	食饭	嘅	朋友。
ngóh	chéng	(kéuihdeih)	sihk-faahn	ge	pàhngyáuh
1.SG	invite	3.PL	eat-food	REL	friends

　　　　　　　Rel　　　　　　　　　　N

"friends that I invite for dinner"

诺苏语中名词中心语和定语从句之间的词序较为灵活，但词序不同会造成语义上的差异。N-Rel 的顺序会产生一种限定性的解读。专有名词不能拥有限定性解读，所以不被后置的定语从句修饰。顺序 Rel-N 具有非限定性或同位语解读，所以同时允许普通名词和专有名词出现。

（41）诺苏语（中国境内，汉藏语系）

a.　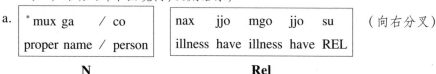

*mux ga / co	nax jjo mgo jjo su	（向右分叉）
proper name / person	illness have illness have REL	

　　　N　　　　　　　　　　Rel

限定性："*Muga who is ailing./the people who are ailing"

b.　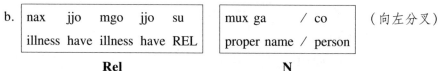

nax jjo mgo jjo su	mux ga / co	（向左分叉）
illness have illness have REL	proper name / person	

　　　Rel　　　　　　　　　　N

非限定性（同位）："Muga who is ailing/the people who are ailing."

在加米拉雷语（Gamilaraay）中，中心语不是主句的一部分，而是嵌入定语从句里。名词 **miyay** "girl" 是定语从句的一部分，这一点可以通过**通格**

（absolutive）后缀看出来。**Miyay** 带通格，说明它是从句的直接宾语。如果该名词是主句的一部分，就需要用**作格**（ergative）后缀来标记。

（42）加米拉雷语（澳大利亚境内，帕马-努干语系）

ŋa: mana	miyay-ḍu: -l	nimalda: -y	birayḍ-u
DEF	girl-DIM-ABS	pinch-REL	boy-ERG
Rel	**<N>**		**Rel**

ŋaral-da-ni　　birali: -ḍu: -l
see-PROG-PST　child-DIM-ABS

"The little girl who was pinched by the boy was watching the baby."

7.2.6　否定词和动词的顺序

简单句中的否定可以通过一个否定词缀或一个成词词素来表达。我们根据否定词是成词词素还是非成词词素，把否定词与动词之间的词序关系分为六类。值得注意的是双重否定策略，即谓语被两个否定词围绕的表达方式。在少数语言中，否定词表现为一个中缀。我们对每一种策略都分别找一门语言说明。

（43）　六个顺序：　　　　　　语言：
　　　　a. Neg V（否定词在前）　上海话（Zhu 2006：167）
　　　　b. V Neg（否定词在后）　哈塔姆语（Reesink 1999：96）
　　　　c. Neg V Neg（双否定词）　法语
　　　　d. Neg-V（否定前缀）　　奥图语（Feldman 1986：146）
　　　　e. V-Neg（否定后缀）　　阿瑟帕里亚语（Ebert 1997：55-56）
　　　　f. V<Neg>（否定中缀）　尼瓦尔语（Genetti 2007：176）

（44）　上海话（中国境内，汉藏语系）

a. Neg V:	勿	去	b.	勿	开心
	veq	chii		veq	khaèsjin
	NEG	go		NEG	happy
	Neg	**V**		**Neg**	**V**
	"not go"			"not happy"	

(45) 哈塔姆语(印度尼西亚境内,西巴布亚语系)

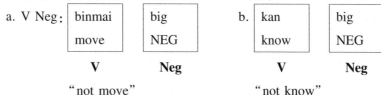

在法语中,表达否定的正常方式是将两个成词词素放在动词的两边。在正式的法语写作中,有时只使用第一个否定词,而在口语中有时只出现第二个否定词。

(46) 法语(法国境内,印欧语系)

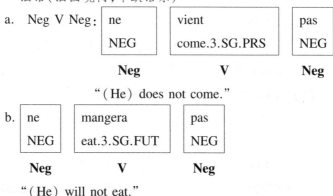

(47) 奥图语(巴布亚新几内亚境内,塞皮克语系)

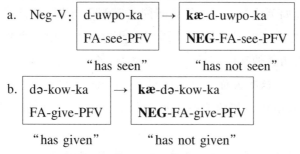

(48) 阿瑟帕里亚语(尼泊尔境内,汉藏语系)

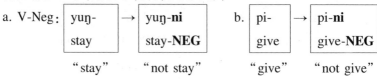

尼瓦尔语(Newar)使用一个否定词缀,与单音节动词结合时表现为前缀,与多音节动词结合时作为中缀出现在动词最后一个音节前(中国四川省使用的诺苏语也使用同样的策略)。

(49) 尼瓦尔语(尼泊尔境内,汉藏语系)

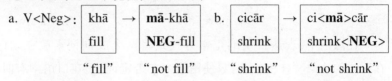

7.2.7 从句引导词和补语从句的顺序

补语从句是充当某些动词主语或宾语的小句。语言可以用特殊的引导词来标记补语从句,也可以不使用显性的标记,如汉语就属于后面一种情形。引导词可以用词缀或独立词素来实现。补语从句和引导词之间有四种词序,每一种词序都至少在一种语言中可以找到。

(50) a. COMP EmCl(从句引导词在前)　基普斯吉斯语(Diercks and Rao 2019:371)

　　　b. EmCl COMP(从句引导词在后)　日本语(Namai 1997:158)

　　　c. COMP-EmCl(从句引导前缀)　隆达语(Kawasha 2006:11)

　　　d. EmCl-COMP(从句引导后缀)　伊马斯语(Foley 1991:388)

许多语言(如英语)使用一个成词词素充当引导词,并且将它放在补语从句之前。肯尼亚的基普斯吉斯语(Kipsigis)也采用一个独立的引导词词素,补语从句紧随其后,但引导词词素是一个不单独成词的词根,其上有人称一致标记。这些人称一致标记与主句的论元保持一致,构成主句和补语从句之间的桥梁。其他策略可见于以下的三门语言,详见例(52)—(54)。

(51) 基普斯吉斯语(肯尼亚境内,尼罗-撒哈拉语系)

　　　ko-a-mwaa-un　　　ɑ-lɛ-ndʒin
　　　PST-1.SG-tell-2.SG.O　1.SG-COMP-2.SG.O

　　　　　　　　　　　　　　COMP

第 7 章　词序

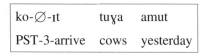

PST-3-arrive　cows　yesterday

EmCL

"I told you that [the cows arrived yesterday]."

（52）日本语（日本境内，日本语系）

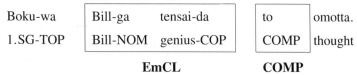

"I thought that Bill was a genius."

（53）隆达语（赞比亚境内，尼日尔-刚果语系）

∅-na-tiy-i　　　　ku-waha　　　chi-wu-na-inz-i
SUBJ-TAM-feel-FV　INF-be happy　COMP-2.SG-TAM-come-FV

COMP-EmCL

"I am happy that you have come."

（54）伊马斯语（巴布亚新几内亚境内，拉穆-下塞皮克语系）

yaki　　　am-t-wal　　　　mama-k-n　　anak.
tobacco　eat-NMLZ-COMP　bad-IRR-SG　COP

EmCL-COMP

"It is bad to smoke tobacco."

7.3　两组句子成分词序之间的关联

在 7.2 节中我们讨论了单一一组句子成分内部的相对词序。在这一节中，我们将研究两组词序之间可能的关联性。格林伯格提出了一些蕴涵共性规律，试图将简单句中的词序（如 AVO/AOV）与名词短语中的词序（如 DNA/DAN）联系起来。

类型学家莱曼声称，V（中心语）和 O（依存语）在句子层面的相对顺序可以看成是一组基本顺序，可决定表 7.6 中其他中心语-依存语对的相对顺序（关于所用术语，见6.2.2节）。例如，如果一种语言具有基本的 VO 顺序，那么它就会使用前缀、前置介词、WH-居首的疑问句等等；如果它具有 OV 顺序，那么它就会采用后缀、后置介词、非居首 WH-疑问词等等（Greenberg 1963；Lehmann 1973, 1978）。

表 7.6　词序之间的关联

格林伯格共性	层面	中心语	依存语	依存语	中心语
#27	短语	前缀	词根	词根	后缀
#5		被领有者	领有者	领有者	被领有者
#5,#17		名词	形容词	形容词	名词
#24		名词	定语从句	定语从句	名词
#3,#4		前置介词	名词	名词	后置介词
	小句	V	O	O	V
#22		比较级形容词	比较标准	比较标准	比较级形容词
#16		助动词	主动词	主动词	助动词
#7		动词	副词	副词	动词
		否定词	动词	动词	否定词
#9,#12		句首 WH-疑问词	句子	句子	非句首 WH-疑问词
#13,#15	句子	引导词	从句	从句	引导词

不过可惜的是，语言往往不是按照本表所预测的方式将这些词序关联起来的。英语和汉语作为基本的 VO 语言都表现出例外。如英语把属性形容词放在名词中心语之前（而不是根据关联规则所预测的那样在它之后）。在汉语中，定语从句的位置在名词中心语之前，与表 7.6 的规律相反。我们下面举例说明那些表现出最大词序关联性的语言（7.3.1 节）和完全缺乏关

第 7 章　词序

联性的语言(7.3.2 节)。

7.3.1　中心语和依存语顺序之间的最大关联性

马都拉语（Madurese，Davies 1999，2010）的基本词序是 VO，满语（Manchu，Gorelova 2002）的基本词序是 OV。这两门语言的各组中心语-依存语对的词序之间的关联度最强。我们将这两门语言的每一对中心语/依存语对并列呈现出来，以作说明。

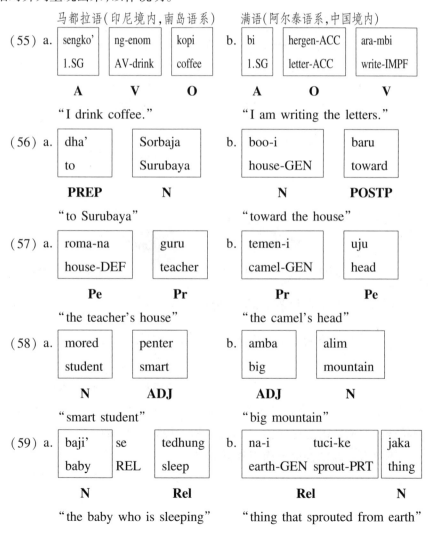

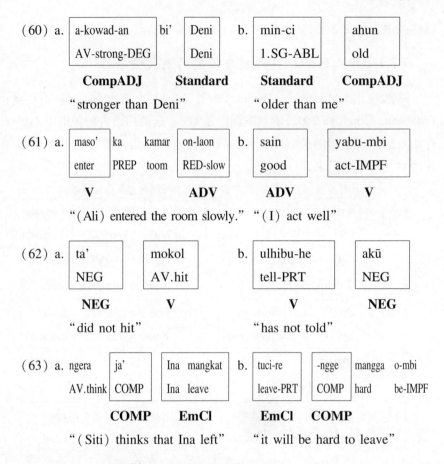

7.3.2 中心语和依存语之间缺乏关联性

语言一般都不同程度地遵循词序间的关联性。然而一小部分语言却缺乏任何相关性,也就是说一半的中心语/依存语对符合关联性,另一半则不符合。在所罗门群岛使用的 VO 语言比鲁阿语(Bilua, Obata 2003)中,有五对中心语/依存语对不符合关联性,即将依存成分放在中心语之前,而有两对符合。在 OV 语言提格雷语(Tigre, Raz 1983)中,有四对不符合,三对符合。不符合关联的词序下面用灰色标记。

第 7 章 词序

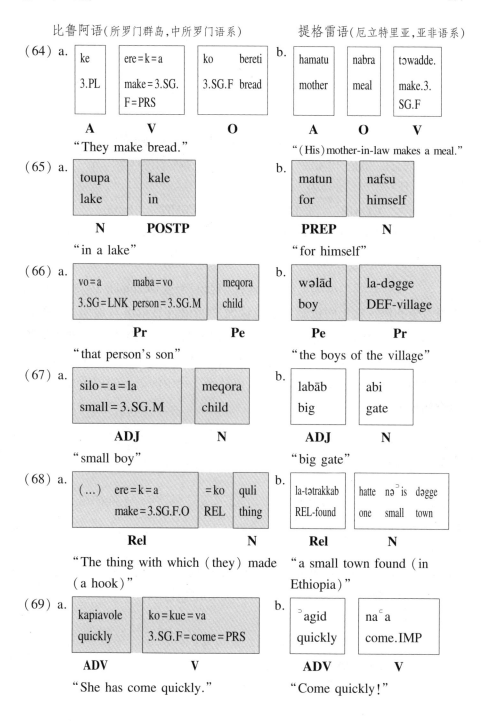

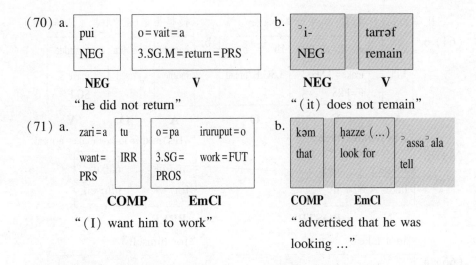

为了解释这些类型学上的"不连贯"现象,莱曼(Lehman 1973)诉诸历史语言学和语言变化的机制。莱曼认为,"当语言显示出与预期不同的模式时,我们可以假设它们正在经历变化"(1973:55)。因此,连贯的 OV 模式和连贯的 VO 模式的语言是较为理想的。但由于语言总是处于从一种类型到另一种类型的变化状态中,所以处于变化中的语言的词序也呈现出混合的模式。

7.4 作业

形容词可以被程度词修饰,如"比较""很""够"等。不同的语言在表达形容词所处的程度上有所差异。

(72) **任务**

a. 分析下面七种语言的数据,根据数据中的属性确立语言类型。

b. 描述每一个语言类型中的属性是哪些。

(73) 普米语(Pumi,中国境内,汉藏语系)

(Ding 1998)

第 7 章　词序

lealián	ggáo
very	deep
Degree	**Adjective**

"very deep"

(74) 开里鲁语（Kairiru，巴布亚新几内亚境内，南岛语系）

（Wivell 1981）

nau	pulau	sek
sea	murky	too
	Adjective	**Degree**

"… the sea is too murky"

(75) 帕卡斯诺沃斯语（Pakaásnovos，巴西境内，恰帕库兰语系）

（Everett and Kern 1997）

a.
amon	mixem
a little	black
Degree	**Adjective**

"a little dark"

b.
mixem	tamana
black	very
Adjective	**Degree**

"very dark"

(76) 汉语（中国境内，汉藏语系）

a.
很	高
Degree	**Adjective**

"very high"

b.
够	大
Degree	**Adjective**

"big enough"

(77) 英语（英国境内，印欧语系）

a.
very	large
Degree	**Adjective**

"very large"

b.
large	enough
Adjective	**Degree**

"large enough"

(78) 马隆·克里奥语（Maroon Creole，苏里南境内，克里奥尔语）

（Huttar and Huttar 1994）

a. wan　　　tumisi　　gaan　　　makiti
　　INDEF　　very　　　great　　　power
　　　　　　Degree　Adjective

"a very great power"

b. i　　　kon　　　dyendee　　tumisi
　　2.SG　become　elegant　　　very
　　　　　　　　　　Adjective　Degree

"You've become very elegant"

(79) 马里科帕语(Maricopa, 美国境内, 科奇米-约曼语系)
(Gordon 1986)

man-sh　　　　m-hmii-hot-m
2.SG-NOM　　2.NOM-tall-very-REAL

"You are very tall"

第 8 章 语 法 格

8.1 语义角色和格标记

名词短语的**语义角色**(semantic role),比如说施事者、受事者等,由谓语直接指定。如果这个角色是通过标注在名词短语上的介词或者词缀表达的话,我们就称这种标记为形态格标记(主格标记、宾格标记等)。语言既可以单独使用介词来标记语义角色,也可以通过介词和词缀相结合的方式标记。**形态格标记**(morphological case)这个术语通常我们只用于指由词缀标记的语义角色,而不用来指由介词标记的语义角色。我们在本章主要介绍用形态格标记的语义角色,但也会覆盖一部分由介词标记的语义角色。

语义角色和格标记并不总是一一对应的,所以我们首先在 8.1.1 节给出语义角色的定义。之后在 8.1.2 节中探讨那些与语义角色一一对应的形态格标记;在 8.1.3 节中探讨合并语义角色的形态格;在 8.1.4 节中探讨分裂标记语义角色的形态格。

8.1.1 语义角色

名词短语与谓语之间存在一定的语义关系。具体表现为名词短语所指称的**事物**在谓语所指的**事件**中扮演了某种语义角色。例如,一个名词短语可以表示一个行动的**施事者**(agent)或**受事者**(patient),或者表示某个物品被转移到其手中的**接受者**(recipient)这一角色。语义角色具备普遍性,每一种语言中都有它们的存在。目前学界已经能够辨别和区分大约 17 种语义角色,但确切的数量取决于区分的详细程度。其中约有十个语义角色是不及物和及物谓词的核心角色,其余的则是边缘角色。核心角色可以根据它们是否与不及物性或及物性谓词一起出现、谓词是否指动态或静态事件、语义角色是否对事件有控制权,以及语义角色是否可以在某种适当的语境下被视为事件的起源,这四类进行细分。如施事者可以被看作是行动的起源,**承载者**(bearer)可以被看作是占有关系的起源。语义角色通常被进一步笼统归为三到四个**宏观角色**(macro-roles)。一些语言学家,如 Robert Dixon (1979,1994),用 S、A、O 和 X 来标示这些宏观角色,详情见表 8.1。

表 8.1 语义角色(部分采自 Dik 1997: 118-122)

宏观角色	语义角色	及物	动态	控制	起源
S	施事	×	√	√	N/A
	定位者	×	×	√	N/A
	受事	×	√	×	N/A
	承载者	×	×	×	N/A
A	施事	√	√	√	√
	领有者	√	×	√	√
	语力	√	√	×	√
	承载者	√	×	×	√
O	受事	√	√	×	×
	领有物	√	×	×	×
X (斜角色)	接受者	**定义**:所有权转移到该个体身上			
	受益者	**定义**:从事件中受益的个体			
	工具	**定义**:通过该个体使得行为得以开展			
	伴随	**定义**:作为次一级施事或者定位者的个体			
	处所	**定义**:某事物发生的地点			
	起点	**定义**:某物体从该地点开始移位			
	终点	**定义**:某物体移位至该地点			

第 8 章 语法格

值得注意的是,语义宏观角色必须要与主语和宾语的句法角色区分开来。句法角色是指某一特定语言对 S、A 和 O 进行配列的方式,他们会随语言不同而不同。例如,一门语言可以对 S 和 A 使用相同的格标记,而对 O 使用不同的标记。有时,一种语言会在某些句法构式中将 S 和 A 配列到一起,而在另一些句法构式中则将 S 和 O 配列在一起。这种情况下就无法给出主语和宾语的定义。因此,句法角色并不是在所有语言中都普遍存在的。

8.1.2 语义格

格标记往往是**合并的**(syncretic),因为它们可以被用来标记一个以上的语义角色。在第 1.4 节中,我们研究了格合并的常见模式。在这一节中,我们关注那些专门用来标记某个语义角色的格标记,例如施事者,但不包括**非人格语力**(impersonal force)。

8.1.2.1 施事和定位者

语言中似乎不存在单一标记施事者角色的格标记。有些语言将施事者和定位者的角色放在一起,并将此标记与表达语力、承载者和受事者的角色区分开。施事者和定位者角色的共同特征是都涉及控制(control)。比如,在中部波莫语(Central Pomo)中,人称代词和表人的名词都有格标记,而其他普通名词则没有标记。从(1)—(14)可以看出,ʔa 作为第一人称代词在承担施事者或定位者的角色时被使用,而在承担受事者或承载者的角色时则使用 to̠ 的形式(Mithun 1991:518–523)。

中部波莫语(美国境内,波莫语系)

		不及物施事				不及物受事	
(1)	a. ʔa	pʰdíw-ʔe	"I jumped."	b.	to̠	ló ya	"I fell."
(2)	a. ʔa	ʔéyyow-ʔe	"I went away."	b.	to̠	madátsčiw	"I slipped."
(3)	a. ʔa	qʰadéčʼ	"I fight."	b.	to̠	ʔwímdal	"I fainted."
(4)	a. ʔa	pʰadén	"I swam."	b.	to̠	malášlašan	"I stumbled."
(5)	a. ʔa	čʰwán	"I crawl."	b.	to̠	ʔqáč	"I got lost."
(6)	a. ʔa	swélan	"I play."	b.	to̠	qašóyam	"I recovered."

不及物定位者 不及物承载者

(7) a. ʔa máti mtíw "I am lying." b. to ʔtʰál "I am sick."
(8) a. ʔa ʔnáč "I am hiding." b. to bačú "I am tired."
(9) a. ʔa čaṯóm "I am standing." b. to kasíla "I am cold."
(10) a. ʔa čáwʔčʰáw "I am home." b. to ʔtʰál "I am weak."
(11) a. ʔa ʔebanéʔtaw "I am lazy." b. to smápʰta "I am sleepy."
(12) a. ʔa yáqač'in "I am careful." b. to mkát "I am surprised."

及物施事 及物受事

(13) a. ʔa múṯu "I chased him." b. mul to "He chased me."
       ʔéyčadiw   ʔéyčadiw
(14) a. ʔa múṯu "I almost killed b. mul to "He almost
       hk'úmsiw him."   hk'úmsiw killed me."

8.1.2.2 语力

在中国云南省使用的藏缅语阿哲语(Azhee)中,格后置介词 **la**^{55} 强制性标记及物句中非人称力的语义角色。如果语力的作用没有被 **la**^{55} 标记,那么该句子则不合语法,例如(15b)(Gerner 2016a:143)。

(15) 阿哲语(中国境内,汉藏语系)

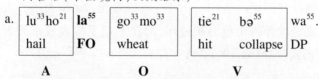

"The hail destroyed the wheat."

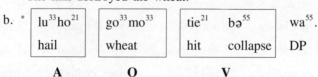

拟表达的意思:"The hail destroyed the wheat."

只要 A 被 **la**^{55} 标记,词序就可以相对自由,可以出现在初始或第二位置。

第 8 章　语法格　　　　　　　　　　　　　　　　　　　　　　　　　　　185

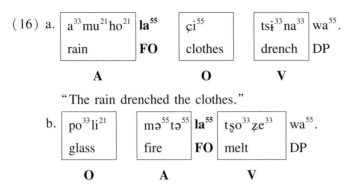

"The rain drenched the clothes."

"The fire melted the glass."

相比之下,有生命施事者则不会被 la⁵⁵ 标记,如例(17)所示。该句子包含两个有生命的论元,所以谓词在分配语义角色时产生歧义。在这种情况下,la⁵⁵ 可以选择性地出现在有生命施事后面,如(18)。不标记施事者使该句子产生了歧义。此外,后置词 la⁵⁵ 不能出现在不及物句中。

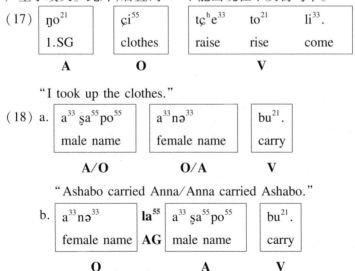

"I took up the clothes."

"Ashabo carried Anna/Anna carried Ashabo."

"Anna carried Ashabo."

8.1.2.3　受事

受事指的是承载事件影响的实体。在有格系统的语言中,宾格标记用来编码受事者,但这不是它的唯一功能,因为它也被用来标记被领有者的角色,如 *John knows this information*。但汉语介词"把"是专门用来标记受事者语义角色的。它不能与状态动词连用,在及物动词中可缺省,但与表达**高度影响性的动词**(high affect verbs)必须一同出现(Li 和 Thompson 1981)。

(19) a. *他　　把　　　　小　　猫　　爱。
　　　　3.SG　PREP.PAT　small　cat　love
　　　　("S/He loves the small cat"*)

　　b. *他　　把　　　　书　　有　　了。
　　　　3.SG　PREP.PAT　book　have　DP
　　　　("He has the books"*)

(20) a. 我　　卖　　了　　车子。
　　　　1.SG　sell　DP　car
　　　　"I sold a/the car."

　　b. 我　　把　　　　车子　　卖　　了。
　　　　1.SG　PREP.PAT　car　sell　DP
　　　　"I sold the car."

(21) a. 他　　把　　　　脏　　衣服　　　抱　　起　　来。
　　　　3.SG　PREP.PAT　dirty　garment　hold　rise　come
　　　　"He picked up the dirty clothes."

　　b. #他　　抱　　起　　来　　脏　　衣服。
　　　　 3.SG　hold　raise　come　dirty　garment
　　　　("He picked up the dirty clothes"#)

8.1.2.4　领有者和承载者

用来表达领有关系最典型的例子(当然)是原型动词"有"(have),表述了一种在领有者与被领有者之间成立的领属关系。一般的理解是,领有者对被领有者拥有控制权,尽管控制权这个概念本身比较模糊。除了动词"有"(have)之外,大多数语言都使用无动词的复合名词来表达领有关系,如"John's finger"。这种领有关系通常通过一个词缀(称为属格标记)或一个介词来表达。英语使用两种领有结构,一种是用属格标记's,另一种是用介词 of。属格后缀 's 是领有者角色的专用标记。它通常与有生命的领有者共同出现，也存在一些特例。介词 of 倾向于标记持有者角色，这里的持有者不一定是控制性的实体（通常该实体是无生命的），有时也有例外，详见下表所示（Hawkins 1981）。

(22)　　　领属后缀-s　　　　　　前置介词 of
　　　a. Mary's brother　　　　the brother of Mary
　　　b. Helen's legs　　　　　(?) the legs of Helen（有些语境下成立）
　　　c. Bill's dream　　　　　?the dream of Bill
　　　d. John's picture　　　　the picture of John
　　　e. the cat's basket　　　?the basket of the cat
　　　f. the ship's funnel　　 the funnel of the ship
　　　g. the book's cover　　　the cover of the book
　　　h. ?the mountain's foot　the foot of the mountain
　　　i. ?the valley's bottom　the bottom of the valley
　　　j. ?the chair's arm　　　the arm of the chair
　　　k. ?the religion's origin　the origin of religion

许多带有属格的语言用相同的格词缀来标记领有者和持有者。例如，希腊语属格后缀-ou（见 8.2.4 节）就同时承担了英语-s 和 of 的功能。

8.1.2.5　接受者

接受者指的是某物体的领有权转移到其手中的实体。接受者一般是有生命的。与之相对的概念是目的地。目的地是无生命的，指代物体被转移到的地点。汉语和其他东亚语言都存在一类从"给"（give）类动词中语法化而来的介词，用于标记接受者。这些介词只标记接受者的角色，如果间接宾语不是接受者（比如"I asked him a question"），则介词不能出现。在诺苏语中，后置词"bz^{21}"将双及物动词分成三组，即必须与"bz^{21}"共同出现的动词、可以共现的动词和不能共现的动词（Gerner 2013b：219）。

诺苏语(中国境内,汉藏语系)

(23) a. ŋa³³　　tʰɯ²¹ẓ³³　　Bu⁵⁵　　Bu̠³³　　tsʰɨ³³　　bẓ⁴⁴.
　　　 1.SG　　letter　　　CL　　write　　3.SG　　REC
　　　 "I write him a letter."

　　b. *ŋa³³　　tʰɯ²¹ẓ³³　　Bu⁵⁵　　si⁴⁴　　tsʰɨ⁴⁴　　Bu̠³³.
　　　 1.SG　　letter　　　CL　　POSTP　　3.SG　　write
　　　 (*"I write him a letter.")

(24) a. tsʰɨ³³　　dẓɯ³³mo²¹　　he³³　　nɯ³³　　bẓ⁴⁴.
　　　 3.SG　　money　　　　lend　　2P.SG　　REC
　　　 "He lends you money."

　　b. tsʰɨ³³　　dẓɯ³³mo²¹　　de³³　　nɯ⁴⁴　　he³³.
　　　 3.SG　　money　　　　COV　　2.SG　　lend
　　　 "He lends you money."

(25) a. *ŋa³³　　do²¹ma³³　　tsʰɨ²¹　　ko³³　　na̠³³　　nɯ⁴⁴　　bẓ²¹.
　　　 1.SG　　word　　　　NUM.1　　CL　　ask　　2.SG　　REC
　　　 (*"I ask you one word.")

　　b. ŋa³³　　do²¹ma³³　　tsʰɨ²¹　　ko³³　　si⁴⁴　　nɯ⁴⁴　　na̠³³.
　　　 1.SG　　word　　　　NUM.1　　CL　　POSTP　　2.SG　　ask
　　　 "I ask you one word."

下表举例介绍了这三组动词。前两栏中的动词可以用介词将接受者标记为间接宾语,而第三栏中的一些双及物动词则不可以标记。

表 8.2　诺苏语中动词带接受者和其他间接宾语的情形

bẓ²¹不可缺省		bẓ²¹可缺省	bẓ²¹不可使用	
ʂa³³ "sprinkle"	tɕo³³ "hand in"	su̠³³ "return"	bẓ²¹ "give"	zo³³ "study"
mbi³³ "distribute"	ku²¹ "throw"	he³³ "lend"	ma⁵⁵ "teach"	dẓa³³ "feed"
Bu̠³³ "write"	vu²¹ "sell"		na̠³³ "ask"	ka⁵⁵ "dress"

bẓ²¹ 不可缺省		bẓ²¹ 可缺省	bẓ²¹ 不可使用	
tsi³³ "keep for"	ȵo²¹ "bequeath"		lu²¹ "rob"	kɯ³³ "tell"
si²¹ "take, bring"	pṵ³³ "return"		kʰu³³ "steal"	
ku²¹ "throw"			to⁴⁴ "make drink"	

在有形态格标记的语言中,与格可以用来标记接受者,也可以用于标记其他角色,如受益人或目的地,甚至是某些动词的直接宾语。例如,在拉丁语中,与格可以用来标记动词"moderare"(控制)的直接宾语。

(26)拉丁语(意大利境内,印欧语系)

Ego　　　　　moderor　　　ōrātio-nī　　meae
1.SG.NOM　　moderate.1.SG　speech-DAT　1.SG.DAT
"I moderate my speech."

8.1.2.6 工具格

工具性名词短语通常由词缀或介词标记。他们也有标记伴随格的用途。虽然英语并没有格标记(除了人称代词中有),但介词"with"通常表达了上述两种语义角色。这种合并标记在印欧语系语言中较常见。Stolz(1996,2013)统计了工具格和伴随格词缀合并、重叠或差异性标记的语言,得出的统计结果如下表所示。

表8.3 工具格和伴随格

分　类	Stolz 等人(2013)	
	数　量	%
合　并	76	23.6
重　叠	33	10.3

续 表

分 类	Stolz 等人(2013)	
	数 量	%
差异化	213	66.1
合 计	322	100

如上所说,在英语中这两种语义角色都用介词 with 标记。而在汉语中,两者则是差异性标记的,区别在于工具格使用介词"用",伴随格则使用介词"跟"。在澳大利亚的瓦尔瓦语(Warrwa)中是另一类情形,使用一个专门的工具格后缀,与伴随格标记不同(McGregor 1994:33)。

(27) 瓦尔瓦语(澳大利亚境内,努尔努兰语系)

waarru   ngambanyjina   nimala-**ngany**.
scratch   did.self.1.SG   hand-**INSTR**

"I scratched myself with my hand."

8.1.2.7 伴随格

伴随格是用来标记一个伴随某一活动的实体的语义角色。它是一种次要的施事者。巴基斯坦的布拉灰语(Brahui)使用一个专门标记伴随格的格后缀,该后缀与工具格后缀不同。

表 8.4 布拉灰语中工具格与伴随格差异性标记的情况

	mār-"儿子"	tahō-"风"	du-"手"	1.SG	2.SG	3.SG
工具格	mār-aṭ	tahō-aṭ	du-aṭ	kane-aṭ	nī-aṭ	dād-aṭ
伴随格	mār-tō	tahō-tōn	du-tō	kane-tō	nī-tō	dād-tō

伴随格名词短语往往指代人,但也可以指代无生命的物体,如下面的例子(Andronov 2006:49)。

(28) 布拉灰语(巴基斯坦境内,达罗毗荼语系)
dā   pullātā   xušbū   tahō-tōn
this   flowers   smell   wind-COM
"The smell of flowers together with the wind brought …"

8.1.2.8 呼格

呼格通常用在一个不承担谓语的语义角色的名词上,说话人使用呼格来称呼人、动物甚至物体。呼格表达的是一种直接的称呼。例如,在"I don't know, Mark"这个句子中,说话人在称呼听话人"Mark",而在"I don't know Mark"这个句子中,"Mark"是动词"know"的受事者。有的语言,如拉丁语、梵语(Sanskrit)和立陶宛语(印欧语),用专门的格后缀来标记出现在小句外的听话人。在拉丁语中,呼格必须与主格通过句中位置区别开,用呼格标记的名词不能是其句子中的第一个词。

(29)   拉丁语(意大利境内,印欧语系)
   a. Adjuv-a,   Marc-e,   amic-um   tu-um
      help-IMP   Mark-VOC   friend-ACC   2.SG.POSS-ACC
      "Mark, help your friend!"
   b. Marc-us   adjuv-at   amic-um   su-um
      Mark-NOM   help-3.SG.PRS   friend-ACC   3.SG.POSS-ACC
      "Mark helps his friend."

8.1.3 合并格标记的情形

在上一节中,我们重点讨论了专门用于标记单一语义角色的格标记(少数例外情况下,标记的使用范围也扩大到邻近的语义角色上)。本节将关注用相同方式标记不同语义角色的合并格标记。格标记语言一般将语义上的宏观角色 S、A 和 O 配列,但也会把边缘角色进行配列。逻辑上,使用格标记配列 S、A 和 O 一共可以有五种方式(Comrie 1978)。

(30)   S,A 和 O 标记的可能合并模式
    a. "中性"   [A,S,O]:   S、A、O 标记相同。

b. "主格-宾格"　[A,S][O]：S、A标记相同,别于O。
c. "作格-通格"　[A][S,O]：S、O标记相同,别于A。
d. "三分"　　　[A][S][O]：S、A、O分别跟三个不同的格标记。
e. "不及物-及物"[S][A,O]：A、O标记相同,别于S。

对于最后一种类型"不及物-及物",文献中有两种叫法:"double-oblique"(Comrie 1978)和"accusative-focus"(Kibrik 1985)。这两种概念由伯纳德·康利(Bernard Comrie)早年提出,他在187种语言的样本中统计了这些合并模式的实际分布频率。其中,"三分"式和"不及物-及物"式配列相当罕见。

表8.5　S、A 和 O 格标记的可能配列情形

配　列	叫　法	Comrie(2013)	
		数量	%
[A,S,O]	中性	98	52.4
[A,S][O]	主格-宾格	52	27.8
[A][S,O]	作格-通格	32	17.2
[S][A,O]	及物-不及物	1	0.5
[A][S][O]	三方对立	4	2.1
合　计		187	100

我们在8.1.3.1到8.1.3.5节中分头介绍这些配列模式。此外,我们在8.1.3.6节中论及边缘语义角色的合并格标记。

8.1.3.1　配列[A,S,O]

很多东亚的孤立语具备**中性式配列**(neutral case alignment)。汉语并非典型的中性配列模式,因为汉语中"把"作为差异性宾语标记使用。越南语和泰国的克木语(Khmu)中,简单句没有任何论元上的格标记(Premsrirat

第 8 章 语法格 193

1987：51, 57)。

表 8.6 克木语的中性式配列[S,A,O]

	"父亲"	"鱼"	"门"	1.SG	2.SG	3.SG.M	3.SG.F
S/A/O：	jòŋ	káʔ	prlòŋ	ʔòʔ	jɛ̂ʔ	kə̀:	nà:

语义角色纯由词序分派。下例给出克木语代词、普通名词以及专有名词的中性配列。

克木语(老挝境内,南亚语系)

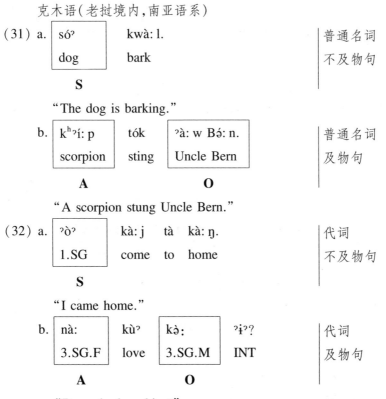

(31) a. sóʔ　　kwà:l.　　　　　　　　　　　普通名词
　　　　dog　　bark　　　　　　　　　　　不及物句
　　　　 S
　　　"The dog is barking."
　　b. kʰʔí:p　tók　　ʔà:w Bə́:n.　　　　　普通名词
　　　　scorpion　sting　Uncle Bern　　　　及物句
　　　　　A　　　　　　　O
　　　"A scorpion stung Uncle Bern."
(32) a. ʔòʔ　　kà:j　tà　kà:ŋ.　　　　　　代词
　　　　1.SG　come　to　home　　　　　　不及物句
　　　　 S
　　　"I came home."
　　b. nà:　　kùʔ　　kə̀:　　ʔɨʔʔ　　　　代词
　　　　3.SG.F　love　3.SG.M　INT　　　　及物句
　　　　　A　　　　　O
　　　"Does she love him?"

许多语言目前正处于格脱落的历史演变过程当中。例如英语目前在普通名词和专有名词中存在"中性"配列,但代词中仍保留宾格配列(比如 he/him)。同样地,爱尔兰语(Irish,爱尔兰境内,印欧语系)将所有类型的名词的宏观角色 S、A 和 O 都进行了配列，第二和第三人称代词除外。古爱尔兰语区分四种格，但现代爱尔兰语几乎已经失去了这些区分。比如说，以前的宾格已经与主格合并（Stenson 2020），而唯一幸存没有变化的是用于标记占有者的属格。

表 8.7　爱尔兰语中的中性配列格系统

		bád-"船"	bróg-"鞋"	pjarsə-"人"	1.SG	2.SG	3.SG
主格（NOM）	S/A	bád-∅	bróg-∅	pjarsə-∅	mé	tú	sé
宾格（ACC）	O/接受者	bád-∅	bróg-∅	pjarsə-∅	mé	thú	é
属格（GEN）	领有者	bád-jə	bróg-jə	pjarsə-n	mo	do	a

下面举例说明代词、普通名词和专有名词这三种类型的配列。

爱尔兰语（爱尔兰境内，印欧语系）

(33) a. thit　　　　cáit-∅　　　　　　　　　　　　　　　专有名词
　　　　fall.3.SG.PST　Cáit-NOM　　　　　　　　　　　　不及物句
　　　　　　　　　　　S

　　"Cáit fell."

　b. Dhó　　　　Séamas-∅　　an leabhar-∅　　　　　　普通名词
　　　　burn.3.SG.PST　Sean-NOM　　the book-ACC　　　及物句
　　　　　　　　　　　A　　　　　　　O

　　"Sean burnt the books."

(34) a. adeir　　　　sé.　　　　　　　　　　　　　　　代词
　　　　cry.3.SG.PST　3.SG.NOM　　　　　　　　　　　不及物句
　　　　　　　　　　　S

　　"He cried."

　b. b'fhág　　　　mé　　　　　é　　　　　　　　　代词
　　　　leave.PST.3.SG　1.SG.NOM　　3.SG.ACC　　　　及物句
　　　　　　　　　　　A　　　　　　O

　　"I left him."

8.1.3.2 配列[A,S][O]

有很多语言将不及物主语 S 和及物主语 A 标记为主格,而将及物受事者 O 标记为宾格。这种模式被称为主格-宾格式配列(nominative-accusative alignment),可以通过名词短语和代词观察到。

表 8.8 梵语中的主格-宾格系统

		ācāry- "老师"	aśv- "马"	1.SG	2.SG	3.SG
主格(NOM)	S/A	ācāry-aḥ	aśv-aḥ	aham	tvam	sa
宾格(ACC)	O	ācāry-am	aśv-am	mām	tvām	tam

下面的例子表明,对于完整的名词短语和代词来说,S 和 A 表现为主格,而 O 则表现为宾格(Coulson 1976)。

梵语(印度境内,印欧语系)

(35) a. ācāry-aḥ　　　　hasati　　　　　　　　普通名词
　　　teacher-**NOM**　laugh.3.SG　　　　　　不及物句
　　　　　S
　　　"The teacher is laughing."

　　b. ācāry-**aḥ**　　śiṣy-am　　paśyati　　　　普通名词
　　　teacher-**NOM**　pupil-ACC　see.3.SG　　及物句
　　　　　A　　　　　　O
　　　"The teacher sees the pupil."

(36) a. sa　　　　　　hasati　　　　　　　　　代词
　　　3.SG.**NOM**　laugh.3.SG　　　　　　　不及物句
　　　　　S
　　　"He is laughing."

　　b. sa　　　　　mām　　　　paśyati　　　　代词
　　　3.SG.**NOM**　1.SG.ACC　see.3.SG　　　及物句
　　　　　A　　　　　O
　　　"He sees me."

8.1.3.3 配列[A][S,O]

全球五大洲都有相当数量的语言使用格标记将 S 和 O 的角色配列到一起,与 A 相对立。此时,出现在 S 和 O 上的相同标记被称为通格(absolutive case),而出现在 A 上的标记称为作格(ergative case)。这种模式称为作格-通格式配列(ergative-absolutive alignment)。拉萨藏语(Lhasa Tibetan)是一种典型的作格型语言,采用零通格后缀-∅,作格后缀是 -**gis**(及其异形 -**s**)。

表 8.9 拉萨藏语中的作格-通格系统

		专有名词	me=nda-"枪"	1.SG	2.SG	3.SG
通格(ABS)	S/O	blo=bzang-∅	me=mda-∅	nga-∅	khyodrang-∅	kho-∅
作格(ERG)	A	blo=bzang-gis	me=mda-s	nga-s	khyodrang-gis	kho-s

所有名词类型的格标记都是一致的,包括专有名词、普通名词和代词,如以下例子所示(DeLancey 2003)。

藏语(汉藏语系,中国境内)

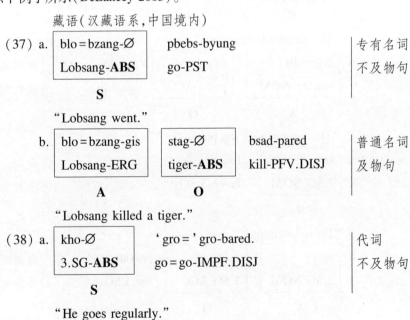

(37) a. blo=bzang-∅   pbebs-byung   专有名词
       Lobsang-**ABS**   go-PST   不及物句
       S
   "Lobsang went."

   b. blo=bzang-gis   stag-∅   bsad-pared   普通名词
      Lobsang-ERG   tiger-**ABS** kill-PFV.DISJ   及物句
      A   O
   "Lobsang killed a tiger."

(38) a. kho-∅   'gro='gro-bared.   代词
       3.SG-**ABS**   go=go-IMPF.DISJ   不及物句
       S
   "He goes regularly."

第 8 章　语法格

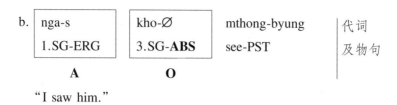

b. nga-s　　　　kho-∅　　　mthong-byung　　　代词
　 1.SG-ERG　　3.SG-**ABS**　see-PST　　　　　及物句
　 　A　　　　　　O

"I saw him."

8.1.3.4　配列［S］［A，O］

不及物-及物配列（intransitive-transitive alignment）是一种极为罕见的模式，目前只见于一种语言中，阿富汗境内约 18,000 人讲的鲁沙尼语（Rushani，阿富汗境内，印欧语系）。鲁沙尼语的名词短语格标记在名词修饰语上，不在名词本身上。鲁沙尼语区分两种格，即通格和间接格（斜格）。间接格标记具有 A 或 O 角色的名词短语，S 角色由通格标记，从而将［S］与［A，O］分开。下表中给出了普通名词和代词的例子，体现了这种罕见的标记模式（Payne 1980）。

表 8.10　鲁沙尼语中的不及物-及物类格标记系统

		xawrič-"男孩"	kitōb-"书"	1.SG	2.SG	"这"	"那"	"这些"	"那些"
通格（ABS）	S	xawrič-	kitōb-	az	tu	yid	yā	dāɖ	wāɖ
斜格（OBL）	A/O	xawrič-	kitōb-	mu	tā	day	um	duf	wuf

鲁沙尼语存在两种时态标记，即现在时和过去时标记。在现在时句中表现出主格-宾格配列，而在过去时句中，表现出不及物-及物配列。例（39）和（40）中的句子显示的是过去时情况下的普通名词与代词的不及物-及物配列。

鲁沙尼语（阿富汗境内，印欧语系）

(39) a. dāɖ(/*duf)　xawrič-ēn　　tar　Xaraɣ　sat　　　普通名词
　　 these.ABS　 boy-PL　　　 to　 Xorog　 go.PST　　不及物句
　　　　　　　　　　S

"These boys went to Xorog."

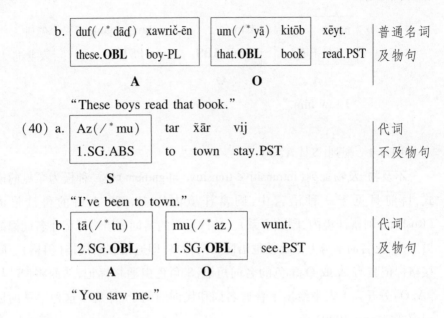

8.1.3.5 配列[A][S][O]

很少有语言只针对特定的名词类型(例如代词)对 S、A 和 O 三者均作系统性区分,而对所有名词类型都进行 S、A 和 O 的三者区分的语言则更为罕见。这种模式称为三分式(tripartite alignment)。旺库马拉语(澳大利亚境内,帕马-努干语系)可能是唯一一种对所有名词类型采用三分式区分的语言。S 标记主格,A 标记作格,O 标记宾格(McDonald and Wurm 1979:22)。

表 8.11　旺库马拉语的三分类格标记系统

		gaṇa-"男人"	makura-"棍"	1.SG	2.SG	3.SG
主格(NOM)	S	gaṇa-ani	makura-ani	ŋaɲi	ini	ŋani
作格(ERG)	A	gaṇa-andru	makura-andru	ŋatu	yundru	ŋandru
宾格(ACC)	O	gaṇa-aṇa	makura-aṇa	ŋaṇa	iṇa	ŋaṇa

(41)展示了普通名词短语的三分模式,(42)给出代词的三分模式。

第 8 章　语法格　　　　　　　　　　　　　　　　　　　　　　199

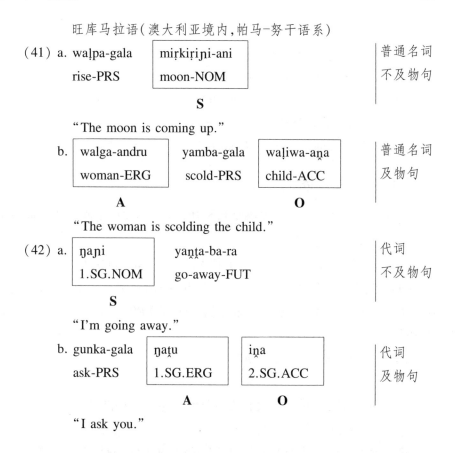

8.1.3.6　边缘角色的配列

满语（Manchu）中的与格是它的六个格之一，标记接受者、工具、处所和目的地等边缘角色。这种与格标记体现了一种高度的格合并性（Gorelova 2002）。

满语（中国境内，阿尔泰语系）

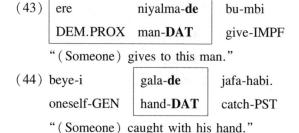

(43)　ere　　　　niyalma-de　　bu-mbi
　　　DEM.PROX　man-DAT　　　give-IMPF

"（Someone）gives to this man."

(44)　beye-i　　　　gala-de　　　jafa-habi.
　　　oneself-GEN　　hand-DAT　　catch-PST

"（Someone）caught with his hand."

(45) | alin | bujan-**de** | tomo-mbi
--- | --- | ---
mountain | forest-**DAT** | live-IMPF

"(Someone) lives in mountains and forests."

(46)	mukden-**de**	gene-mbi
place name-**DAT**	go-IMPF

"(Someone) goes to Mukden."

8.1.4 差异性格标记

合并格标记指的是对**不同**语义角色使用**相同**标记,而差异性格标记则指对**相同**语义角色使用**不同**标记。

四类因素可以触发差异性主语标记(DAM)和差异性宾语标记(DOM)。所谓的 *phi*-特征(生命度、人称、定指性)是名词短语的属性,代表第一类触发因素。第二类触发因素包括主语(A)和宾语(O)在 *phi*-特征等级中的相对排序,具体如下。

(47) ***phi*-特征的等级(阶序)**

    a. 生命度: 　　人>有生命体>无生命体

    b. 人称:　　　　说话人>听话人>第三人称代词>专有名词

    c. 定指性　　　定指>不定指

第三类因素是主语(A)、宾语(O)和谓语(V)之间的歧义。当谓语无法分配给其论元确定的语义角色时,就会出现这种歧义关系。第四种情况由时态、体态、语态等句子属性触发。

(48) **四类 DAM/DOM 触发因素**

类别:	触发因素:
a. A 或 O 类型	A 或者 O 的生命度,人称,定指性
b. A、O 之间关系	A 和 O 在 phi 特征等级上的排序
c. A, O, V 的关系	A 和 O 存在歧义的情况
d. 整个小句的属性	时态、体态和情态

8.1.4.1 差异性 A 标记

澳大利亚的戴尔博尔语(Dyirbal)根据主语的人称,使用不同的主语标记(A)。第一人称和第二人称的主语用零词素(∅)标记;而第三人称的普通名词则用-ŋgu 标记。戴尔博尔语中没有第三人称代词,只有普通名词和指示代词(Dixon 1979:61-64)。因此可以看出,戴尔博尔语中存在人称类型引发的差异性标记(见48a)。

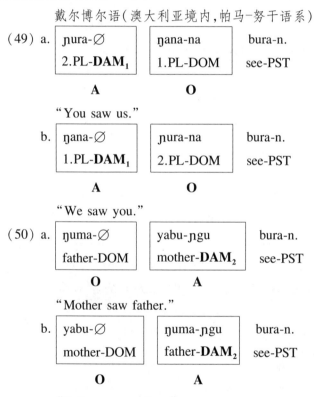

在高加索地区的格鲁吉亚语(Georgian)中,主语在过去式句中用作格 DAM_1(**-ma**)标记,在非过去式句中用主格 DAM_2(**-i**)标记(Hewitt 1995:551)。不同的标记是由时态引发的,而时态是整个小句的属性(见48d)。

格鲁吉亚语(格鲁吉亚境内,卡特维尔语系)

(51) a.

mtvral-ma	nard-i	i-tamaš-eb-a.	过去时
drunkard-**DAM₁**	backgammon-NOM	SV-play-TS-he.A.PST	
A	O		

"The drunk played backgammon."

b.

mtvral-i	nard-s	i-tamaš-eb-s.	非过去时
drunkard-**DAM₂**	backgammon-DAT	SV-play-TS-he.A.FUT	
A	O		

"The drunk will play backgammon."

8.1.4.2 差异性 O 标记

在巴布亚新几内亚使用的奥图语(Awtuw),如果直接宾语比主语生命度更高,或者说在生命度层级中的排名更靠前的话,此时用宾格后缀-re(DOM₁)来标记直接宾语(见 48a)。反过来,如果主语比直接宾语生命度等级更高,则使用零宾格后缀-∅(DOM₂)(Feldman 1986:110)。差异性标记由 A 和 O 在生命度层次上的相对排名触发(见48b)。

奥图语(巴布亚新几内亚境内,塞皮克语系)

(52) a.

tey	tale-re	yaw	d-æl-i.	生命度等级:
3.F.SG	woman-**DOM₁**	pig	FA-bite-PST	O>A
	O	A		

"The pig bit the woman."

b.

tey	tale	yaw-∅	d-æl-i.	生命度等级:
3.F.SG	woman	pig-**DOM₂**	FA-bite-PST	A>O
	A	O		

"The woman bit the pig."

第 8 章 语法格

罗罗语(Lolo)中的差异性标记是由潜在的 A/O-歧义触发,属于类型(48c)。差异性宾语标记"tʰie²¹"只有在谓语的语义不能帮助区分主语和宾语的情况下才使用。也就是说,当谓语明确指定了主语和宾语的角色时,不能使用这个标记。主语和宾语的基本词序是相对自由的。像(53)中这种存在歧义的小句使用宾语标记"tʰie²¹"来区分,而无歧义的宾语则不用"tʰie²¹"来标记(Gerner 2008)。

罗罗语(中国境内,汉藏语系)

(53)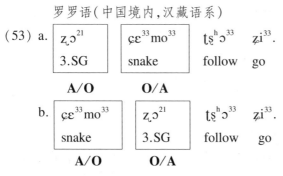

"He follows the snake. /The snake follows him."(For both a and b)

(54)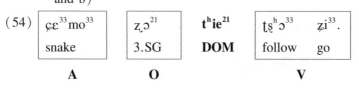

"The snake follows him."

(55)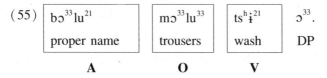

"Bolu washed the trousers."

8.2 格的数量

世界上的语言在使用格来标记其屈折系统中的类别时,在数量方面上存在很大的不同。有的语言没有格标记,有的语言有两个、三个甚至 20

个格。

8.2.1 没有格标记

英语名词没有格标记,代词的情况除外,有两种格标记:he/him 和 she/her。而汉语在表达处置的句子中必须使用直接宾语标记"把"。与英语和汉语相比,侗语(Kam)是一个更好的无格标记语言的例子。侗语的句法角色是严格由词序 AVO 分配的。

(56)　　　侗语(中国境内,台-卡岱语系)

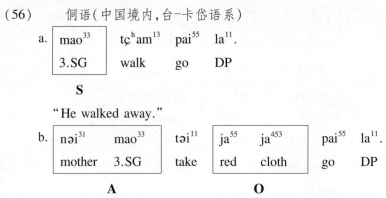

a. | mao^{33} | $tɕ^ham^{13}$ | pai^{55} | la^{11}. |
|---|---|---|---|
| 3.SG | walk | go | DP |

S

"He walked away."

b. | $nəi^{31}$ | mao^{33} | $təi^{11}$ | ja^{55} | ja^{453} | pai^{55} | la^{11}. |
|---|---|---|---|---|---|---|
| mother | 3.SG | take | red | cloth | go | DP |

　　　　A　　　　　　　　　O

"Her mother took red cloth away."

8.2.2 两个格的情况

最小的格范式下至少有两个成员:给定一个显性格标记,那么未被该格标记的名词短语与被标记的名词短语之间一定构成对立。我们通过这种对立确定第二个标记是什么,当然它可以是一个零元素。如果一种语言只有两个格,那么其中一个通常被称为直接格,另一个则是间接格/斜格。

罗马尼亚语源自古拉丁语。拉丁语中有五个格,但在现代罗马尼亚语中只有两个:一个直接格和一个斜格。这种格退化的情况在所有三种语法性别中都得到了体现,下表显示的是在阳性和阴性普通名词中的标记情况(Mallinson 1986:206)。

表 8.12 从拉丁语中的五个格到罗马尼亚语中的两个格

拉丁语	lup-"狼"(阳)		cas-"房"(阴)		罗马尼亚语	lup-"狼"(阳)		cas-"房"(阴)	
	单数	复数	单数	复数		单数	复数	单数	复数
主格(NOM)	lup-us	lup-i	cas-a	cas-ae	直接格(DIR)	lup-ul	lup-ii	cas-a	cas-ele
属格(GEN)	lup-i	lup-ōrum	cas-ae	cas-ārum					
与格(DAT)	lup-ō	lup-īs	cas-ae	cas-īs	斜格(OBL)	lup-ului	lup-ilor	cas-ei	cas-elor
宾格(ACC)	lup-um	lup-ōs	cas-am	cas-ās					
离格(ABL)	lup-ō	lup-īs	cas-ā	cas-īs					

8.2.3 三个格的情况

帕马里语(Paumarí,巴西境内,阿拉瓦语系)在巴西使用,有三个格:作格用于及物句主语,斜格用于及物句直接宾语,属格用于领属关系。属格标记 **ka**-附着在被领有者名词短语上,而非像英语一样附着在领有者名词短语(Chapman 和 Derbyshire 1991:164-167,256)。

表 8.13 帕马里语中的三个格

	专有名称	sorara-"士兵"	maravi-"扇子"	1.SG	2.SG	3.SG
作格(ERG)	Dono-a	sorara-a	maravi-a	ho-	i-	bi-
斜格(OBL)	Dono-ra	sorara-ra	maravi-ra	ho-ra	i-ra	ada
属格(GEN)	—	ka-sorara	ka-maravi	kodi-	kada-	kidi-

印度使用的旁遮普语(Punjabi)具有三个格:直接格、间接格/斜格和离格。直接格和间接格在代词中合并,但普通名词中三个格则分别使用不同的标记(Gill 1962:50-54)。

表 8.14　旁遮普语中的三个格

	bənd-"男人"	kòr-"马"	šær-"城市"	1.SG	2.SG	3.SG
直接格（DIR）	bənd-a	kòr-a	šær-a	mæ	tũ	é
斜格（OBL）	bənd-e	kòr-e	šær-e	mæ	tũ	é
离格（ABL）	bənd-iõ	kòr-õ	šær-õ	mæ-thõ	tũ-thõ	é-thõ

8.2.4　四个格的情况

古希腊语以其稳定的四格系统而著称，主格、属格、与格和宾格。没有一个格后缀是零后缀。

表 8.15　古希腊语中的四个格

log-"道"	单　数	复　数	译　　文
主格（S/A）：	log-os	log-oi	"**the word** is good"
属格（领有者）：	log-ou	log-ōn	"the meaning **of the word**"
与格（接受者）：	log-ō	log-ois	"give a meaning **to the word**"
宾格（O）：	log-on	log-ous	"speak **the word**"

(57) 古希腊语

　　hos　　　　anthrop-os　　ton　　　　log-on　　　legei.
　　ART.NOM　　man-NOM　　ART.ACC　　word-ACC　　speak
　　"The man uttered the word."

8.2.5　五个格的情况

特鲁麦语（巴西境内，孤立语言）属于有五个格的语言。以 axos"孩子"这一词语为例，其格标记的情况见下表。注意这里的一个例外是表处格的

第 8 章 语法格

情形,在该语言中处格不与有生命的名词一起出现,因此在这里用 esak "吊床"(hammock)表示。

表 8.16 特鲁麦语的五个格

	axos-"孩子"	译文	esak-"吊床"	译文
主格	axos-∅	"the child runs"	esak-∅	"the hammock is heavy"
属格	axos-ak	"the child's cup"	esak-ak	"the cloth of the hammock"
与格	axos-atl	"give to the child"	esak-atl	"add to the hammock"
宾格	axos-kate	"press the child"	esak-kate	"carry the hammock"
处格	—	—	esak-en	"in the hammock"

8.2.6 六个格的情况

维吾尔语(Uyghur,中国境内,阿尔泰语系)有六个格,其中主格标记为零后缀,这也是阿尔泰语系语言的典型特征(零主格后缀)。其中两个格表达物体与处所间的关系,分别是处格("在")和离格("从")。离格也用于比较级句子中表示比较标准(对应于英语的 John is older than Bill),可以把该标记理解为从处所义"从"引申而来。这些格标记都发生音变,随名词词干的语音而变化,从而表现为不同的异形词(Hahn 2006)。

表 8.17 维吾尔语的六个格

	"孩子"	"湖"	"鸟"	1.SG	2.SG	3.SG
主格	bala-∅	köl-∅	quš-∅	men	sen	u
属格	bali-niŋ	köl-niŋ	quš-niŋ	mè-niŋ	sè-niŋ	u-niŋ
与格	bali-ɣa	köl-ge	quš-qa	ma-ŋa	sa-ŋa	u-niŋa

续 表

	"孩子"	"湖"	"鸟"	1.SG	2.SG	3.SG
宾格	bali-ni	köl-ni	quš-ni	mè-ni	sè-ni	u-ni
处格	bali-da	köl-de	quš-ta	men-de	sen-se	u-niŋda
离格	bali-din	köl-din	quš-tin	men-din	sen-din	u-niŋdin

8.2.7 六个格以上的情况

有六个以上格的语言显示出较多样的范式。最大范式的语言是匈牙利语(Hungarian),(根据某些分析)它拥有 21 个有功能的格,其次是卡亚迪尔德语(Kayardild,澳大利亚境内使用,帕马-努干语系),有 20 个格,拉克语(Lak,俄罗斯境内,北高加索语系)有 19 个格。下表列出了匈牙利语中 **város**-"城市"的格(Kenesei 1998:192)。

表 8.18 匈牙利语的二十一个格

语 法 格	例子 város-"城市"	译文/用法
主格	város-∅	"The city is clean"
宾格	város-t	"I see the city"
与格	város-nak	"They give food to the city"
工具格/伴随格	város-val	"with the city"
协同格	város-stul	"together with the city"
分配格	város-nként	"per city"
因果格	város-ért	"because of the city"
正式格(Formal)	város-képp	"the city"(formal)
在格(Essive)	város-ul	"in the city"

续　表

语　法　格	例子 város-"城市"	译文/用法
在内格(Inessive)	város-ban	"inside the city"
位置格(Adessive)	város-nál	"at the city"
超处格(Superessive)	város-n	"on top of the city"
离格(Ablative)	város-tól	"from the city"
往格(Allative)	város-hoz	"to the city"
出格(Elative)	város-ból	"out of the city"
进格(Illative)	város-ba	"into the city"
掉格(Delative)	város-ról	"away from the city"
底格(Sublative)	város-ra	"below the city"
终格(Terminative)	város-ig	"to the end of the city"
正式在格(Essive-Formal)	város-ként	"in the city"(formal)
越格(Translative)	város-vá	"across the city"

8.3　格词缀的位置

　　格词缀最常以后缀形式出现(8.3.1 节),很少作为前缀(8.3.2 节)。有一种语言有格环缀(8.3.2 节),但没有语言有格中缀。此外,在一种语言中,格是通过改变名词词干来实现的(8.3.3 节),在另一种语言中是通过改变名词的声调来实现的(8.3.4 节)。

8.3.1　后缀

　　泰米尔语(Tamil,斯里兰卡境内,达罗毗荼语系)有六个格后缀,其中一个是零后缀(Schiffmann 1999)。

表 8.19　泰米尔语中的格后缀

语 法 格	例子 mannan-"王"	译文/用法
主格	mannan-∅	"the king"（sees）
属格	mannan-adu	"of the king"
与格	mannan-ukku	"(give) to the king"
宾格	mannan-ai	"(see) the king"
工具格	mannan-aal	"(do something) by means of the king"
处格	mannan-idam	"at the king"

8.3.2　前缀和环缀

曼加拉伊语（Mangarrayi，澳大利亚境内，泛昆维古安语系）对核心角色采用三个格前缀，对边缘角色采用了三个格环缀（Merlan 1982：57）。全程使用格前缀的名词范式比较少见。

表 8.20　曼加拉伊语的格前缀和环缀

语法格	例子 -gardugu-"妇女"	译文/用法
主格	**ngarla**-gardugu	"the woman"（sees）
宾格	**ngarlan**-gardugu	(see) "the woman"
与格	**ngaya**-gardugu	(give) "to the woman"
处格	**ngaya**-gardugu-**yan**	(stand) "close to the woman"
往格	**ngaya**-gardugu-**rlama**	(move) "to the woman"
离格	**ngaya**-gardugu-**wana**	(move) "from the woman"

8.3.3 名词词干变化

在尼亚斯语(Nias)中,普通名词的格是通过改变名词词干来表示的。以清辅音开头的普通名词带作格,而浊辅音开头的则带通格。在作为作格时以元音开头的普通名词通过添加浊音[n-]或[g-]前缀形成通格。此外,人称代词也具备作格和通格两种形式,取决于其辅音的声母(Brown 2001:69ff, 342ff)。

表8.21 尼亚斯语中通过名词词干变化表达作格和通格

	"米"	"地"	"枯枝"	"钱"	"桥"	"父亲"	"鸡蛋"	1.SG	2.SG	3.SG
作格(A)	fakhe	tanö	si'o	kefe	ete	ama	adulo	ya'o	ya'oto	ya'ia
通格(S/O)	vakhe	danö	zi'o	gefe	nete	nama	gadulo	ndrao	ndraoto	ya

在(58a)中,表通格名词nama"父亲"以[n]开头,而这个名词的作格形式ama"父亲"则省略了[n]。

(58) 尼亚斯语(印度尼西亚境内,南岛语系)

a. ya-möi   [nama   Mili]
   3.SG.IRR-come father.ABS   Mili
                     S
   "Mili's father wants to come."

b. i-fatene   ga [ndrao]   khö-mi   [ama-gu]
   3.SG-send   here 1.SG.   DAT-2.SG father.ERG-
                      ABS   1.SG.POSS
                       O   A
   "My father sent me here to you."

8.3.4 声调变化

在诺苏语中,人称代词的格与声调有关。单数人称代词通过[^{33}]/[^{44}]-声调的变化编码 S/A 与 O 角色。i³³ "自己" 是一个特殊的**话者指示词**（logophoric anaphor），用于在引语中说话人自指（Gerner 2013b）。

表 8.22 诺苏语单数代词的语法调

单数代词	S/A（³³-声调）	O（⁴⁴-声调）
1P.SG	ŋa³³	ŋa⁴⁴
LOG.SG	i³³	i⁴⁴
2P.SG	nɯ³³	nɯ⁴⁴
3P.SG	tsɨ³³	tsɨ⁴⁴

下面的句子中，第二人称 O 型代词 nɯ⁴⁴ 与第一人称 A 型代词 ŋa³³ 构成对立，句中同时还包含第二人称 S 型代词 nɯ³³。

(59) 诺苏语（中国境内，汉藏语系）

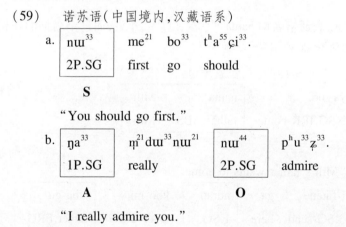

8.4 作业

试考虑满语（中国境内，阿尔泰语系）中的离格标记 -ci。离格的核心意义是指某物体所离开的处所、位置，对应的在英语中翻译成 "从"（from）（Gorelova 2002）。

第 8 章 语法格

(60) **任务**

a. 决定满语离格后缀是合并格还是差异格(差异性格标记)。

b. 试说出下面的离格标记分别表达什么意思。

(61) boo-**ci**   tuci-ke

　　 house-**ABL**   go.away-PRT

　　 "(Someone) went away from the house."

(62) na-**ci**   banji-mbi

　　 earth-**ABL**   be.born-IMPF

　　 "(Something) is growing from the earth."

(63) dergi-de   guri-he-**ci**

　　 east-DAT   move-PRT-**ABL**

　　 "since (they) moved to the east"

(64) da-**ci**   dube-de   isitala

　　 beginning-**ABL** end-DAT   until

　　 "from the beginning to the end"

(65) manju   gisun-**ci**   nikan   gisun   mangga.

　　 Manchu   language-**ABL** Chinese   language   difficult

　　 "The Chinese language is more difficult than Manchu."

(66) i   min-**ci**   ahun.

　　 3.SG   1.SG-**ABL**   old

　　 "He is older than me."

(67) tere   ere-**ci**   sain

　　 that   this-**ABL**   good

　　 "That is better than this."

下例中,离格和属格在意义上没有区别。

(68) a. niyalma-**ci**   sain   b. niyalma-i   sain

　　　 person-**ABL**   good   person-GEN   good

　　　 "the best from all persons"   "the best of all persons"

(69) a. niyalma-ci   wesihun
       person-**ABL**   respected
       "the most respected from all persons"
    b. niyalma-i   wesihun
       person-GEN   respected
       "the most respected of all persons"

第 9 章 语法一致

9.1 定义

在句法依存关系中,其中一个句法成分以某种方式依赖于另一个成分,即从属成分依赖于中心词。在 6.2.2 节中,我们已经对一系列的依存关系进行了考察,并将**一致**(agreement)定义为一种标记,其中中心词自身或者中心词加上从属成分的标记是根据它们之间的关系确定的。其他一些学者认为,一致关系是一个元素的语义或形式属性与另一个元素的形式属性之间的**系统性的协同变异**(systematic covariance),见 Corbett(2006:4) 和 Wechsler(2015:309)。

在世界语言中,有两种依存关系有一致标记:一种是论元与谓语之间的关系,另一种是修饰语与名词中心语之间的关系。接下来,本书将在 9.2.1 节中介绍第一类一致标记,即动词性一致关系的表达。然后,在 9.2.2 节中介绍第二类一致标记,即名词性一致关系的表达。此外,当使用一致标记时,处于一致性关系的两个句法成分所形成的一致性关系,是根据其中一个成分所具备的某一个给定的语法特征而形成的,这些语法特征包括人称范畴、数范畴、语法性别或格等等。我们在 9.3 节中列出了这些一致性的语法范畴。最后,我们还需要区分简单一致性和复杂一致性。在简单一致性的情形下,语法标记表达的是单个语法特征和单个依存关系的一致,而在复杂一致性的情形下,它可能表达多个语法特征和/或多个依存关系的一致。我们在 9.4 节中考察复杂一致性。

9.2 按照句子成分划分

一致性由出现在动词(9.2.1 节)或名词性元素(9.2.2 节)上的标记表达出来。这些标记可以是简单的,也可以是复杂的。在 9.2 节的余下部分,我们主要介绍简单一致性。

9.2.1 动词性一致

动词性一致指的是一种一致性标记的表达,其中谓词的论元通过词缀在谓词(动词)上得到标注。本节将分别讨论主语、直接宾语、间接宾语和斜宾语在动词谓语上的标注。为了与其他一致关系区分开来,我们的讨论仅涉及在谓词上标注一种句法角色的那些语言。

一些类型学者提出(1)中的一致性层级结构,用于预测谓语与哪些论元构成一致关系。处于层级最高位置的句法角色是主语,对此可以理解如下:如果一种语言动词一致,则该语言的动词一定与主语一致(Whaley 1997:154)。

(1) 一致性层级

主语>直接宾语>间接宾语>其他

从这一层级可以导出一系列的蕴涵性共性,呈下列形式:如果一种语言中存在动词与某一句法角色之间的一致性关系,则也一定存在与层级中排名更高的句法角色之间的一致性关系。此外,鉴于该层级中涉及四种句法角色,所以一共可以定义五种语言类型,其例证见下表。我们在 9.2.1.1 小节到 9.2.1.4 小节中逐个讨论这些语言类型并举出反例。

表 9.1 句法角色的一致性标记

语言类型	主语	直接宾语	间接宾语	其他	例子
1	+	+	+	+	阿巴扎语(Allen 1956:139)
2	+	+	+	-	巴斯克语(Hualde 2003:206-210)

第 9 章 语法一致

续 表

语言类型	主语	直接宾语	间接宾语	其他	例 子
3	+	+	−	−	塔瓦拉语(Ezard 1997:99)
4	+	−	−	−	意大利语(Maiden 2000:220)
5	−	−	−	−	汉语(Li & Thompson 1998)

9.2.1.1 主语

科邦语(Kobon)中存在动词性一致标记,只有动词的主语论元(**A** 论元)标注在动词上,而宾语论元(**O** 论元)则不标注在动词上(Davies 1981:185;Siewierska 2013c)。

(2) 科邦语(巴布亚新几内亚境内,跨新几内亚语系)

  yad kaj pak-nab-**in**
  1.SG pig strike-FUT-**1.SG.A**
  "I will kill a pig."

在 8.1.3 节中,我们讨论了 S/O、S/A 两类格标记的配列模式。类型学上将主语定义为"通性配列下的 S/A"或"作性配列下的 S/O",其中通性和作性指的是抽象的配列模式,具体呈现在格标记和一致性标记中(有时也称现在词序中)。当主语为 S/A 时,句法宾语定义为 O。当主语定义为 S/O 时,句法宾语定义为 A(详见 Dixon 1979,1994)。

在巴布亚新几内亚使用的塔瓦拉语(Tawala)通过使用 S/A 前缀 i-来表达一致类的 S-A 配列,参见(3a)。同时,塔瓦拉语还使用 O 动词后缀-ya,参见(3b)(Ezard 1997:116,289;Siewierska 2013a)。

(3) 塔瓦拉语(巴布亚新几内亚境内,南岛语系)

  a. **i**-bowi-ye-**ya**.   b. apo **i**-na-nae.
   3.SG.A-deny-TR-**3.SG.O**   FUT **3.SG.S**-POS-go
   "He denied him."   "He will go."

相比之下,在印度尼西亚使用的贡觉语(Konjo)虽然也使用相同的后缀-**i**,但表达的是一致类的 S-O 对齐,如(4a)和(4b)所示。而 A 以另一种方式标记,即通过前缀 na-,见(4a)(Friberg 1996:140-141)中。

(4) 贡觉语(印尼境内,南岛语系)

    a. | **na**-peppe-**i**   Amir   asung-ku.
          | **3.A**-hit-**3.O**   Amir   dog-1.SG.POSS

        "Amir hit my dog."

    b. | a'-lampa-**i**   Amir.
          | intr-go-**3.S**   Amir

        "Amir goes."

9.2.1.2 直接宾语

塔瓦拉语(Tawala)中,A-论元和O-论元的人称标记可以一起出现,如(5)所示。从这个角度来看,塔瓦拉语符合(1)中对一致性层级结构的预测。根据该预测,动词与O论元一致的语言也都呈现出动词与A论元的一致性关系(Ezard 1997:99)。

(5) 塔瓦拉语(巴布亚新几内亚境内,南岛语系)

    kedewa   kamkam | **i**-uni-**hi**
    dog   chicken | **3.SG.A**-kill-**3.PL.O**

    "A dog killed the chicken."

有些语言不是用两个词缀分别显示主语和宾语的人称一致(如塔瓦拉语那样),而是熔合于一个后缀上。这类后缀称为**衣架后缀**(portemanteau affixes,法语"portemanteaux"是"衣架"的意思)。中国四川省约有30万人使用的羌语就使用衣架后缀,见表9.2。

有些组合在羌语中找不到(比如 A=1.SG 以及 O=1.SG),因为在这些地方羌语使用了反身代词。此时与两类第三人称宾语构成一致性,一个是有生命第三人称(3.SG 和 3.PL),另一个是无生命宾语(标为 NANI)。下面用两个例子说明第一人称主语词缀和第二人称主语词缀(此处宾语均为有生命名词短语)。

第 9 章 语法一致

表 9.2 羌语及物动词的人称标记后缀

O A	1.SG	2.SG	3.SG	1.PL	2.PL	3.PL	NANI
1.SG		-ɑ	-wɑ		-ɑ	-wɑ	-ɑ
2.SG	-n		-wən			-wən	-n
3.SG	-ʂɑ	-sɑn	-wə	-ʂɑɹ	-sɑi	-wə-tɕi	-∅
1.PL		-ɹ	-wəɹ		-ɹ	-wəɹ	-ɹ
2.PL	-i		-wəi	-i		-wəi	-i
3.PL	-tɕi-ʂɑ	-tɕi-sɑn	-wə-tɕi	-tɕi-ʂɑ	-tɕi-sɑi	-wə-tɕi	-tɕi

(6) 羌语(中国境内,汉藏语系)

    a. dzʑə-ŋuəɲi   qɑ   the: tɑ   kə-ji-**wɑ**.
       thing-TOP   1.SG   3.SG-LOC   thus-say-**1.SG.A.3.SG.O**
       "I told him/her."

    b. dzʑə-ŋuəɲi   ʔũ   the: tɑ   kə-ji-**wən**.
       thing-TOP   2.SG   3.SG-LOC   thus-say-**2.SG.A.3.SG.O**
       "You told him/her."

例(7)中的数据来自亚瓦语(Yawa)。亚瓦语的人称标记只标记 O 论元,不标记 A 论元。亚瓦语中的 A 论元通过格标记表达,而 O 论元则标记在动词上。也就是说,亚瓦语允许对 O 论元进行标注,但不允许对 A 论元进行标注,这与(1)中一致性层级结构的预测相矛盾(Jones 1986: 40; Siewierska 2013c)。

(7) 亚瓦语(印尼境内,西巴布亚语系)

    Dorpinus   -po   Marianna   **r**-anepata
    Dorpinus   -3.SG.M.A   Marianna   **3.SG.O.F**-hit
    "Dorpinus is/was hitting Marianna."

诺克特语(Nocte)具有 A 或 O 的人称标记,但是不会同时使用这两种标记。诺克特语有两类简单的小句构式,一种称为直接小句(*direct clause*),另一种称为倒置小句(*inverse clause*)。这种配价换位的概念,详见12.3节中的讨论。在直接小句中,动词与 **A** 论元存在一致标记,而在倒置小句中,存在倒置后缀**-h**,此时动词与 **O** 论元一致(Das Gupta 1971:21)。

(8) 诺克特语(印度境内,汉藏语系)

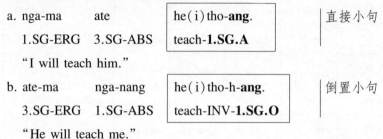

"I will teach him."

"He will teach me."

动词上标记的是 A 还是 O 取决于在人称层级结构 1>2>3 中哪个排序更高。10.1.2 小节会详尽阐述人称层级结构。如果排名较高的是 O 论元,而不是 A 论元,则动词出现逆标记-h,如上文(8b)中所示。

9.2.1.3 间接宾语

就目前所知而言,似乎没有语言只允许动词与间接宾语(标记为 B 论元)一致,而不允许与直接宾语(O)和主语(A)一致。

卡巴尔迪安语(Karbadian)在高加索地区约有 60 万人使用。该语中动词同时与主语、直接宾语和间接宾语一致,如下例所示(Colarusso 2006:28)。

(9) 卡巴尔迪安语(俄罗斯境内,北高加索语系)

e-bə   we   mə-tx̂əλ-he-r   ø-q'-we-y-ə-tə-ye-hes
3.PL.O 2.SG.B DEM-book-   3.PL.O-HOR-2.SG.B-
                PL-ABS   to-3.SG.A-FIN-give-PST

"He gave these books to you."

从中可以看出,卡尔巴迪安语符合(1)中的一致性层级,属第一类语言,因为它也允许建立斜宾语的一致性关系。

巴斯克语(Basque)动词与主语、直接宾语和间接宾语一致,满足(1)中

第9章 语法一致

层级,属第二类语言。巴斯克语动词可以是及物也可以是不及物动词。不及物动词通过"通格前缀"与 S 论元一致。及物动词接与 O 一致的前缀(也称"通格前缀",实质与 S-前缀一样),以及与 A 一致的后缀(称"作格后缀")。双及物动词通过配价后缀-ki(标为 DITR)从单及物动词导出。B-类词缀与 A-论元后缀形式一样,但更靠近动词词根(以下数据取自 Hualde 2003:206-210)。

表9.3 巴斯克语人称标记词缀

	S/O(ABS)	B(DAT)	A(ERG)
1.SG	n-	-t/-da	-t/-da
2.SG	z-	-zu	-zu
2.SG.FAM.M	h-	-k/-a	-k/-a
2.SG.FAM.F	h-	-n/-na	-n/-na
3.SG	d-/b-	-o	-∅
1.PL	g-	-gu	-gu
2.PL	z-	-zue	-zue
3.PL	d-/b-	-e	-te

例(10)给出不及物动词情形,例(11)为及物动词情形,例(12)为双及物动词。

巴斯克语(西班牙境内,孤立语)

(10) a. **n**-ator　　　　　　　　b. **d**-atoz
 1.SG.S-come.PRS　　　　　**3.PL.S**-come.PRS
 "I come."　　　　　　　　　"They come."

(11) a. **d**-arama-**t**　　　　　　b. **n**-arama-**zu**
 3.SG.O-take.PRS-**1.SG.A**　　**1.SG.O**-take.PRS-**2.SG.A**
 "I take him/her."　　　　　　"You take me."

(12) a. **d**-akar-ki-**zu-t**

3.SG.O-bring.PRS-DITR-**2.SG.B**-**1.SG.A**

"I bring it to you."

b. **n**-akar-ki-∅-**zu**

1.SG.O-bring.PRS-DITR-**3.SG.B**-**2.SG.A**

"You bring me to him."

c. **d**-akar-ki-**gu**-**zue**

3.SG.O-bring.PRS-DITR-**1.PL.B**-**2.PL.A**

"You bring it to us."

d. **d**-akar-ki-**o**-**te**

3.SG.O-bring.PRS-DITR-**3.SG.B**-**3.PL.A**

"They bring it to him."

9.2.1.4 斜宾语

斜宾语(oblique object)是对各种非核心论元角色的统一称谓,这些角色包括工具性、位置性、方向性角色等。与动词和间接宾语一致相比,动词与斜宾语一致更为罕见。在格鲁吉亚语(Georgian)中,尽管很少同时表达,但是其多人称动词系统允许动词标注主语、直接宾语、间接宾语、被拥有者、处所和原因等角色。在(13a)中,我们可以看到格鲁吉亚语呈现第三人称处所角色和动词之间的一致性,而在(13b)中,一致性关系建立在第一人称处所角色和动词之间(Hewitt 1995:184−185)。

(13) 格鲁吉亚语(格鲁吉亚境内,卡特维尔语系)

a. k'ac-ma   k'onvert'-ze misamart-i   da-∅-∅-a-c'er-a.

man-ERG envelope-on address-ABS   PFV-3.SG.O-**3.SG.LOC**-LV-write-3.SG.A.PST

"The man wrote the address on the envelope."

b. Da-∅-**m**-a-k'r-a.

PFV-3.SG.O-**1.SG.LOC**-LV-slap-3.SG.A.PST

"He slapped it on me."

9.2.2 名词性一致

名词性一致作为一种标记,是将中心名词的性别和数等范畴特征标注在其修饰语上。这些修饰语包括限定词、形容词和关系从句。本节考察的对象还是局限在那些只有一个修饰词呈现与中心名词一致(而非多个修饰词呈现一致)的语言。

9.2.2.1 限定词

在法语(French,法国境内,印欧语系)中,定冠词、不定冠词和指示代词在性和数的范畴上与中心名词一致,如下表所示。法语有两种语法性别:阳性(男性)和阴性(女性)。

表 9.4 法语中的定指范畴

	不定冠词	定冠词	指示代词	名词	
阳性单数	un	le	ce	garçon	"boy"
阳性复数	des	les	ces	garçons	"boys"
阴性单数	une	la	cette	fille	"girl"
阴性复数	des	les	ces	filles	"girls"

然而,限定词并不是唯一获得性别范畴标记的名词修饰语。法语形容词也有性别和数范畴标注。另一方面,在卡西语(Khasi,印度境内,南亚语系)中,定冠词是唯一与中心名词呈现一致性关系的名词修饰语。指示代词和形容词与中心名词不一致。定冠词体现了它所修饰的中心名词的性和数(Rabel 1961:93)。

表 9.5　卡西语中的定冠词

	单　数	复　数	名　词	英语翻译
阳性	ʔuu		šnraŋ	"the man"
		kii	khlaa	"the tigers"
中性	ka		knthey	"the woman"
		kii	miaw	"the cats"

9.2.2.2　形容词

在西班牙语(西班牙境内,罗曼语族意大利语支)中,形容词修饰标记在名词中心语和从属形容词上,如下表所示(Butt 1988:2)。

表 9.6　西班牙语中的形容词依存关系

中心语(名词)	依存词(形容词)	英　语　翻　译
caball-o	buen-o	"good stallion"
caball-o	buen-os	"good stallions"
yegu-a	buen-a	"good mare"
yegu-as	buen-as	"good mares"

在表 9.6 中,名词 yegua("母马")是阴性单数。因此,形容词必须带有阴性单数后缀。在其余类似的数据中,形容词均在性和数上与名词保持一致。在西班牙语中,形容词需要获得某一个特定的数和性范畴的具体值,这是因为中心名词本身就具备这些特征。

9.2.2.3　定语代词

定语关系从句依存于一个中心名词,该名词与定语从句内部一个隐含

第9章 语法一致

的名词短语实现共指。定语从句的标记是一个连接词。在汉语等一些语言中,这个定语从句的连接词是一个固定不变的词素。

(14) 汉语

种	蔬菜	的	农民
grow	vegetables	REL	farmer

"the farmer who grows vegetables"

然而,在其他语言中,连接词与它所连接的名词中心语需要在性、数和格等特征上一致。用作这一类连接词的词素被称为**关系代词**(relative pronoun)。在印欧语系的克罗地亚语(克罗地亚境内,印欧语系)中,关系代词随名词中心语的性、数、格的变化而变化,如表9.7所示。例(15)给出了一个具体的一致例证(Arsenijević 2016)。

表9.7 克罗地亚语中的定语代词

	单 数			复 数		
	阳性	阴性	中性	阳性	阴性	中性
主格	koji	koja	koje	koji	koja	koje
属格	kojega	koga	koje	kojih	kojih	kojih
与格	kome	kom	kojoj	kojima	kojim	kojima
宾格	kojeg	koju	koje	koje	koje	koja

(15) 克罗地亚语

a. Ovo je Džejn koja me
   this COP Jane RP.NOM.SG.F 3.SG.ACC
   vozi na posao.
   drive.3SG to work
   "This is Jane who drives me to work."

b. Ovo je Petar koji me
   this COP Peter RP.NOM.SG.M 3.SG.ACC

	vozi	na posao.
	drive.3SG	to work

"This is Jane who drives me to work."

c. Ovo je | Džejn koju | vozim na posao.
this COP | Jane RP.ACC.SG.F | drive.1SG to work

"This is Jane whom I drive to work."

d. Ovo je | Petar kojeg | vozim na posao.
this COP | Peter RP.ACC.SG.M | drive.1SG to work

"This is Peter whom I drive to work."

目前看来,似乎没有任何语言存在定语从句连接词呈现与名词中心语的一致关系,而相应的形容词或者限定词不呈现一致关系这种情况。

9.3 按照范畴分类

除了形成一致性关系的句子成分以外,一致性关系涉及的语法类别本身也具备很强的理论意义。从前文的讨论可得知,一致性涉及的语法类别包括人称、数、语法性别、格和其他次要类别。当一门语言表达某一个类别的一致性关系时,也往往会表达另一个类别的一致性关系。Matasović (2018)提出,语法类别之间存在**一致相关性**(agreement correlations)。这些相关性的强度可以通过图 9.1 中箭头的粗细得到表示。

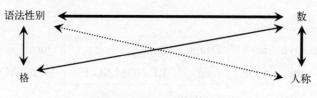

图 9.1　名词一致相关性

格林伯格(Greenberg 1963)就注意到了这些相关性中的一种,即语法性别范畴和数范畴之间的相关性。在格林伯格语言共性第 32 条中,他根据一个蕴涵性共性规则,概括了性、数范畴之间的相关性。

第 9 章 语法一致

(16) 语言共性规律第 32 条（Greenberg 1963）

动词如果与名词主语或宾语在性范畴一致，则也在数范畴一致（Whenever a verb agrees with a nominal subject or object in gender, it also agrees in number）。

以下小节将从名词性一致和动词性一致两个角度，分别阐述人称（9.3.1 小节）、数（9.3.2 小节）、语法性别（9.3.3 小节）、格（9.3.4 小节）和定指性（9.3.5 小节）的语法类别。类似上一小节，讨论的范围会尽可能局限在某语法类别是唯一呈现一致性关系的语言。

9.3.1 人称范畴

一个相当普遍的现象就是当动词变位表达出人称一致性关系时，该动词也会通过变位表达数一致性关系（参见图 9.1）。然而，很少有语言只对人称，而不对数表现出动词一致。孟加拉语（Bengali，孟加拉国境内，印欧语系）就是这样一种语言。与单数和复数主语一致的动词后缀在孟加拉语中是相同的（Thompson 2010：145）。

(17) 孟加拉语（孟加拉国境内，印欧语系）

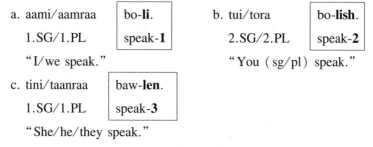

a. aami/aamraa bo-**li**.
   1.SG/1.PL   speak-**1**
   "I/we speak."

b. tui/tora   bo-**lish**.
   2.SG/2.PL   speak-**2**
   "You（sg/pl）speak."

c. tini/taanraa baw-**len**.
   1.SG/1.PL   speak-**3**
   "She/he/they speak."

9.3.2 数范畴

数范畴一致性通常与人称标记或性别标记结合出现。在马卡雷洛语（Makalero）中，动词的主语只标记数字，而不标记人称或性别。单、复数动词通过**异干替换**（suppletive）形式区分。如下表所示，马卡雷洛语中复数动词形式与单数形式无关（Huber 2011：130-131）。

表9.8 马卡雷洛语中动词与主语的数范畴一致关系

英语翻译	单 数	复 数
sit	mit	diar
stand	nat	naser
sleep/lie	tia	rou
run	ria	titar
big	pere	helar

例(18)对比了动词的单数和复数形式。

(18) 马卡雷洛语(东帝汶境内,跨新几内亚语系)

  a. sefar＝ee hai ate-fun＝ee k-ata-**nat**.
   dog＝DEF NSIT tree-trunk＝DEF 3.O-DIM-**stand.SG**
   "The dog is standing next to the tree."

  b. Amulafu-laa meih＝ini   ta-ata-**naser**.
   person-PL two.HUM＝LNK REC-contact.DIM-**stand.PL**
   "The two people stand next to each other."

在惠考尔语(Huichol)中,直接宾语的数范畴通过异干替换动词形式标注在动词上。直接宾语为单数时,使用一个动词词干。但为复数时,使用另一个词干(Comrie 1982：113)。

(19) 惠考尔语(墨西哥境内,犹他-阿兹特克语系)

  a. nee waakana ne-mec-**umɨʔii**-ri   ekkɨ.
   1.SG chicken.SG 1.SG.A-2.SG.B-**kill.SG**-BEN 2.SG
   "I killed the chicken for you."

  b. nee waakana-ari ne-mec-**uqɨʔii**-ri   ekkɨ.
   1.SG chicken.PL 1.SG.A-2.SG.B-**kill.PL**-BEN 2sg
   "I killed the chickens for you."

9.3.3 性别范畴

性别的一致性可以在名词性和动词性一致性中找到。与格林伯格的语言共性规律第 32 条相矛盾的是,有几种语言针对语法性别表示一致,但针对数不一致。在加加杜语(Gaagudju)中,指示名词和名词中心语在性别上一致,但在数上不一致。主语名词短语在性和数上与动词一致,尽管性和数的一致性词缀是不同的(数据来自 Harvey 2002: 292)。

(20) 加加杜语(澳大利亚境内,澳大利亚语系)

na	**ya**-gaama-y = mba	**magaarra** = mba	njinggooduwa
what	**F**-do-PRES = PL	DEM.DIST.**F** = PL	woman

"What are those women doing?"

俄语(俄罗斯境内,印欧语系)是另一个主语一致基于性范畴,而不是基于数范畴的语言。然而,动词仅在过去时显示性别一致(Moravcsik 1978: 338)。

(21) 俄语(俄罗斯境内,印欧语系)

    a. babuŝka   čitala   b. čelovek   čital

       grandmother.**F**   read.**F**   man.**M**   read.**M**

       "Grandmother was reading."   "The man was reading."

    c. okno   otkrylos

       window.**N** open.itself.**N**

       "The window opened."

9.3.4 格范畴

由于格标记是从属论元的标记,而不是谓词中心语的标记,因此格标记与一致性标记不同。然而,作为整个名词短语上的一个特征,格可以标记在名词上,也可以标记在修饰语上。在这种情况下,格会体现名词一致关系。例如,德语在名词中心语、形容词和限定词上标记格范畴。

表 9.9 德语中的格一致关系

	单数		复数	
主格	der gross-e Mann-∅	"the tall man"	die gross-en Männer-∅	"the tall men"
属格	des gross-en Mann-es	"of the tall man"	der gross-en Männer-∅	"of the tall men"
与格	dem gross-en Mann-∅	"to the tall man"	den gross-en Männer-n	"to the tall men"
宾格	den gross-en Mann-∅	"the tall man"	die gross-en Männer-∅	"the tall men"

注意，在德语中，除了格以外，句子成分还针对数范畴呈现一致关系。

9.3.5 定指性

名词的定指性可以决定一致性采取什么形式。阿姆哈拉语(Amharic)的一致性系统取决于直接宾语的定指性。当直接宾语是定指时，必须使用一致后缀，如(22a-b)；否则，会出现零后缀，如(22c)所示(数据来自 Givón 1976：161-162)。

(22) 阿姆哈拉语(埃塞俄比亚境内，亚非语系)

    a. Kassa   borsa-**w**-in   wässädä-**w**
        Kassa   wallet-**ART.DEF**-OBJ   took-**DEF.O**
    "Kassa took the wallet."

    b. *Kassa   borsa-**w**-in   wässädä-∅
        Kassa   wallet-**ART.DEF**-OBJ   took-**INDEF.O**
    "Kassa took the wallet."

    c. Kassa   borsa-∅-∅   wässädä-∅
        Kassa   wallet-**ART.INDEF**-OBJ   took-**INDEF.O**
    "Kassa took a wallet."

在匈牙利语(Hungarian)中，动词标注了主语的人称和数信息，以及直接宾语的定指性。匈牙利语有两套不定指动词标记(现在时一套、过去时一套)和两个定指标记(现在时一套、过去时一套)(Kenesei 等人 1998：322-324)。

第 9 章 语法一致

表 9.10 匈牙利语中的定指一致关系

kér-"问"	不定宾语		定宾语	
主语	现在时	过去时	现在时	过去时
1.SG	kér-∅-ek	kér-t-em	kér-∅-em	kér-t-em
2.SG	kér-∅-sz	kér-t-él	kér-∅-ed	kér-t-ed
3.SG	kér-∅-∅	kér-t-∅	kér-∅-i	kér-t-e
1.PL	kér-∅-ünk	kér-t-ünk	kér-∅-jük	kér-t-ük
2.PL	kér-∅-tek	kér-t-etek	kér-∅-itek	kér-t-étek
3.PL	kér-∅-nek	kér-t-ek	kér-∅-ik	kér-t-ék

下面的两个例子对比了非定指宾语和定指宾语。

(23) 匈牙利语（匈牙利境内，乌拉尔语系）

a. András egy könyv-et kér-∅-∅.
 Andrew ART.INDEF book-ACC want-PRES-3.SG.A.**INDEF.O**
 "Andrew wants a book."

b. Az-t kér-∅-em.
 that-ACC want-PRES-1.SG.A.**DEF.O**
 "I want that."

9.4 复杂一致性关系

  人类语言很少在一个简单小句中使用三个以上的论元，因为对于人类来说，同时处理大量论元可能太复杂了。说话者在一个小句中包含五个名词也是不常见的，尤其是当这些名词在动词上有相应的一致性标注时，这种情形更不常见。有时语言允许在动词上（一致性）标注四个名词，但前提是这些名词中的一个或两个在小句中隐现/缺省而没有显性表达出来。在这种情况下，动词性一致词缀起到了近似于代词的作用，而不是真正的一致标记。在基尼阿万达语（Kinyarwanda）中，只有主语跟动词呈现一致，而其他句法角色以代词标注在动词上，如（24a）。当小句中出现了完整名词时，则动词上的共指标注不再出现，如（24b）中，只有一个词缀出现（Kimenyi 1976：59, 198）。

（24）基尼阿万达语（卢旺达境内，尼日尔-刚果语系）

a.
Tw-	a-	bi-	ba-	gú-
1.PL.A-	PST-	3.PL.O-	3.PL.B-	2.SG-OBL-

shub	-ir-	-ijr-
give.back	-BEN	-IMPF

"We gave them back to them for you."

b.
Umgóre	a-	ra-	hé-	-er-	-a
woman	3.SG.A-	PRS-	give-	BEN	-PFV

umugabo ímbwa ibíryo.
man   dog   food

"The woman is giving food to the dog for the man."

阿巴扎语（Abaza）存在一个罕见的现象，它允许与多个论元的一致关系。对母语者的调查显示，这一语言允许人为造出最多有四个论元一致关系的例子。以下数据改编自 Whaley（1997：165），转引自 Allen（1956：139）。

（25）阿巴扎语（俄罗斯境内，北高加索语系）

aləgaζʷ   acykəncʷakʷa   ila   aphʷəpa
Boys   old man   dog   girl

y-	gy-	l-	z-	rə-
3.SG.O.NHUM	NEG	3.SG.F.B	POS	3.PL.CE

m-	y-	rə-	tə	-t'.
NEG	3.SG.CR.M	CAUS	give	DYN

"The old man couldn't make the boys give the girl her dog back."

第9章 语法一致

根据 O'Herin（2002：141），双及物小句中动词词缀的顺序是 OBAV，而在使动双及物小句中的顺序是 OBA CR V（A=受动者 causee，CR=使动者 causer）。以下示例中是一个没有明确提供名词短语的简单小句。

(26) yə- l- rə- sə- rə- tə -t'.
3.SG.O.NHUM 3.SG.F.B 3.PL.CE 1.SG.CR CAUS give DYN

"I made them give it to her."

阿巴扎语中，动词通过使用一组通格和作格前缀来标注所有名词性论元。通格前缀追踪不及物主语和及物宾语，而作格系列追踪及物主语、间接宾语、使动主语和应用宾语（O'Herin 2001：478-479）。

表9.11 阿巴扎语中的复杂一致性关系

人称	数	性别	生命性	通格(S,O)	作格(A,B,被致使者,致使者)
1	单数		人	s(ə)-	s(ə)-
2	单数	阴性	人	b(ə)-	b(ə)-
2	单数	阳性	人	w(ə)-	w(ə)-
3	单数	阴性	人	d(ə)-	l(ə)-
3	单数	阳性	人		y(ə)-
3	单数		非人	y(ə)-	a-
1	复数			ħ(ə)-	ħ(ə)-
2	复数			ʃʷ(ə)-	ʃʷ(ə)-
3	复数			y(ə)-	r(ə)-

阿巴扎语还有一个独特之处是存在另一种复杂的一致性关系。阿巴扎

语标注了广泛的一致性类别,在一个简单小句中最多可以有四个类别:人称、数、语法性别和生命性。

9.5 作业

介词(前置介词和后置介词)是标注边缘性语义角色(如工具,处所等)的独立词素。

(27) **任务**

每一种语言代表一个类型。请尽你所能对每种类型进行描述。

(28) 麦布拉特语(印度尼西亚境内,孤立语言)　　(Dol 1999:88)

T-ai	m-kah	ara
1.SG-hit	3.SG.N-**with**	stick

"I hit with a stick."

(29) 巴尔巴雷诺语(美国境内,丘马什语系)　　(Wash 2001:75)

Kʰ-ili-ʔetemésus	hi	lwísa	hiklé-ken	hi-ho-lam-é.sa.
1.SG-HAB-**be.across.from**	OPP	Luisa	OPP-hit.1.SG	OPP-DIST-table

"I used to sit across from Luisa at the table."

(30) 阿拉巴纳语(澳大利亚境内,帕马-努干语系)　(Hardman 2000:21)

Maka-**ru**	kilta-rnda
fire-**ABL**	pull-PRS

"He pulls it out of the fire."

(31) 波兰语(印欧语系:波兰)　　(Bakker 2013)

a. Ide　　　　do　　Kasi
　 go.FUT.1.SG　to　　Kasia.GEN

"I go to Kasia."

b. Ide　　　　do　　niej.
　 go.FUT.1.SG　to　　3.SG.F.GEN

"I go to her."

第9章 语法一致

(32) 帕马语（瓦努阿图境内，南岛语系）　　（Crowley 1982：182）

    a. Mail Ham　　sān　　　lēta　　|min-nau|　|ranaut|　Vīla.
       Mail Ham　3.SG.send　letter　|to-1.SG|　|from　|　Vila

    "Mail Ham sent me a letter from Vila."

    b. Kai　　selūs　　　|min|　tāta　|ven　|　mane　onak.
       3.SG　3.SG.speak　|to |　father|about|　money　POSS.1.SG

    "He spoke to father about my money."

(33) 阿布哈兹语（格鲁吉亚境内，北高加索语系）　Hewitt（1979：103）

    a. sarà　　|s-q'nə̀ |　　　　b. a-jə̀ɣas　　　|a-q'nə̀|
       1.SG　|1.SG-from|　　　　DEF-river　|3.SG-at|

    "from me"　　　　　　　　　"at the river."

第 10 章　语法人称、指称及生命度

10.1　层级的概念

层次结构是一种对抽象值的排序,它产生了一组语言类型,其值得到验证或"标记"(marked)。层级的概念在类型学中起着突出的作用。我们在 2.1.1.2 小节介绍过语言层级的概念。下文中我们依次介绍三类句法类型学中起到很重要作用的层级:我们逐次介绍人称层级(10.1.1 小节)、指称层级(10.1.2 小节)和生命度层级(10.1.3 小节)。这三个层级都可以用作句法类型学中的解释性工具。

10.1.1　人称层级

每一个话语事件都涉及一个说话人、一个听话人和被谈论的事物。几乎每一种语言的代词都反映了这种三分的划分。第一人称代词指说话人,第二人称代词指听话人,第三人称代词指说话人谈论的事物。许多语言根据其使用的句法结构对代词进行不同的标记。一门语言哪种代词有标记,哪种没有,其隐现规律遵循以下的人称层级。

(1) **人称层级**

　　1>2>3 人称代词

由于说话是一种社会活动,这种层级体现了语法标记的社会中心取向。我们以代词的格标记为例。人称层级预测,如果一种语言在某个特定的人称上存在代词宾语标记,这门语言也会在人称层级排名更高的人称上存在代词标记。因此,人称层次定义了以下语言的宾语标记类型。除了类型 3 没有在任何已知的语言中找得到之外,每一种类型都有一个代表性的语言。

第10章 语法人称、指称及生命度

表 10.1 代词宾语的格标记

语言类型	1	2	3	例　子
1	+	+	+	梵语（Coulson 1976）
2	+	+	-	戴尔博尔语（Dixon 1979：63）
3	+			
4	-	-	-	侗语（Long 1998：171）

10.1.2 指称层级

指称的概念及其两个主要的子类型——定指性和特定性——在语法标记中起着重要作用。定指的名词短语保证了指称物的可识别性，而特定的名词短语则挑选出独特的、不一定可识别的指称物。代词和专有名词总是定指的而且特定的，但普通名词短语可能是不定指的或非特定的。在语言中发现的标记策略对指称值的排序如下。

（2）**指称层级**

代词>专有名词>定指名词>特定名词>非特定名词

让我们再次以直接宾语标记。指称层级预测，如果一种语言用某种指称值标记一个宾语，它也会用指称值排名更高的标记任何直接宾语。例如，如果一种语言将特定名词短语标记为宾格，那么它也会对定指名词短语和专有名词涉及相同的格标记。存在六种指称的语言类型，是找得到代表性语言的。其中一些语言将在 10.2 节中详细讨论。

表 10.2 指称宾语的格标记

语言类型	代词	专有名词	定指	特定	非特定	例　子
1	+	+	+	+	+	匈牙利语（Kenesei 1998：323）
2	+	+	+	+	-	蒙古语（Janhunen 2012）

续 表

语言类型	代词	专有名词	定指	特定	非特定	例 子
3	+	+	+	−	−	波斯语(Roberts 2003:16)
4	+	+	−	−	−	中古高地德语(Mettke 1993:139)
5	+	−	−	−	−	英语
6	−	−	−	−	−	越南语(Nguyen 1997:209)

10.1.3 生命度层级

生命度(也称有生性,animacy,源自拉丁语 animus "soul")是一种语义特征,表达了名词的指代物有多大的生命特征。生命度是全球语言中最基本的原则之一,在许许多多语言中都得到表达。一些语言学家(Silverstein 1976)提出,存在着以下的层级结构。

(3) **生命度层级**

人>有生命物>无生命物

这里需要提及两点。首先,可以认为人类比动物更有生命力,而动物比植物或其他生物体更有生命力。第二,生命度等级与指称等级相关。因为人类的名词短语比非人类的名词短语更有可能成为话语的中心,它们也更有可能是定指的。有生命(相对于无生命)的名词也是如此。有生命的直接宾语的格标记产生了四种语言类型,下表中为四种不同的语言代表。

表 10.3 不同生命度宾语的格标记

语言类型	人	有生命物	无生命物	例 子
1	+	+	+	梵语(Coulson 1976)
2	+	+	−	马拉亚拉姆语(Asher and Kumari 1997:202)

续 表

语言类型	人	有生命物	无生命物	例　子
3	+	-	-	西班牙语（Butt 1988：333-334）
4	-	-	-	侗语（Long 1998：171）

10.2　层级在语法标记中的应用

有很多语言的标记情况与上述的人称、指称和生命度层级中得出的标记模式不一致。例如，有些语言对第二人称代词的某一特征进行标记，但对第一人称和第三人称代词的相应特征却不标记（从而与 1>2>3 的排序所预测的情形相矛盾）。因此，在第 2.2 节中，我们的讨论局限在某一层级上相邻的一对值上面，识别不同的语言在标记上的差异。

10.2.1　按域划分

本小节讨论语法人称、指称和生命度如何影响词序（10.2.1.1 小节）、格标记（10.2.1.2 小节）和一致性标记（10.2.1.3 小节）在世界各语言的表达。

10.2.1.1　词序

一些语言的词序对人称和生命度的差异很敏感。在纳瓦霍语（Navajo）中，句子中生命度最高的名词必须作为第一论元出现，而生命度较低的名词则作为第二论元出现。动词上的两个一致性前缀表明第一论元是主语还是宾语。前缀 yi-标记它是主语（A），前缀 bi-标记其为宾语（O）。按照纳瓦霍语句法的要求，例（4）中生命度更高的名词（"女孩"）被放在第一位置，较低生命度的名词（"鸟"）被放在第二位置。（4a）的前缀 yi-是不符合语法的，但（4b）的前缀 bi-是符合语法的。当较低生命度的名词（"鸟"）被放在第一位置时，如（5a—b），该句子总是不符合语法的（Young and Morgan 1987：65-66）。

纳瓦霍语(美国境内,埃雅克-阿萨巴斯卡语系)

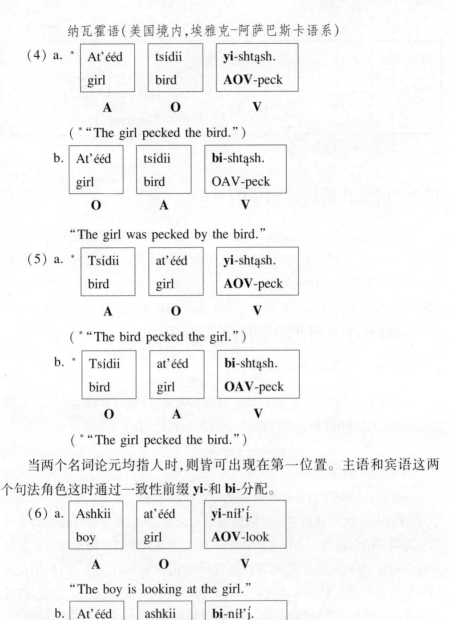

(4) a. * At'ééd / tsídii / **yi**-shtąsh.
girl / bird / AOV-peck
　　　A　　　O　　　V

(* "The girl pecked the bird.")

b. At'ééd / tsídii / **bi**-shtąsh.
girl / bird / OAV-peck
　　　O　　　A　　　V

"The girl was pecked by the bird."

(5) a. * Tsídii / at'ééd / **yi**-shtąsh.
bird / girl / AOV-peck
　　　A　　　O　　　V

(* "The bird pecked the girl.")

b. * Tsídii / at'ééd / **bi**-shtąsh.
bird / girl / OAV-peck
　　　O　　　A　　　V

(* "The girl pecked the bird.")

当两个名词论元均指人时,则皆可出现在第一位置。主语和宾语这两个句法角色这时通过一致性前缀 **yi**-和 **bi**-分配。

(6) a. Ashkii / at'ééd / **yi**-níł'į́.
boy / girl / AOV-look
　　　A　　　O　　　V

"The boy is looking at the girl."

b. At'ééd / ashkii / **bi**-níł'į́.
girl / boy / OAV-look
　　　O　　　A　　　V

"The girl is being looked at by the boy."

10.2.1.2 格标记

格标记也对生命度敏感。在印地语(Hindi)中,有生命的直接宾语获得宾格标记,而无生命的直接宾语只有在定指的情况下才获得宾格标记(Kachru 2006:175)。

印地语(印度境内,印欧语系)

(7) Ram-ne　　　bacce=**ko**　　　dekʰa.
　　 RAM-NOM　　child=**ACC**　　see.PFV.SG.M
　　 "Ram saw a/the child."

(8) a. ʃikʰa　　merī　　　kitab=**ko**　　səmhal　kər　rəkʰegī.
　　　Shikha　1.POSS.F　book=**ACC**　care　　and　keep.FUT.SG.F
　　　"Shikha will take care of my book."

　　b. ʃikʰa　　kitab　　səmhal　kər　rəkʰegī.
　　　 Shikha　book　　care　　and　keep.FUT.SG.F
　　　 "Shikha will take care of a book."

10.2.1.3 一致性标记

在日本北部北海道岛使用的极度濒危语言阿伊努语中,动词一致性词缀对语法人称敏感。第一和第二人称代词主语拥有显性的词缀,但第三人称代词没有标记或由零词缀标记。此外,阿伊努语区分第一人称复数专指(表"我们"义的代词不包括听话人,只包括说话人和第三方)和第一人称复数包指("我们"包括听话人)(Shibatani 1990:18, 28)。

表 10.4　阿伊努语一致性词缀

人称	单数	复数
1st Excl	ku-	-as
1st Incl		-an
2nd	e-	eci-
3rd	∅	∅

下例给出了单数主语下的情形。

(9) 阿伊努语(日本境内,孤立语)
    a. Kuani   ku-itak.
        1.SG   1.SG-speak
        "I spoke."
    b. Eani   sisam   e-ne.
        2.SG   Japanese   2.SG-be
        "You are Japanese."
    c. Aynu   ∅-ek
        person   3.come
        "A person came."

10.2.2 按段划分

许多语言都涉及人称、指称和/或生命度层级中的一段。像特拉惠托特佩克·米克斯语(Tlahuitoltepec Mixe)这样层级中的全部对立都表达出来的语言是比较少见的。我们举例说明全域使用层级的语言(10.2.2.1节),或只使用相邻位置的语言,如1>2(10.2.2.2节),2>3(10.2.2.3节),代词>专有名词(10.2.2.4节),专有名词>定指名词(10.2.2.5节),定指名词>特定名词(10.2.2.6节),特定名词>非特定名词(10.2.2.7节),人>有生命的名词(10.2.2.8节)和有生命的>无生命的名词(10.2.2.9节)。

10.2.2.1 大范围的应用

墨西哥瓦哈卡州的特拉惠托特佩克·米克斯语(南部高地混合语)表现出与纳瓦霍语类似的模式(10.2.1.1节),但在层级的整个范围内都表现出这种模式,这一点比较罕见。单句中的词序是固定的,即在人称、指称和生命度层级中排名较高的名词必须出现在第一位,排名较低的名词出现在第二位。

动词的前缀是一个一致性标记,该标记或者是来自一组与句首名词短语的人称相一致并将其编码为主语(A)的前缀中,也可以是来自一组与句首名词短语的人称一致并将其作为宾语(O)的句法角色编码的前缀中抽取。

表 10.5　特拉惠托特佩克·米克斯语中的两套一致性前缀

人　称	A-Set	O-Set
1	n-	š-
2	s-	m-
3	t-	w-...-ə

下例中，(a) 句从 A-组获得一致性前缀，而 (b) 句则从 O-组获得 (Lyons 1967)。

特拉惠托特佩克·米克斯语

| A | O | V | | O | A | V |

（人称层级：1>2）

(10) a. Tə　əhc　mehc　**n**-wopy.　　b. Tə　əhc　mehc　**š**-wopy.
　　　 PST　1.SG　2.SG　**1.A**-hit　　　　 PST　1.SG　2.SG　**1.O**-hit
　　　"I hit you."　　　　　　　　　　　"You hit me."

（人称层级：2>3）

(11) a. Tə　mehc　Paat　**s**-wopy.　　b. Tə　mehc　Paat　**m**-wopy.
　　　 PST　2.SG　Peter　**2.A**-hit　　　　 PST　2.SG　Peter　**2.O**-hit
　　　"You hit Peter."　　　　　　　　　"Peter hit you."

（指称层级：专有>定指）

(12) a. Tə　Paat　ha　hɔɔʔy　**t**-wopy.　　b. Tə　Paat　ha　hɔɔʔy　**w**-ywopy-ə.
　　　 PST　Peter　ART　person　**3.A**-hit　　 PST　Peter　ART　person　**3.O**-hit
　　　"Peter hit the person."　　　　　　　"The person hit Peter."

| A | O | V | | O | A | V |

（生命度层级：表人>表生命物）

(13) a. Tə　Paat　ha　həyuhk　**t**-wopy.　　b. Tə　Paat　ha　həyuhk　**w**-ywopy-ə.
　　　 PST　Peter　ART　animal　**3.A**-hit　　 PST　Peter　ART　animal　**3.O**-hit
　　　"Peter hit the animal."　　　　　　　"The animal hit Peter."

（生命度层级：表生命物>表无生命物）

(14) ha　　　həyuhk　　cɔʔɔm　　t-coky.
　　 ART　　 animal　　 fruit　　　3.A-wish

"The animal wants fruit."

10.2.2.2　阶段：1>2

诺克特·纳加语（Nocte）是印度东北部有 33,000 人使用的藏缅语,其动词始终与人称层级中排名较高的名词短语相一致。该语的基本词序是 AOV。如果在人称层次上排名较高的名词短语是主语,那么它的人称标记就附着在动词上。如果排名较高的名词短语是宾语,那么在动词和人称标记之间会插入一个额外的**倒置**（inverse）标记-**h**。因此,人称层级的相对位置 1>2>3 决定了哪个名词短语反映在相应的动词一致性标记上（Das Gupta 1971:21; Siewierska 2004:55）。

诺克特·纳加语（印度境内,汉藏语系）

(15) Nga-ma　　　ate　　　　hetho-**ang**
　　 1.SG-ERG　　3.SG.ACC　 teach-**1.SG**

"I will teach him."

(16) a. Ate-ma　　　nga-nang　　hetho-h-**ang**
　　　　3.SG-ERG　 1.SG-ACC　　 teach-INV-**1.SG**

"He will teach me."

　　 b. Nang-ma　　nga　　　　hetho-h-**ang**
　　　　2.SG-ERG　 1.SG.ACC　 teach-INV-**1.SG**

"You will teach me."

在美国加利福尼亚州约有 100 人讲的约曼语系语言中加穆提派语（Jamul Tiipay）中,如果双宾语句带两个指人的宾语,则优先使用第一人称一致性标记而非第二人称标记（Miller 2001:141; 162-163）。在单及物结构中,加穆提派语使用所谓的**衣架前缀**（portmanteau prefix）来标记主语（A）和宾语（O）的人称。

第10章 语法人称、指称及生命度

表 10.6 加穆提派语的衣架人称前缀

前缀	A	O	例-any"陪同"	译文
ny-	1	2	ny-any	"我陪你"
ʔ-	1	3	ʔ-any	"我陪他/她"
nyem-	2	1	nyem-any	"你陪我"
m-	2	3	m-any	"你陪他/她"
nyeʔ-	3	1	nyeʔ-any	"他/她陪我"
m-	3	2	m-any	"他/她陪你"
w-	3	3	w-any	"他/她陪他/她"

在有直接和间接宾语的双及物句中,动词前缀或者与直接宾语构成一致关系,或与间接宾语一致,取决于哪个宾语在人称层级中排名较高。如(17a)所示,当直接宾语排在间接宾语之前时,使用 3/1 前缀,因为间接宾语在人称层级中的地位高于直接宾语。另一方面,在(17b)中,由于直接宾语排在间接宾语前,所以采用了 3/2 前缀。

加穆提派语(美国境内,科奇米-约曼语系)

(17) a. puu-ch　　maap　　　　nyaap　　　　nyeʔ-iny-x.
　　　 that.one-ERG　2.SG.ABS　1.SG.ABS　3/1-give-IRR
　　　　　　　　　　　　O　　　　　X
　　　 "He will give you to me."

　　 b. puu-ch　　maap　　　　Goodwill　　m-iny-x.
　　　 that.one-ERG　2.SG.ABS　Goodwill　　3/2-give-IRR
　　　　　　　　　　　　O　　　　　X
　　　 "He will give you to Goodwill."

10.2.2.3 阶段：2>3

西夏语（Tangut）在公元 1000 年至 1500 年期间使用于中国中北部。西夏语的动词一致是由人称层级中的"1,2>3"段驱动的。西夏语的基本词序是 AOV。当一个小句中只出现第一人称和第二人称代词时，那么哪个代词是直接宾语，动词就与哪个代词一致，如(18)所示。由此可知，第一人称和第二人称在西夏语中是没有排名前后的。当第一人称代词和第三人称代词（或者是第二人称和第三人称代词）共同出现在一个小句中时，那么动词就与第一人称代词（或者是第二人称代词）一致，而不考虑它们的句法角色，如(19)所示。西夏语的这组数据来自 Kepping (1980)。

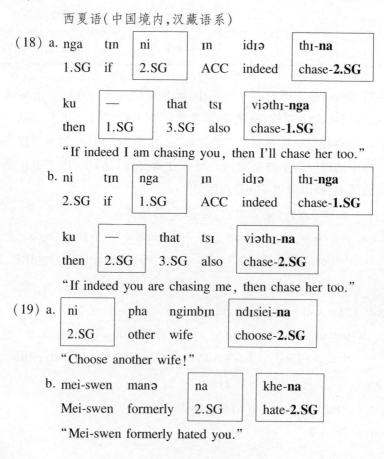

西夏语（中国境内，汉藏语系）

(18) a. nga   tɪn   ni   ɪn   idɪə   thɪ-na
       1.SG if   2.SG ACC   indeed chase-2.SG

       ku   —   that tsɪ   viəthɪ-nga
       then 1.SG 3.SG also chase-1.SG

  "If indeed I am chasing you, then I'll chase her too."

   b. ni   tɪn   nga   ɪn   idɪə   thɪ-nga
      2.SG if   1.SG ACC   indeed chase-1.SG

      ku   —   that tsɪ   viəthɪ-na
      then 2.SG 3.SG also chase-2.SG

  "If indeed you are chasing me, then chase her too."

(19) a. ni   pha   ngimbɪn   ndɪsiei-na
       2.SG   other   wife   choose-2.SG

  "Choose another wife!"

   b. mei-swen   manə   na   khe-na
      Mei-swen   formerly   2.SG   hate-2.SG

  "Mei-swen formerly hated you."

10.2.2.4 阶段：代词>专有名词

在威尔士约有一百万人讲的威尔士语（Welsh）中，主语中只有代词主语与动词一致，而专有名词和普通名词主语则不呈现一致关系。（20a）中显示，第三人称复数代词在人称和数上与动词一致。例（20b）则不符合语法，因为动词不能与普通名词短语一致。为了表达（20b）所要表达的意思，动词必须转换为**不变**（invariable）的第三人称单数形式，如（20c），这反过来说明了谓语在数范畴上与主语不一致（Siewierska 2004：152）。

（20） 威尔士语（英国境内，印欧语系）

  a. Gwel-sant （hwy） y   ferch
   see-3.PL.PST   3.PL   ART.DEF   girl
   "They saw the girl."

  b. * Gwel-sant   y   plant   y   ferch.
    see-3.PL.PST   ART.DEF   children   ART.DEF   girl
   (* "The children saw the girl.")

  c. Gwel-odd   y   plant   y   ferch.
   see-3.SG.PST   ART.DEF   children   ART.DEF   girl
   "The children saw the girl."

有些语言使用一套单独成词代词，作为完整的名词短语使用，另外使用一套不成词代词，附着在谓语上，有时也附着在被领有者（处于被领有关系的名词）或介词上。因此，同时具备成词和不成词形式这一特点使代词能够与只允许一种形式的专有名词和普通名词相区分。

马库什语（Macushi）是巴西的一种加勒比语，它使用成词和不成词代词，分布如下。不成词代词附着在谓语上，但不是一致性标记。

成词代词和不成词代词的句法角色都由格后缀来表示，-Ø 表示通格，-ya 表示作格。不成词代词作为主语时以后缀形式出现，作为宾语时以前缀形式出现。由于不成词词缀是代词，不是一致性标记，所以它们不能与共指的名词短语共同出现，比如它们不与（21）—（22）中的成词代词或（23）中的普通名词共同出现。此处的数据来自 Abbott（1991：100-102）。

表 10.7　马库什语的成词形式代词和不成词形式代词

人称	成词代词	不成词代词		
		及物 S	及物 A	及物 O
1	uurî	u-	u(y)-	-u
2	amîrî	a-	a(y)-	-∅
3	mîîkîrî	i-	i(t)-	-i

马库什语(巴西境内,加勒比语系)

(21) a. **u**-erepan　　　　　b. uurî-∅　　　(***u**-)erepan
　　　1.SG.S-arrive　　　　　1.SG-ABS　　arrive
　　　"I arrive."　　　　　　　"I arrive."

(22) a. **i**-koneka-pî-**u-ya**
　　　3.SG.O-make-**PST**-**1.SG.A**-**ERG**
　　　"I made it."

　　b. uurî-ya　　　i-koneka-pî(*-**u-ya**)
　　　1.SG-ERG　　3.SG.O-make-PST-**1.SG.A**-**ERG**
　　　"I made it."

(23) João Tiago 　menka-'pî　　to'　　　karaiwa-rî-ya
　　　John　James　choose-PST　3.PL.POSS　employer-POSS-ERG
　　　"Their employer chose John and James."

10.2.2.5　阶段：专有名词>定指名词

中古高地德语(Middle High German, 1050—1500 AD)是现代德语的祖先,约使用于公元 1050—1500 年之间。中古高地德语对代词和专有名词都区分主格标记和宾格标记。对定指名词,则不区分主格和宾格。

第 10 章 语法人称、指称及生命度

表 10.8 中古高地德语的宾格

	1.SG	2.SG	3.SG	Sîfrid	Hartmuot	schalc "奴仆"	wirtîn "女主人"	kind "孩子"
主格	ich	du	ër	Sîfrid	Hartmuot	schalc	wirtîn	kind
宾格	mich	dich	in	Sîfrid-en	Hartmuot-en	schalc	wirtîn	kind

代词、专有名词和定指名词之间的对立,可以通过下面的例子体现(Mettke 1993：139,211)。

(24) 中古高地德语(德国境内,印欧语系)

in / **Sîfrid-en** / das kind weinen
3.SG.ACC **Sîfrid-ACC** ART.DEF.ACC child.ACC deplore
"Deplore him/Siegfried/the child."

科斯拉伊语(Kosraean)是密克罗尼西亚联邦有 9,000 人使用的南岛语,使用主语前缀和宾语后缀。该语只在专有名词(包括亲缘关系名词)上存在一致关系,而不在普通名词和代词上存在,特别是不与表人的普通名词一致。宾语后缀存在四种受音系环境影响的异形词素。此处的数据来自 Lee(1975：100-127)。

表 10.9 科斯拉伊语中的主语和宾语前缀

主语后缀(A)	宾语后缀(O)	环境	音 系 条 件	方向后缀
el-	-el	V-el-yac	以元音结尾的动词不定式	-yac "下"
	-il	V-il-yac	以辅音结尾的动词不定式	-yac "下"
	-acl	V-acl	以元音结尾的动词不定式	—
	-ocl	V-ocl	以辅音结尾的动词不定式	—

下例中的(a)句是动词与专有名词构成一致的情形,(b)句显示,动词不与代词和普通名词构成一致。

科斯拉伊语(密克罗尼西亚境内,南岛语系)

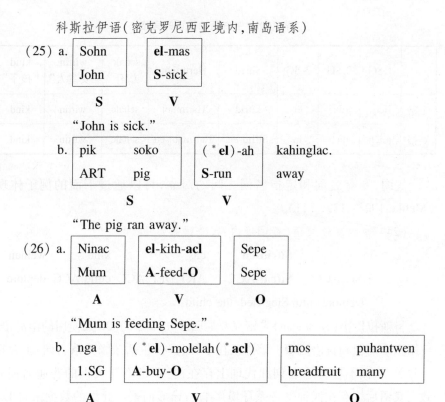

"John is sick."

"The pig ran away."

"Mum is feeding Sepe."

"I bought many breadfruits."

10.2.2.6 阶段：定指名词>特定名词

在过去 90 年间,语言学和哲学界对指称这一论题进行了广泛的讨论。其中有三个概念在语法标记和类型学中起到作用,在此简要定义为：定指的指称(见 Lyons 1999)、特定的指称(Schwartzschild 2002)和类指的指称(Kadmon and Landman 1993)。

(27) 定义

a. 名词短语的语境中指称物唯一且可辨识时,称其具有**定指**的指称

b. 名词短语的语境中指称物唯一时,称其具有**特定**的指称

c. 名词短语所指代的全部或几乎全部事物都是其语境指称物时,

称其具有**类指**的指称。

定指的指称意指通过指定的方式进行特定指称。英语冠词 a 和 the 分别表示不定的指称和定指的指称,但也可用于类指的指称。另一方面,并不是每个不定名词短语或定指名词短语都需要使用 a 或 the。

(28) 例句 定指 特定 类指

    a. Pass me **the hammer**. √ √ ×

    b. Janet ran well and won **a prize**. × √ ×

    c. **The dog** is a carnivore. × × √

    d. **An owl** hunts mice. × × √

    e. John loves Norway and wants to marry × × ×
       a Norwegian.

定指和不定指名词短语的区别在一些语言的格标记和一致性标记上得到反映。在现代波斯语(Persian)中,附着语素 =ro/=o 附在每个定指名词短语上,但不能出现在不定指名词短语上,无论是特定的还是非特定的(Roberts 2003:16)。

现代波斯语(伊朗境内使用,印欧语系)

(29) a. to=**ro**   /   širāz=**o**   did-am

      2.SG=**ACC**   širāz=**ACC**   see.PAST.1.SG.A

      "I see you/Širāz."

    b. behruz   sib-hā=**ro**   /   sib-hā   xord

      behruz   apple-PL=**ACC**   apple-PL eat.PST.3.SG.A

      "Behruz ate the apples/ate apples (indefinite specific)."

匈牙利语动词针对主语的人称和数范畴以及直接宾语的定指范畴存在多达 48 种形式的变位,从而形成平均综合(两个后缀)和平均指数(每个后缀最多有三种意义,见第 6 章中的讨论)的范式。

光杆名词和带不定冠词、数词或数量词的名词短语在匈牙利语中是不定指的。只要这类名词短语作为直接宾语出现,并以宾格为标志,动词就会与它们构成一致关系,以标记不定指的特征(Kenesei 1998:322),见(30)。

表 10.10　匈牙利语动词变位范式

kér- "问"	直陈现在时		直陈过去时		条件现在时		虚拟现在时	
	不定指	定指	不定指	定指	不定指	定指	不定指	定指
1.SG	kér-∅-ek	kér-∅-em	kér-t-em	kér-t-em	kér-né-k	kér-né-m	kér-j-ek	kér-j-em
2.SG	kér-∅-sz	kér-∅-ed	kér-t-él	kér-t-ed	kér-né-l	kér-né-d	kér-j-él	kér-j-ed
3.SG	kér-∅-∅	kér-∅-i	kér-t-∅	kér-t-e	kér-ne-∅	kér-ne-∅	kér-j-en	kér-j-e
1.PL	kér-∅-ünk	kér-∅-jük	kér-t-ünk	kér-t-ük	kér-né-nk	kér-né-nk	kér-j-ünk	kér-j-ük
2.PL	kér-∅-tek	kér-∅-itek	kér-t-etek	kér-t-étek	kér-né-tek	kér-né-tek	kér-j-etek	kér-j-étek
3.PL	kér-∅-nek	kér-∅-ik	kér-t-ek	kér-t-ék	kér-né-nek	kér-né-k	kér-j-enek	kér-j-ék

（30）匈牙利语（匈牙利境内，乌拉尔语系）

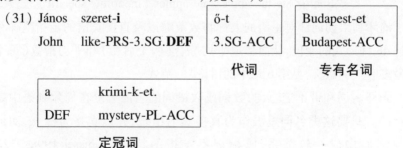

"Mary wants some water/a book/two children."

与之相反，第三人称代词、专有名词、领有名词短语以及带有定冠词或指示代词的名词短语都是定指。充当直接宾语时，这些名词短语与谓语的定指形式构成一致（Kenesei 1998：323），见(31)。

(31) János　szeret-i　　　　　　ő-t　　　　　Budapest-et
　　　John　like-PRS-3.SG.DEF　3.SG-ACC　　Budapest-ACC
　　　　　　　　　　　　　　　代词　　　　专有名词

　　　a　　krimi-k-et.
　　　DEF　mystery-PL-ACC
　　　定冠词

"John likes her/Budapest/the mysteries."

也即是说,不定指的特定名词短语由动词不定指形式标记,而定指的特定名词短语由动词定指形式标记。

10.2.2.7 阶段:特定名词>非特定名词

阿尔泰语(突厥语、蒙古语和通古斯语)有一处语法特征为世人熟知,即用宾格标记来标注带特定指称的直接宾语,而对非特定指称的宾语则不作标记。例如,在蒙古语中,在代词、专有名词和其他特定的名词短语之后,必须使用宾格标记,见(32)—(33)。在使用不定冠词的名词短语中,没有宾格标记就意味着其具备非特定的指称,而有宾格标记则意味着特定的指称,如(34)所示。此处数据来自 Janhunen(2012)。

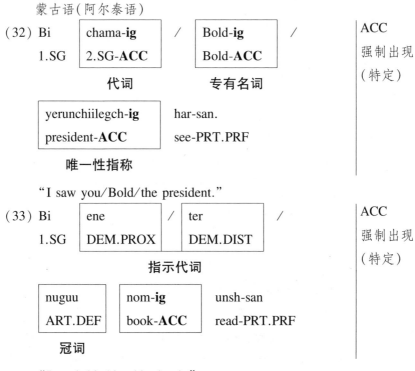

"I read this/that/the book."

(34) a. Bi　　　　bir　　　　　bitap　　　　oku-du-m.　　　　ACC
　　　 1.SG　　　 ART.INDEF　 book　　　　 read-PST-1.SG　　可缺省
　　　　　　　　　　　不定指　　　　　　　　　　　　　　　　（非特定）
　　　"I read books."

　　 b. Bi　　　　bir　　　　　bitap-ı　　　 oku-du-m.　　　　ACC
　　　 1.SG　　　 ART.INDEF　 book-ACC　　read-PST-1.SG　　 可缺省
　　　　　　　　　　不定指、特定指称　　　　　　　　　　　　（特定）
　　　"I read a certain book."

专门的特定和非特定指称标记是罕见的。牡语（Hmu）存在一种特征，不仅类型学上罕见，即便在苗瑶语中都稀见。牡语通过一对最小对的形式来表达特定和非特定的指称。其中光杆量词标记特定指称，光杆名词标记非特定指称。光杆量词的情形参见下例（35）。该例中，说话人在房间里，听到外面正好有一只狗在吠叫。说话人看不见狗，她可能认识这只狗也可能不认识。（35b）与（35a）的语境设置相同，但在狗的数量上有别。此时使用光杆名词意味着存在至少两只吠叫的狗（Gerner 2017）。

(35)　牡语（中国境内，苗瑶语系）

　　 a. **dail**　 **dlad**　　 jub　　　 naix　　 wat.
　　　 CL　　　dog　　　　 bark at　 people　 very
　　 "A/the dog is barking."（特定指称）

　　 b. **dlad**　 jub　　　　naix　　 wat.
　　　 dog　　　 bark at　　people　 very
　　 "Dogs are barking."（非特定指称）

牡语的上述情形与大多数其他东亚语言都不同。其他语言里如果有光杆量词，则通常是或者表达不定的指称（如侗语 Kam），或者表达定指的指称（如花苗语 Ahmao），或者两者都有。光杆名词可以根据其出现的论元位置而具有定指、不定指或类指的指称，如汉语的情况即是如此（Gerner 2017）。

第 10 章 语法人称、指称及生命度

(36) 侗语(中国境内,侗台语系)

jao¹¹ səm³³ **muŋ³¹** ȵən¹¹.
1.SG look for **BCL** person

"I am looking for someone(不定指、特定/不定指、非特定的指称)。"

(37) 花苗语(中国境内,苗瑶语系)

ŋdau³¹ʂə⁵⁵nau⁵⁵ dzɕo³⁵ **tu⁴⁴** mpa³³zau⁵⁵.
Daushenau follow **BCL** wild boar

"Daushenau followed the wild boar(定指)。"

(38) 汉语

a. 他 喝 **酒**。
3.SG drink **BN.wine**

"He drinks wine(不定指/类指)。"

b. 他 把 **酒** 慢慢地 喝掉。
3.SG COV **BN.wine** slowly-ADVL drink

"He drinks [his] wine slowly(定指)。"

10.2.2.8 阶段: 表人名词>表生命名词

某些语言对表人的普通名词和非表人的普通名词有不同的标记,即使它们出现在相同的句法位置上。比如巴布亚新几内亚的雅加利亚语(Yagaria)只有在直接宾语有人类指称的情况下才在动词上带宾语一致性前缀。如果是不指人的普通名词,则不使用(Siewierska 2004: 155; Haiman 1980: 371)。

(39) 雅加利亚语(巴布亚新几内亚境内,跨新几内亚语系)

a. | vedemo | **p**-ko-e |
   | men | **O**-see.1.SG.A-FIN |
   | O | V |

"I saw the men."

b. | mnavzamo | (***p**-)ko-e |
   | birds | **O**-see.1.SG.A-FIN |
   | O | V |

"I saw the birds."

c. | zamo | (*p-)ko-e |
   | trees | O-see.1.SG.A-FIN |
       O   V

"I saw the trees."

西班牙语在具有特定人类指称的直接宾语前使用前置介词 **a**，而具有非人类指称或非特定指称的直接宾语则不标注格。(40)中的直接宾语表人类指称，而且是特定的，需要介词 **a**，但(41a)中的直接宾语虽然表人，但是是非特定的，(41b)中的直接宾语是非表人的。这两个例子中不能使用介词 **a**（Butt 1988：333–334）。

西班牙语（西班牙境内，印欧语系）

(40) a. no   conozco   **a**   Feliciano
    NEG know.1.SG.A **ACC** Feliciano
    "I don't know Feliciano."

   b. conozco   **a**   tu   madre.
    know.1.SG.A **ACC** 2.POSS mother
    "I know your mother."

   c. La   policía busca **a**   un   individuo
    ART.DEF.F police seek **ACC** ART.INDEF.M individual
    con una   cicatriz
    with NUM.1 scar
    "The police are seeking an individual with a scar."

(41) a. no   conozco   un   solo   farmacéutico
    NEG know.1.SG.A ART.INDEF.M only pharmacist
    en todo   Bruselas.
    in entire Brussels
    "I don't know a single pharmacist in the whole of Brussels."

   b. vamos   a   ver   los   insectos.
    go.1.PL.A to see.INF ART.DEF.PL insect
    "Let's go and see the insects."

10.2.2.9 阶段：表生命名词＞无生命名词

在一些语言中，有生命指称的名词和无生命指称的名词之间的区别通过两种不同的标记或标记策略来反映。马拉雅拉姆语（Malayalam）是印度南部 3500 万人口使用的一种达罗毗荼语，对表生命物的名词使用宾格后缀 **-e**，对不表生命物的名词不做标记（或零宾格标记）。偶像和崇拜对象也归为有生命指称的名词。此外，指"鱼"的名词虽然通常的理解下应该是有生命的，但却被视作无生命指称的名词，不能用宾格来标记（Asher and Kumari 1997: 202–205）。

马拉雅拉姆语（印度境内，达罗毗荼语系）

（42） Avan-∅　　　kuṭṭiy-**e**　　　　　aṭiccu.
　　　 3.SG.M-NOM　child-**ACC**　　　　beat-PST
　　　 "He beat the child."

（43） Avan-∅　　　oru　　　　paʃuvin-**e**　　vaaŋŋi.
　　　 3.SG.M-NOM　ART.INDEF　cow-**ACC**　　 buy-PST
　　　 "He bought a cow."

（44） Avaḷ-∅　　　ʃilpatt-**e**　　　　araadhiccu.
　　　 3.SG.M-NOM　statue-**ACC**　　　worship-PST
　　　 "He worshipped the statue."

（45） kuṭṭi-∅　　　miin-∅　　　　piṭiccu.
　　　 child-NOM　　fish-**NOM**　　catch-PST
　　　 "The child caught the fish."

（46） ɲaan-∅　　　teeŋŋa-∅　　　vaaŋŋi.
　　　 1.SG-NOM　　coconut-**NOM**　buy-PST
　　　 "I bought some coconuts."

（47） avan-∅　　　pustakam-∅　　　vaayiccu.
　　　 3.SG-NOM　　book-**NOM**　　　read-PST
　　　 "He read the book."

表生命物的名词和不表生命物的名词之间的区别对于一致性标记语言也很重要。例如，现代波斯语（Persian）中动词与有生命的主语在数范畴上一致,但与无生命的主语不构成数一致关系。下面引自 Lotfi(2006:126)的例子(48a—b)说明了这一点。

(48) 现代波斯语(伊朗境内,印欧语系)

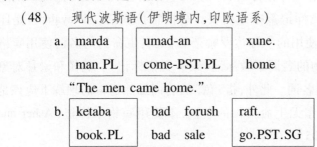

(48a)中的主语 marda("men")是有生命的,动词带复数变位。相比之下,(48b)中无生命的复数主语 ketaba("books")并不引起动词的复数一致性变位。

同样,在芬兰北部有 400 人使用的乌拉尔语伊纳里·萨米语(Inari Saami)中,有生命的主语与动词在所有三个数范畴(单数、双数和复数)上完全一致,而无生命的主语只在单数和复数上部分一致。这意味着无生命的双数名词是与动词的**复数**形式构成一致关系,而非双数形式(Toivonen 2007:229-230)。

(49) 伊纳里·萨米语(芬兰境内,乌拉尔语系)

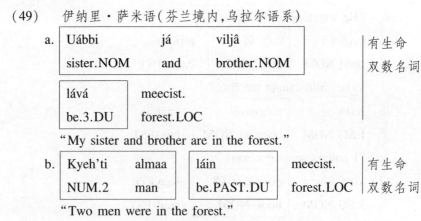

(50) a. | Kyeh'ti stuorra keeδgi | láá | 无生命
       | NUM.2   big   rock | be.3.PL | 双数名词
       meecist.
       forest.LOC

   "Two big rocks are in the forest."

   b. Táálust | láá | kyeh'ti vi'ste. | 无生命
      house.LOC | be.3.PL | two   room | 双数名词

   "There are two rooms in the house."

10.3 作业

隆德语（Ruund）的宾语一致性标记是由宾语名词的指称特性触发的。

(51) **任务**

试描述隆德语宾语一致性前缀（mu，yi）的使用条件。

隆德语（刚果民主共和国境内，尼日尔-刚果语系）

(52) a. ku-kimb   muntu
        INF-look.for   person（O）

   "To look for a person（any person）."

   b. ku-**mu**-kimb   muntu
      INF-3.SG.O-look.for   person（O）

   "To look for a/the person（particular）."

(53) a. ku-kàt   atûbu
        INF-like   dogs（O）

   "To like dogs（in general）."

   b. ku-**yi**-kàt   atûbu
      INF-3.PL.O-like   dogs（O）

   "To like the dogs（particular dogs）."

(54) ku-**mu**-fi-il   mwâan.
     INF-3.SG.B-die-APPL   child（B）

   "To die for a/the child."

(55) ku-**mu**-ti-il muntu mupit.
INF-3.SG.B-set-APPL person(B) trap

"to set a trap for a person(any person or particular person)."

双系后缀(APPL)的作用是将受益者名词短语标记为一种核心论元,即间接宾语。

第 11 章 语法性别及类别

11.1 引论

大多数语言都允许对普通名词进行分类,但分类的方式大不相同。世界上的语言将名词分成 2 到 200 个不等的名词类别。当一门语言区分 2 到 4 个名词类别时,这些类别通常被称为"语法性别"(gender)。而在区分 5 到 22 个名词类别的系统中,则一般会使用"名词类"(noun class)这个术语,尽管也会使用"性别"这个术语。区分 30 个以上的类别的系统通常涉及不变量词词素,语言学家更喜欢用"量词"(classifier)这个术语。

在 11.2 节,我们将介绍用于将普通名词分类的方法。在 11.3 节,我们研究属于同一类别的名词的形式属性。通过名词的形式,我们有时可以预测它在某个特定类别中的成员资格。在 11.4 节中,我们探讨属于同一类别的名词的语义属性,特别是基于生物性别和基于生命度的系统。在 11.5 节中,我们举例介绍名词类别数量少、数量中等和数量多的语言。

11.2 分类方法

名词分类系统是一种特殊的一致性系统,其中普通名词与一小部分量词(或分类形式)构成一致性关系。在第 9 章中,我们探讨了两个成分如何构成一致性关系。分类系统总是涉及一组量词和一个量词与名词共同出现的句法域。通过在句法域中选择相配合的名词,量词将名词分配到不同的类别。虽然理论上也可以在没有量词和句法域的情况下,仅凭形式对名词进行分类,但实际上没有任何语言以这种方式对名词进行分类。名词分类系统总是涉及一小套量词和一个句法域。

语言通常通过定语、数词、量词、代词和形容词、动词或副词上的词缀来对名词分类。量词和名词共同出现在三个句法域中：名词短语(11.2.1 节)、简单句(11.2.2 节)和复杂句(11.2.3 节)。

11.2.1 在名词短语里

语法性别与名词类别一般都是经由名词修饰语的形式来定义,这些修饰语包括限定词(第 2.1.1 小节)、数词(第 2.1.2 小节)、量词(第 2.1.3 小节)和形容词(第 2.1.4 小节)。

11.2.1.1 按定语的形式分类

限定词指的是冠词和指示词这一类名词修饰语,体现名词短语的指称属性。它们通常形成一个相对较小的语素集合,将名词分成名词类。意大利语(意大利境内,印欧语系)有两种性别,即阳性和阴性。它们是由限定词分配的。这些限定词包括不定冠词、定冠词和指示词(Maiden 2007: 61, 81)。

表 11.1 意大利语中的两个性别由定冠词定义

	阳　性	阴　性
不定冠词	uno capello "a hair"	una macchina "the car"
定冠词	il capello "the hair"	la macchina "the car"
指示词	questo/quello capello "this/that hair"	questa/quella macchina "this/that car"

11.2.1.2 按数词的形式分类

阿奇语是在俄罗斯境内大约 970 人使用的一种北高加索语言。阿奇语拥有四个语法性别,由一系列成分上所携带的词缀表示,这些成分包括指示词、数词、修饰性形容词、动词和副词等。阿奇语数词中,有四种不同的中缀

第 11 章 语法性别及类别

用于标注名词的性别,如表二所示(以数词"二""三""五"为例)。除了表示"一"的数词 os 以外,所有个位数数词都有性别屈折变化,os 没有屈折(Bond and Chumakina 2016)。

表 11.2 阿奇语中根据性别屈折的数词

性别	名 词	q'ʷˤetu "二"	ɬibtu "三"	ɬ:ʷejtu "五"
G1	bošor "man"	q'ʷˤe\<w\>u	ɬib\<w\>u	ɬ:ʷej\<w\>u
G2	ɬ: onnol "woman"	q'ʷˤe\<r\>u	ɬib\<r\>u	ɬ:ʷej\<r\>u
G3	noˤš "horse"	q'ʷˤe\<b\>u	ɬib\<b\>u	ɬ:ʷej\<b\>u
G4	nok ɬ' "house"	q'ʷˤe\<t\>u	ɬib\<t\>u	ɬ:ʷej\<t\>u

如下例中所示,在数量词短语构式中,名词须为单数形式。在例(1c)中,除了表"五"的数词以外,还额外有构成性别一致关系的指示词、形容词和动词。

(1) 阿奇语(俄罗斯境内,北高加索语系)

a. ɬib\<w\>u　　　bošor
　 three\<G1\>　　man.SG.ABS.G1
　 "three men"

b. q'ʷˤe\<r\>u　　ɬ: onnol
　 two\<G2\>　　woman.SG.ABS.G2
　 "two women"

c. zari　　　　to-b　　　　　ɬ:ʷej\<b\>u
　 1.SG.ERG　DEM.DIST.SG.G3　five\<G3\>
　 do:ˤzu-b　　χˤošon　　a\<b\>u
　 big.-SG.G3　dree　　　make.PFV\<SG.G3\>
　 "I made those five big dresses."

d. ɬ:ʷej\<t\>u　　nok ɬ'
　 five\<G4\>　　house.SG.ABS.G4
　 "five houses"

11.2.1.3 按量词的形式分类

我们使用的"量词"这一术语,在广义上指一种"分类工具",在狭义上指一种名词短语的"成词性修饰词素"。狭义上的量词,在定义上的主要特征是形式上的不变性,并对名词有选择限制。从这个角度来讲,英语冠词 the 就不是一个量词,因为尽管它在形式上是不变的,但它对名词并不存在选择限制。

量词出现在东亚、澳大利亚和中美洲的语言中,这些不同地区的量词之间在一些特性上有区别。在中国传统语法描述中被称为"数量词",在澳大利亚语言学传统中被称为"通用量词",在中美洲传统中被称为"名词量词"(Aikhenvald 2000:81)。

表 11.3　量词的其他属性

数 量 量 词	通用量词和名词量词
必须出现的环境:数词 　　　　　　　指示词 　　　　　　　领属短语(某些语言) 　　　　　　　定语从句(某些语言)	不必须出现在名词修饰语环境
对名词作个体化	回指名词
一个名词只与一个量词共现	名词可以与若干量词共现
每个名词短语只有一个量词	每个名词短语有若干个量词是可能的

下文中,我们通过一系列语言对上述的定义特征举例。数量词的功能是通过将名词个体化使之可数,在数词和指示词构式中必须出现。不是所有的东亚语言都在领属短语和定语从句中要求出现量词,然而牡语(Hmu)和毛南语(Maonan)中上述环境也必须出现量词,如例(4)和例(5)所示。

第 11 章　语法性别及类别　　　　　　　　　　　　　　　　　265

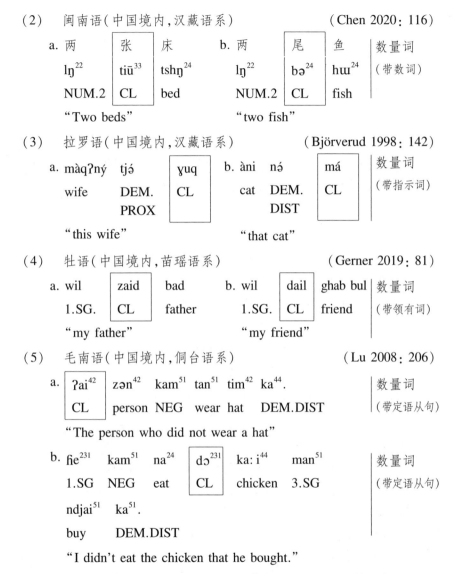

另一方面，通用量词和名词量词不需要参与这些结构，尽管它们也可以参与其中，如例（6）所示。这些量词的功能是强调一个名词所属的语义类别。有时，甚至可以使用两个通用量词也按照指定性程度递增的顺序使用，如例（7）中所示。量词的主要功能是回指指称，如（8a—b）。（8b）中的 mulmba（"camp"）形式是（8a）中具体名词 duguur（"house"）的通用量词，它回指的是这个名词。

(6) 卡亚迪尔德语(澳大利亚境内,帕马-努干语系) (Evans 1995:235)

| Kiyarrng-ka | yarbud-a | ngarnal | 通用量词 |
| NUM.2-NOM | CL.meat-NOM | white.cockatoo.NOM | (可带数词) |

"Two white cockatoos"

(7) 意第尼语(澳大利亚境内,帕马-努干语系) (Dixon 1982:192)

ŋanyji	bama	waguuja	wurgun	通用量词
1.PL.NOM	CL.person	CL.male	teenager	(带两个量词)
muyŋga	gundaa-lna.			
cicatrice	cut-PURP			

"We must cut tribal marks on the teenage boy."

(8) a. nyundu　　duguur-mu　　gada-any?　　通用量词
　　　2.SG.NOM　house-ABL　come-PST　　(回指指称)

"Have you just come from the house?"

　　b. (yiyi)　ŋayu　　mulmba-m　　gada-any.　通用量词
　　　Yes　　1.SG.NOM　CL.camp-ABL　come-PST　(回指指称)

"(Yes), I've just come from the camp."

11.2.1.4　按形容词的形式分类

目前已知最有意思的性别系统之一是伊里安查亚(印度尼西亚)南部的马林德语(Marind)。马林德语的名词分为四类。在马林德语中,性别由限定词前缀和形容词的最后一个元音表示,而形容词的最后一个元音要经过"元音变化"(apophony)。此外,名词有时也需要发生变音来表示性别:anVm"人":anem"男人",anum"女人",anim"人"。马林德语中的第一类性别包括人类男性:其特征元音是 e。第二类包括人类女性和动物,由特征元音 u 表示。第一类和第二类的人类名词都有复数形式,由 i 表示。无生命的名词归为第三类和第四类,而且很少发生变音。这些名词没有复数形式。性别三主要包括植物和树木。性别四是一个剩余类别,包括衣服、饰品、一些植物和树木、身体部位和其他不同的物体(Foley 1986:82-83)。

第 11 章　语法性别及类别

表 11.4　马林德语中由形容词元音定义的四个语法性别

	限定词		形容词		例　证
	SG	PL	SG	PL	
性别 1	e-	i-	e	i	an**e**m "man", nam**e**k "brother", mbokrav**e**d "boy"
性别 2	u-	i-	u	i	an**u**m "woman", v**u** "mother", namak**u**d "animal"
性别 3	a-		a		d**e** "wood", namak**a**d "thing"
性别 4	i-		i		behaw "pole"

(9)　马林德语（印度尼西亚境内，跨新几内亚语系）

　　a. **e**-pe　　an**e**m　　**e**-pe　　ak**e**k　　ka.
　　　 G1-DEF　man.G1　G1-DEF　light.G1　COP
　　　 "The man is light."

　　b. **u**-pe　　an**u**m　　**u**-pe　　ak**u**k　　ka.
　　　 G2-DEF　woman.G2　G2-DEF　light.G2　COP
　　　 "The woman is light."

　　c. **i**-pe　　an**i**m　　**i**-pe　　ak**i**k　　ka.
　　　 PL-DEF　person.PL　PL-DEF　light.PL　COP
　　　 "The people are light."

　　d. **u**-pe　　ŋat　　**u**-pe　　ak**u**k　　ka.
　　　 G2-DEF　dog　G2-DEF　light.G2　COP
　　　 "The dog is light."

　　e. **i**-pe　　ŋat　　**i**-pe　　ak**i**k　　ka.
　　　 PL-DEF　dog.PL　PL-DEF　light.PL　COP
　　　 "The dogs are light."

　　f. **a**-pe　　de　　**a**-pe　　ak**a**k　　ka.
　　　 G3-DEF　wood　G3-DEF　light.G3　COP
　　　 "The wood is light."

g. **i**-pe   behaw   **i**-pe   ak**i**k   ka.
   G4-DEF   pole.G4   G4-DEF   light.G4   COP
   "The pole is light."

11.2.2 在简单句里

简单句中,有两个成分与名词短语构成一致性关系:动词,在罕见的情况下,副词也会(只在一个语言中发现这种情况)。11.2.2.1 小节和 11.2.2.2 小节将分别考察这两种一致性模式。

11.2.2.1 按动词的形式分类

伊孟达语(Immonda)是在巴布亚新几内亚大约有 250 人使用的语言。该语言有大约 100 种动词前缀,用来表示直接宾语名词的名词类别。例(10)给出了三个前缀。

(10)　伊孟达语(巴布亚新几内亚境内,保得语系)

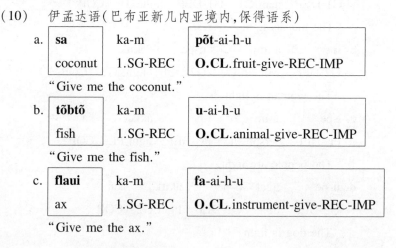

a. **sa**   ka-m   **põt**-ai-h-u
   coconut   1.SG-REC   **O.CL**.fruit-give-REC-IMP
   "Give me the coconut."

b. **tõbtõ**   ka-m   **u**-ai-h-u
   fish   1.SG-REC   **O.CL**.animal-give-REC-IMP
   "Give me the fish."

c. **flaui**   ka-m   **fa**-ai-h-u
   ax   1.SG-REC   **O.CL**.instrument-give-REC-IMP
   "Give me the ax."

11.2.2.2 按副词的形式分类

在罕见的情况下,副词与简单句的主语名词呈现一致关系。阿奇语除了数词(11.2.1.2 节)外,还允许其他副词体现性别一致。副词属于简单句的范畴。表 11.5 给出了两个副词的四种屈折形式。性别屈折形式在副词中体现为中缀(Chumakina et al. 2016)。

第 11 章　语法性别及类别

表 11.5　阿奇语中的两个根据性别屈折的副词

性　　别	k'ellejtu "entirely"	dit: atu "early"
G1	k'ellej\<w\>u	dit: a\<w\>u
G2	k'ellej\<r\>u	dit: a\<r\>u
G3	k'ellej\<b\>u	dit: a\<b\>u
G4	k'ellej\<t\>u	dit: a\<t\>u

下面的三个例子显示出，阿奇语的副词"dit: atu"（"early"）与主语名词在性别上一起变化（Chumakina 和 Bond 2016，Chumakina 2016）。

(11)　阿奇语（俄罗斯境内，北高加索语系）

a.　bošor　　　　　dit: a\<**w**\>u　wa-qˁa.
　　man.SG.ABS.G1　early\<**G1**\>　G1-come.PFV
　　"A man came early."

b.　ɬ:onnol　　　　dit: a\<**r**\>u　da-qˁa.
　　woman.SG.ABS.G2　early\<**G2**\>　G2-come.PFV
　　"A woman came early."

c.　χˁon　　　　　dit: a\<**b**\>u　ba-qˁa.
　　cow.SG.ABS.G3　early\<**G3**\>　G3-come.PFV
　　"A cow came early."

在阿奇语词典中收录的 383 个副词中，只有 13 个副词可以根据名词的性别进行屈折（Chumakina 2007），绝大多数副词的形式都是不变的。

表 11.6　阿奇语中不可以参与屈折的十三个副词

副　词	译　文	副　词	译　文
allijtu	"for free"	horo: kejtu	"very long time ago"
dit: atu	"early"	jellejtu	"in this way"

续表

副　词	译　文	副　词	译　文
mumuat: ijtu	"asking nicely"	žaqˁdijtu	"in their way"
no: sutu	"long time ago"	žeqˁdijtu	"in their way"
sijtu	"one (by oneself)"	žuqˁdijtu	"in his way"
wallit: ejtu	"at the beginning"	k'ellejtu	"entirely"
žaqˁatu	"between themselves"		

11.2.3　在复杂句里

第三人称代词可以指称在话语环境中出现的事物,或者在前面的句子中提及的事物。回指代词以复杂句为其约束域。回指代词不能受到同一小句中的指称的约束。这一语言共性规律可以从下文的英语句子中看出来。

(12) a. The manager$_a$ praised him$_b$. (a≠b)

b. The woman$_a$ said that she$_a$ will come later.

有些语言在第三人称代词中存在性别对立,因而可以对普通名词进行分类。这一节中我们介绍两种这样做的语言,英语(见 11.2.3.1 小节)和提里约语(Tiriyó)(见 11.4.2.1 小节)。

11.2.3.1　按代词的形式分类

英语通过回指代词给普通名词分配了三种性别。通过指代普通名词,he、she 和 it 将它们分为三种性别。阳性(he)和阴性(she)的性别基本上是基于生物性别的:男性被称为 he,女性和动物被称为 she,而其他实体被称为 it。但也有一些口语和地区性的例外情况。母语者可能会给无生命的实体分配阳性和阴性的性别,以表达情感上的亲近,如例子(13b)、(14b)和(15b)中。

第 11 章　语法性别及类别

(13) a. **A dog** attacked me. **It** bit me.

　　 b. This is **my dog**. **He** is seven years old.

(14) a. **A great wave** started to build up. **It** knocked me down.

　　 b.（To a surfer at the beach）：Catch **her** at **her** height（Mathiot and Roberts 1979）.

(15) a. **That carrot** is tough. I cannot eat **it**.

　　 b. That's **a carrot**. I've been watering **him**, looking after **him**（Siemund 2002：2）.

汉语口语的人称代词对性别并不敏感，wǒ，nǐ，tā 不用于对名词分类，但书面语中存在对性别的区分：他（阳性）、她（阴性）、它（中性）。

11.3　类别的形式

名词归入哪一类，受到一些外部因素控制，但有时也能够通过名词的语音（11.3.1 小节）和形式（11.3.2 小节）预测。

11.3.1　语音特性

在吉布提、厄立特里亚和埃塞俄比亚有两百万人使用的阿法尔语（Afar）中有两种性别，即阳性和阴性，主要由动词的一致前缀来分配。对于第三人称单数主语，前缀 j-表示主语为阳性，前缀 t-表示为阴性（数据取自 Corbett 1991：51–52 和 Simeone-Senelle 2013）。

(16)　阿法尔语（埃塞俄比亚境内，亚非语系）

　　 a. baris**èy**na　　**j**-a-ma:tè-∅.
　　　　 teacher.M　　3.M-IMPV-come-SG
　　　　 "The male teacher comes."

　　 b. barisey**nà**　　**t**-a-ma:tè-∅.
　　　　 teacher.F　　3.F-IMPV-come-SG
　　　　 "The female teacher comes."

男性人类和雄性动物属于阳性，而女性人类和雌性动物则属于阴性。无生命的名词在两种性别中均分。名词的语音特性几乎总能预测出它所属的性别。阿法尔语将重音放在最后一个音节或倒数第二个音节上。以重音元音结尾的名词总是阴性的,而以辅音结尾或以非重音元音结尾的名词总是阳性的。名词本身如果可阴可阳,则允许可变重音,如(16)中的 bariseyna("teacher")。

表 11.7　阿法尔语中的两个语音性别

重音	阳性	译文	阴性	译文
可变	bàxa	"son"	baxà	"daughter"
	àwka	"boy"	awkà	"girl"
	toobokòyta	"brother"	toobokoytà	"sister"
	barisèyna	"male teacher"	bariseynà	"female teacher"
	katàyas	"male friend"	katayàs	"female friend"
	kùta	"dog"	kutà	"bitch"
固定	num	"man"	barrà	"woman"
	wagàri	"peace"	turrù	"joke"
	tàmu	"taste"	aytì	"ear"
	gilàl	"winter"	karmà	"autumn"
	cedèr	"supper time"	catò	"help"

　　这类语音规则只有很少的例外:重音落在最后一个元音的名词 abbà("father")是阳性,而 doònik("sail-boat")尽管按照规则应该是阳性,实质却是阴性。

11.3.2　形态特性

　　班图语在语法性别研究中占有特殊地位。大多数班图语具有 8 到 20 种性别,这些性别反映在名词短语和句子中的复杂一致模式。名词、定语、量词、代词、形容词和动词都带有前缀,这些前缀共同赋予名词以特定的性别。肯尼亚的基库尤语(Kikuyu)在名词短语和简单句中体现了这些一致模式(数据来自 Mugane 1997:22-30)。

基库尤语(肯尼亚境内,尼日尔-刚果语系)

(17) **ny**-ũgũ　　**ici**　　　　　　**cio**-the　　**nd**-une
　　　G10-pot　G10.DEM.PROX　G10-all　　G10-red
　　　"all these red pots"

(18) **a**-ndũ　　　nĩ-**a**-hanyũk-ire
　　　G2-people　FOC-S.G2-run-COMPL
　　　"People ran."

班图语中的性别一致因单数和复数而不同,一个名词在单数中可能属于一个一致类,在复数中属于另一个一致类。因此,非洲学家们将一致类归成对,如"1/2",同一对的每个成员都由一组不同的前缀来定义。基库尤语中的 15 个一致类可以分为 9 个性别(或名词类)。

表 11.8　基库尤语中的 9 个性别

一致性关系	单数名词	复数名词	译文	代词	指示词	形容词	动词前缀
1/2	**mũ**-ũndũ	**a**-ndu	"person"	we/o	ũyũ/aya	mũ-/a-	a-/a-
3/4	**mũ**-tĩ	**mĩ**-tĩ	"tree"	guo/yo	ũyũ/ĩno	mũ-/mĩ-	ũ-/ĩ-
5/6	**i**-gego	**ma**-gego	"tooth"	rĩo/mo	rĩrĩ/maya	i-/ma-	rĩ-/ma-
7/8	**kĩ**-ũra	**ci**-ũra	"frog"	kyo/cio	gĩkĩ/ici	kĩ-/ci-	kĩ-/ci-
9/10	**ng**-ui	**ng**-ui	"dog"	yo/cio	ĩno/ici	ng-/ng-	ĩ-/ci-
11/10	**rũ**-ũĩ	**ng**-ũĩ	"river"	ruo/cio	rũrũ/ici	rũ-/ng-	rũ-/ci-
12/13	**ka**-huti	**tũ**-huti	"leaf"	ko/tuo	gaka/tũtũ	ka-/ka-	ka-/tũ-
14	**ũ**-ũgĩ		"intelligence"	guo	ũyũ	mũ-	ũ-
15	**kũ**-gũrũ		"cooking"	kuo	gũkũ	kũ-	kũ-

一个名词属于哪一个性别几乎总是可以从名词的前缀预测出来。但前缀 mũ-是例外，它同时标注第一和第三一致类。

德语中有几个派生后缀跟某一个性别绑定在一起。举例来说，名词化后缀-heit 附着于形容词，总是阴性的，而小称后缀-chen 附着于名词，总是中性的，如下表所示。

表 11.9　德语中带后缀名词的性别

后缀	阴　　性		后缀	名　词　词　干		中　　性	
-heit	Frei-**heit**	"freedom"	-chen	Fisch "fish"	阳	Fisch-**chen**	"small fish"
	Tor-**heit**	"foolishness"		Herz "heart"	中	Herz-**chen**	"small heart"
	Einfach-**heit**	"simplicity"		Gedicht "poem"	中	Gedicht-**chen**	"small poem"
	Gemein-**heit**	"vulgarity"		Garten "garden"	阳	Gärt-**chen**	"small garden"
	Schön-**heit**	"beauty"		Kammer "room"	阴	Kämmer-**chen**	"small room"

11.4　类别的语义

归入名词类的名词可能有某些共同的语义特征。名词类的分类往往依据生物性别或者生命度。下文在 11.4.1 小节和 11.4.2 小节分头讨论。

11.4.1　按生物性别

我们用雄性（male）和雌性（female）来区分生物性别，而阳性和阴性这一对概念则用于语言学和社会学意义上的性别概念。完全以生物性别为基础建立语法性别的语言是罕见的，但还是存在于几个无亲缘关系的语族。那些表现出这种性别系统的语言通常区分两种或三种性别，即阳性、阴性和/或中性。一种类型的语言中，阳性性别只用在男性人类、雄性动物类的指称上，而女性人类、雌性动物类和非人类指称都用中性性别。第二种类型是第一种类型的镜像反面,有一个阴性性别和一个中性性别。第三种是将普通名词分为具有男性指称的阳性、具有女性指称的阴性和具有非人类指称的中性。

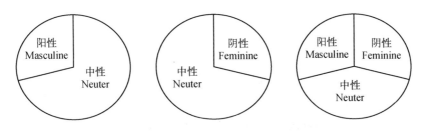

图 11.1　三种基于生物性别的性别系统

11.4.1.1　阳性、中性

卡拉·拉告·雅语(Kalaw Lagaw Ya)在澳大利亚北部昆士兰州的几个托雷斯海峡岛屿上有一千多人使用。直到 19 世纪,卡拉·拉告·雅语还是一种重要的当地互通语言。该语通过一个近指指示词和一个远指指示词为普通名词指派阳性和中性性别。数据来自 Bani(1987)。

表 11.10　卡拉·拉告·雅语中的指示词

	近　指	远　指
阳性	inub	senub
中性	inab	senab

卡拉·拉告·雅语中还存在几个可以同时带两个性别的表人类和表动物名词。这些名词可以根据性别指示词的选择而指派为阳性名词(见例 19)或者中性名词(见例 20)。如果表人类的名词本身的词汇意义就指明了生物性别,那么只能搭配与之匹配的性别指示词,如例(21)所示。

卡拉·拉告·雅语(澳大利亚境内,帕马-努干语系)

(19) a. Inub   mabayg   b. senub   kaazi
     DEM.PROX.M   person   DEM.DIST.M   child
     "This man."   "that boy"

   c. senub   umay
      DEM.DIST.M   dog/bitch
      "that (male) dog"

(20) a. Inab   mabayg   b. senab   kaazi
     DEM.PROX.N   person   DEM.DIST.N   child
     "This woman"   "that girl"

   c. senab   umay
      DEM.DIST.N   dog/bitch
      "that bitch"

(21) a. Inub   garka   b. senab   ipika
     DEM.PROX.M   man   DEM.DIST.N   woman
     "This man"   "that woman"

多数表动物的名词只能是中性的,尤其是野生动物、爬行动物、鸟类和昆虫。此外,所有非生命名词都必须带中性。

表 11.11　卡拉·拉告·雅语的两个性别

性别	指称	例 证							
阳性	男性和雄性动物	mabayg	"man"	kaazi	"boy"	garka	"man"		
		umay	"dog"	pus	"tomcat"	kaw	"ox"		
中性	其他	mabayg	"woman"	kaazi	"girl"	ipika	"woman"		
		umay	"bitch"	pus	"cat"	kaw	"cow"		
		awb	"hawk"	kuduluk	"pigeon"	kalakal	"hen"		
		koedal	"crocodile"	thaabu	"snake"	kpaasi	"grasshopper"		

续 表

性别	指 称	例						证	
中性	其他	waapi	"fish"	baydham	"shark"	dhaamu	"seaweed"
		goeya	"sun"	thithuy	"star"	ziya	"cloud"
		aari	"rain"	za	"thing"	sarka	"river"
		gol	"gold"	oyl	"oil"	dhayman	"diamond"
		guuba	"wind"	gaabu	"cold"	koeman	"heat"

11.4.1.2 阴性、中性

迪里语(Dieri)是位于澳大利亚南部的一种濒临灭绝语言(2016 年有 5 名母语者),通过定冠词的形式分配两种性别。定冠词通过格进行屈折变化。数据来自 Austin(1978:152-154)。

表 11.12 迪里语中的定冠词

	A	S	O	间接宾语(B)	处 所
阴性	ɲandřu	ɲani	ɲaɲa	ɲaŋkani	ɲaŋkaɲu
中性	ɲulu	ɲawu	ɲiɲa	ɲuŋkani	ɲuŋkaɲu

(22) 迪里语(澳大利亚境内,帕马-努干语系)

a. **ɲandřu** wila-ali tanana puka-∅ wayi-yi.
DEF.A.F woman-A DEM.DIST food-ABS cook-PRS
"The woman is cooking those foods."

b. **ɲulu** kana-ali ŋapa-∅ tinta-yi
DEF.A.N man-A water-ABS spill-PRS
"The man split the water."

c. Watara-ali ɲiɲa   mana-∅   ŋandřawalka-ɲa wara-yi.
   wind-A   DEF.O.N   door-ABS close-PRT   AUX-PRS
   "The wind closed the door."

下表中的虚分隔线分开雌性和非雌性。上面的性别指派给女性(人类)和雌性动物。下方的性别则指派给雄性生命体、无性别生命体和非生命体。

表 11.13　迪里语的两个性别

性别	指称	例证							
阴性	女性和雌性动物	wila-	"woman"	mankařa-	"girl"	ŋandri-	"mother"
		tukuřu	"doe kangaroo"	puluka-	"cow"		
中性	其他	kana-	"man"	kanku-	"boy"	ŋapiri-	"father"
		pařu-	"fish"	mana-	"door"	mada-	"stone"

11.4.1.3　阳性、阴性、中性

泰米尔语(Tamil)是一种由印度南部 7,500 万人口使用的达罗毗荼语,有三种性别,即阳性、阴性和中性。性别由动词上的三个后缀(-aan,-aal,-adu)指定,它们与句子的主语一致。这些后缀是第三人称一致标记。

表 11.14　泰米尔语中的第三人称单数性别后缀

	va- "来"			paa- "看"		
	过去时	现在时	未来时	过去时	现在时	未来时
3.SG.M	va-nt-aan	va-rukir-aan	va-ruv-aan	paa-tt-aan	paa-kkur-aan	paa-pp-aan
3.SG.F	va-nt-aal	va-rukir-aal	va-ruv-aal	paa-tt-aal	paa-kkr-aal	paa-pp-aal
3.SG.N	va-nd-adu	va-rukir-adu	va-rum	paa-tt-adu	paa-kkr-adu	paa-kk-um

第 11 章 语法性别及类别

简单句中,如果小句主语所指是男性,则使用人称后缀-aan,如果主语所指为女性,则使用后缀-aal(Lehmann 1989:8,60)。

(23) 泰米尔语(斯里兰卡境内,达罗毗荼语系)

  a. manitan va-nt-**aan**
    man   come-PST-3.SG.**M**
    "The man came."

  b. pen   va-nt-**aal**
    woman come-PST-3.SG.**F**
    "The woman came."

第三人称后缀将普通名词分为三种性别:阳性、阴性和中性。阳性名词确切地指男性神祇和男性人类,阴性名词指女神和女性人类,中性名词指动物和无生命体。在语言学文献中,泰米尔语以其严格的基于生物性别的语法性别系统而闻名(Asher 1985:136-137;Corbett 1991:8)。

表 11.15　泰米尔语的三个语义性别

性别	指称	例						证
阳性	男神及男人	civan̠	"Shiva god"	manitan	"man"	cir̠uvan̠	"boy"
		cūriyan̠	"sun"(god)	nilā	"moon"(god)	aracan̠	"king"
阴性	女神及女人	kaaḷi	"Kali goddess"	pen	"woman"	rāṇi	"queen"
		maruttuvacci	"midwife"	man̠aivi	"wife"	am'mā	"mother"
中性	其他	nāy	"dog"	māṭu	"cow"	maram	"tree"
		viiṭu	"house"	mēkam	"cloud"	yōcan̠ai	"idea"

以上分类似乎存在两个例外,分别是 cūriyan̠("太阳")和 nilā("月亮")归入阳性。然而,在泰米尔语中天体被尊为神祇,上述分类可以由此得到解释。

11.4.2 基于生命度

除了阳性-阴性这一组性别对立以外,有的语言也针对有生命体和无生命体产生对立。下文4.2.1小节考察两个基于生命度的分类系统。在4.2.2小节中,我们转而探讨专门涉及人类、动物和植物的名词类。

11.4.2.1 有生命、无生命

顾名思义,有生命的名词一般指有生命的东西,而无生命的名词一般指称没有生命的东西,但这个规则没有想象中简单直接,因为不同的文化对于何物拥有"精神"的理解不同。例如,对奥吉布瓦人(Ojibwe)具有重要精神意义的物体,如岩石,往往是有生命的,而不是无生命的。名词是通过动词上的词缀来指定性别的。同时,有生命的名词可以通过其复数结尾-ag来识别,无生命的名词则通过其复数结尾-an来识别(Nolan 2020:14,18-19)。

表11.16 奥吉布瓦语中的有生命性别和无生命性别

有 生 命				无 生 命			
单数	译文	复数	译文	单数	译文	复数	译文
nini	"man"	nini-**ag**	"men"	pabwin	"chair"	pabwin-**an**	"chairs"
ikwe	"woman"	ikwe-**ag**	"women"	doopwin	"table"	doopwin-**an**	"tables"
bineshiinh	"bird"	bineshiinh-**ag**	"birds"	waawan	"egg"	waawan-**an**	"eggs"
gaazhag	"cat"	gaazhag-**ag**	"cats"	mookmaan	"knife"	mookmaan-**an**	"knives"
giigoonh	"fish"	giigoonh-**ag**	"fish"(pl.)	naagan	"plate"	naagan-**an**	"plates"
mindaamin	"corn"	mindaamin-**ag**	"corn"(pl.)	miiknood	"pants"	miiknood-**an**	"pants"
mskomin	"raspberry"	mskomin-**ag**	"raspberries"	bdakjiigan	"fork"	bdakjiigan-**an**	"forks"

下例给出了奥吉布瓦语的两个不及物动词主语一致前缀,一个标记有生命主语,一个标记无生命主语。

(24) 奥吉布瓦语(加拿大境内,阿尔冈琴语系)

  a. Tkoo-**zi**   nini

    short-S.**ANI**   man

    "The man is short."

  b. Mskw-**aamgad**   iw   bagweyaan.

    red-S.**NANI**   DEF   shirt

    "The shirt is red."

提里约语(Tiriyó)中存在10种第三人称单复数形式,而第一和第二人称代词各只有一种形式。5个第三人称代词指称有生命的物体,5个则是无生命的所指。除了这种分法,提里约语没有其他名词分类方式(Meira 1999:152-155)。

表11.17 提里约语中第一、二、三人称代词之间的对立数量

人称		有生命				无生命				
		近指	中指	远指	不可见	回指	近指	中指	远指	不可见	回指
1.SG	wï									
2.SG	ëmë									
3.SG	mëe	mëërë	ohkï	mëkï	nërë	serë	mërë	ooni	mëni	irë
1.PL	anja									
2.PL	ëmënjamo									
3.PL	mëesa	mëëja	ohkïja	mëkïja	namo	serëto	mërëto	oonito	mënto	irëto

有生命代词指代人和动物,无生命代词则指代植物、物体和抽象事物,见下例。

(25) 提里约语(苏里南境内,加勒比语系)

  a. irë-po-n   wëri,   w-apëi-ne,

    3.NANI.ANA-LOC-NMLZ   woman   1.A-catch-PST.PFV

ji-pï-me-n-ai　　　　　| nërë　　　　| menjaarë.
1.SG-wife-ATTR-3.A-COP　| 3.ANI.ANA　| now

"A woman from there, I married her as my wife."

b. ma,　| kumakaimë,　　　| ëmëinë　　　　| irë
and　| kind of thistle　| thorny.plant　| 3.NANI.ANA

"And the thistle, it is a thorny plant."

c. | tï-n-kah-ke　　　　　　　| ëmë　| ahtao
| PST-O.NMLZ-weave-have　| 2.SG　| if

| irë　　　　　| ene-tuuwë　| wëri-ja...
| 3.NANI.ANA　| see-PIF　　| woman-A

"If you have a woven artifact, after a woman sees it..."

11.4.2.2 人、动物和植物

语言中的名词类有时覆盖面非常具体,如人类类、动物类和植物类。侗语中具有一个人类量词,muŋ^{31},只用于人类指称,也对所有人类名词进行分类。如(26a)所示,这个量词是由名词 muŋ^{31}("官员")的语法化而来,这个义项仍然活跃使用。muŋ^{31}作为量词没有原来的词义,这一点在(26b)中可以看出,在这里它对名词"孩子"进行分类(Gerner 2006:260-261)。

(26) 侗语(中国境内,侗台语系)

　　a. mao^{33}　tçaŋ^{323}　(ȵən^{11})　muŋ^{31}.
　　　 3.SG　　COP　　　(person) official

　　　"He is an official."

　　b. sam^{35}　muŋ^{31}　lak^{31}un^{323}
　　　 NUM.3　CL　　　child

　　　"three children"

量词 **muŋ**^{31}不能用在可能不表人的名词上,诸如"魔鬼""灵魂""牛"(或其他动物)。除了这些以外,它可以用于全部的表人名词上。

第 11 章　语法性别及类别

表 11.18　侗语中由表人量词分类的名词

名　词	译　文	名　词	译　文	名　词	译　文
ȵən^{11}	"person"	lak^{31}un^{323}	"child"	ləi^{31}tin^{55}	"lame person"
ȵən^{11}pan^{55}	"man"	piŋ^{11}pan^{31}	"friend"	çən^{11}sin^{35}	"fairy"
ȵən^{11}m^{j}ek^{323}	"woman"	p^{h}a^{35}ta^{55}	"blind person"	saŋ^{33}nak^{453}	"sorcerer"
*tɕui^{323}	"demon"	*k^{w}ɐn^{55}	"soul"	*k^{w}e^{11}	"ox"

巴布亚新几内亚东塞皮克省有 300 人使用的伊马斯语（Yimas）区分 10 种性别（或名词类），由领有后缀和形容词后缀以及复数名词后缀界定。性别 3 使用的一致标记与性别 1 和性别 5 部分重叠，但总体而言，性别 3 具备一套独特的后缀。性别 3 只对动物名词进行分类，而性别 1 包括人类名词，性别 5 包括无生命名词（Foley 1991：129-131）。

表 11.19　伊马斯语的动物类别（性别 3）

	SG	DU	PL	分类所包括的名词
性别 1	-kn（POSS）/ -n（ADJ）	-mampan	-ump	namarawt "person", mamay "brother", kalakn "child"
性别 3	-kn（POSS）/ -n（ADJ）	-ntrm	-ump	numpran "pig", yura "dog", manpa "crocodile", nawkwan "chicken", payra "bird", kika "rat", warkawpwi "wallaby", yaka "black possum", wakrapak "eel"
性别 5	-kn（POSS）/ -n（ADJ）	-ntrm	-ra	awak "star", numk "mountain", yawkawp "rope"

表 11.19 里的后缀是领有后缀和形容词标记，与名词中心语在性别和数上一致。例（27a—b）给出例子。

（27） 伊马斯语（巴布亚新几内亚境内，拉穆-下塞皮克语系）

a. ama-na-**mp**　　　　nump-rayp　　kpa-**mp**.
　1.SG-POSS-**G3.PL**　pig-**G3.PL**　big-**G3.PL**
　"my big pigs"

b. tmarma-ŋ**trm**　　　ama-na-**ntrm**　　　waca-k-**ntrm**.
　red possum-**G3.DU**　1.SG-POSS-**G3.DU**　small-IRR-**G3.DU**
　"my two small red possums"

在侗语中，有另一个专属的量词，只用于植物，专门对植物名词分类，覆盖面包括水果、蔬菜、树、草等，具体例子如下（Gerner 2006：263）。

（28） 侗语（中国境内，侗台语系）

a. ja^{11}　ʔoŋ^{55}　məi^{31}　　b. ʔoŋ^{55}　tui^{55}pɐŋ^{55}　nai^{33}
　NUM.2　CL　tree　　　　CL　　peach　　　　DEM.PROX
　"two trees"　　　　　　　"this peach"

表 11.20　侗语中的植物量词

名词	译文	名词	译文	名词	译文
məi^{31}	"tree"	tui^{55}pɐŋ^{55}	"peach"	l^{j}u^{11}	"orange"
məi^{31}soŋ^{11}	"pine tree"	pai^{53}	"spicy sauerkraut"	ma^{55}	"vegetable"
tui^{55}təm^{33}	"fruit"	p^{j}ak^{323}	"banana"	toŋ^{11} p^{h}u^{35}	"onion"
tui^{55}jɪ^{11}	"pear"	*k^{hw}a^{35}	"dog"	*jan^{11}	"house"

11.5　类别的数量

在许多情况下，决定一种语言中性别、名词类或量词的数量比较困难。

在性别数量较少的语言中，名词形式类的数量可能与一致关系类的数量不同。在连续统的另一端，我们不确定语言是否一定存在性别、名词类或

表 11.21　不同语言中语法性别的数量

类别数量	语　　言
1	芬兰语、阿留申·克里奥语
2	法语、西班牙语、阿拉伯语、他加禄语
3	德语、纳马语、泰米尔语
4	阿奇语、戴尔博尔语
5	胡尼兹布语（van der Berg 1995：35）
6	印古什语（Guerin 2001：123）
8	斯瓦西里语（Mohammed 2001：40）
9	基库尤语（Mugane 1997：22-29）
10	伊顿语、伊马斯语
11	姆巴语（Corbett 1991：186）
14	文戈语（Schaub 1985：171）
16	南吉库鲁格尔语（Reid 1997）
20	富拉语（Breedveld 1995：295-460）
30	诺苏语（Gerner 2013b）
42	汉语（Chao 1968：589-593）
48	花苗语（Gerner 和 Bisang 2010）
90	泰语（Iwasaki 2005：74）
100	伊孟达语（Seiler 1985：120）
140	越南语（Nguyen 1957）
177	基里维拉语（Senft 1996：173-178）

量词数量的上限。有些语言拥有多达 177 种量词(基里维拉语)。但这些数目的问题是,一些所谓的量词有时与它们应该分类的普通名词没有什么区别,因此很难确定名词类的确切数量。尽管如此,在许多情况下,还是有可能提供相对准确的数字,下面择取语言进行讨论。

下文 5.1 小节介绍没有名词分类系统的语言。5.2 小节介绍只具备极小名词类系统的语言。5.3 小节介绍名词类数量居平均水平的语言。5.4 小节介绍具备极大数量的名词类的语言。

11.5.1 一个类别

有些语言不区分性别或名词类,没有一致关系、量词或代词的区分。没有分类系统的语言将所有普通名词都归入一个类别。芬兰语(Finnish)就没有名词分类系统,人称代词也没有性别区分,如下表所示(Sulkala 1992:268-271)。

表 11.22 芬兰语中的人称代词

	主 格		宾 格	
	单 数	复 数	单 数	复 数
第一人称	minä	me	minut	meidät
第二人称	sinä	te	sinut	teidät
第三人称	hän	he	hänet	heidät

在美国阿拉斯加有约 150 人使用的阿留申·克里奥语(Aleut Creole)也没有名词类和量词(Bergsland 1997)。

11.5.2 最小数量

具有名词分类系统的语言将名词分为两个或多个类别。世界上不同地区都有正好有**两种**性别的语言,包括法语、西班牙语、阿拉伯语(Ryding 2005:119)和他加禄语(Schachter 1972:197)等等。西班牙语和法语一样,通过限定词(不定冠词、定冠词和指示词)体现阳性和阴性。每种性别都呈

第11章 语法性别及类别

现一致性关系(Butt 1988:1-14)。

西班牙语(西班牙境内,印欧语系)

(29) a. el   hombre   b. *la   hombre
     DEF.SG.M   man   DEF.SG.F   man
     "the man"   "the man"

(30) a. la   mujer   b. *el   mujer
     DEF.SG.F   woman   DEF.SG.M   woman
     "the woman"   "the woman"

(31) a. los   gatos   b. *las   gatos
     DEF.PL.M   cat   DEF.PL.F   cat
     "the tomcats"   "the tomcats"

(32) a. las   gatas   b. *los   gatas
     DEF.PL.F   cat   DEF.PL.M   cat
     "the cats"   "the tomcat"

从语义角度看,西班牙语以两个性别大多数都由-o 和-a 标记而闻名,构成大量的意义对(Bergen 1980:56)。

表 11.23 西班牙语中的两个性别

阳 性	例 证		阴 性	例 证	
Dignitary	-dor	emperador "emperor"	Wife of dignitary	-triz	emperatriz "empress"
	-e	visconde "viscount"		-esa	viscondesa "viscountess"
	-e	almirante "admiral"		-esa	almirantesa "wife of admiral"
Worker	-o	zapatero "shoemaker"	Wife of worker	-a	zapatera "wife of shoemaker"
Male name	-o	Amado	Female name	-a	Amada
	-os	Carlos		-ota	Carlota

阳　性		例　证	阴　性		例　证
Scientist	-o	químico "chemist"	Science	-a	química "chemistry"
	-o	geólogo "geologist"		-ía	geología "geology"
Producer	-o	sombrerero "hatter"	Related object	-era	sombrerera "hat box"
	-o	panadero "baker"	Related place	-ria	panadería "bakery"
Male animal	-o	gato "tomcat"	Female animal	-a	gata "cat"
	-o	gallo "rooster"		-ina	gallina "hen"
Tree	-o	manzano "apple tree"	Fruit	-a	manzana "tree"
	-o	ciruelo "plum tree"		-a	ciruela "plum"
Large	-o	barco "ship"	Small	-a	barca "boat"
	-o	espino "big thorn"		-a	espina "small spike"
Small	-o	cuedro "frame"	Large	-a	cuedra "stable; quadrangle"
Natural object	-o	leño "wood"	Refined object	-a	leña "wood billet"
Refined object	-o	madero "wooden board"	Natural object	-a	madera "timber"
Deprecatory	-o	carretero "bad road"	Approbatory	-a	carretera "road"

除了这些配对外,还有许多孤立的阳性和阴性名词没有-o 和-a 标记,不属于对比性的性别配对。西班牙的性别有明显的一致模式,如(29)—(32)所示。

恰好有 3 种性别的语言包括德语、泰米尔语(Lehmann 1989)和纳马语(Nama, Hagman 1973:22-24)等许多语言。恰好有 4 种性别的则比较少见,但在阿奇语(Chumakina 2016)和戴尔博尔语(Dixon 1972)等语言中存在。在胡尼兹布语(Hunzib, van der Berg 1995:35)中发现了正好 5 个性别,在印古什语(Ingush, Guerin 2001:123)中发现了 6 个性别,在斯瓦西里语(Swahili, Mohammed 2001:40)中发现了 8 个性别,在本巴语(Bemba, Corbett 1991:156)和基库尤语(Kikuyu, Mugane 1997:22-29)中发现了 9 个性别,伊顿语(Eton, Van der Velde 2008)和伊马斯语(Yimas, Foley 1991:119)为 10,姆巴语(Mba, Corbett 1991:186)为 11,文戈语(Vengo, Schaub 1985:171)为 14,南吉库鲁格尔语(Ngan'gityemerri, Reid 1997)为 16。一致类数量最多的语言可能是富拉语(Fula, Breedveld 1995:295-460),有 20 种性别。

11.5.3 平均数量

有 30 到 90 个名词分类的语言数量上处于平均水平,可以认为这些语言对名词的区分度较高。汉语中约有 42 个量词在使用。当然,统计已经不活跃使用的量词本身存有一定争议。赵元任撰写的汉语语法中就列出了 51 个量词,有一些量词现在已经不活跃了(Chao 1968:589-593)。由于对哪些量词是活跃的缺乏统一的意见,因此很难定下一个确切的名词类数量。

在量词语言数量较低的一端,我们发现诺苏语(Nuosu, Gerner 2013b)有 30 个名词类。花苗语是中国贵州省有 30 万人使用的一种苗瑶语,约有 48 个量词(Ahmao, Gerner and Bisang 2010)。泰语有 90 个量词(Thai, Iwasaki 2005:74),属于较高的一端。

表 11.24 汉语中目前在活跃使用的 42 个量词

量词	语义	名词类别	量词	语义	名词类别
个	[+human]	人、孩子、问题、机会、……	尾	[+animal]	鱼、……
位	[+human]	先生、来宾、教授、……	棵	[+plant]	树、草、白菜、……
只	[+animal]	鸟、鸭子、蝴蝶、狗、苍蝇、……	朵	[+plant]	花、云彩、……
只	[+inanimate]	手、耳朵、眼睛、……	条	[+ 1-dim]	线、绳子、河、街、舌头、……
头	[+animal]	牛、猪、羊、驴、……	枝	[+ 1-dim]	毛笔、箭、筷子、枪、……

续　表

量词	语义	名词类别	量词	语义	名词类别
张	[+ 2-dim]	纸、票、床、脸、……	本	[book]	书、……
块	[+ 3-dim]	石头、西瓜、骨头、……	部	[book]	书、电影、……
把	[instruments]	刀、斧头、梳子、钥匙、……	篇	[book]	文章、……
件	[instruments]	衣服、袍子、东西、礼物、……	卷	[book]	书、期刊、……
枚	[specialized]	奖章、……	首	[specialized]	歌、……
架	[specialized]	飞机、钢琴、……	封	[specialized]	信、……
盏	[specialized]	灯	辆	[specialized]	车、……
口	[specialized]	井、钟、……	艘	[specialized]	船、……
顶	[specialized]	帽子、……	匹	[specialized]	马、布、……
床	[specialized]	被、……	扇	[specialized]	门、窗户、……
面	[specialized]	旗、镜子、……	幅	[specialized]	画、……
所	[building]	房子、学校、……	堵	[specialized]	墙、……
间	[building]	房子、卧室、……	根	[specialized]	棍子、香烟、……
家	[building]	铺子、电影院、……	粒	[specialized]	米、沙子、……
尊	[erected]	佛像、大炮、……	颗	[specialized]	珠子、牙齿、……
座	[erected]	楼、山、……	处	[specialized]	风光、……

11.5.4　最大数量

某些对名词类区分度特别高的语言,甚至可能带超过100个名词类。这些语言中包括伊孟达语(Imonda)语,有大约 100 个名词类,越南语有 140 个,基里维拉语(Kilivila)有 177 个。

基里维拉语是由特罗布里安群岛(巴布亚新几内亚)上两万人使用的一种南岛语,有世界上最高数量的 177 个名词类。确切的数字很难界定(某些估计下甚至多达 200 个)。基里维拉语使用量词前缀(Senft 称为"分类小品词"),这些前缀附在名词修饰语(疑问代词、数词和形容词)上。在下例中可以看出,名词 waga("独木舟")通过前缀 ke("木制物品")分类(Senft 1996:17-18)。

(33) 基里维拉语(巴布亚新几内亚境内,南岛语系)

    a. **ke**-vila   waga   le-kota-si?
       CP.wood-INT.how.many   canoe   3.PL.PST-arrive-PL
       "How many canoes arrived?"

    b. **ke**-yu   waga   ma-**ke**-si-na
       CP.wood-two   canoe   DEM-**CP.**wood-PL-DEM
       ke-manabweta   le-kota-si.
       CP.wood-beautiful   3.PL.PST-arrive-PL
       "These two beautiful canoes arrived."

分类前缀也可以是双音节抑或多音节,与名词修饰语熔合,就好像单音节一样。

(34) a. ma-**pwasa**-si-na   yena
       DEM-**CP.**rotten.thing-PL-DEM   fish
       "these rotten fish."

    b. **kevala**-lima   yena
       CP.drying.batch-NUM.5   fish
       "five batches of smoked fish."

Senft(1996:173-178)列出了 177 个分类小品词(量词),并承认由于多义和同音小品词的存在,如果采用其他计算方法,分类前缀的数量可能达到 200 个。

表 11.25　基里维拉语中 177 个量词前缀节选

量词前缀	译文
yuma	(i) "hand"; (ii) "span of two extended arms" (iii) "yard"
gudi	(i) "child"; (ii) "immature human"
kapwa	(i) "bundle"; (ii) "nest of birds"
gili	"row"

11.6　作业

除了名词中的量词分类，一些语言还对动词进行量词分类，分类策略有几种。

(35)　**任务**

　　a. 试描述汉语、俄语和葡萄牙语中对动词做量词分类的形态句法手段。

　　b. 试回答：分类元素是什么？该元素是哪一类词素？是否存在某种一致性关系？如果是的话，一致性关系建立在哪些句子成分之间？

11.6.1　汉语

(36) 我喊了他好**多声**。

(37) 他看了我几**眼**。

第 11 章　语法性别及类别

汉语中约有 20 个动量词(如:声、眼),下表给出节选。

表 11.26　汉语动量词

动量词	译　文	动量词	译　文
手	"hand"	巴掌	"palm"
拳	"fist"	脚	"foot"
枪	"gun"	锄头	"hoe"
锤	"hammer"	声	"voice"
斧头	"axe"	刀	"knife"
剪子	"scissors"	口	"mouth"
针	"needle"	眼	"eye"
笔	"pen"		

11.6.2　俄语

俄语有 16 个完成体前缀,附着于动词上。这些词缀的功能是使动词"完成化"。不带前缀的动词多带未完成解读。

俄语(俄罗斯境内,印欧语系)

(38) a. pilit
　　　see
　　　"see, be seeing"(看)

　　b. raz-pilit
　　　PREF-see
　　　"perceive"(看见)

(39) a. pisat
　　　write
　　　"write, be writing"(写)

　　b. pod-pisat
　　　PREF-write
　　　"write up"(写成)

下表是根据俄罗斯国家语料库中约 2,000 个基本动词与前缀的搭配模式得出的统计结果:

表 11.27　俄语完成体前缀

前缀	数量	前缀	数量	前缀	数量	前缀	数量
po-	417	na-	177	iz-	68	pri-	50
s-	281	pro-	142	u-	63	pete-	9
za-	237	vy-	123	vz-/voz-	57	pod-	6
o-/ob-/obo-	220	raz-	87	ot-	55	v-	3

11.6.3　葡萄牙语

葡语和其他一些罗曼语系语言一样，有三个熔合型变位类型，分别体现在带 **-ar**、**-er** 和 **-ir** 的三种不定式形式上。下表给出第一人称一致性标记下的完整变位。

表 11.28　葡萄牙语中的三个变位类型

	屈折类别	第一变位 *falar* "speak"	第二变位 *vender* "sell"	第三变位 *partir* "leave"
直陈式	现在时（1.SG）	fal-o	vend-o	part-o
	未来时（1.SG）	fal-arei	vend-erei	part-irei
	条件式（1.SG）	fal-aria	vend-eria	part-iria
	过去时非完成体（1.SG）	fal-ava	vend-ia	part-ia
	过去时（1.SG）	fal-ei	vend-i	part-i
	过去完成时（1.SG）	fal-ara	vend-era	part-ira
虚拟式	现在时（1.SG）	fal-e	vend-a	part-a
	未完成体（1.SG）	fal-asse	vend-esse	part-isse
	未来时（1.SG）	fal-ar	vend-er	part-ir

续 表

	屈折类别	第一变位 *falar* "speak"	第二变位 *vender* "sell"	第三变位 *partir* "leave"
非定式	不定式	fal-ar	vend-er	part-ir
	动名词	fal-ando	vend-endo	part-indo
	分词	fal-ado	vend-ido	part-ido

第 12 章 语法及物与配价概念

12.1 引论

配价一词是指一个谓词所结合的,必须在一个简单的小句中显性表达出来的核心论元短语的数量。不及物动词谓词需要一个论元(1 配价),及物动词谓词需要两个论元,而双及物动词谓词需要三个论元,通常是主语、直接宾语和间接宾语。

在本节中,我们将研究世界上的语言用来实现简单小句中动词配价改变的形态-句法构式。当配价改变的机制是形态机制(即使用形态手段)时,配价的降低或增加通过在谓词或其论元上添加词缀来表示。在其他情况下,采用分析的手段来改变配价,也即通过添加词语或者而不是词缀被用作改变效价的手段。

12.2 配价减少的语法过程

主要的配价减少语法过程可以分为三类:**被动语态构式**(passive construction)、**反被动语态构式**(anti-passive construction)以及**反使动构式**(anti-causative construction)。有的语言中同时具备这三种构式,也有的语言不具备任何一种配价减少的语法构式。世界上多数语言的情况则介乎这两种之间,也即存在被动语态构式、反被动语态构式和反使动构式中的其中一种。

12.2.1 被动语态(Passive)

相对于主动语态构式,被动语态构式具备以下三个特征。

第 12 章 语法及物与配价概念

(1) 定义

a. 动词必须去及物化(双及物动词变成及物动词,及物动词变成不及物动词,不及物动词不能在被动句中使用);

b. 施事(**A**)删去,或者降格为非核心论元;

c. 受事(**O**)提升为不及物动词主语(**S**)。

上述的三个特征在卡维内纳语(Cavineña)中都得到了体现。卡维内纳语的谓词可以被衍生被动态后缀**-tana**修饰(Guillaume 2008:256)。

(2) 卡维内纳语(玻利维亚境内,塔卡南语系)

a. Roberto=ra   kashi   ara-ya.
Roberto=ERG   sweet.banana   eat-IMPF
"Roberto eats sweet banana."

b. Kashi   ara-**tana**-ya
sweet.banana   eat-**PASS**-IMPF
"Sweet bananas are eaten."

相比之下,在古希腊语中,动词词干 **lý**-("set free")在及物性方面未指定,但如果附加动态后缀,则完全指定。因此,古希腊的主动/被动后缀是屈折词缀,而不是派生词缀。

表 12.1 古希腊语动态动词变位

词干 lý-"set free"	主动语态现在时		被动语态现在时	
1. SG	lý-ɔ	"I set free"	lý-omai	"I am set free"
2. SG	lý-eis	"you set free"	lý-ɛ	"you are set free"
3. SG	lý-ei	"s/he sets free"	lý-etai	"s/he is set free"
1. PL	lý-omen	"we set free"	lý-ómeθa	"we are set free"
2. PL	lý-ete	"you set free"	lý-esθe	"you are set free"
3. PL	lý-usin	"they set free"	lý-ontai	"they are set free"

在僧伽罗语(Sinhala,印欧语系,斯里兰卡境内)动态动词变位中,主动语态和被动语态词干通过**元音变化**(apophony)区别,即被动动词形式通过主动动词形式首元音的舌位前移实现(Matzel 1966:74)。

表 12.2 僧伽罗语动态动词变位

主动语态现在时词干		被动语态现在时词干	
bala-	"see"	bɛle-	"be seen"
hūra-	"scratch"	hīra-	"be scratched"
sōda-	"wash"	sēde-	"be washed"
vēla-	"dry（及物）"	vēle-	"be dried"

除了通过词缀表达被动之外,许多语言还使用所谓的**分析被动**(analytical passive)手段。分析被动涉及助动词和分词形式,使用的助动词类型可能因语言而异。

（3）The dog **was** washed by the rain.　　　　　　　　|"be"

（4）德语(德国境内,印欧语系)
　　Das　　Haus　wurde　von　　mir gefegt.　　|"become"
　　ART.DEF house become PREP.of me sweep.PRT
　　"The house was swept by me."

（5）波兰语（波兰境内,印欧语系）
　　zniwa　zostły　zhiszczone　przez　intensywne　descze　|"remain"
　　harvest remain destroy.PRT by　　intensive　　rain
　　"The harvest was destroyed by intensive rain."

由于动词不会在及物性上降级,因此汉语的"被"字构式并不能完全归类为被动构式,但它经常与被动构式归在一类,作为对应形式用来翻译其他语言的完全被动构式。助词"被"并不是标记降级主语的介词,因为可以删除降级的主语,介词通常不能删除其宾语补足语,如例(6c)的"把"。助词"被"的功能更像是在欧洲语言中所使用的助动词。历史上助词"被"是从动词义"覆盖"衍生而来的。

(6) a. 饺子**被**狗吃掉了。

b. 你为什么**被**∅逮捕了？

c. 他为什么**把**(*∅)/你逮捕了？

Siewierska(2013b)统计了包含373种语言的样本,计算了其中具备被动构式的语言数量。研究发现,162种语言(43%)使用被动构式,而211种语言(57%)不使用被动构式。

表12.3 世界范围内使用被动构式情况

语 言 类 型	语 言 数 量
使用被动构式	162(43%)
不使用被动构式	211(57%)
合　计	373

12.2.2 反被动语态(Anti-Passive)

反被动语态构式是具有二阶谓词的去及物化构式。与反被动构式相关联的是具有相同谓词词项的主动语态及物构式。反被动语态构式通常分布于作格语言当中,其特征是同时具备以下三个特性:

(7) 定义

a. 施事(**A**)提升为充当不及物动词主语的角色(当所处语言为作格语言时,带通格)。

b. 受事(**O**)或者被压制,或者实现为一个非核心论元成分。

c. 通过一个动词标记实现动词的去及物化。

俄罗斯境内的楚科奇语具有反被动构式。在(8a)中,及物动词 **nlʔetet**("carry")与作格主语和通格宾语一致。在(8b)中,该动词有反被动前缀 **ine-**标记,并且不再与受事构成一致关系。此时受事由非论元格(工具格 instrumental case)标记。

(8) 楚科奇语(俄罗斯境内,楚科奇-堪察加语系)

a. ʔaaček-a   kimitʔ-ən   ne-nlʔetet-ən
   youth-ERG   load-ABS   3.PL.A-carry-PST.3.SG.O
   "The young men carried away the load."

b. ʔaaček-ən   **ine**-nlʔetet-gʔe-t   kimitʔ-**e**
   youth-ABS   **APASS**-carry-PST.3.SG.S-PL load-**INSTR**
   "The young men aimed their carrying activity at the load."

反被动语态的语义功能是消除受事受到影响这一层蕴涵意义。它与受事标记为非论元补语相关。可以通过"尝试从事某活动"来理解反被动构式,这与英语中所谓的"尝试构式"(conative construction)相似。

(9) The hunter shot the bear.　　　(蕴涵:熊死了。)

　　The hunter shot **at** the bear.　(不蕴涵:熊死了。)

格陵兰的伊努皮亚克语(Iñupiaq)也具有反被动构式(Seiler 1978:77)。两句中的格标记不同。(10a)的及物动词句中,**aŋuti**-m 带有作格,而在反被动构式中则被处理为通格。受事名词 **umiaq**("boat")在(10b)被降格并带斜格标记。反被动构式的形式标记是不及物动词标记 **tuq**,与不及物主语 **aŋun**("the man")构成一致性关系。反被动构式在语义上要求降格的宾语表达非定指义,即"a boat"或"boats"。

(10) 伊努皮亚克语(格陵兰境内,爱斯基摩·阿留申语系)

a. aŋuti-m   umiaq   qinig-**aa**   tirrag-mi
   man-ERG   boat.ABS   see-3.SG.**A**.3.SG.**O**   beach-on
   "The man sees the boat on the beach."

b. aŋun   umiag-**mik**   qiniq-**tuq**   tirrag-mi
   man.ABS   boat-**OBL**   see-3.SG.S   beach-on
   "The man aims his seeing at boats on the beach."

在 194 种语言的样本中,Polinsky(2013a)计算了具有反被动结构的语言数量。48 种语言(25%)使用反被动结构,而 146 种语言(75%)不采用反被动结构。

表 12.4　世界范围内使用反被动构式情况

语 言 类 型	语 言 数 量
使用反被动构式	48(25%)
不使用反被动构式	146(75%)
合　　计	194

12.2.3　反使动语态(Anti-Causative)

在反使动结构中,带有致使语义的及物动词(即 X 导致 Y 到 Z)附着去及物化后缀,且构式中的施事不表达出来。这种结构发生在许多班图语中,比如斯瓦西里语(Swahili)。

(11)　斯瓦西里语(坦桑尼亚境内,尼日尔-刚果语系)

　　a. i-me-vunji-**ka**　　　　　b. i-me-poto-**ka**
　　　it-PERF-break-**ACAUS**　　 it-PERF-twist-**ACAUS**
　　　"It broke."　　　　　　　　 "It twisted."

关键的一点是,(11)中的去及物化后缀与被动后缀不同,这是认为其表达反使动关系的原因。也许这样的构式在世界语言上相当少见的原因是很容易简单地采用被动形态来达到相同的效果。

　　c. chakula　ki-li-pik-w-a　　　　　　na　　Hamisi
　　　food　　 3.SG-PST-cook-PASS-IND　 by　　name
　　　"The food was cooked by Hamisi."

12.3　配价转换的语法过程

在某些语法构式中,总体的动词配价没有发生变化,但是所涉及的论元改变了它们各自的语法关系。其中一种这样的构式是**主宾反转**(subject-object reversal)。一些语言同时具备两个平行的及物小句,即所谓的**直接小**

句(direct clause)和**倒置小句**(inverse clause)。倒置小句的动词后带有倒置后缀标记,该标记可以使施事和受事的角色互换。

以下数据来自库特奈语(Kutenai)。(12a)的主语和宾语仍然是(12b)的核心论元,也即两个句子都是及物的。(12b)中有一个倒置标记**-aps**,其功能是交换主语和宾语的角色。主语和宾语不提升或者降级。

(12) 库特奈语(加拿大不列颠哥伦比亚省,孤立语言)

    a. Wu: kat-i   niʔ-s   pałkiy-s   niʔ titqat'   直接句
       see-IND   the-OBV   woman-OBV   the man
       "The man saw the woman."

    b. wu: kat-**aps**-i   niʔ-s   pałkiy-s   niʔ titqat'   倒置句
       see-**INV**-IND   the-OBV   woman-OBV   the man
       "The woman saw the man."

图康·贝斯语(Tukang Besi)具有一个零倒置后缀,与宾语一致性后缀形成对比。该语的及物谓词带有主语一致性前缀和宾语一致性后缀。存在两组主语前缀,一组用于实态情态,另一组用于非实情态(Donohue 1999:113)。

表12.5 图康·贝斯语一致性词缀

人称	数	非现实主语 (Irrealis Subject)	现实主语 (Realis Subject)	宾语(O)
第一	单	ku-	ku-	-aku
第二	单	ko-	'u-/nu-	-ko
第三	单	na-/a-	no-/o-	-'e
第一	复	ka-	ko-	-kami
第二	复	ta-	to-	-kita
第三	复	ki-	i-	-komiu

第 12 章 语法及物与配价概念

此外,两个独立格词素(通格词素 **na** 和作格词素 **te**)与名词论元共现。如果谓词带有宾语后缀,及物动词句中的词序是可变的,但如果谓词后缀为零标记,则为固定。

表 12.6　图康·贝斯语词序

	第一种词序			第二种词序		
不及物动词	s-V	na S				
及物动词带宾语标记	s-V-o	na O	te A	s-V-o	te A	na O
零标记及物动词	s-V-∅	te O	na A	*s-V-∅	na A	te O

下例(13)中展示了零型倒置标记∅的用法:

(13)　库特奈语(加拿大不列颠哥伦比亚省,孤立语言)

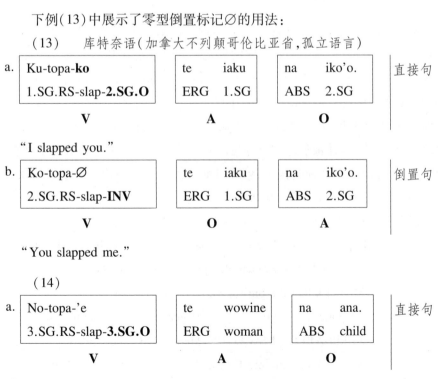

"I slapped you."

"You slapped me."

"The woman slapped the child."

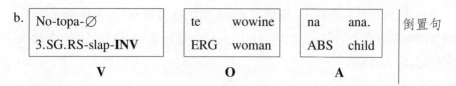

"The child slapped the woman."

12.4 配价增加的语法过程

语言中增加动词配价的基本方式有两种,一种是将非核心论元提升为核心论元,另一种采用使动结构。本节分头描述这两种语法过程。

12.4.1 双系态(Applicative)

双系构式是一种增加动词配价的结构。该结构中,谓词的非核心论元被提升为核心论元。双系构式正式的标记形式是通过在基本谓词上添加词缀来完成的。(15a)的例子给出了查莫罗语(Chamorro)的及物动词句。及物动词必须支配的直接宾语 babui("pig")出现在了可缺省的**受益者**名词短语前。在句子(15b)中出现的双及物动词则要求受益者名词短语作为动词"kill"的核心论元,并被后缀-i 所标记。直接宾语 babui 在这种情况下则被介词 nu 所标出。在这种结构下,yu 和 babui 都是必须的论元。双系后缀-i 则只标记在及物动词上(Gibson 1980)。

(15) 查莫罗语(使用于关岛,南岛语系)

a. Ha-punu' si Miguel i babui **para guahu** 基本句
3.SG.A-kill PN Miguel the pig **for 1.SG**
"Miguel killed the pig for me."

b. **Ha-punu'-i yu'** si Miguel nu i babui 双系句
3S-kill-APPL 1.SG.O PN Miguel OBJ the pig
"Miguel killed the pig for me."

双系构式在三个地域分布普遍:非洲(大部分在班图语系中)、西太平洋地区(南岛语系)以及北美和中美洲(萨利希语系、玛雅语系、犹他·阿兹特克语系)。有这种构式的语言,一般来说句中没有名词语法格或者数量很少,同时有足够丰富的动词构词法可以用来标记在谓词上形成的双系构式。

有的语言里,只有不及物谓词可以增加配价,例如在高地珀珀鲁卡语(Sierra Popoluca)中**工具**(instrument)可以被添加到核心论元里。在(19b)中,动词的宾语一致前缀说明了句中的谓词是及物动词。同时动词的后缀标记该动词的配价通过工具短语被提升到了宾语的状态(Elson 1956)。

(16)　　高地珀珀鲁卡语(米塞-索克语系,使用于墨西哥)

  a. te:ň　　　　　　　　　　　　　　　｜基本句
   stand.up.3.SG.S
   "He stood up."

  b. **i**-tye:**ň**-**ka**　　　　　　　　　　　　｜双系句
   3.SG.O-3.SG.S.stand.up-**APPL**
   "He stood up by means of it."

上文提到的图康·贝斯语允许在及物和不及物动词上添加不同的非核心论元,例如施益者、工具或地点(Donohue 1999:225-245)。词缀**-ako**为多功能双系标记,而**-mi**则为地点双系标记。

(17)　　图康·贝斯语(在及物动词中添加受益者论元)

  a. no-ala　　　te　　　kau.　　　　　　｜基本句
   3.SG-fetch　ERG　wood
   "She fetched the wood."

  b. no-ala-**ako**　te　　ina-su　　te　　kau　｜双系句
   3.SG-fetch-　ERG　mother-1st.　ERG　wood
   APPL　　　　　　POSS
   "She fetched the wood as a favour for my mother."

(18)　　图康·贝斯语(在不及物动词中添加工具论元)

  a. No-wila.　　　　　　　　　　　　　　｜基本句
   3.SG.S-go
   "He went."

b. No-wila-**ako**　　te　　kolikoli.　　｜双系句
　　　 3.SG-go-**APPL**　ERG　canoe
　　"He went by means of a canoe."

（19）图康·贝斯语（在不及物动词中添加处所论元）
　　a. No-kede.　　　　　　　　　　　　　｜基本句
　　　 3.SG.S-sit
　　"He sat."

　　b. No-kede-**mi**　te　kadera　atu.　　　｜双系句
　　　 3.SG-sit-**APPL**　ERG　chair　DEM.DIST
　　"He sat on that chair."

语言与语言之间在基本动词的配价上有差异（只允许及物动词，只允许不及物动词，及物和不及物均可），还在配价变化涉及哪些语义角色（施益、工具、地点）上存在差异。Polinsky（2013b）考察了 183 种语言，发现其中 83 种语言（45%）带有双系构式，余下 100 种语言（55%）不带有双系构式。

表 12.7　世界范围内使用双系构式情况

语　言　类　型	语　言　数　量
使用双系构式	83（45%）
不使用双系构式	100（55%）
合　　计	183

12.4.2　使动态（Causative）

另一种能够增加动词配价的方式是使动构式。使动构式根据如下定义归类（Comrie 1989a：165-166）：

（20）　定义
　　a. 它指代一个存在**使动者**（*causer*）和**受动者**（*causee*）的**使动事件**，并且

第 12 章 语法及物与配价概念

b. 隐含一个**受动事件**(使动事件构成的影响),其中受动者作为一个施事或不及物主语存在。

世界语言中已知的使动态有三类:**词汇使动态**(lexical causative)、**分析使动态**(analytical/periphrastic causative) 和 **形态使动态**(morphological causative)。词汇使动态是由简单句和存在使动意义的(双)及物谓词构成的,例如例(21)—(22)。一个带有使动形态的动词,例如 melt,由于隐含存在一个该使动动作的影响,所以不同于其他及物谓词,比如说 kick(见例 23)。

(21) a. John killed the pig.

b. The pig died.

(22) a. John showed Mary a book.

b. Mary saw a book.

(23) a. *John melted the ice but nothing happened to it.

b. John kicked the ice but nothing happened to it.

形态使动态则是由简单句和一个带有使动词缀的**受动谓语**(effect predicate)构成的。下面例子中的塔巴语(Taba)句子就使用了使动前缀。

(24)　塔巴语(印度尼西亚境内,南岛语系)

a. Paramalam	n = mot		受动事件
lamp	3.SG = die		

"The lamp has gone out."

b. i	n = **ha**-mot	paramalam	使动事件
3.SG	3.SG = **CAUS**-die	lamp	

"He turned the lamp off."

例(24a)是一个动词配价为 1 的及物简单句。在(24b)中通过添加使动前缀将动词配价增加至 2。日语中也存在形态使动态,并用后缀-ase 标记,见例(25),Song(2013)。

(25)　日语(日本境内,日本语系)

a. Ziroo	ga	ik-u	受动事件
Ziro	NOM	go-PRS	

"Ziro goes."

b. Kanako　ga　　Ziroo　o　　ik-**ase**-ta　　｜使动事件

　　　Kanako　NOM　Ziro　ACC　go-**CAUS**-PST

　　"Kanako made Ziro go."

呢苏语则利用辅音轻化构筑使动动词。这种过程被认为是一种变调缀。考虑如下的例子(Gerner 2007)。

(26)　　呢苏语(中国境内,汉藏语系)

　　a. ɕɿ²¹　　mbu³³　ja³³jɤ⁵⁵　　tʰa²¹　　tʂʰə²¹　　**vɿ**¹³.　　｜受动事件

　　　3.SG　clothes　beautiful　NUM.1　CL　wear

　　"S/he wears beautiful clothes."

　　b. a³³ma³³　　mbu³³　　kʲɛ³³　　ɕɿ²¹　　**fɿ**¹³.　　｜使动事件

　　　mother　　clothes　ACC　　3.SG　　dress

　　"Mother dresses him/her."

这种变调缀并不能应用到所有动词,只有大约53个动词可以通过此方式构筑使动形态。

表12.8　呢苏语使动形态构成举例

简 单 动 词	使 动 动 词
vɿ¹³ "wear"	**fɿ**¹³ "dress"
bɿ¹³ "burst"	**pɿ**¹³ "make burst"
dzɿ²¹ "melt"	**tɕɿ**²¹ "make melt"
ɖa³³ "collapse" (intr.)	**tʰa**³³ "make collapse"
dzu³³ "eat"	**tʂu**³³ "eat"
gi³³ "torn" (intr.)	**ki**³³ "tear" (tr.)
lɤ³³ "shake, move" (intr.)	**ɬɤ**³³ "shake, move" (tr.)
bu²¹ "open" (intr.)	**pʰu**²¹ "open" (tr.)

简单动词	使动动词
ndo^{33} "drink"	tɔ^{21} "give to drink"
dzɔ^{33} "fear"	tɕɔ^{33} "frighten"

雷布查语(Lepcha,印度境内,汉藏语系)通过将及物和不及物动词的起始辅音颚音化来衍生出使动动词。不过这个过程也没有完全覆盖所有动词(Plaisier 2007:51-52)。

表12.9 雷布查语使动动词

简单动词	使动动词
nók "push"	nyók "cause to quiver, shake"
mák "die"	myák "kill"
bám "dwell, stay, reside"	byám "keep, leave behind"
plâ "come forth, come out"	plyâ "come forth, come out"
lú "rise"	lyú "erect"
ʔum "ripe, sweet, tasty"	ʔyum "ripen, bring to maturity"

分析使动态(analytical causative)用一个使动谓词和一个受动谓词构成复合句。(27)和(28)分别为汉语和英语中的例子。

(27) a. 张三给李四看一本书。

　　b. 张三使学生回家去。

　　c. 张三让她高兴。

(28) a. Allan let her cry.

　　b. Allan made her cry.

　　　　c. Joan had him leave.

　　　　d. Joan caused him to leave.

虽然(27)和(28)的例子表达的均为使动事件,但它们之间明显存在语义上的区别。它们之间基本语义上的区别存在于**直接使动**(direct causation)和**间接使动**(indirect causation)。顾名思义,直接使动指的是该使动事件对受动事件有着直接的影响,而间接使动则没有这种直接影响。在间接使动的环境下,受动者会保留一定掌控该间接使动事件的条件;但在直接使动的环境下受动者几乎不能或完全不能控制该事件的发展。

Haiman(1983)提出一系列类型学原则用来检测两种或多种不同的用来描述直接使动关系的使动类型构式。总的来说,如果一种语言的使动形式超过一种,那么在形式紧密型层级中偏左侧的倾向于表达直接使动,偏(最)右侧的倾向于表达间接使动。

　　(29)　　**直接使动相关性原则**

　　　　　　a. 紧密性(形式):词汇性使动<形态性使动<分析性使动

　　　　　　b. 使动直接性(意义):直接使动<间接使动

　　　　　　c. 使动构式形式上越紧密,表达的使动关系越直接

韩语中的分析使动态和形态使动态的分布符合 Haiman 的相关性原则。例子(30a)中的分析使动态反映了间接使动,而(30b)中的形态使动态则表达了直接使动(见 Shibatani 1973)。

　　(30) 韩语(韩国境内,孤立语言)

a. emeni-nun　　ai-eykey　　os-ul　　ip-key　　**ha**-ess-ta　　分析性使动
　 mother-　　　child-　　　clothes-　wear-　　**do**-PST-　　 间接使动
　 TOP　　　　 DAT　　　　ACC　　　COMP　　 DECL

　　"The mother had the child put on the clothes."

b. emeni-nun　　　ai-eykey　　　os-ul　　　ip-**hi**-ess-ta　　形态性使动
　 mother-TOP　　child-DAT　　clothes-ACC　wear-**CAUS**-　直接使动
　　　　　　　　　　　　　　　　　　　　　　PST-DECL

　　"The mother dressed (=had put the clothes on) the child."

12.5 作业

侗语的被动词缀 **təu³³** 有好几种功能。

(31) **任务**
 a. 试描绘你能找到的所有 **təu³³** 的意义。
 b. 指出这些意义之间如何联系起来。

(32) a. mao³³ təu³³ tɕəm¹¹it³²³ jao¹¹ jaŋ³¹.
  3.SG DOUH wound 1.SG DP
  "He has touched my wound."

 b. mao³³ təu³³ mʲat³¹.   c. mao³³ təu³³ pʲen⁵⁵.
  3.SG DOUH knife   he   DOUH rain
  "He was cut by a knife."   "He was drenched by rain."

 d. mao³³ təu³³ sai³²³.   e. mao³³ təu³³ nui¹¹lao³¹.
  3.SG DOUH intestines 3.SG DOUH leprosy
  "He was satisfied."   "He got leprosy."

(33) a. mao³³ təu³³ tɕʰam¹³ we:ŋ¹¹.
  3.SG DOUH walk sideways
  "It must walk sideways."

 b. ȵa¹¹ təu³³ sui¹³ ɕən⁵⁵ əu⁵⁵.
  you DOUH dress body EXPR
  "You must dress well."

(34) kʷe:¹¹ jan¹¹ ɕao³⁵ təu³³ mao³³ tɕəi³³ ta³³.
  buffalo home you DOUH 3.SG count EXP
  "Your family's buffalos were counted by him."

第 13 章 时态及体态

13.1 引论

句子描述**情境**(situation),而**时态**(tense)起到的作用是将情境时间与外部的时间参照系统联系起来(Comrie 1985:9),**体态**(aspect)(亦称**体貌**)则是表达除外部参照之外的情境内部的时间结构(Comrie 1985:6)。我们将在第 2 节考察时态的类型学,在第 3 节考察体态的类型学,并在 13.4 节介绍时体的形态句法标记策略。

13.2 时态

在关于时态的文献中,学界区分三个时间概念:情景时间、指称时间和话语时间(Reichenbach 1948; Comrie 1985; Klein 1992, 1994)。绝对时态和相对时态的概念是根据这些时间框架来定义的。**绝对时态**是指指称时间和话语时间相同的情况,**相对时态**则对应两者不同的情况。

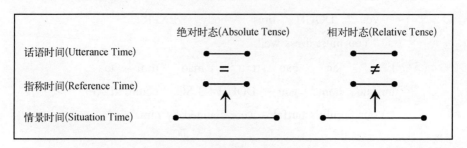

图 13.1 绝对时态和相对时态的概念

在下文中,我们先在 13.2.1 小节给出绝对时态系统的几种类型。在

第 13 章 时态及体态

13.2.2 小节中介绍相对时态系统的几种类型。

13.2.1 绝对时态

绝对时态(absolute tense)是一个时间概念,在这一概念中,**情景时间**(situation time)是直接相对于说话时间(即**话语时间** utterance time)而言的,可以是在说话时间之前(**过去时态** past tense),与说话时间同时(**现在时态** present tense)或之后(**未来时态** future tense)。

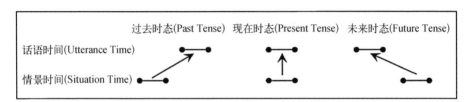

图 13.2 绝对时态的概念

根据 Dahl 和 Velupillai(2005:266-279)所做的研究,大约 80% 的语言都对时态进行显性表达(即编码)。世界上的语言对时态所进行的编码,从两种到十种不等。

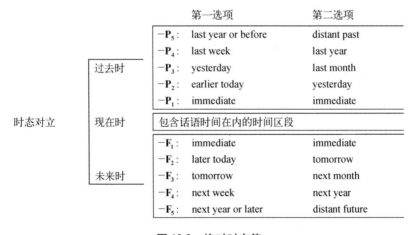

图 13.3 绝对时态值

有些语言会区分过去的时间和/或未来的时间(相距现在)的**久远程度**

(即时态距离)。相对来说,时态距离的对立在过去时中比在未来时中更频繁。Comrie(1985:97)区分了以上几种相对较常见的时态值。注意非常见的时态值系统也同样存在。

除却现在、过去和未来这几种区段,语言中还可以标明类指的(非特指的)情景时间,如例(1)所示。

(1) a. John drinks milk every morning.

b. He goes jogging whenever he has time.

本节中将分别讨论不带时态编码的语言(13.2.1.1 小节)、带两种时态的语言(13.2.1.2 小节)、带三种时态的语言(13.2.1.3 小节)以及带三个以上时态的语言(13.2.1.4 小节)。

13.2.1.1 没有时态

汉语和东亚的其他孤立语不编码时态。动词自带的语义在过去、现在和未来的时间指称之间存在歧义。汉语使用体态词素"了",该词素常被误译为英语中的过去时标记,但"了"其实并不表示过去时态,因为它可出现在具有非过去时间指称的状语从句[见(4)]或具有未来时间指称的陈述句中[见(5)]。

汉语(中国境内,汉藏语系)

(2) 我   昨天   忘   了   他的   地址。   过去的事件
    1.SG yesterday forget PFV   3.SG ATTR address

"I forgot his address yesterday."

(3) 火   灭   了。   有界的事件
    fire die   PFV

"The fire went out."

(4) 别   打   破   了   杯子!   未实现的事件
    NEG.IMP hit   broken   PFV   glass

"Don't break the glass." (Li 和 Thompson 1981:213)

(5) 明天   我   就   开除   了   他。   未来的事件
    tomorrow 1.SG   then   expel   PFV   3.SG

"I'll expel him tomorrow."

第13章 时态及体态

在无时态的汉语中,可以用"去年""明天"等时间短语来表达时态指称。

时态在缅甸语中也不是一个语法范畴。两个动词附着词 te 和 me 分别用于过去/现在与未来这两种时间参照的句子,但它们事实上是用来表达**现实语气**(realis mood)和**非现实语气**(irrealis mood)的附着词。它们最多只能说是与过去/现在和未来的时间参照有关联,但很明显,它们并不真的表达这些时间值,因为它们也可以出现在表相反的时间值的句子中,见下例(Okell 1969: 119, 355, 431)。

缅甸语(缅甸境内,汉藏语系)

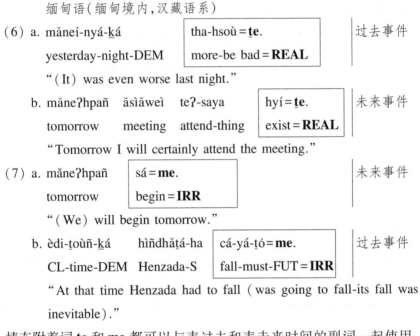

(6) a. mǎneí-nyá-ká　　　　tha-hsoù=**te**.　　　　过去事件
　　　yesterday-night-DEM　more-be bad=**REAL**
　　　"(It) was even worse last night."

　　b. mǎneʔhpañ　ǎsìǎweì　teʔ-saya　hyí=**te**.　　未来事件
　　　tomorrow　meeting　attend-thing　exist=**REAL**
　　　"Tomorrow I will certainly attend the meeting."

(7) a. mǎneʔhpañ　sá=**me**.　　未来事件
　　　tomorrow　begin=**IRR**
　　　"(We) will begin tomorrow."

　　b. èdi-ṭoùñ-ká　　hìñdhǎtá-ha　cá-yá-tó=**me**.　　过去事件
　　　CL-time-DEM　Henzada-S　fall-must-FUT=**IRR**
　　　"At that time Henzada had to fall (was going to fall-its fall was inevitable)."

情态附着词 **te** 和 **me** 都可以与表过去和表未来时间的副词一起使用。缅甸语中没有专门用于标记过去、现在或未来时态的词素。时间副词,如 **mǎneínyáká**"昨晚"或 **mǎneʔhpañ**"明天",可以进一步明确时间所指。

13.2.1.2 两个时态

当一种语言在其语法中表现出二元时态系统时,那么它可能以两种方式中的任意一种来划分时间轴:过去与非过去,或未来与非未来。我们在下面两个小节中分别讨论这两种划分方式。

A. 过去时与非过去时

英语有两种时态：现在时和过去时。每个动词必须选择其中一种时态。一些学者认为还有未来时态的存在（以 will 为标志），但是英语的未来时态并没有完全语法化，这一点在 13.2.3 节中将会讨论到。同时，德语也有两种时态，将过去时与非过去时分开。德语的现在时具有模糊的现在时间和未来时间指称。添加一个时间副词就可以区分出哪一种指称才是说话人意图表达的。表 13.1 给出了德语强动词 zeigen（"显示"）的两种时态（弱动词也具备相同的两种时态，但过去时是通过元音替换表达的）。

表 13.1　德语中的过去时和非过去时

代词		过去时		非过去时	
1.SG	ich	zeig-**t**-e	"I showed"	zeig-∅-e	"I show"
2.SG	du	zeig-**t**-est	"you showed"	zeig-∅-st	"you show"
3.SG	er	zeig-**t**-e	"he showed"	zeig-∅-t	"he show"
1.PL	wir	zeig-**t**-en	"we showed"	zeig-∅-en	"we show"
2.PL	ihr	zeig-**t**-et	"you showed"	zeig-∅-t	"you show"
3.PL	sie	zeig-**t**-en	"they showed"	zeig-∅-en	"they show"

(8)　德语

  a. Ich　　zeig-∅-e　　　　es　　　　　dir
    1.SG　show-**NPST**-1.SG　3.SG.ACC　2.SG.DAT
    "I show it to you now/I will show it to you."

  b. Ich　　zeig-t-e　　　　 es　　　　　dir
    1.SG　show-**PST**-1.SG　　3.SG.ACC　2.SG.DAT
    "I showed it to you."

芬兰语呈现出类似的二元时态系统，有一个过去式和一个非过去式的变体。过去时中,前缀-i 插入动词词干和人称后缀之间。非过去时态在形式上由一个零后缀来编码(Sulkala 1992：220,297-298)。

表 13.2 芬兰语中的过去时和非过去时

代词		过去时		非过去时	
1.SG	minä	puhu-i-n	"I spoke"	puhu-∅-n	"I speak"
2.SG	sinä	puhu-i-t	"you spoke"	puhu-∅-t	"you speak"
3.SG	hän	puhu-i-∅	"he spoke"	puhu-∅-u	"he speaks"
1.PL	me	puhu-i-mme	"we spoke"	puhu-∅-mme	"we speak"
2.PL	te	puhu-i-tte	"you spoke"	puhu-∅-tte	"you speak"
3.PL	he	puhu-i-vat	"they spoke"	puhu-∅-vat	"they speak"

(9) 芬兰语(芬兰境内,乌拉尔语系)

 a. Marketta puhu-∅-u Eesti-ä
  Marketta speak-**NPST**-3.SG Estonian-PAR
 "Marketta speaks Estonian now/Marketta speaks Estonian/Marketta will speak Estonian."

 b. Marketta puhu-**i**-∅ Eesti-ä
  Marketta speak-**PST**-3.SG Estonian-PAR
 "Marketta spoke Estonian." (Habitually or on a specific occasion.)

综上所述,德语和芬兰语存在过去与非过去的区分,因为在这两种语言中,现在时形式也可以用于表达未来的时间指称。

B. 未来时与非未来时

雅加利亚语(Yagaria)的华方言(Hua)是巴布亚新几内亚境内约 21,000 人使用的一门语言。它呈现出二元时态系统,但它的系统是德语和芬兰语时态系统的镜像。其时态分为未来时和非未来时。非未来时态是由一个零语素标记的。它允许将时间指向现在或过去(Haiman 1980: 121, 141)。

(10) 雅加利亚语(巴布亚新几内亚境内,跨新几内亚语系)

a. hu-**gu**-e 　　　　　　　　b. hu-**Ø**-e
do-**FUT**-1.SG 　　　　　　 do-**NFUT**-1.SG
"I will do." 　　　　　　　　　 "I did it/I do it."

表 13.3 雅加利亚语中的未来时和非未来时

代词	未来时		非未来时	
1.SG	ormi-**gu**-e	"I will come down"	ormu-Ø-e	"I come/came down"
2.SG	ormi-**ga**-ne	"I will come down"	ormi-Ø-ne	"you come/came down"
3.SG	ormi-**ga**-e	"I will come down"	ormi-Ø-e	"he comes/came down"
1.PL	ormu-**gu**-ne	"I will come down"	ormu-Ø-ne	"we come/came down"
2.PL	ermi-**ga**-e	"I will come down"	ermi-Ø-e	"you come/came down"
3.PL	ermi-**ga**-e	"I will come down"	ermi-Ø-e	"they come/came down"

二元的未来 vs. 非未来时态对立很罕见,但在澳大利亚的语言中也有。戴尔博尔语(Dyirbal)没有人称标记,但在词根上附加时态后缀,一个用于未来时态,另一个用于非未来时态(Dixon 1972: 55, 251)。

表 13.4 戴尔博尔语中的未来时和非未来时

动词词干		未来时		非未来时	
balgal	"hit"	balga-lday	"will hit"	balga-n	"hits/hit"
bural	"see"	bura-lday	"will see"	bura-n	"sees/saw"
baniy	"come"	bani-nday	"will come"	bani-ɲu	"comes/came"
yanul	"go"	yanul-daɲu	"will go"	yanu-Ø	"goes/went"

第 13 章　时态及体态　　　　　　　　　　　　　　　　　　　　　319

下面的两个例句中可以看出,动词 bural("see")带两个时态标记。

(11)　戴尔博尔语(澳大利亚境内,帕马-努干语系)

　　　a. ɲuma-∅　　　yabu-ɲgu　　　**bura-day.**
　　　　 father-NOM　　mother-ERG　　 see-**FUT**
　　　　 "Mother will see father."

　　　b. ɲuma-∅　　　yabu-ɲgu　　　**bura-n.**
　　　　 father-NOM　　mother-ERG　　 see-**NFUT**
　　　　 "Mother sees/saw father."

13.2.1.3　三个时态

在介绍具有真正的三种形态的时态对立的语言之前,我们首先评估一下英语时态的情况。学者们对英语助词 will 作为时态或情态助词的地位有不同意见(见 Gerner 2013a)。支持 will 作为时态标记的学者基于大型语料库的研究,提出 will 的纯未来时使用占所有使用的 90%以上(Salkie, 2010:196)。反对 will 作为时态标记的学者强调,will 的使用既不是未来时间指称的必要条件也

不是充分条件(Comrie 1985:47)。例如,will 有几种具有现在时间指称的语态用法。因此,英语也许更应该被归类为一种有两种时态对立(过去时与非过去时)的语言。

(12)　英语(英国境内,印欧语系)

　　　a. 意向：　　　　　　We'll do the job now.
　　　b. 意愿：　　　　　　He **will** go swimming in dangerous waters.
　　　　　　　　　　　　　　　　　　　　　　　　　　Comrie(1985:47)
　　　c. 礼貌性请求：　　　**Will** you help me look for my purse?
　　　　　　　　　　　　　　　　　　　　　　　　　　Salkie(2010:192)
　　　d. 相信事件真实性：The match **will** be finished by now.
　　　　　　　　　　　　　　　　　　　　　　　　　　Salkie(2010:192)

而另一方面,**will** 以外的其他形式也可以表达未来时间指称。

(13) a. 现在时： The train leaves (/will leave) in 2 hours.

Declerck (2006: 182)

b. 现在进行时：Helen is taking (/will take) her exam tomorrow.

Salkie (2010: 196)

c. 认识情态： Mary may (/will) get married next year.

许多语言确实有特殊的时态形态标记。然而，它们划分时间线的方式（如前所示）可能有很大的不同。马拉亚拉姆语（Malayalam）可以看成是确实具有三方对立的一种语言。过去时、现在时和未来时分别由动词上的三个后缀来编码（Asher 1997: 286-289）。

表 13.5 马拉亚拉姆语中的过去时、现在时和未来时

	过去时	现在时	未来时
var- "come"	var-**i** "came"	var-**unnu** "come"	var-**um** "will come"
pook- "go"	pook-**i** "went"	pook-**unnu** "go"	pook-**um** "will go"
ooʈ- "run"	ooʈ-**i** "ran"	ooʈ-**unnu** "run"	ooʈ-**um** "will run"
paʈhik- "study"	paʈhik-**i** "studied"	paʈhik-**unnu** "study"	paʈhik-**um** "will study"
turak- "open"	turak-**i** "opened"	turak-**unnu** "open"	turak-**um** "will open"
kiʈ- "get"	kiʈ-**i** "got"	kiʈ-**unnu** "get"	kiʈ-**um** "will get"
tar- "give"	tar-**i** "gave"	tar-**unnu** "give"	tar-**um** "will give"

(14) 马拉亚拉姆语（印度境内，达罗毗荼语系）

a. avan   naalə   maasam   munpə   madiraaʃikkə   pook-i.
   3.SG   NUM.4   month   before Madras.DAT   go-PST
   "He went to Madras four months ago."

b. avar   ippoḷ   madiraaʃikkə   taamasikk-unnu
   3.PL   now   Madras.LOC   stay-PRS
   "They now live in Madras."

c. avan naaɭe　　**var-um**

　3.SG　tomorrow　come-**FUT**

"He will come tomorrow."

法语在过去时中区分三个时态和两个体态：过去时非完成体和过去时完成体。此外，时态屈折变位与人称一致标记融合。

表 13.6　法语的三个时态

	过 去 时		现 在 时	未 来 时
	未 完 成	完 成		
1.SG	faisais "I was doing"	fis "I did"	fais "I do"	ferai "I will do"
2.SG	faisais "you were doing"	fis "you did"	fais "you do"	feras "you will do"
3.SG	faisait "s/he was doing"	fit "s/he did"	fait "s/he does"	fera "s/he will do"
1.PL	faisions "we were doing"	fimes "we did"	faisons "we do"	ferons "we will do"
2.PL	faisiez "you were doing"	fites "you did"	faites "you do"	ferez "you will do"
3.PL	faisaient "they were doing"	firent "they did"	font "they do"	feront "they will do"

（15）　法语（法国境内，印欧语系）

　　a. il　　**faisait**　　　　　　froid.

　　　3.SG　do.3.SG.PST.IMP　cold

　　"It used to be cold."

　　b. il　　**fit**　　　　　　　froid.

　　　3.SG　do.3.SG.PST.PFV　cold

　　"It was cold."

　　c. il　　**fait**　　　　　　froid.

　　　3.SG　do.3.SG.PRES　cold

　　"It is cold."

d. Il **fera** froid.
3.SG **do.3.SG.FUT** cold
"It will be cold."

13.2.1.4　三个以上的时态

拥有三种以上时态的语言往往在过去的时态值上有丰富的表达。例如，亚瓜语（Yagua）使用六个语法时态，一个现在时态和五个过去时态，表达不同程度的时间久远性。为了表达未来的时间指称，亚瓜语还用一个情态语助词。也即是说未来时态没有语法化（见 Payne and Payne 1990：386-388）。

表 13.7　亚瓜语的现在时和过去时

时间指称	时态值	译文
[now]	PRS　jiya-∅	"go now"
[-few hours]	PST1　jiya-**jásiy**	"go a few hours ago"
[-1 or more days]	PST2　jiya-**jay**	"go one or more days ago"
[-1 or more weeks]	PST3　jiya-**siy**	"go one or more weeks ago"
[-1 or more months]	PST4　jiya-**tiy**	"go one or more months ago"
[-2 or more years]	PST5　jiya-**jada**	"go two or more years ago"

下面的例子体现了六种时态的表达。

(16)　亚瓜语（秘鲁境内，雅干语系）

a. sa-jimyiy-∅
3.SG-eat-**PRS**
"He eats." or "He is eating."

b. ray-jiya-**jásiy**
1.SG-go-**PST1**
"I just went (this morning)."

c. ray-junnɯ́y-**jay**-nii

　1.SG-see-**PST2**-3.SG

　"I saw him (yesterday)."

d. sa-dii-**siy**-maa

　3.SG-die-**PST3**-PFV

　"He has died (several weeks ago)."

e. sa-diiy-**tiy**-maa

　3.SG-die-**PST4**-PERF

　"He has died (several months ago)."

f. ray-rupay-**jada**

　1.SG-be-born-**PST5**

　"I was born (several years ago)."

很少会有语言在其时态系统中有丰富的未来时表达,但也存在这样的语言。温尤语(Vunjo,坦桑尼亚境内,尼日尔-刚果语系)就是其中一例。温尤语有三种未来时态和两种过去时态。时态值可以通过与说话时间的相对距离来描述为近距(proximal)、中距(medial)和远距(distal)(Moshi 1994:132-136)。

表13.8　温尤语的两个过去时和三个未来时

时间指称	过去时		未来时		
[±近距]	PST1　á-éndà	"went"(近距过去时)	FUT1　í-éndà	"will go"(近距未来时)
[±中距]			FUT2　ícì-éndà	"will go"(中距未来时)
[±远距]	PST2　lé-éndà	"went"(远距过去时)	FUT3　ě-éndà	"will go"(远距未来时)

除了过去和未来时态外,还有两个现在时态词缀 i-和 keri-,但这些标记将时态义与示证义相融合,特别是与视觉和间接信息来源相融合,因此不能

代表专门的现在时态标记。下面的例句中给出了三个未来时态标记。

(17) 温尤语(坦桑尼亚境内,尼日尔-刚果语系)

    a. Mana   n-a-í́-enda

       child   FOC-G1-**FUT1**-go

       "The child is going [soon]."

    b. Msulri   n-a-ícì-zrezra

       nobleman   FOC-G1-**FUT2**-speak

       "The nobleman will speak [sometime in the future]."

    c. Mana   n-a-é́-enda

       child   FOC-G1-**FUT3**-go

       "The child will go [in distant future]."

时态数量最多的语言可能是耶姆巴语(Yemba,也叫 Bamileke-Dchang),该语在喀麦隆有 30 万人使用。耶姆巴语有 10 个时态:5 个过去时态和 5 个未来时态。如果说话者想指代过去或未来的事件,他/她必须选择表 13.9 中的一种时态。为了指代现在的事件,说话者选择 PST1 动词形式的持续体形式(Hyman 1980)。

表 13.9 耶姆巴语的 10 个时态

时间指称		过去时/未来时	
[−1 year or more]	PST5	**lèlá?ń**-táŋ	"bargained long time ago"
[−2 or more days]	PST4	**lè**-táŋ-ŋ́	"bargained before yesterday"
[−1 day]	PST3	**kè**-táŋ-ŋ́	"bargained yesterday"
[−few hours]	PST2	**áàn**-táŋ	"bargained earlier today"
[−very short time]	PST1	**á**-táŋ	"have just bargained"
[+very short time]	FUT1	**?á**-táŋ	"be about to bargain"
[+few hours]	FUT2	**?pìŋ?ŋ́**-táŋ	"will bargain later today"

第13章 时态及体态

续 表

时间指称			过去时/未来时
[+1 day]	FUT3	ʔlùʔú-táŋ	"will bargain tomorrow"
[+2 or more days]	FUT4	láʔé-táŋ	"will bargain after tomorrow"
[+1 year or more]	FUT5	fú-táŋ	"will bargain long time from now"

对出现在上表中的划分也不能太拘泥于字面去理解，因为它们不是建立在严格的分类基础上的。一个昨天刚刚发生的事件，上表中有两到三个词缀都可以表示，取决于说话人对该事件的看法。此外，这些时态既可以如(18)句中那样单独使用，也可以如(19)中那样在复杂句中与不同的动词组合使用。

耶姆巴语(喀麦隆境内，尼日尔-刚果语系)

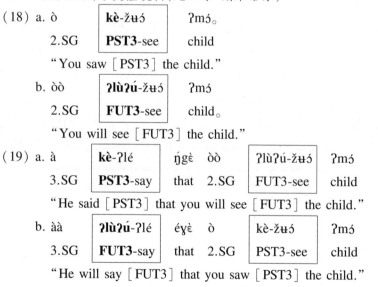

13.2.2 相对时态

相对时态(relative tense)与绝对时态的区别在于**指称时间**(reference time)与话语时间不同。根据话语时间、指称时间和情景时间的相对顺序，可以确定五个相对时态类别(Comrie 1985)，包括一个相对现在时(①)，两个相对过去时(②和③)和两个相对未来时(④和⑤)。

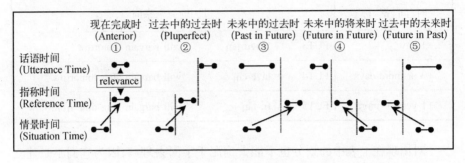

图 13.4　相对时态值

前置(Anterior)或**现在完成时**(Present Perfect)是一种相对时态,在这种时态中,情景时间在参照时间之前,而且在这种时态中,所指的情景被认为以某种适当的方式与话语时间有关。对于**过去完成时**(Pluperfect)或**过去中的过去时**(Past in the Past)来说,情景时间先于指称时间,而参照时间又先于话语时间。**未来完成时**(Future Perfect)或**未来中的过去时**(Past in the Future)是第二个相对过去时态类别,表现为情景在说话时间之后的某个未来时间完成。**未来中的未来时**(Future in the Future)指的是情景时间之后的时间,而情景时间本身又是发生在说话时间之后。与之相比,第二个相对未来时间概念,**过去中的未来**(Future in the Past),指的是情景发生在说话时间之前的一个时间点。

类　别	例　证	语义解读
① 现在完成时	John has left.	
② 过去完成时	John had already left at 10pm.	
③ 未来中的过去	John will have left by tomorrow.	(He has already left.) (He is leaving now.) (He will leave before midnight.)
④ 未来中的未来	John will be about to leave.	
⑤ 过去中的未来	John said that he would return.	(John has already returned.) (John returns now.) (John has not returned yet.)

第 13 章 时态及体态

下面 13.2.2.1 小节讨论现在完成时，13.2.2.2 小节讨论相对过去时，13.2.2.3 小节讨论相对未来时。

13.2.2.1 现在完成时态

现在完成时或前置是一种相对时态，它表示过去的事件与当前的话语情境有关。根据 Dahl 和 Velupillai(2013)的研究，世界上有 49%的语言采用专门的前置形式。这些语言要么具备特殊的动词词缀形式，要么具备小品词(particle)或动词分词与助动词形式("be"或"have")。

古希腊语从现在时形式中派生出前置时态形式，其方法是部分重叠词首辅音并加上后缀-ka。古希腊在使用重叠来编码前置时态方面是独一无二的(同样，拉丁语也有一个特殊的前置时态前缀)。

表 13.10 古希腊语中的前期相对时态

现 在 时		前置(Present Perfect)	
gráf-ō	"I write"	gé˘ graf-a	"I have written"
føg-ō	"I flee"	pé˘ føg-a	"I have fled"
dōs-ō	"I give"	dé˘ dō-ka	"I have given"
ly-ō	"I set free"	lé˘ ly-ka	"I have set free"
χair-ō	"I rejoice"	ké˘ χár-éka	"I have rejoiced"
paid-ō	"I teach"	pé˘ paid-øka	"I have taught"

(20) 古希腊语(希腊境内，印欧语系)

hε　　　pistis　　sou　　　　se˘ so-ken　　　　　se.
DEF.F　　faith　　2.SG.POSS　ANT˘ save-ANT.3.SG　2.SG.ACC
"Your faith has saved you."(Greek New Testament, Lk. 7∶50)

汉语句子语气词"了"一般被分析为表达事件对于当前的关联性。然而，由于它不一定是指过去的事件，所以它还没有成为一个真正的前置形式,见(21)—(22)。不过当完成体动词语气词"了"(见 13.2.1.1 节)与句子语气词"了"结合使用时,基本总是指代具有当前意义(当下关联)的过去事件,因此应被看作是传达前置时态的形式,见(23)。

汉语普通话
(21) 我们 是 二 十 四 个 了。
 1P SG COP two ten four CL DP
 "We are 24 now." [Before we were less people]

(22) 我 要 喝 了。
 1P SG want drink DP
 "(But) I want to drink." [In contradiction to the assumption of the Hearer]

(23) 我 洗 好 了 衣服 了。
 wǒ xǐ haǒ PFV yīfu DP
 "I've finished (the project of) clothes washing (which you knew I had to do)."

其他语言用复合动词形式来编码前置时态,包括动词的完成分词形式和助动词(即 be-形式或 have-形式)结合使用。东亚美尼亚语(Eastern Armenian)采用辅助动词 be 来构成前置时态,出现在分词形式之后(Dum-Tragut 2009:213-214)。

表 13.11 东亚美尼亚语的 be-完成体

	ašxat- "work"			urax- "rejoice"		
1.SG	es	ašxat-el	em	"I have worked"	es	uraxac-el	em	"I have rejoiced"
2.SG	du	ašxat-el	es	"you have worked"	du	uraxac-el	es	"you have rejoiced"
3.SG	na	ašxat-el	ē	"he has worked"	na	uraxac-el	ē	"he has rejoiced"
1.PL	menk'	ašxat-el	enk	"we have worked"	menk'	uraxac-el	enk	"we have rejoiced"

第 13 章　时态及体态

续　表

				ašxat- "work"				urax- "rejoice"
2.PL	duk'	ašxat-el	ek	"you have worked"	duk'	uraxac-el	ek	"you have rejoiced"
3.PL	nrank	ašxat-el	en	"they have worked"	nrank	uraxac-el	en	"they have rejoiced"

（24）东亚美尼亚语（亚美尼亚境内，印欧语系）

Siranuš-ĕ　　22 tari　　　ašxat-**el**　　ē　　　ew
Siranuš.　　 22 year.　　work-PRT.　COP.3.　CONJ
NOM-DEF　　NOM　　　 PFV　　　　SG.F

kap-i　　　　　　　　ew　　transport-i　　naxararut'yun-um.
communication-DAT　CONJ　transport-DAT　Ministry-LOC

"Siranuš has worked 22 years in the Ministry of Communication and Transport."

冰岛语（Icelandic）和其他日耳曼语族的语言（包括英语在内）通过动词完成体分词和 have-形式助动词的结合来表达前置时态（Einarsson 1945：97, 99）。

表 13.12　冰岛语中的强动词和弱动词 have-完成体

	强　动　词				弱　动　词			
1.SG	ég	hef	gefinn	"I have given"	ég	hef	sagður	"I have said"
2.SG	þú	hefur	gefinn	"you have given"	þú	hefur	sagður	"you have said"
3.SG	hann	hefur	gefinn	"he has given"	hann	hefur	sagður	"he has said"
1.PL	við	höfum	gefinn	"we have given"	við	höfum	sagður	"we have said"
2.PL	þið	hafið	gefinn	"you have given"	þið	hafið	sagður	"you have said"
3.PL	þeir	hafa	gefinn	"they have given"	þeir	hafa	sagður	"they have said"

(25) 冰岛语(印欧语系,冰岛境内使用)

ég	hef	sagður	þetta	orð.
1.SG	have	said	this	word

"I have said this word."

13.2.2.2 相对过去时

相对过去时这一概念的时间参照取决于过去的一个时间点,或者指向一个更加遥远的过去的时间点,或者指向相对未来的一个时间点。前一个概念被称为**过去完成时**(pluperfect),后一个概念则是**未来中的过去**(past in the future)。过去完成时形式比较常见,许多语言使用与英语类似的复合形式(例如"had played")。然而少有语言具有专门的词缀。拉丁语就使用特殊的后缀来表示过去完成时和未来过去时。

表 13.13　拉丁语中第一变位的相对过去时形式

	过去完成时		未来中的过去	
1.SG	amā-veram	"I had loved"	amā-verō	"I will have loved"
2.SG	amā-verās	"you had loved"	amā-verīs	"you will have loved"
3.SG	amā-verat	"s/he had loved"	amā-verit	"s/he will have loved"
1.PL	amā-verāmus	"we had loved"	amā-verīmus	"we will have loved"
2.PL	amā-verātis	"you had loved"	amā-verītis	"you will have loved"
3.PL	amā-verant	"they had loved"	amā-verint	"they will have loved"

拉丁语在公元 5 世纪之前一直是罗马帝国的通用语言,它采用四种变位,其中过去完成时和未来过去时形式上略有不同。

在不同时期的拉丁文经典中,都可以找到过去完成时和未来中的过去。例子(26a—b)给出了从句中的两种过去完成时形式,它们的指称都依赖于主句中的过去时动词。例子(27a—b)给出了两个带有未来中的过去动词的简单句(Meagan Ayer 2014)。

第 13 章 时态及体态

表 13.14 拉丁语中所有四种变位的相对过去时形式

变位	例	证	过去完成时	未来中的过去
1st	am-o	"I love"	amā-veram	amā-verō
2nd	vid-eō	"I see"	vīd-eram	vīd-erō
3rd	dūc-ō	"I lead"	dūx-eram	dūx-erō
4th	audi-ō	"I hear"	audī-veram	audī-verō

拉丁语（意大利境内，印欧语系）

(26) a. Locī   nātūra   **erat**   haec,   quem   locum
       ground   nature   be.PST.   DEM.   REL.F.   ground
                             IMP.3.SG   PROX.F   SG.ACC

   nostrī   castrīs   **dēlēg-erant**.
   1.PL.POSS   squad   choose-PLP.3.PL

   "This was the nature of the ground which our men had chosen for a camp."

   b. Viridovīx   summ-am   imperī   **tenē-bat**   eārum
      Viridovīx   command-   chief   hold-PST.   3.PL.POSS.
                  ACC   IMP.3.SG   GEN.PL

   omnium   cīvitāt-um   quae   **dēfēc-erant**.
   all.GEN.PL   tribe-GEN.PL   REL.GEN.PL   revolt-PLP.3.PL

   "Viridovix held the chief command of all those tribes which had revolted."

(27) a. ut   sēment-em   **fēc-eris**,   ita   metēs.
       as   seed-ACC   do-PIF.2.SG   so   reap-FUT.2.SG

   "As you will have sown, so will you reap."

b. Ego   certē   meum   officium   praestit-**erō**.
1.SG   certainly   1.SG.ACC   duty-ACC   execute-**PIF.1.SG**

"Certainly, I will have done my duty."

13.2.2.3 相对未来时

专门的相对未来时形式很罕见。在通俗拉丁语(Vulgar Latin, 100 BC—700 AD)中,除了相对过去时的形式外,还出现了专门的相对未来时的形式,但不是作为词缀形式。相对未来时态是通过复合形式表达的,包括一个特殊的未来分词和助动词 essere("be")的形式。未来分词对性别和数范畴作屈折-tūrus(阳性)、-tūra(阴性)、-tūrum(中性),而助动词 essere 的屈折形式涉及未来时(erō)和过去时(eram)。

表 13.15 拉丁语第一变位的相对未来时形式

			未来中的未来			过去中的未来
1.SG	amā-tūrus	erō	"I will be going to love"	amā-tūrus	eram	"I would love"
2.SG	amā-tūrus	eris	"you will be going to love"	amā-tūrus	erās	"you would love"
3.SG	amā-tūrus	erit	"he will be going to love"	amā-tūrus	erat	"he would love"
1.PL	amā-tūri	erimus	"we will be going to love"	amā-tūri	erāmus	"we would love"
2.PL	amā-tūri	eritis	"you will be going to love"	amā-tūri	erātis	"you would love"
3.PL	amā-tūri	erunt	"they will be going to love"	amā-tūri	erant	"they would love"

拉丁语的四种变位,所采用的形式互相之间略有不同,具体见下表。

第 13 章 时态及体态

表 13.16 拉丁语中所有四种变位的相对未来时形式

变位	例	证	未来中的未来	过去中的未来
1st	am-o	"I love"	amā-tūrus erō	amā-tūrus eram
2nd	vid-eō	"I see"	vī-sūrus erō	vī-sūrus eram
3rd	dūc-ō	"I lead"	dūc-tūrus erō	dūc-tūrus eram
4th	audi-ō	"I hear"	audī-tūrus erō	audī-tūrus eram

相对未来时在拉丁语口语中似乎少见，只在晚期拉丁语时期（公元 2 世纪后）的诗歌和正式文本中能够找到。例子（28）给出的是一个未来中的未来的形式，而（29a）给出的是一个过去中的未来的形式。过去中的未来形式也用于违实句，特别是在结果小句中，如（29b）。违实句的形式标志是前句中的动词虚拟形式（Meagan Ayer 2014）。

(28) Diagor-ā, nōn enim in cael-um **adscēn-sūrus eris**.
Diagoras-NEG indeed LOC heaven-ACC rise-PRT.FUT.M.SG be.FUT.2.SG

"Diagoras, you will indeed not be going to ascend to heaven."

(29) a. **Relic-tūrī** agrōs erant.
abandon-PRT.FUT.3.PL field-ACC.PL be.PST.3.PL

"(They said that) they would abandon their fields (at some point in the future)."

b. **Relic-tūrī** agrōs **erant,** nisi ad eōs Metellus.
abandon-PRT.FUT.3.PL field-ACC.PL be.PST.3.PL if not to 3.PL. Metellus ACC

litter-ās misisset.
letter-ACC.PL send.SUBJ.PST.3.SG

"They would have abandoned their fields, if Metellus had not sent them a letter."

13.3 体态

时态将情景时间与一个外部的时间框架联系起来。与之不同,体态则显示情景的内部时间结构。语言学家一般会辨析出有四种类型的体态。动词及其补语所编码的时间结构通常被称为**词汇体态**(lexical aspect),有时也使用一个德语术语 Aktionsart 来表示这一类型(13.3.1 小节)。**相位体态**(phasal aspect)指的是语言如何标记事件的不同阶段,如开始或结束(13.3.2 小节)。**视角体态**(perspectival aspect)分为完成体和未完成体两个值,指的是一个句子是作为一个整体还是作为一个部分呈现的(13.3.3 小节)。**量化体态**(quantificational aspect)展示一个事件发生的频率,可以是一次发生,有时发生或经常发生(13.3.4 小节)。

13.3.1 词汇体

哲学家万德勒(Vendler 1957)提出了四种情景类型或**词形体**(Aktionsarten),根据它们与英语副词"in two hours""for two hours"和"at ten o'clock"能否共现来区分。万德勒指出所有的小句都可能涉及这四种类型中的一种。词形体的理论在学界有一定批评意见,但是影响深远。

表 13.17 万德勒的四大词形体类别

词形体(Aktionsart)	不 及 物	及 物	in	for	at
状态(state)	The door is open.	John knows it.	−	+	+
活动(activity)	John ran.	John pushed the car.	−	+	−
达成(accomplishment)	Two liters leaked out.	John ate a cake.	+	−	−
成就(achievement)	The door opened.	John opened the door.	+	−	+

有些语言使用一类状态谓语,通过添加词缀的方式从这些谓语中派生出**成就**(achievement)谓语。特佩华语(Tepehua,墨西哥境内,托托纳克语

第 13 章 时态及体态

系)是墨西哥境内约 9,000 人使用的语言。它有一个开启式前缀(ta-),把一个状态谓词变成一个不及物成就谓词,还有一个使动式前缀(ma-),把一个状态谓词变成一个及物成就谓词(Watters 1988:40-42)。

表 13.18 特佩华语中的开启式和使动式前缀

状态(不及物)		成就(不及物)		成就(及物)	
kiɬta: -y	"hung up"	ta-kiɬta: -y	"get hung up"	ma-kiɬta: -y	"hang up"
'aknu: -y	"be underground"	ta-'aknu: -y	"go underground"	ma-'aknu: -y	"bury"
laqɬti'a: -y	"be open"	ta-laqɬti'a: -y	"to open" (intr.)	ma-laqɬti'a: -y	"to open" (tr.)
lakcahu-y	"be closed"	ta-lakcahu-y	"to close" (intr.)	ma-lakcahu-y	"to close" (tr.)
ma: ɬ	"be lying"	ta-ma: ɬ	"to lie"	ma-ma: ɬ	"to lay"
pasa-y	"different"	ta-pasa-y	"to change" (intr.)	ma-pasa-y	"to change" (tr.)
pa: ca: -y	"useful"	ta-pa: ca: -y	"to become used"	ma-pa: ca: -y	"use"

13.3.2 相位体

相位体是指聚焦于事件的特定阶段,即进入性阶段、延续性阶段和完成性阶段。英语通过动词如 begin、continue 和 finish 对相位体进行编码,这些动词是完整的词汇动词,可以带直接宾语和动词短语补语。

(30) a. John **began** his meal.

b. John **began** to eat his meal.

(31) a. John **continued** his lectures.

b. John **continued** to teach his lectures.

(32) a. John **finished** his homework.

b. John **finished** doing his homework.

有些语言中,一些表达位移进入、下降或离开一个事件的方向性动词通过语法化成为表达活动的开始、继续和结束的体标记。在中国云南省永仁县的彝族语言罗罗语中,有三个方向性谓语以这种方式发展为体标记

(Gerner 2002)。

表 13.19　罗罗语的三个相位体

相位体	附着词	译文
起行体/开始体　（Ingressive）	du^{33}	"rise"　→　"begin"
持续体　　　　（Continuative）	$tse^{33}zi^{33}$	"go down"　→　"continue"
结行体/完结体　（Completive）	$t^hɯ^{33}$	"exit"　→　"finish"

下例中可以看出这三个相位附着词和它们作为独立谓语使用的情况。

罗罗语（中国境内，汉藏语系）

(33) a. ŋo³³vɔ³³　nɛ³³nɛ²¹　**du³³**.
　　　 1.PL　　　early　　　rise
　　　 "We got up early."

　　b. ŋo³³　ʑi²¹du²¹　**du³³**.
　　　 1.SG　bed　　　rise
　　　 "I got up."

　　c. nə⁵⁵mo³³　　　　ŋɯ³³　**du³³**.
　　　 younger.sister　weep　 INGR
　　　 "The younger sister started to weep."

　　d. zɔ²¹　pɛ⁵⁵tsɨ²¹　tsɨ²¹　**du³³**.
　　　 3.SG　clothes　　wash　 INGR
　　　 "He started to wash clothes."

(34) a. ŋo³³　tʂə⁵⁵mo³³　**tse³³zi³³**.
　　　 1.SG　road　　　 go.down
　　　 "I went down the road."

　　b. zɔ²¹　ŋɯ³³　gɔ³³　tʂə⁵⁵mo³³　tʰiɛ²¹　**tse³³zi³³**.
　　　 3.SG　ox　　pull　road　　　　LOC　　 go.down
　　　 "He pulled the ox down the road."

c. ʐɔ²¹ tɕɛ²¹ tse³³zi³³ ɔ³³.
   3.SG sing CNT DP
   "He continues to sing."

d. ʐɔ²¹ ŋo³³ tʰiɛ²¹ gə³³sə³³ tse³³zi³³.
   3.SG 1.SG DOM like CNT
   "He continues to like me."

(35) a. ʑe³³ fu³³ tʰɯ³³ ɔ³³.
     chicken egg exit DP
     "The chicken hatched out."

b. ŋɯ³³ sɿ³³ tʰɯ³³.
   ox blood exit
   "The ox is bleeding."

c. ʐɔ²¹ dzo²¹ tʰɯ³³ ɔ³³.
   3.SG eat COMPL DP
   "He finished eating."

d. ʐɔ²¹ ɣo²¹no³³ tʰɯ³³.
   3.SG rest COMPL
   "He finished resting."

最后,在格陵兰岛约有 56,000 人使用的官方语言格陵兰语(Kalaallisut)具有三个相位后缀,它们没有从动词语法化而来(Fortescue 1984:282)。

表 13.20 格陵兰语的三个相位体

	词缀	译文
起行体/开始体 (Ingressive)	-lir	"begin"
持续体 (Continuative)	-riartur	"continue"
结行体/完结体 (Completive)	-junnaar	"finish"

格陵兰语(格陵兰境内,爱斯基摩·阿留申语系)

(36) a. Uqaluqatigii-**lir**-put
　　　talk-**INGR**-IND.3.PL
　　　"They began to talk together."

b. Kigaa-**lli**-vuq
　slow-**INGR**-IND.3.SG
　"He began to slow."

(37) a. qulla-**riartur**-puq
　　　rise-**CNT**-IND.3.SG
　　　"It is in the process of rising."

b. Upirna-**riartur**-puq
　be.spring-**CNT**-IND.3.SG
　"It is getting to be spring."

(38) a. sialli-**junnar**-puq
　　　rain-**COMPL**-IND.3.SG
　　　"It has stopped raining."

b. ikuma-**junnaar**-puq.
　burn-**COMPL**-IND.3.SG
　"It has stopped burning."

13.3.3　视角体

视角体(perspectival aspect)对事件采取或整体或部分的观察视角。其中**完成体**(perfective aspect)是对情景作整体的把握,而**未完成体**(imperfective aspect)则是从情景内部对情况进行观察。在英语中,未完成体由动词后缀-**ing**(如 go-**ing**)表示。俄语以存在完成体句和未完成体句之间形态上的对比而闻名。几乎所有的俄语动词都有一个完成体还有一个未完成体的形式。完成体形式由 16 个动词前缀中选取一个表达,动词如果没有前缀则表示未完成体形式,也即Ø-标记(Yanda and Nesset 2011)。

表 13.21　俄语的动词未完成体和完成体形式

未完成体	完成体	译文
Ø-dyelat'	**s**-dyelat'	"do"
Ø-chitat'	**pro**-chitat'	"read"
Ø-smotryet'	**po**-smotryet'	"watch"
Ø-pisat'	**na**-pisat'	"write"
Ø-pit'	**vy**-pit'	"drink"
Ø-gotovit'	**pri**-gotovit'	"cook"

第13章 时态及体态

下例给出非完成体和完成体动词形式在句子中的具体使用。这里主语的性别和时态信息是由动词后缀表达的(Comrie 1976:23-24)。

俄语(俄罗斯境内,印欧语系)

(39) a. on　　Ø-zapira-l　　　　dveri
　　　 3.SG　 IMPF-lock-PST.M　door.ACC
　　　 "He was locking the door."

　　 b. on　　po-zapira-l　　　　dveri
　　　 3.SG　 PFV-lock-PST.M　door.ACC
　　　 "He locked up the door."

(40) Nyet　ya　　Ø-chita-l　　　　vsye　　utro,　no　nye
　　　No　　1.SG　IMPF-read-PST.M　whole　morning　but　NEG

　　　pro-chita-l　　　yego.
　　　PFV-read-PST.M　3.SG.N

　　"No, I was reading the whole morning, but I haven't finished (reading) it."

Yanda 和 Nesset(2011)根据俄语国家语料库中的 2,000 个基本动词,统计了相匹配的完成体前缀,算出了下列频率分布。

表 13.22　俄语完成体前缀的分布

完成体前缀	动词	完成体前缀	动词	完成体前缀	动词
po-	417	vy-	123	pri-	50
s-	281	raz-	87	pete	9
za-	237	iz-	68	pod-	6
o-/ob-/obo-	220	u-	63	v-	3
na-	177	vz-/voz-	57		
pro-	142	ot-	55		

尼日尔-刚果语也呈现完成体词缀和非完成体词缀之间的对比。在几内亚有10万人使用的雅伦卡语(Yalunka)中,动态谓语带有非完成后缀-ma或完成语后缀-xi(Lüpke 2005:119-124)。

(41) 雅伦卡语(几内亚境内,尼日尔-刚果语系)

 a. kade lanseet-ɛɛ tongo-**xi**.
  Kade razor-DEF take-**PFV**
 "Kade has taken the razor."

 b. A dii-na xun-na bii-**ma**.
  3.SG child-DEF head-DEF cut-**IMPF**
 "She is (/was) shaving the child's head."

这两个体后缀都与过去时小品词 nun 和非现实语气小品词 nde 兼容,nde 的功能是表示一种情景为非现实的、假设的或发生在未来的。

(42) a. naaxee birin nun xɔnɔ-**xi**, e birin banta ɲaxan.
  REL.PL all PST angry-**PFV** 3.PL all by.now happy
 "Those who had become angry, they are all happy now."

 b. o nɛn bande ɲin-**ma** nun?
  2.PL what food cook-**IMPF** PST
 "What were you cooking?"

(43) a. Mainuna mini-**xi** nde, a yamba keden min...
  Mainuna exit-**PFV** IRR 3.SG tobacco NUM.1 drink
 "Mainuna would be gone, she smoked a cigarette."

 b. Awa, too, on summon-**ma** nde!
  well today 1.PL chat-**IMPF** IRR
 "Well, today we will be chatting."

13.3.4 量化体

量化体(quantificational aspect)表现的是对某一给定事件的具体出现次数进行量化的方式。在世界上的语言中,被内化成为语法表达一部分的量化体值有**经历体**(experiential aspect)和**习惯体**(habitual aspect)。

第 13 章　时态及体态

经历体表达一个事件至少发生过一次,而习惯体指的是事件多次重复发生。

诺苏语有别于其他语言,具有三个互相对立的量化体后附词:经历体、**周期体**(periodical aspect)和习惯体。周期体表示"有时"的量化价值,但不是副词,必须作为动词后附词出现(见 Gerner 2013b:296 - 309)。

表 13.23　诺苏语的三个量化体

	诺苏语后附词	译　　文
经历体	=ndzo^{21}	"once"
周期体	=ndi^{55}	"sometimes"
习惯体	=ko^{33}ʂu^{44}	"often"

这三种动词后附词都可以被否定,并且在逻辑上与否定构成**组构关系**(compositional),如(44)—(46)所示。

诺苏语(中国境内,汉藏语系)

(44) a. ŋa^{33}　　ndʐ^{33}　　ndo^{33}　　 =**ndzo**^{44}.
　　　 1P.SG 　wine 　 drink 　　 EXP
　　　 "I have drunken wine once."

　　b. ŋa^{33}　　ndʐ^{33}　　ndo^{33}　-a^{21}-　 **ndzo**^{44}.
　　　 1P.SG 　wine 　 drink 　 NEG 　 EXP
　　　 "I have never drunken wine."

(45) a. ŋa^{33}　　pɛ^{44}tɕʰɛ^{33}　 =**ndi**^{55}.
　　　 1P.SG 　 dance 　　　 =PER
　　　 "I dance sometimes."

　　b. ŋa^{33}　　pɛ^{44}tɕʰɛ^{33}　-a^{21}-　 **ndi**^{55}.
　　　 1P.SG 　 dance 　　 NEG- 　 PER
　　　 "I almost never dance."

(46) a. ŋa³³　　he³³　　ŋɛ⁵⁵　　=ko³³ṣɯ⁴⁴.
　　　　1P.SG　fish　go fishing　=HAB
　　　　"I often go fishing."

　　b. ŋa³³　　he³³　　ŋɛ⁵⁵　　=ko³³-a²¹-ṣɯ⁴⁴.
　　　　1P.SG　fish　go fishing　=HAB<NEG>
　　　　"I do not go fishing often."

13.4　时体标记

虽然时、体是不同的范畴,但它们在许多语言的动词总都是交织在一起表达的,有时还与情态结合在一起。本节探讨编码时体概念的形态策略。这些策略包括独立的小品词(13.4.1 节)、异干替换动词形式(13.4.2 节)、前缀(13.4.3 节)、后缀(13.4.4 节)或语法声调(13.4.4 节)。

13.4.1　小品词

时态和体态通常由动词上的词缀来标记,这些词缀可能与其他意义相混淆,如人称标记。在世界上大约13%的语言中(Dryer 2013d),时态和语态不是由动词上的词缀来编码的,而是由独立的非屈折**小品词**(particle)来编码。其中,印度尼西亚语(Indonesian,简称印尼语)在动词前使用三种时态和三种体态小品词。

表 13.24　印尼语中的时体标记

时态/体态		小品词	译　文
近距过去时	(Recent Past)	baru	"just now"
远距过去时	(Remote Past)	pernah	"once before"
未来时	(Future)	bakal	"will"
完成体	(Perfective)	sudah	"already"

第13章 时态及体态

续　表

时态/体态	小品词	译　文
非完成体　（Imperfective）	sedang	"in the process of"
持续体　（Continuative）	masih	"continue to"

印尼语动词可以单独出现,也可以和小品词一起出现。如果没有小品词,动词在时态和体态范畴上是不定的(即不指定具体哪一个时态或者哪一个体态)。使用了时体小品词后,则会指定某种特定的时态或体态,起到其他语言中词缀起到的作用(Sneddon 1996:197—200)。

印尼语(印度尼西亚境内,南岛语系)

(47) a. dia　baru　　　tiba.
　　　 3.SG PST.REC arrive
　　　 "He has just arrived."

　　 b. Umurnya　baru　　　empat　tahun.
　　　 name　　　PST.REC NUM.4　year
　　　 "Umurnya is just four years old."

(48) dia　pernah　　belajar　di　Paris
　　 3.SG PST.REM study　　LOC Paris
　　 "She once studied in Paris."

(49) dia　bakal menjadi　presiden.
　　 3.SG FUT　 become　 president
　　 "He will become president."

(50) a. Ali　sudah bangun.　　b. dia　sudah tidur
　　　 name PFV　 wake.up　　　 3.SG　PFV　 go.to.bed
　　　 "He has woken up."　　　　"He has gone to bed."

(51) mereka sedang makan.
　　 3.PL　 IMPV　 eat
　　 "They are eating."

(52) a. dia masih makan.　　b. dia masih muda.
　　 3.SG CONT   eat　　　　 3.SG CONT   young
　　 "She is still eating."　　　　"She is still young."

13.4.2 异干替换

异干替换词(suppletive word forms)是指同一词汇的两种不相干的形式,分别表达两种不同的语法意义。过去时 **went** 和现在时 **go**,以及简单形容词 **good** 和比较级形容词 **better**,都是异干替换的例子。许多语系中都不同程度地存在异干替换现象。阿尔巴尼亚语(Albanian,阿尔巴尼亚境内,印欧语系)大量地在常用动词上使用异干替换表达现在时和过去时(Newmark 1982:44-49)。

表 13.25　阿尔巴尼亚语的异干替换时态形式

不定式		现在时			过去时			
qenë	"to be"	jam	"I am"	je	"you are"	qeshë	"I was"	qe	"you were"
pasur	"to have"	kam	"I have"	ke	"you have"	pata	"I had"	pate	"you had"
ardhur	"to come"	vij	"I come"	vjen	"you come"	erdha	"I came"	erdhe	"you came"
dhënë	"to give"	jap	"I give"	jep	"you give"	dhashë	"I gave"	dhe	"you gave"
parë	"to see"	shoh	"I see"	shikon	"you see"	pashë	"I saw"	parë	"you saw"
rënë	"to fall"	bie	"I fall"	bie	"you fall"	rashë	"I fell"	ra	"you fell"
prurë	"to bring"	sjell	"I bring"	sillni	"you bring"	prura	"I brought"	prure	"I brought"

13.4.3 前缀

斯瓦西里语(Swahili,坦桑尼亚境内,尼日尔-刚果语)是东非数百万人使用的一种重要的通用语言,它采用三种时态,通过将三个前缀嵌入到人称标记和动词词根之间来标记(Mohammed 2001:122-135)。

表 13.26　斯瓦西里语中的前缀时态标记

	过去时		现在时		未来时	
1.SG	ni-li-cheza	"I played"	ni-na-cheza	"I play"	ni-ta-cheza	"I will play"
2.SG	u-li-cheza	"you played"	u-na-cheza	"you play"	u-ta-cheza	"you will play"
3.SG	a-li-cheza	"s/he played"	a-na-cheza	"s/he plays"	a-ta-cheza	"s/he will play"
1.PL	tu-li-cheza	"we played"	tu-na-cheza	"we play"	tu-ta-cheza	"we will play"
2.PL	m-li-cheza	"you played"	m-na-cheza	"you play"	m-ta-cheza	"you will play"
3.PL	wa-li-cheza	"they played"	wa-na-cheza	"they play"	wa-ta-cheza	"they will play"

13.4.4　后缀

据 Dryer(2013d)研究,大多数语言(世界语言中约 60%)都用动词后缀来编码时态和体态义。东印度特里普拉邦有一百万人使用的库克博罗克语(Kokborok,印度境内,汉藏语系),通过动词上的单一后缀来标记过去、现在和未来时态。库克博罗克语主语的人称不通过词缀来标记(Pai 1976:66-67)。

表 13.27　库克博罗克语中的后缀时态标记

动词		过去时		现在时		未来时	
taŋ- "go"	bɔ taŋ-**kha**	"he went"	bɔ taŋ-**ɔ**	"he goes"	bɔ taŋ-**anu**	"he will go"
ča- "eat"	bɔ ča-**kha**	"he ate"	bɔ ča-**ɔ**	"he eats"	bɔ ča-**anu**	"he will eat"
nay- "look"	bɔ nay-**kha**	"he looked"	bɔ nay-**ɔ**	"he looks"	bɔ nay-**anu**	"he will look"
tag- "know"	bɔ tag-**kha**	"he knew"	bɔ tag-**ɔ**	"he knows"	bɔ nay-**anu**	"he will know"

卡纳达语是印度西南部 4,300 万人口使用的达罗毗荼语,有过去、现在和未来时态后缀,均嵌入到动词词干和人称后缀之间。卡纳达语(Kannada)

的动词范式是 13.4.3 节中讨论的斯瓦西里语动词范式的镜像（Sridhar 1990：219-222）。

表 13.28　卡纳达语的后缀时态标记

	过　去　时	现　在　时	未　来　时
1.SG	ma:d-**id**-ene "I did"	ma:d-**utt**-ene "I do"	ma:d-**uv**-ene "I will do"
2.SG	ma:d-**id**-iye "you did"	ma:d-**utt**-iye "you do"	ma:d-**uv**-iye "you will do"
3.SG.M	ma:d-**id**-anu "he did"	ma:d-**utt**-ane "he does"	ma:d-**uv**-anu "he will do"
3.SG.F	ma:d-**id**-alu "she did"	ma:d-**utt**-ale "she does"	ma:d-**uv**-alu "she will do"
1.PL	ma:d-**id**-eve "we did"	ma:d-**utt**-eve "we do"	ma:d-**uv**-eve "we will do"
2.PL	ma:d-**id**-iri "you did"	ma:d-**utt**-iri "you do"	ma:d-**uv**-iri "you will do"
3.PL	ma:d-**id**-are "they did"	ma:d-**utt**-are "they do"	ma:d-**uv**-are "they will do"

尼泊尔语（Nepali）是尼泊尔的国语，有 1,600 万人使用，采用三种时态，由后缀标记。与卡纳达语不同的是，时态标记与主语人称标记熔合为一个后缀（Acharya 1991：80-81）。

表 13.29　尼泊尔语的后缀时态标记

	过　去　时	现　在　时	未　来　时
1.SG	jān-**ē**　"I went"	jān-**chu**　"I go"	jān-**nechu**　"I will go"
2.SG	jān-**yau**　"you went"	jān-**chau**　"you go"	jān-**nechau**　"you will go"
3.SG.M	jān-**e**　"he went"	jān-**chan**　"he goes"	jān-**nechan**　"he will go"
3.SG.F	jān-**in**　"she went"	jān-**chin**　"she goes"	jān-**nechin**　"she will go"
1.PL	jān-**yaū**　"we went"	jān-**chaū**　"we go"	jān-**nechaū**　"we will go"
2.PL	jān-**yau**　"you went"	jān-**chau**　"you go"	jān-**nechau**　"you will go"

第 13 章　时态及体态

续　表

	过　去　时		现　在　时		未　来　时	
3.PL.M	jān-**e**	"they went"	jān-**chan**	"they go"	jān-**nechan**	"they will go"
3.PL.F	jān-**in**	"they went"	jān-**chin**	"they go"	jān-**nechin**	"they will go"

13.4.5　声调

世界上大约有1%的语言通过动词词干的声调别义来表达时态（Dryer 2013d）。在科特迪瓦有470万人使用的巴奥勒语（Baoulé），把动词根据语音特性分为三类。第一类动词现在时的音节结构为 **CV**^{31}，即带单调降调［^{31}］；第二类动词现在时的音节结构为 **CCV**^{31}，带降调［^{31}］，第三类现在时为双音节结构 **CV**^{31}**CCV**^{31}。这三类动词的第一个音节的单调降调转为平高调［^{55}］时，动词由现在时转换为未来时。

表 13.30　巴奥勒语的声调时态标记

	声　调	现　在　时	声　调	未　来　时
动词类 1	［^{31}］	di^{31} "eat" fa^{31} "take"	［^{55}］	di^{55} "will eat" fa^{55} "will take"
动词类 2	［^{31}］	njã^{31} "look" tla^{31} "grab"	［^{55}］	njã^{55} "will look" tla^{55} "will grab"
动词类 3	［^{31}］+［^{31}］	kũ^{31} ndɛ^{31} "look for" nã^{31} nti^{31} "walk"	［^{55}］+［^{31}］	kũ^{55} ndɛ^{31} "will look for" nã^{55} nti^{31} "will walk"

在下面两个最小配对中，动词的声调决定了动词时态（Timyan 1977: 216）。

巴奥勒语（科特迪瓦境内，尼日尔-刚果语系）

(53) a. n^{33}　kɔ^{31}　fje^{33}　su^{33}　n^{33}　ba^{31}.
　　　1.SG　go.**PRS**　field　on　1.SG　return.**PRS**
　　"I go to the fields, I return."

b. n³³ kɔ⁵⁵ fje³³ su³³ n³³ ba⁵⁵.
1.SG go.FUT field on 1.SG return.FUT
"I'll go to the fields, I'll return."

(54) a. ndɛ³³ sɔ³³ su³³ je³³ n³³ nã³¹nti³¹ ɔ³³.
word thus on COP 1.SG walk.PRS DISC
"It is these words I follow."

b. ndɛ³³ sɔ³³ su³³ je³³ n³³ nã⁵⁵nti³¹ ɔ³³.
word thus on COP 1.SG walk.FUT DISC
"It is these words I will follow."

13.5 作业

试分别描述阿拉姆布拉克语(巴布亚新几内亚境内,塞皮克语系)和莫霍克语(美国境内,易洛魁语系)的时体范畴如何表达。

(55) 任务
a. 找出表达时范畴和体范畴的词素。
b. 写出这些词素分别表达哪种时态值和体态值。

阿拉姆布拉克语(Alamblak)有5个时态,如表13.31所示。表中动词最右方后缀-r (3.SG.M.A)表达主语的单数阳性 (Bruce 1984:146)。

表13.31 阿拉姆布拉克语的时态系统

	hɨti "看"	fa "吃"	kit "去"	naku "叫"
现在时	hɨtit-wë-r	ka-w-r	kit-wë-r	nakut-wë-r
紧邻过去时	hɨti-tawë-r	fa-wë-r	yifi-r	naku-r
近过去时	hɨti-rë-r	fa-rë-r	r-i-ë-r	naku-rë-r
远过去时	hɨti-më-r	fa-më-r	yi-më-r	naku-më-r
未来时	hɨti-rah-r	ye-rah-r	(yi)riah-r	naku-rah-r

第13章 时态及体态

莫霍克语（Mohawk）具有一致性前缀，其中一部分是衣架词缀（如：1/2）。"X"表示斜宾语或工具宾语（Hopkins 1988：165）。

表 13.32 莫霍克语的体态系统

	har/harv "挂"	awi "给"	atkahtho "看"
习惯体	k-har-haʔ 1.A-hang-HAB "I used to hang it."	kuy-awi-s 1/2-give-HAB "I used to give it to you"	k-atkahtho-s 1.A-look-HAB "I used to look"
状态体	wak-har-ʔ 1.X-hang-STAT "It hangs by me."	kuy-awi-∅ 1/2-give-STAT "It was given to you by me"	wak-atkahtho-u 1.X-look-STAT "looked upon by me"

第 14 章 情态及示证性

14.1 情态和语气

众所周知,要为**情态**(modality)的概念给出一个具备囊括性的定义是很困难的(Palmer 1986:14-23)。我们在这里也不会尝试给出自己的定义,而仅限于交代清楚情态涉及对确定性、义务、说话人态度和言语义务等认知概念的表达。情态(或模态)在逻辑学、心理学和语言学等学科中都有深入的研究(逻辑学上有专门的学科**模态逻辑** Modal Logic)。与语言情态紧密相关的是**语气**(mood)的概念。语法语气是指情态在一个语言的语法中编码(表达)的方式。从这个角度讲,可以说情态和语气之间的关系类似于时间和时态,抑或生物性别和语法性别之间的关系。

14.1.1 情态

情态的核心领域是命题的确定性和义务(性)。确定性的语言表达归入**认识情态**(epistemic modality)的范畴,与义务有关的语言表达归入**义务情态**(deontic modality)的范畴。认识情态和义务情态的表达在强度上有所不同,至少包括两个值,即**必要**(necessary)和**可能**(possible)。我们要区分**必要义务性**、**可能义务性**、**必要认识性**和**可能认识性**这几种情态。语言使用助动词或词缀(屈折变化)来表达情态。我们将语言区分为几类:使用相同的标记来表达义务和认识情态(14.1.1.1 节),使用不同的标记来表达(14.1.1.2 节)或使用不对称的标记来表达(14.1.1.3 节)。

14.1.1.1 相同的义务情态和认识情态标记

Van der Auwera 等人(2013)发现,世界上大约有 17% 的语言使用一种必要性和一种可能性标记来表示义务性和认识性情态。英语就体现出了这种语言类型：英语使用助动词 must 来表示义务和认识上的必要性，而 may 则表示义务和认识上的可能性。

(1) a. John **must** come tomorrow.　　　　　　　　| 义务必要性
　　 b. John **must** be a teacher.　　　　　　　　　| 认识必要性
(2) a. Mary **may** come tomorrow.　　　　　　　　| 义务可能性
　　 b. Mary **may** be a teacher.　　　　　　　　　| 认识可能性

格陵兰语用后缀-ssa 表示义务和认识上的必要性，用后缀-sinnaa 表示义务和认识上的可能性（Fortescue 1984：292，294）。

格陵兰语（格陵兰境内，爱斯基摩·阿留申语系）

(3) a. Inna-jaa-**ssa**-atit.　　　　　　　　　　　　| 义务必要性
　　　 Go.to.bed-early-**NES**-IND.2.SG
　　　 "You must go to bed early."
　　 b. Københavni-mii-**ssa**-aq.　　　　　　　　| 认识必要性
　　　 Copenhagen-be.in-**NES**-IND.3.SG
　　　 "She must be in Copenhagen."
(4) a. Timmi-**sinnaa**-vuq.　　　　　　　　　　　| 义务可能性
　　　 fly-**POS**-IND.3.SG
　　　 "It may fly."
　　 b. Nuum-mut　aalla-reer-**sinnaa**-galuar-poq　| 认识可能性
　　　 Nuuk-all　leave-already-**POS**-however-3.SG.IND
　　　 "He may well have left for Nuuk already, but..."

14.1.1.2　不同的义务情态和认识情态标记

汉语分别采用不同的助动词"必须"和"一定"对应表达义务和认识上的必要性，采用不同的助动词"可以"和"可能"表示义务和认识上的可能性。

汉语

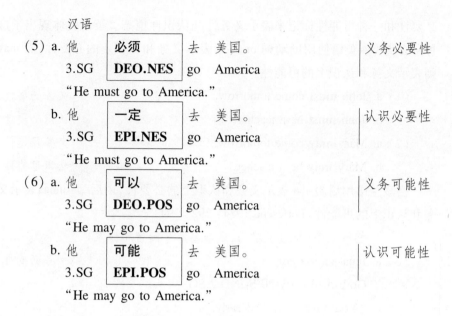

14.1.1.3 不对称的义务情态和认识情态标记

世界上大约有 50%的语言在表达义务和认识情态方面存在词汇不对称（Van der Auwera et al. 2013）。在日本北部的阿伊努语（Ainu）中，助动词 kuni 用于表示义务和认识的必要性，助动词 easkay 用于表示义务的可能性，但没有表达认识的可能性的标记（Refsing 1986：204-207）。

阿伊努语（日本境内，孤立语）

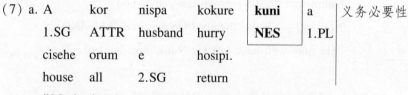

(8) hure konno, a e **easkay**. 　　义务可能性
　　 red　when　INDEF　eat　**EPI.POS**

"When they have become red, one can eat them."

纳瑟语(Nase)是中国云南省罗平县的一种彝族语言,它表现出的标记不对称性与上述的阿伊努语又有所不同。纳瑟语使用两个表达认识性的前附着形式,但没有表达义务性的语法标记(Gerner 2019:20)。有意思的是,这些标记是通过声调来区分的。

表 14.1　纳瑟语的认识必要性和认识可能性

认 识 情 态	前附着形式
必要	di^{55}
可能	di^{13}

这些认识性情态标记与否定标记是完全**组构**的(compositional),也就是说,例子(9a)和(9b),分别是(10a)和(10b)在语义上是对应的。以下是纳瑟语中每个句子的逻辑结构(逻辑上,¬ 表示否定,□表示必要,◇表示可能)。

纳瑟语(中国境内,汉藏语系)

(9) a.　□ɸ: tʂɯ^{21}　ni^{21}nɔ^{55}　　　pa^{55}　**di^{55}**.
　　　　3.SG　younger sister　busy　**EPI.NES**

"His sister must be very busy."

b.　¬◇¬ɸ: tʂɯ^{21}　ni^{21}nɔ^{55}　　**ma^{21}**　pa^{55}　**ma^{21}**　**di^{13}**.
　　　　3.SG　younger sister　NEG　busy　NEG　**EPI.POS**

"It is impossible that his sister is not busy."

(10) a.　◇ɸ: tʂɯ^{21}　ni^{21}nɔ^{55}　　　pa^{55}　**di^{13}**.
　　　　3.SG　younger sister　busy　**EPI.POS**

"His sister may be busy."

b. ¬□¬ɸ: tʂɯ²¹ ni²¹nɔ⁵⁵   ma²¹ pa⁵⁵ ma²¹ di⁵⁵.
       3.SG younger sister NEG busy NEG **EPI.NES**
    "It is not the case that his sister must be idle." (Idle = not busy)

14.1.2 语气

大多数语言都有一个语法的语气系统,通过该系统来表达情态。一般的描写语法中,语气系统通常表示成二元的系统:**直陈语气**(indicative mood)与**虚拟语气**(subjunctive mood)对立,抑或**现实语气**(realis mood)与**非现实语气**(irrealis mood)对立。尽管这两组对立系统所反映的内容在功能上有很大的重叠,但这两套系统也确实有不同的特征(Mauri and Sansò 2016)。其中一个区别主要是语法传统上的。印欧语系和亚非语系的语气系统通常被归类为直陈-虚拟系统,而世界上其他地区的语言则被归为现实语气-非现实语气系统。第二个区别与编码策略有关。直陈/虚拟语气是通过动词屈折来编码的,而现实/非现实语气是通过更广泛的方式来表达的。第三个区别是直陈语气倾向于在主句中使用,而虚拟语气则倾向于在从句中出现。相比之下,现实/非现实语气则没有这种区分。下文中,14.1.2.1节阐述直陈/虚拟语气,14.1.2.2节阐述现实/非现实语气。

14.1.2.1 直陈语气与虚拟语气

直陈语气通常用于陈述中,而虚拟语气则用于表达未实现的或不确定的情况。虚拟语气很少出现在简单主句中。如果有,它通常表达不确定性或认识可能性,如下例中的西班牙语句子(Mauri and Sansò 2016:175;Givón 2001:314)。

(11)   西班牙语(西班牙境内,印欧语系)
    a. Quizá vendrá   直陈语气
       maybe come.**IND**.FUT.3.SG
    "Perhaps he'll come." (Uncertain future)

b. Quizá venga. 虚拟语气
maybe come.**SBJV**.3.SG

"Perhaps he might come."（Very uncertain）

大多数虚拟语气用在从句中。例如定语从句中,当中心语有所指的时候,就会使用直陈语气,而虚拟语气则用于中心语无所指的情形（Mauri 和 Sansò 2016：172；Christofaro 2003：198）。

（12） 意大利语（意大利境内,印欧语系）

a. il libro che ho lasciato 直陈语气
DEF.M book.M that **IND**.AUX.1.SG leave.PRT

qui ieri.
here yesterday

"The book that I left here yesterday"（有具体指称的定语从句中心语）

b. un libro che spieghi la 虚拟语气
INDEF.M book.M that explain.**SBJV**.3.SG DEF.F

questione in dettaglio.
question in detail

"A book that may explain the question in detail"（无具体指称的定语从句中心语）

言说动词在从句中往往需要直陈语气,而怀疑动词在从句中则需要虚拟语气（Mauri and Sansò 2016：172）。

（13） 俄语（俄罗斯境内,印欧语系）

a. Ja govorju, čto Boris pridët. 直陈语气
1.SG say COMP Boris come.**IND**.FUT

"I say that Boris will come."

b. Ja   somnevajus' čtoby Boris prišël.   虚拟语气
1.SG doubt   COMP Boris come.**SBJV**

"I doubt that Boris will come/came."

具有直陈语气的从句所指的时间与主句中的时间无关,而具有虚拟语气的从句所指的时间则取决于主句中的时间(Noonan 2007:103-104)。

(14) 北部鲁里语(伊朗境内,印欧语系)

a. Zine   fekr   i-kone   ke   直陈语气
   woman thought PROG-do.3.SG COMP

   pia   tile-ye   dozi.
   man chicken-ACC stole.**IND**.3.SG

"The woman thinks that the man stole the chicken."(时间指称独立)

b. Zine   pia-ye   vadast   ke   虚拟语气
   woman man-ACC forced.3.SG   COMP

   pia   tile-ye   bedoze.
   man chicken-ACC steal.**SBJV**.3.SG

"The woman forced the man to steal the chicken."(从句时间指称依赖于主句)

14.1.2.2 现实语气与非现实语气

现实语气和非现实语气并不局限于从句,而是通常出现在主句中。它们可以由动词词缀、助词、语音变化,甚至词序来编码,如下表所示(Mauri and Sansò 2016:182-183)。

表14.2 现实语气和非现实语气

编码策略	现实	非现实
后缀(戈林语)	-∅	-ra
助词(上奇黑利斯语)	q'i	q'ał

第 14 章　情态及示证性　　　　　　　　　　　　　　　　　　　　357

续　表

编码策略		现　实	非现实
语音变化(米克斯特克语)	"bear"	kaku	kákú
	"close"	xasú	kásu
	"work"	xítú	kútú
	"eat"	žee	kee
词序(伊基托语)		AVX	AXV

我们下面简单说明这些语气策略和它们所表达的功能。在巴布亚新几内亚有 5 万人使用的戈林语(Golin)存在一个零现实语气后缀-Ø 和一个显性非现实语气后缀-ra。非现实语气后缀涵盖了一系列的功能,涉及未来事件、愿望、条件句和其他一些功能等(Loughnane 2005：55-65)。

(15)　戈林语(巴布亚新几内亚境内,跨新几内亚语系)

a. gaan　nil　inin　　pa-Ø-n-g-w-a.　　　　　　现实语气
   child　water　REFL　be-REAL-3-ASS-3-DIST　　(过去时)
   "The child washed himself."

b. inin　ebil　　er-a-bin-g-e　　　　　　　　　非现实语气
   1.PL　laugh　do-IRR-1.PL-ASS-PROX　　　　　(未来时)
   "We will laugh."

c. yal　i　　bolma　tau　kule　　　　　　　　　非现实语气
   man　TOP　pig　　some　join　　　　　　　　(愿望)
   ne-**ra**-m=ba
   eat-**IRR**-3.SG=CONC
   "He wants some pigs."

上奇黑利斯语是一门现已消亡、之前使用于美国华盛顿州的语言。该语使用现实语气助动词 q'i 和非现实语气助动词 q'ał,两者都根据人称屈折。两个助动词均可以与一个有定主动词共现(Kinkade 1998：239-240)。

上奇黑利斯语(美国境内,萨利希语系)

(16) a. míɬta　n-**q'i**　　　　　s-ʔíln'.　　　现实语气
　　　　NEG　**1.SG-AUX.REAL**　NMLZ-sing
　　　　"I do not sing."

　　b. ʔó　néʔ-x　　λ'i　　∅-**q'i**　　　　　现实语气
　　　　oh　here-DEF　EVID　**3.PL-AUX.REAL**
　　　　s-q'al-ə́m　　　　t　　　sšam'álaxw.
　　　　NMLZ-camp-MDL　INDEF　people
　　　　"Oh, people do camp here, evidently."

(17) a. míɬta　n-**q'aɬ**　　　　s-ʔíln'.　　　非现实语气
　　　　NEG　**1.SG-AUX.IRR**　NMLZ-sing
　　　　"I may not sing."

　　b. náxwɬ　u　　qálkw-mit-n,　　　　　　　非现实语气
　　　　certain　yet　make.hammering.noise-MID-3.SG.S
　　　　q'íc'　ɬ　　t　　　∅-**q'aɬ**
　　　　thus　LOC　INDEF　**3.SG-AUX.IRR**
　　　　s-qə́lkw-m-s　　　　　　　　　　　t
　　　　NMLZ-hammering.noise-MID-3.SG.POSS　INDEF
　　　　nuɬámš.
　　　　person
　　　　"There is a hammering noise, as when a person would be hammering."

墨西哥瓦哈卡州有28,000人使用的圣米格尔·米克斯特克语(San Miguel Mixtec),通过语音变化来表达现实与非现实语气:通过改变首辅音(如:[ž]→[k])或声调变化(如:[a]→[á])或两者组合使用(Mauri 和 Sansò 2016:182;Macaulay 1996:45)。

(18) 圣米格尔米克斯特克语(墨西哥境内,欧托曼格语)

　　a. rúʔú　　**žee**=rí.　　　nduči=rí.　　现实语气
　　　　1.SG　**eat.REAL**=1.SG　bean=1.SG　(现在时)
　　　　"I am eating my beans."

第 14 章 情态及示证性

b.
rúʔú	kee = rí	nduči.	非现实语气
1.SG	eat.**IRR** = 1.SG	bean	（未来时）

"I will / might eat beans."

在秘鲁有 35 人使用的伊基托语（Iquito）使用两种词序来表示现实和非现实语气的区别。当主语（A）和谓语（V）相邻时（AVX），使用现实语气。当主语和谓语之间有其他成分（X）介入时（AXV），就使用非现实语气。这个"中介物"可以是直接宾语，如（19b），也可以是直接宾语的修饰语，如（20b），也可以是其他成分（Beier 等人，2011：66，85）。

伊基托语（秘鲁境内，萨帕罗语系）

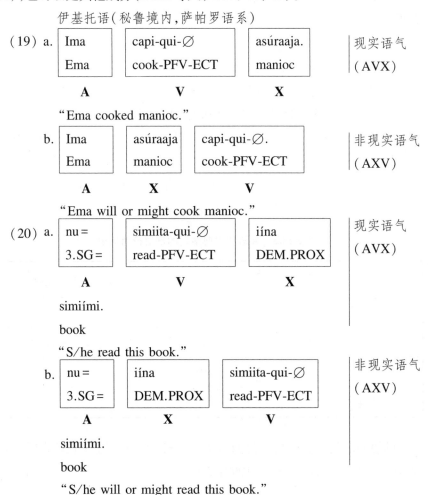

(19) a.
Ima	capi-qui-∅	asúraaja.	现实语气
Ema	cook-PFV-ECT	manioc	（AVX）
A	V	X	

"Ema cooked manioc."

b.
Ima	asúraaja	capi-qui-∅.	非现实语气
Ema	manioc	cook-PFV-ECT	（AXV）
A	X	V	

"Ema will or might cook manioc."

(20) a.
nu =	simiita-qui-∅	iína	现实语气
3.SG =	read-PFV-ECT	DEM.PROX	（AVX）
A	V	X	

simiími.
book

"S/he read this book."

b.
nu =	iína	simiita-qui-∅	非现实语气
3.SG =	DEM.PROX	read-PFV-ECT	（AXV）
A	X	V	

simiími.
book

"S/he will or might read this book."

14.1.3 句子类型

在20世纪60年代,哲学家奥斯汀(Austin 1962)和塞尔(Searle 1969)提出了言语行为理论,该理论根据句子所代表的言语行为对句子进行分类。每句话都体现了四种基本言语行为中的一种,要么是声明,要么是提问,要么是命令,要么是态度语(其中某人表达了对某种情况的态度)。因此,用于执行这些言语行为的句子类型被称为陈述句、疑问句、命令句和表达句。本节将研究用于表达这些句子类型的手段,特别是形态手段。

14.1.3.1 动词形式和句末语气词

在世界的语言中,有少数语言采用一套对立的言语行为后缀(或句型后缀)。这些后缀专门标记陈述句、疑问句或命令句,如果说话者打算表达这些句型之一,也必须使用这些后缀。然而,在这些语言中,祈愿句不是通过语法手段编码的,而是词汇手段编码,因此不属于这些对比集的一部分。韩语和古典藏语(见1.3.2节)体现了这种类型。

表14.3 韩语和古典藏语的言语行为标记

句　型	韩　语	古典藏语
陈述	-ta	-'o
疑问(yes/no)	-nya	-'am
祈使	-ala	-cig
祈愿		

韩语中的句末后缀是专门的言语行为标记,但问句后缀只能用于是非问,而不能用于WH-问(Sohn 1999:269)。

(21) 韩语(韩国境内,孤立语)

a. pi　　ka　　　o-n-**ta**
　 rain　NOM　come-IND-**DECL**
　 "It is raining."

b. pi　　ka　　　o-nu-**nya**?
　 rain　NOM　come-IND-**INT**
　 "Is it raining?"

c. yeki　tto　　　w-**ala**?
　 here　again　come-**IMP**
　 "Come here again!"

14.1.3.2 陈述式

DeLancey(2003:262,266)发现,古典藏语的陈述语后缀-'o 必须出现在每个陈述句的末尾,因此属于典型的陈述句标记。

(22) 古典藏语(中国境内,汉藏语系)

a. dbyig-pa-can　　rgyal-bar　gyur　　bla-'**o**.
　 dbyigpacan　　　victory　　gain　　better-**DECL**
　 "It is better that Dbyigpacan wins."

b. nam-mkha'　la　　'phur-te　　　'gro-'**o**.
　 sky-LOC　　fly　　CONJ.SIM　　go-**DECL**
　 "Flying in the sky, he went."

一系列的语言都有陈述句标记,但不是每个陈述句都必须使用这些标记。例如,粤语的句末语气词 ge "嘅"用来表断言(或声明)句子的真实性,但它的存在不是必须的(Matthews and Yip 1994:349)。

(23) 粤语(中国境内,汉藏语系)

a. 呢　　部　　机　　　　好　　　可靠　　　　嘅。
　 nī　　bouh　gēi　　　hóu　　hókaau　　　**ge**.
　 this　CL　　machine　good　reliable　　　**DECL**
　 "This machine is very reliable."

b. 应该　　喺度　　**嘅。**
　　Yīnggōi　háidouh　**ge.**
　　should　　be-here　**DECL**

"It should be here."

汉语句末语气词"了"有时被认为是陈述标记,但这种分析的一个问题是"了"可以在是非问中与询问性句末语气词"吗"共现。Li 和 Thompson 认为"了"的功能是传达当下的相关性,而不是陈述性标记(Li and Thompson 1981:243,547)。

(24) 汉语普通话

你　　吃　　饭　　了　　吗?
2.SG　eat　food　DP　INT

"Have you eaten already?"

14.1.3.3 疑问句

问句中有两种类型:内容问句(即特殊疑问句)和极性问句,前者使用诸如 who、which、what、when 和 how 等疑问词,后者要求回答 yes/no。对于内容问句,各语言在疑问词是否必须出现在小句初始位置上有所不同。根据 Dryer(2013c)的调查,世界上 29%的语言要求疑问词出现在初始位置(如英语),而大约 69%的语言不把疑问词置于初始位置,2%的语言把一些疑问词置于初始位置,但不是全部疑问词都这样做。

在巴西有 1,700 人使用的胡普德语(Hupdë)将疑问词置于句首(Epps 2005:650-651),汉语闽南语(Chen 2020:361-369)不将疑问词置于句首。

表 14.4　胡普德语和闽南语的疑问词

疑问词	胡普德语	闽南语
"who"	ʔŭy	$siəm^3 bĭʔ^7$ 甚物
"what"	hín	$siã^3 laŋ^2$ 啥儂

第14章 情态及示证性

续 表

疑 问 词	胡 普 德 语	闽 南 语
"which"	híp	to³ 底
"where"	hít	to³ 底
"when"	hím'ǽ	ti⁴si² 底时
"how many"	híʔǎp	lua⁴tsue⁵ 偌儕

除了位于句首的疑问词,胡普德语还采用疑问后缀-íʔ/-iʔ,必须出现在句末。

（25）胡普德语（巴西境内,普那维恩语系）

a.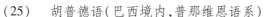

hín-ih	ʔam	bíʔ-iʔ	?
what-NMLZ	2.SG	work-INT	

"What are you doing?"

b.

ʔŭy	yɨ	nɔ́-ɔʔ	?
who	that	say-INT	

"Who said that?"

（26）闽南语

a.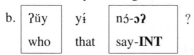

撮	甚物	啊	?
tsuai²	siəm³bĩʔ⁷	a	?
these	what	EXPR	

"What are these?"

b.

恁	厝里	伫	底搭	?
len³	tshu⁵ lai⁴	ti⁴	to³taʔ⁷	
2.PL	house-inside	be.at	where-LOC	

"Where is your home?"

对于极性问句,各语言要么使用句法倒装（"you will"→"will you"）,要么使用疑问语气词（后缀）。句法倒装主要在欧洲语言中使用,如英语或德语。

(27) 德语

a. Hans　wird　　morgen　　kommen.　　　NP **AUX** V
　　name　will　　tomorrow　come

"Hans will come tomorrow."

b. Wird　Hans　morgen　kommen?　　　**AUX** NP V
　 will　 name　tomorrow　come

"Will Hans come tomorrow?"

其他语言还有专门的疑问后缀(或语气词)来表达极性问。土库曼语(Turkmen)是土库曼斯坦的国语,有 1,100 万使用人口,采用句末语气词 **-mi** 来标记极性问,如(28)所示(Clark 1998:476)。汉语也是如此,如(29)所示(Li 和 Thompson 1981)。

(28) 土库曼语(土库曼斯坦境内,阿尔泰语系)

a. baθɪm　　gelerθiŋ-**mi**?
　　soon　　come-back.2.SG-INT

"Will you come back soon?"

b. ol　　öylönyä:r-**mi**?
　 3.SG　marry.3.SG-INT

"Is he getting married?"

(29) 汉语普通话

a. 你　　能　　写　　中文　　吗?
　 2.SG　can　write　Chinese　INT

"Can you write Chinese characters?"

b. 他　　在　　那儿　　散步　　吗?
　 3.SG　be.at　there　walk　INT

"Is he taking a walk there?"

14.1.3.4 祈使句

命令构成了第三类言语行为,对应的有两种句型。带第二人称主语的命令句称作**强祈使句**(imperative),而带第一或第三人称主语的命令句称作**劝告句**(hortative)。劝告句中使用的动词形式通常称为**弱祈使语气**(jussive mood)。此外,**禁止性句子**(prohibitive)是否定的祈使句。

我们重点关注使用形态手段(而非分析手段)来表达祈使句和劝告句的语言。在此可以区分四种语言类型。有些语言对所有的人称都使用专门的强祈使/弱祈使标记;有些语言只对第二和第三人称使用专门的标记,有些语言只对第二人称使用专门的标记(强祈使标记)。还有些语言不区分陈述句和祈使句/劝告句。

第一类型

强祈使式	弱祈使式
2 第二人称	1 第一人称 3 第三人称

阿姆哈拉语(Amharic)使用专门的动词变位来表达所有人称的强祈使句和弱祈使句。这些形式有别于直陈非完成体和直陈完成体的动词形式(Leslau 1995:348-353)。

表 14.5 阿姆哈拉语直陈和强祈使-弱祈使完全动词变位

	直陈未完成体		强 祈 使		弱 祈 使	
1.SG	yə-säbr	"I break"			lə-sbär	"let me break"
2.SG.M	tə-säbr	"you break"(M)	sə-bär	"break!"		
2.SG.F	tə-säbr-i	"you break"(F)	sə-bär-i	"break!"		
3.SG.M	tə-säbr	"he breaks"			yə-sbär	"let him break"
3.SG.F	yə-säbr	"she breaks"			tə-sbär	"let her break"
1.PL	ənnə-säbr	"we break"			ənnə-sbär	"let us break"
2.PL	tə-säbr-u	"you break"	sə-bär-u	"break!"		
3.PL	yə-säbr-u	"they break"			yə-sbär-u	"let them break"

在巴斯克语(Basque)中,祈使句和劝告句需要用到特殊的动词形式,由动词的分词形式和两个辅助动词的特殊强祈使(和弱祈使)形式组成。不及

第二类型	
强祈使式 2 第二人称	弱祈使式 3 第三人称

物动词使用助词 izan("be"),而及物动词使用助词 edun("have")。强祈使和弱祈使形式只存在于第二和第三人称中(Hualde 2003:220,232,551)。

表 14.6 巴斯克语助动词的特殊强祈使和弱祈使形式

代词		助动词 izan "be"			助动词 edun "have"		
		直陈		强祈使/弱祈使	直陈		强祈使/弱祈使
1.SG	ni	naiz	"I am"		dut	"I have"	
2.SG	zu	zara	"you are"	zaitez "be"	duzu	"you have"	ezazu "have"
3.SG	hura	da	"s/he is"	bedi "let him be"	du	"s/he has"	beza "let him have"
1.PL	gu	gara	"we are"		dugu	"we have"	
2.PL	zuek	zarete	"you are"	zaitezte "be"	duzue	"you have"	ezazue "have!"
3.PL	haiek	dira	"they are"	bitez "let them be"	dute	"they have"	bezate "let them have"

巴斯克语(西班牙、法国境内,孤立语)

(30) a. Etor   zaitez!   b. Etor   zaitezte!
       come.PRT AUX.**IMP**.SG   come.PRT AUX.**IMP**.PL
       "Come!" (SG)   "Come!" (PL)

(31) a. Egin   ezazu!   b. Egin   ezazue!
       do.PRT   AUX.**IMP**.SG   do.PRT   AUX.**IMP**.PL
       "Do it!" (SG)   "Do it!" (PL)

第三类型	
强祈使式 2 第二人称	弱祈使式

有命令语气的语言用这种语气来表达对听众的命令。因此,祈使句通常被理解为有第二人称主语,并且是现在时态。在英语中这一点不容易看出来,因为祈使句中不允许有显性主语,且第二人称的一致性标记正好是零标记。比较清晰的例子是

第 14 章　情态及示证性

布鲁沙斯基语（Burushaski），一种由印度和巴基斯坦境内 112,000 人使用的孤立语。它使用两个单独的后缀来表示单数和复数祈使句，其中第二人称融入祈使句后缀。在该语言中目前已知不存在弱祈使动词形式（Lorimer 1935）。

表 14.7　布鲁沙斯基语的特殊强祈使和弱祈使形式

	直陈现在时			祈使		
1.SG	je	garša-baa	"I run"			
2.SG	un	gaarš-aa	"you run"	un	gaarš-i	"run!"
3.SG.M	in	gaarš-ay	"s/he runs"			
3.SG.F	in	gaaršu-bo	"s/he runs"			
1.PL	mi	gaarša-baan	"we run"			
2.PL	ma	gaarš-aan	"you run"	ma	gaarš-in	"run!"
3.PL	u	gaarš-aan	"they run"			

（32）　布鲁沙斯基语（巴基斯坦境内，孤立语）

  a.　un　　elar　　gaarš-i
   　2.SG　there　run-2.SG.IMP
  　"Run there!"（Singular addressee）

  b.　ma　　elar　　gaarš-in
   　2.PL　there　run-2.PL.IMP
  　"Run there!"（Plural addressee）

第四类型	
强祈使式	弱祈使式

有些语言不使用专门的形态标记。有第二人称主语的句子在陈述式和祈使式的解读之间存在歧义。澳大利亚北领地有 276 人使用的农古布尤语（Nunggubuyu）

可以代表这种语言类型,其缺乏专门的强弱祈使式(Heath 1984:339,343-344)。

(33) 农古布尤语(澳大利亚境内,昆维古安语系)

  a. Ba-bura!

   2.SG-sit.FUT.CNT

   "Sit!" or "You will sit" (Singular)

  b. Numburu-bura!

   2.PL-sit.FUT.CNT

   "Sit!" or "You will sit" (Plural)

禁止句(prohibitives)是消极的强祈使句和弱祈使句,要求某人不要做某一行动。许多语言将祈使句和普通的否定句结合起来构成禁止句。林布语(Limbu)是其中一例。林布语在尼泊尔有380,000人使用。林布语对强祈使句单数和强祈使句复数都使用一个专用标记。单数和复数由两个单独的后缀来区分,而同一个否定词素则用于直陈性和祈使性语气。此外,一个第一人称复数弱祈使形式存在于肯定和否定中(Van Driem 1987:184,191)。

表14.8　林布语助动词的特殊强祈使和弱祈使形式

	直陈		否定直陈		强祈使/弱祈使		否定强祈使/弱祈使	
1	a-∅-nisu	"I see"	a-∅-nisu-**men**	"I don't see"				Singular
2	kɛ-∅-nisu	"you see"	kɛ-∅-nisu-**men**	"you don't see"	nis-∅-ɛ	"see!"	**men**-ni?-∅-ɛ	"don't see!"
3	∅-∅-nisu	"s/he sees"	∅-∅-nisu-**men**	"s/he doesn't see"				
1	a-m-nisu	"we see"	a-m-nisu-**men**	"we don't see"	nisu-m-∅	"let's see"	nisu-m-**men**	"let's not see"

第14章　情态及示证性

续　表

	直　陈		否定直陈		强祈使/弱祈使		否定强祈使/弱祈使	
2	kɛ-m-nisu	"you see"	kɛ-m-nisu-**men**	"you don't see"	nis-amm-ɛ	"see!"	**men**-nis-amm-ɛ	"don't see!"
3	∅-m-nisu	"they see"	∅-m-nisu-**men**	"they don't see"				**Plural**

林布语(尼泊尔境内,汉藏语系)

(34) a. nis-∅-ɛ!　　　　　　　　　b. nis-amm-ɛ!
　　　see-2.SG-**IMP**　　　　　　　　see-2.PL-**IMP**
　　　"See!"(Singular addressee)　　"See!"(Plural addressee)

(35) a. men-niʔ-∅-ɛ!
　　　NEG-see-2.SG-**IMP**
　　　"Don't see!"(Singular addressee)

　　 b. men-nis-amm-ɛ!
　　　NEG-see-2.PL-**IMP**
　　　"Don't see!"(Plural addressee)

其他语言,尤其是东亚地区语言,有专门的禁止性标记,区别于普通的否定标记。汉语有 bù(否定式陈述句)和 bié(否定式命令句)之分。同样,诺苏语也有 a²¹(否定陈述句)和 tʰa⁵⁵(否定强祈使句和否定弱祈使句)之分。诺苏语的数据取自 Gerner(2013b:411)。

(36)　诺苏语(中国境内,汉藏语系)

a.　nɯ³³　　ni⁵⁵　　　zo³³tɕʰo²¹　　tɕo⁴⁴　　do²¹　　| **a³³-hi²¹**!
　　2P.SG　2P.SG.　　classmate　　toward　word　| **NEG.DECL**-say
　　　　　　POSS

"You didn't talk to your classmates."

b.　nɯ³³　　ni⁵⁵　　　zo³³tɕʰo²¹　　tɕo⁴⁴　　do²¹　　| **tʰa⁵⁵-hi²¹**!
　　2P.SG　2P.SG.　　classmate　　toward　word　| **NEG.IMP**-say
　　　　　　POSS

"Don't talk to your classmates!"

14.1.3.5 表达语

在**表达语**(expressive sentence)中,有人表达了对某种情况的积极或消极态度。积极的态度通常用**愿望**来表达,消极的态度用**恐惧**来表达。在许多语言中,愿望是通过语法手段编码的,而恐惧则很少通过语法手段编码。在诺苏语中,愿望和恐惧这两种态度都在语法上编码,通过两个对比性的动词附着形式来表达(Gerner 2010)。

表 14.9 诺苏语的愿望和恐惧附着形式

表 达 语	附 着 形 式
愿望	dɯ²¹lo⁴⁴
恐惧	ma⁵⁵

这两个附着形式都是面向未来的,也就是说,表达背后所涉形势的实现是在未来。

诺苏语(中国境内,汉藏语系)

(37) a. tsʰɿ³³ dʐo³³ ʐ̩³³ ʂo³³=**dɯ²¹lo⁴⁴**.
   3.SG life.span long=**WISH**
   "It is desirable that he has a long life."

b. kʰu⁵⁵sɿ̢³³ vo⁵⁵pa⁵⁵ tsʰu³³=**dɯ²¹lo⁴⁴**.
   year pig fat=**WISH**
   "It is desirable that the New Year's pig will be fat."

(38) a. tsʰɿ³³ a³³na³³m̩³³ sɿ̢³³=**ma⁵⁵**.
   3.SG very much shout=**FEAR**
   "It is to be feared that he will be shouting."

b. dzə⁵⁵m̩³³ tsʰɿ⁴⁴ ma³³ zu⁵⁵l̩²¹pa³³la³³=**ma⁵⁵**.
   world DEM.PROX CL throw into disorder=**FEAR**
   "It is to be feared that the world is thrown into disorder."

第14章 情态及示证性

愿望在语法中更倾向于表达出来。根据 Dobrushina 等人（2013）的研究，世界上15%的语言使用语法标记表达说话人的愿望。这些语言经常在动词变位中体现愿望，这种情况称为**祈愿式**（optative）。例如，古希腊语就采用了有别于祈使语气的祈愿语气。祈愿动词形式可以用"**希望……**"来意译。

表 14.10 古希腊语的祈愿和祈使式

	祈 愿 式				祈 使 式			
		"with that"		"wish that"				
1.SG	lab-oimi	"I take"	did-oiεn	"I give"				
2.SG	lab-ois	"you take"	did-oiεs	"you give"	lab-ou	"take！"	did-ou	"give！"
3.SG	lab-oi	"s/he takes"	did-oiε	"s/he gives"	lab-stho	"let him take"	did-stho	"let him give"
1.PL	lab-oimen	"we take"	did-oimen	"we give"				
2.PL	lab-oite	"you take"	did-oite	"you give"	lab-esthe	"take！"	did-esthe	"give！"
3.PL	lab-oien	"they take"	did-oien	"they give"	lab-esthon	"let them take"	did-esthon	"let them give"

这两种语气之间有关联，但还是应该认为希腊语中有一种祈愿语气和一种祈使语气，后者允许第二和第三人称主语，但不允许第一人称。祈愿语气的核心功能是表达愿望，而祈使语气则用于发布命令或劝告。

愿望也可以由不与人称一致标记融合的动词后缀来编码。俄罗斯南部高加索地区有80万人使用的列兹金语（Lezgian，俄罗斯境内，北高加索语系），在动词词干后使用了一个祈愿后缀-raj（Haspelmath 1993：122，151）。

表14.11　列兹金语的祈愿语气

	词干	名词化（Masdar）	祈愿式
强动词 A	raxú-　"talk"	raxú-n　"talking"	raxú-**raj**　"wish that X talk"
强动词 B	fi-　"go"	fi-n　"going"	fi-**raj**　"wish that X go"
弱动词	kis-　"fall asleep"	kis-n　"falling asleep"	kis-**raj**　"wish that X fall asleep"

(39) 列兹金语（俄罗斯境内，北高加索语系）

Däwe　mad　sadra-ni,　sa　kas.di-z-ni
war　yet　once-even　one　person-DAT-even
q'ismet　ta-x̂u-**raj**.
destiny　NEG-be-**OPT**
"May war never again be anyone's destiny."

14.2　示证

示证性是表达信息来源的语法范畴，它表达一个人是如何了解到某样东西/某件事的（Aikhenvald 2004：1；Willet 1988：51）。世界上57%的语言都在语法系统中标出信息源（De Haan 2013），即句子必须通过不成词语素表明它所依据的信息来源的类型。一般认为，北美洲和南美洲是信息源语法化的主要语言区域。个别语言标出1到5个语法化信息源（Aikhenvald 2004：60）。我们可以将现有的信息源组织成以下系统（部分来自 Willet 1988：57）。

第 14 章　情态及示证性

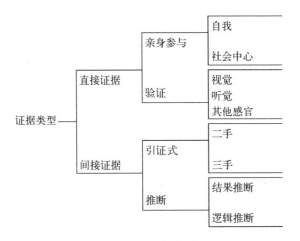

图 14.1　证据类型

示证标记可以标记某类特定的信息来源或涵盖一系列的信息来源。下文将考察独家信息来源（14.2.1 节）和包容性信息来源（14.2.2 节）并根据语言中具有的示证范畴数量构建示证系统的类型学（14.2.3 节）。

14.2.1　独家信息来源

独家示证标记是特定信息来源的专用标记，排除其他信息来源，具体包括自我证据（14.2.1.1 节）、以社会为中心的证据（14.2.1.2 节）、视觉证据（14.2.1.3 节）、听觉证据（14.2.1.4 节）、感觉证据（14.2.1.5 节）、引证式证据（14.2.1.6 节）和推理式证据等（14.2.1.7 节）。

14.2.1.1　自我

自我证据（ego evidential；ego 在拉丁语中是"我"的意思）指说话人把自己作为句子主语的语法形式。如果说话人报告的是其直接参与的事件，此时就把自己作为信息来源，这是最具有信息可靠性的一种形式。藏语族可能是唯一具有自我证据的语言，因此在世界的语言中具有独特性。拉萨藏语具备三向的示证系统，其中自我、直接和间接证据与时体意义相结合（Garrett 2002）。

表 14.12　拉萨藏语的示证标记

	自我证据	直接证据	间接证据
系动词	yin	—	red
存在类动词	yod	dug	yodred
简单过去时	-payin	-song	-pared
未来时	-giyin	—	-gired
未完成体	-giyod	-gidug	-giyodred
完成体	-yod	-dug	-yodred

直接证据包括视觉、听觉和其他感官信息来源，而间接证据涉及的是报告或推断。自我证据标记要求陈述句中的主语是第一人称，第二和第三人称主语不符合语法（Garrett 2002：13-16）。

拉萨藏语（中国境内，汉藏语系）

(40) a. nga　　bod=pa　　**yin**
　　　 1.SG　　Tibet=person　**EGO.COP**

"I am a Tibetan."（我本人是信息来源）

　　b. *kho　　　　bod=pa　　**yin**
　　　 3.SG.M.FAM　Tibet=person　**EGO.COP**

(*"He is a Tibetan.")

(41) nga　skyidpo　**yod**
　　　1.SG　happy　　**EGO.EXIST**

"I am (generally) happy."

(42) a. khasa　　　nga　　khong-gi-nang-la　　**phyin-payin**.
　　　 yesterday　1.SG　　3.SG.HON-GEN-house-LOC　go-**EGO.PST**

"Yesterday I went to his house."（我本人是信息来源）

b. *khasa   mo   khong-gi-nang-la   **phyin-payin**.
   yesterday 3.SG.F.FAM   3.SG.HON-GEN-   go-**EGO.PST**
                             house-LOC

"Yesterday she went to his house."

(43) a. sangnyin   nga   khyedrang-gi-nang-la   **yong-gi-yin**.
        tomorrow   1.SG   2.SG.HON-GEN-house-   come-**EGO.**
                          LOC   **FUT**

"Tomorrow I'll come to your house."（我本人是信息来源）

   b. *sangnyin   kho   khyedrang-gi-nangla   **yong-gi-yin**.
       tomorrow   3.SG.   2.SG.HON-GEN-house-   come-**EGO.**
                  M.FAM   LOC   **FUT**

"Tomorrow he'll come to your house."

(44) nga   nyima rtagpar   kha.lag   **za-giyod**.
     1.SG   day always   rice   go-**EGO.IMPF**

"I eat rice every day."（我本人是信息来源）

如果主语不是说话人，而是听话人或第三方，那么，使用自我示证就相当于表达了**施为句**（performative）这一言语行为，而不是陈述性的言语行为**陈述句**。

(45) a. mota 'di   khyed.rang-la   **yin.**   承诺性的
        car DEM.PROX   2.SG-LOC   **EGO.COP**   言语行为

"This car is yours. (I hereby give the car to you)."

   b. khyed.rang-gi ming Rdorje rnamrgyal   **yin.**   宣告性的
      2.SG-GEN   name Dorje Namgyal   **EGO.**   言语行为
                                              COP

"Your name is Dorje Namgyal."（I hereby name you "Dorje Namgyal".）

此外，第一人称主语也可能在例外的情况下与间接证据共同出现，例如在不出现信息来源问题的问句中。

(46) nga   rgya-mi   **red**   ?
     1.SG   Chinese=person   **INDIR.COP**

"Am I Chinese?"

14.2.1.2 以社会为中心

说话是一个涉及说话人和听话人的社会事件。把以社会为中心的信息源作为一种示证类别,这一点在示证文献中还没有得到广泛认可。**社会中心示证**(sociocentric evidential)标记是自我示证标记的延伸,用于标注所有说话人或听话人是主语的句子。说话人把他/她或听话人对所谈事件的参与提供为信息来源。唯一已知具有这种示证标记的语言是巴布亚新几内亚8,000人使用的奥克萨普敏语(Oksapmin)。奥克萨普敏语有三个证据类别:社会中心、直接(视觉-感官)和引证性证据。以下两个例子中给出的是社会中心示证标记-el,使用于说话人或听话人是主语的小句中(Loughnane 2009:249)。

(47) 奥克萨普敏语(巴布亚新几内亚境内,跨新几内亚语系)

  a. jəxe kom mədəp a pildon muxut ul-xi-**l**=a
    then behind from hesitate name 1.DU go.up-PFV-**SOC**=LNK

   "Pildon and I came up after."

  b. em=e go kin x-**el**=a
    Oh=EXCL 2.SG how do-**SOC**=EMPH

   "Oh! How did you come?"

14.2.1.3 视觉

当说话人目睹了某一事件的发生时,就会使用**视觉示证**(visual evidential)。世界上有几种语言有专门的视觉示证标记。羌语的示证系统有三种值:视觉、推断和报告,但羌语不一定在所有小句上都有证据类别标记,还有一些复杂的情况下几种形式会组合到一起。推断式可以与引证式或视觉标记一起出现。

第 14 章　情态及示证性

表 14.13　北羌语的示证标记

示 证 类 型	后　　缀
视觉	-wu
引证式	-i
推断式	-k

视觉示证标记可用于过去的事件或正在发生的事件,但不能用于未来的事件。羌语利用复杂的组合后缀来标注主语一致和宾语一致。这些一致标记作为后缀出现在示证标记后面。

(48) 北羌语(中国境内,汉藏语系)

themle　jimi　　　　de-de-ji-**wu**-tçi-wɑ.
3.PL　　fertilizer　　DIRT-spread-CSM-**VIS**-3.PL.A.NANI
"They spread the fertilizer." (I saw them doing it.)

(49) 中视觉证据和推断式证据的区别在于,(49a)中说话人必须看到主体离开,而在(49b)中他是根据非视觉证据做出判断的。

(49) a.　the:　　z̦dʐyta:　　fia-qə-(**w**)**u**.
　　　　3.SG　Chengdu.LOC　DIR-go-**VIS**
　　　　"He went to Chengdu."

　　　b.　the:　　z̦dʐyta:　　fia-qə-**k**.
　　　　3.SG　Chengdu.LOC　DIR-go-**INFER**
　　　　"He went to Chengdu."

在哥伦比亚亚马逊雨林中由 3,160 人使用的德萨诺语(Desano)动词对示证性、时态和主语的人、数和性别进行屈折变位。动词屈折中区分四种示证范畴:视觉、引证式、**逻辑推断式**(reasoning)和**结果推断式**(results)(Miller 1999:64-66)。

表 14.14 德萨诺语的示证标记

ii-'do'	视觉		引证式 过去时	逻辑推断式		结果推断式 过去时
	过去时	现在时		过去时	现在时	
1.SG	ii-bɨ	ii-a	ii-yo-ro	ii-y-a	ii-k-a	ii-di-árĩbɨ
2.SG	ii-bɨ	ii-a	ii-yo-ro	ii-y-a	ii-k-a	ii-di-árĩbɨ
3.SG.M	ii-bĩ	ii-bĩ	ii-yu-pɨ	ii-yũ-bĩ	ii-yũ-bĩ	ii-di-giárĩbĩ
3.SG.F	ii-bõ	ii-bõ	ii-yu-po	ii-yũ-bõ	ii-yũ-bõ	ii-di-goárĩbõ
1.PL	ii-bɨ	ii-a	ii-yo-ro	ii-y-a	ii-k-a	ii-di-árĩbɨ
2.PL	ii-bɨ	ii-a	ii-yo-ro	ii-y-a	ii-k-a	ii-di-árĩbɨ
3.PL	ii-bã	ii-bã	ii-yõ-rã	ii-yũ-bã	ii-yũ-bã	ii-di-rãárĩma

德萨诺语所有小句都有示证标记，因此说话者必须选择一个她所依据的信息来源。

(50) 德萨诺语（哥伦比亚境内，图卡诺安语系）

  a. gɨa õ-ge-re era-**bɨ**.
   1.PL here-LOC-SPC arrive-VIS.PST.1.PL
   "We arrived here."（I have seen it.）

  b. ñu õã-gɨ ã?rĩ-**bĩ**.
   John be.good-M be-VIS.PRS.3.SG.M
   "John is a good person."（I have seen him doing things.）

  c. deko bẽrẽ-ro ii-**bĩ**.
   water fall do-VIS.PRS.3.SG.M
   "It is raining."（I see it.）

14.2.1.4 听觉

在美国俄克拉荷马州有 1,500 人使用的尤齐语（Euchee）有一个专门的

第 14 章　情态及示证性

听觉标记,即后缀-ke,而零标记(-∅)则表示信息来源是听觉以外的证据(Linn 2000: 317-318)。

表 14.15　尤奇语的听觉示证标记

示　证	后　缀
听觉	-ke
非听觉	-∅

(51)　尤齐语(美国境内,孤立语)

　　a.　'ahe　　'i-gō-**ke**.
　　　　here　　3.SG.ACT-come-**AUD**
　　　　"They're coming (I hear them)."

　　b.　dzene　wénō　'ya-pho-he　we-nō-**ke**-jē.
　　　　dog　　PL　　tree-under-LOC　3.SG.ACT-locate-**AUD**-PST
　　　　"The dogs were (way) out in the woods (one can only hear them)."

听觉示证后缀和零标记的区别在于,零标记表明说这句话的证据是基于非听觉信息来源。

(52)　a.　'Ya-pho-he　　s'e-nō-**ke**.
　　　　　tree-under-LOC　3.SG.ACT-locate-**AUD**
　　　　　"He's out there in the woods (I heard him)."

　　　b.　'Ya-pho-he　　s'e-nō-∅.
　　　　　tree-under-LOC　3.SG.ACT-locate-**NAUD**
　　　　　"He's out there in the woods (I saw or otherwise have evidence)."

过往文献中还提到赛尔库普语(Selkup)和其他一些在俄罗斯北部使用的萨摩耶德语系中的语言也使用专门的听觉示证标记(Usenkova 2015)。

14.2.1.5 感官

感官示证(sensory evidential)性指的是通过嗅觉、味觉、触觉或感觉获得的第一手信息,有别于以视觉或听觉作为信息获取渠道。似乎没有语言存在专门的感官标记,但有几种语言存在将非视觉(听觉和感觉)结合在一起的示证性。语境可用于区分感官和听觉证据,有时也需要用到动词词义。由亚马逊雨林中 100 人使用的塔里亚纳语(Tariana)具有非视觉(听觉和感觉)示证标记:-mahka 表过去时,-mah 表现在时(Aikhenvald 2003:296-297)。

(53) 塔里亚纳语(巴西境内,阿拉瓦克语系)

a. tʃinu   kuphe   di-nitu-makha.
   dog   fish   3.SG.N-steal-PST.**NVIS**

"The dog stole the fish (I heard it barking)."

b. iri   puisani-pu-mha
   blood smell-AUG-PRS.**NVIS**

"There is smell of blood."

c. nu-kapi   nu-pisa- makha.
   1.SG-hand 3.SG.N-steal-PST.**NVIS**

"I cut my finger (I didn't see it but my touch feels numb)."

d. matʃi-pu-mha   nu-rena.
   bad-AUG-PRS.**NVIS** 1.SG-feel

"I feel physically sick."

14.2.1.6 引证式

至少有一种语言区分第二手和第三手引语。在哥伦比亚有 72,000 人使用的北埃姆贝拉语(Northern Emberá)使用后缀-pida 表示引用特定的已知来源,而当有更复杂的传播链时则使用-mana。除了引语之外,北埃姆贝拉语还有直接证据和推断式证据的示证标记(见 Mortensen 1999:86-87)。

第 14 章　情态及示证性

表 14.16　北埃姆贝拉语的两个引证式示证标记

引　证　式	后　缀
直接	-a
引证式（二手信息）	-pida
引证式（三手信息）	-mana
推断式	-kʰa

（54）　北埃姆贝拉语（哥伦比亚境内，乔科安语系）

　　a. o-sʰi-**pida**.

　　 make-PST-**QUOT.2H**

　　 "(He told me that) he made one (a new house)."

　　b. pakʰuru　s'akʰe-pa　čhõtʰa　kʰir-u-pa　iči

　　　 stick　small-ABL　skinny　DESC-PRS-ABL　3.SG

　　　 hũrũ-ne　sʰu-sʰi-ma　ara　mãũ-pa

　　　 leg-LOC　poke-PST-DECL　same　DEM.PROX-ABL

　　　 bɨa　toko-sʰi-**mana**.

　　　 break　go-PST-**QUOT.3H**

　　　 "He was poked in the leg by a skinny little stick. (People say that) that very stick broke him apart while he was running away."

具有单一引证示证标记的语言在是否需要说明所引证的言语来源上有所不同。诺苏语的第二手引证式语气词 di⁴⁴ 用于直接和间接引用特定来源的话语（Gerner 2013：376-377）。直接言语的例子见（56），间接言语的例子见（57）。使用间接言语时，诺苏语采用了一个特殊的**话者指示词**（logophoric anaphor）i³³。关于这一概念，见 Gerner（2016b）。

　　诺苏语（中国境内，汉藏语系）

（55） a.　mu³³ka³³　hi²¹　ko³³：　　"ŋa³³　kʰɯ⁵⁵dza³³　dzɯ³³

　　　　 male name　say　SENT.TOP　　1.SG　dinner　eat

a^{21}	la^{33}	o^{44}"	**di^{44}**.
NEG-	come	DP	**QUOT**

"Muga said:'I won't come for dinner'."

b.
su^{55}tso^{33}	ɕɪ^{33}m̥u^{33}	hi^{21}:	"a^{55}n̥o^{21}	dze^{44}ŋgɔ^{33}
other people	DEM.DD	say	female name	understand

o^{44}"	**di^{44}**.
DP	**QUOT**

"Other people say:'Anyo has understood it'."

(56) a.
mu^{33}ka^{33}	hi^{21}	ko^{33}	i^{21}kʰo^{33}	i^{33}	kɯ^{21}
male name	say	SENT.TOP	door	LOG.SG	PASS

go^{55}	ta^{33}	o^{44}	**di^{44}**.
shut	STP	DP	**QUOT**

"Muga said that the door was shut by him."

b.
nɯ^{33}	hi^{21}	ko^{33}	tsʰɨ^{33}	ṣu^{33}dzi^{33}n̥ɔ^{33}tʰɔ^{33}
2.SG	say	SENT.TOP	3.SG	recover consciousness

o^{44}	**di^{44}**.
DP	**QUOT**

"You said that he regained consciousness."

与之相反,列兹金语(Lezgian)的引证后缀-lda 不需要说明所引用言语的话者是谁(Haspelmath 1993:148)。

(57) 列兹金语(俄罗斯境内,北高加索语系)

a.
Baku-da	irid	itim	gülle-diz	aqud-na-**lda**.
Baku-LOC	NUM.7	man	bullet-DAT	take.out-PST-**QUOT**

"(It is said that) in Baku seven men were shot."

b.
qe	sobranie	že-da-**lda**
today	meeting	be-FUT-**QUOT**

"(They say that) today there is a meeting."

14.2.1.7 推理式

少数语言区分两类**推断式证据**(inferential evidential),一种是标志着从事件结果中推断出来的信息,另一种是从逻辑推理中获得的信息。厄瓜多尔有 2,300 人使用的萨菲吉语(Tsafiki)有四个示证范畴,分别为一个视觉、一个引证和两个推断性范畴。

表 14.17 萨菲吉语的两个推断式示证标记

示　　证	后　　缀
视觉	-∅
引证式	-nuti
推断式(根据结果)	-nu
推断式(逻辑推断)	-nki

关于这四个示证后缀所具有的内涵,我们通过下面同一个句子进行标注来简要说明(Dickinson 2000:407−408)。

(58)　萨菲吉语(厄瓜多尔境内,巴尔巴克恩语系)

　　a. Manuel　ano　　fi-**nu**-e
　　　 Mannuel   food　eat-**INFER.RES**-DECL
　　　"Mannuel ate." (I saw the dirty dishes.)

　　b. Manuel　ano　　fi-**nki**-e
　　　 Mannuel   food　eat-**INFER.REAS**-DECL
　　　"Mannuel ate." (He always eats at 8:00; it's now 9:00.)

　　c. Manuel　ano　　fi-∅-e
　　　 Mannuel   food　eat-**VIS**-DECL
　　　"Mannuel ate." (I saw him.)

　　d. Manuel　ano　　fi-**nuti**-e
　　　 Mannuel   food　eat-**QUOT**-DECL
　　　"(They say that) Mannuel has eaten."

14.2.2 包容性信息来源

包容性证据涵盖一个以上的信息来源。许多语言具备包容性的直接证据(14.2.2.1小节)和间接证据(14.2.2.2小节)。

14.2.2.1 直接

在美国俄克拉何马州有2,000人使用的切罗基语(Cherokee)具有两个示证后缀,其中一个是涵盖第一手视觉、听觉或感官证据的直接证据后缀,一个是可以指向引证或推断式证据的间接证据后缀(Pulte 1985:543-544)。

表 14.18 切罗基语的直接和间接证据标记

示 证	后 缀
直接证据	-ʌʔi
间接证据	-eʔi

由-ʌʔi 标记的句子所依据的确切信息源必须从上下文中解读,可以是视觉、听觉或涉及感觉和嗅觉的感官证据。

(59) 切罗基语(美国境内,易洛魁语系)

a. wesa   u-tlis-**ʌʔi** | 直接证据
   cat   3.SG-run-**DIR** | (视觉)
   "A cat ran (I saw the cat running)."

b. un-atiyohl-**ʌʔi** | 直接证据
   3.PL-argue-**DIR** | (听觉)
   "They argued (I heard them arguing)."

c. uhyʌdla   u-nolʌn-**ʌʔi** | 直接证据
   cold wind   3.SG-blow-**DIR** | (感觉)
   "A cold wind blew (I felt the wind)."

d. uyo　　ges-ʌʔi　　　　　　　　　｜直接证据
　　spoil　be-**DIR**　　　　　　　　｜（嗅觉）
"It was spoiled (I smelled)."

间接证据后缀-eʔi 的解释也取决于上下文,可以来自基于引语或基于推断的非第一手信息源。

(60) a. guso-ʔi　　　　u-wonis-**eʔi**　　｜间接证据
　　　　Muskogee-LOC　3.SG-speak-**INDIR**　｜（引语）
"She spoke at Muskogee (I got report that she spoke)."

b. u-gahnan-**eʔi**　　　　　　　　　｜间接证据
　　3.SG-rain-**INDIR**　　　　　　　｜（从结果中推断）
"It rained (I looked out, and saw puddles of water)."

c. wil　　u-wohwelan-**eʔi**　　　　　｜间接证据
　　Bill　3.SG-write-**INDIR**　　　　｜（逻辑推断）
"Bill wrote it (because of his handwriting and style)."

14.2.2.2　间接

科雷马·尤卡吉尔语(Yukaghir)使用于俄罗斯远东地区沿北冰洋的一个约 1,600 人的民族中,目前约有 50 名使用者。该语言具有显性的间接证据标记,还带一个零后缀,可以理解为直接证据(Maslova 2003：222-223)。

表 14.19　尤卡吉尔语的直接和间接证据标记

示　　证	后　　缀
直接证据	-∅
间接证据	-l'el

对直接和间接证据的解释取决于上下文。零后缀的默认解读是证据来自视觉,但在适当的语境中也可以推导出是来自听觉和感官的信息源,如(61)。间接证据词-l'el 涵盖了整个推理和引证信息源的范围,如(62a—b)

中的例子所示。

科雷马·尤卡吉尔语(俄罗斯境内,尤卡吉尔语系)

(61) [...] aji:-l'el-u-m　　šar　　　　　直接证据
　　　　　shoot-INDIR-SG-3　something　　(听觉)

　　　　qoha-∅-s'
　　　　burst-**DIR**-INTR.3.SG

"Then he shot and something burst (the speaker **hears** the sound of a shot and infers that his fellow hunter whom he cannot see made the shot)."

(62) a. taŋ　　　　me:me:　　naha:　　　　　间接证据
　　　　DEM.DIST　bear　　　very　　　　　 (从结果推断)

　　　　motlorqo-j-ben=ŋo：-l'el.
　　　　thin-ATTR-NMLZ=COP-**INDIR**

"That bear was very thin (as can be seen from his traces)."

　　b. mieste-ge　　alaŋcin　aŋil'-ge　　nodo　　间接证据
　　　　place-LOC　　Alanchin　mouth-LOC　bird　　(引证式)

　　　　nojdi:-t　　　modo-**l'el**-ŋi.
　　　　watch-SS.IMPF　sit-**INDIR**-INTR.3.PL

"They were sitting at a place Alanchin Mouth, watching for birds (as people told)."

14.2.3　示证标记的数量

对信息源做语法编码的语言有 1 到 5 个示证标记。Aikhenvald(2004)在其专著中提出示证范式的类型学：A_1,……,A_5 系统有两个示证标记；B_1,……,B_5 有三个示证标记；C_1,C_2,C_3 有四个示证标记。本节将重新审视这一类型学,对某些术语作些改动,并用新发表的数据对这一类型学归纳作增补。我们在 14.2.3.1 节讨论没有示证类别的语言,在 14.2.3.2 节讨论有一个示证标记的语言,在 14.2.3.3 节讨论有两个示证标记的语言,在 14.2.3.4 节讨论有三个示证标记的语言,在 14.2.3.5 节讨论有四个示证标记的语言,在 14.2.3.6 节讨论最大数量为五个的语言。

14.2.3.1　没有示证标记

世界上大约 43% 的语言没有对信息源进行语法编码,而只是借助于分析性的结构,如 I saw that…, I heard that… (De Haan 2013)。大多数欧洲语言,包括英语,都没有语法化的示证标记。汉语使用半语法化的引证动词,其特点是主语缺省。

(63) 汉语

(*我)　据说　他　去　美国。
1.SG　hearsay　3.SG　go　America
"I heard that he was going to America."

14.2.3.2　一个示证标记

有一个示证标记的语言使用一个词素来标记一个信息源,而没有这个词素则不明确注明信息源。没有标记的句子既不编码相反的证据值,也不编码任何其他的证据值。在此我们把 Aikhenvald(2004:25) 的归类下有两个示证标记的语言(即 A_2、A_3 和 A_5)归到这一类。

表 14.20　有一个示证标记的语言

类　型	唯一示证	代　表　语　言
1a	视觉	拉罗语
1b	引证式	诺苏语、列兹金语
1c	间接证据	阿布哈兹语

拉罗语是中国云南省巍山县的一种彝语,它有一个示证语气词,作为视觉标记,表示说话者目睹了一个事件。没有该语气词标记的句子就不注明明确的信息来源(Björverud 1998:136-137)。

(64) 拉罗语(中国境内,汉藏语系)

a. tjɛ́   ŋá   lá   **mú**.
   DEM.DD COP   come   **VIS**
   "This is how it was." (I have seen it.)

b. ʔnə́   mà   biq   **mú**.
   2.SG   NEG   say   **VIS**
   "You didn't say that." (I have been around.)

14.2.1.5 节已经讨论了诺苏语和列兹金语的引证证据标记。格鲁吉亚有 19 万人使用阿布哈兹语(Abkhaz)具有间接示证标记,涵盖了推断式和引证式的信息来源(Chirikba 2003:246-247)。

(65) 阿布哈兹语(格鲁吉亚境内,北高加索语系)

a. a-lašara-x   a-mca-x'   d-an-aa-j-∅,
   ART-light-DIR   ART-fire-DIR   3.SG-when-hither-
                                              come-AOR.NFIN

   lə-la-ka   ∅-q'apš'-ʒa   jə-q'a-n   **d'əwa-zaarən**.
   3.SG.F-eye-PL   3.SG-red-ADV   3.SG-be-PST   **cry.3.SG-INDIR**
   "When she came up to the light, to the fire, her eyes were very red; she must have been crying." (话者推断)

b. l-xəč'ʼə   d-anə-l-ba-∅   a-c'əwa-ra
   3.SG.F-child   3.SG-when-3.SG-see-PST.INF   ART-cry-DN

   d-a-laga-zaap'.
   3.SG-3.SG-begin-INDIR
   "(It is said that) when she saw her child, she started crying."

14.2.3.3 两个示证标记

有三种类型的语言正好有两个示证标记。在 14.2.1.3 节中讨论的尤齐语代表了 2a 类型,堪语代表了类型 2b。而我们在 14.2.2 节中介绍的切罗基和尤卡吉尔语代表了 2c 类型。马迪语(Madí)是一种在巴西有 1,000 人使用的阿拉瓦语。该语代表了 2c 类型(Dixon 2003)。

第 14 章 情态及示证性

表 14.21 有两个示证标记的语言

类型	第一个示证标记	第二个示证标记	代 表 语 言
2a	听觉	非听觉	尤齐语
2b	引证式	非引证式	堪语
2c	直接证据	间接证据	切罗基语、尤卡吉尔语、马迪语

有的语言说话者必须在两个示证标记中做出选择。在尤齐语中，一个小句要么展示听觉信息源，要么展示非听觉信息源。有的语言则不需要确认消息源。例如，在尼泊尔有 21 万人使用的汉藏语堪语（Kham），就有一个引证式语气词和一个非引证式语气词，后者涵盖任何非引语的直接和间接信息来源，如（66b）。无标记的小句，如（66c），不注明任何信息来源（Watters 2002：297）。

(66) 堪语（尼泊尔境内，汉藏语系）

  a. kã: o-ma-zyu-wo **di.**
   food 3.SG-NEG-eat-NMLZ **QUOT**
   "He didn't eat."（It is said.）

  b. kã: o-ma-zyu-wo **oleo.**
   food 3.SG-NEG-eat-NMLZ **NQUOT**
   "He didn't eat."（Based on firsthand evidence or inference）

  c. ba-duh-ke-rə.
   go-PST-PFV-3.PL
   "They already left."（Claim not based on any particular evidence.）

14.2.3.4 三个示证标记

有三种示证标记选择的语言或者是有多个表示直接证据的标记，或者是有多个表示间接证据的标记。以下五种有三种选择的系统在全世界的语言中可以找到。

表 14.22 有三个示证标记的语言

类型	第一个示证标记	第二个示证标记	第三个示证标记	代表语言
3a	自我	直接(非自我)	间接	藏语
3b	面向社会	直接(非面向社会)	引证式	奥克萨普敏语
3c	视觉	听觉	推断式	瓦舍语
3d	视觉	引证式	推断式	羌语
3e	听觉	引证式	推断式	赛尔库普语
3f	直接(非视觉)	引证式	推断式	恩加纳桑语

正如 14.2.1.1 节所讨论的,藏语代表了 3a 型语言,其中有一个自我、一个直接和一个间接证据。奥克萨普敏语(Oksapmin)有一个社会中心示证标记、一个直接证据和引证式标记,代表了 3b 型语言(见 14.2.1.2 节)。瓦舍语(Washo)是加州(美国)20 人说的一种孤立语,属于 3c 类型,有视觉、听觉和推断式的示证范畴(Jacobson 1964: 626-630)。我们在第 14.2.1.3 节中讨论的北羌语,代表了 3d 类型,有一个视觉、一个引证和一个推断式的示证标记。乌拉尔语系中两种语言,赛尔库普语(Selkup)和恩加纳桑语(Nganasan)采用听觉、语录和推断式证据,但恩加纳桑语也允许感官上的非听觉证据,因此它们必须被拆分为 3e 型和 3f 型两种(Usenkova 2015)。

14.2.3.5 四个示证标记

包括四种证据类别的语言可分为三种类型。4a 型的代表之一是东波莫语(Eastern Pomo),使用两种直接(视觉与非视觉)和两种间接(引证与推理)证据标记(McLendon 2003)。

我们在 14.2.1.7 节中讨论的萨菲吉语是 4b 型的代表,采用一个直接证据、一个引语和两个推理证据。在 14.2.1.6 节中介绍的北埃姆贝拉语属于 4c 类型,采用一个直接证据、两个引证和一个推理式示证标记。

表 14.23 有四个示证标记的语言

类型	第一个标记	第二个示证标记	第三个示证标记	第四个示证标记	代表语言
4a	视觉	直接(非视觉)	引证式	推断式	东波莫语
4b	视觉	引证式	推断式（根据结果）	推断式（根据逻辑）	萨菲吉语
4c	直接	引证式(二手)	引证式(三手)	推断式	北埃姆贝拉语

14.2.3.6 五个示证标记(极大值)

少数语言可区分多达五种证据值,其中图于卡语(Tuyuca)在哥伦比亚和巴西的亚马逊雨林中约有 1,000 人使用。图于卡语具有一类动词后缀,合并了示证、时态和人称一致标记。这些证据最常与过去时这一时态结合,而现在时事件表现示证范畴则有一定限制,有时只适用于第一和第二人称。

表 14.24 图于卡语的示证标记

	atí-"来"	视觉	非视觉	引证	推断（根据结果）	推断（根据逻辑）	译 文
现在时	1.SG	atí-**a**	atí-**ga**	—	—	atí-**ku**	"I come"
	2.SG	atí-**a**	atí-**ga**	—	—	atí-**ku**	"you come"
	3.SG.M	atí-**i**	atí-**gi**	—	atí-**hĩi**	atí-**ki**	"he comes"
	3.SG.F	atí-**yo**	atí-**go**	—	atí-**hĩo**	atí-**ko**	"she comes"
	1.PL	atí-**a**	atí-**ga**	—	—	atí-**ku**	"we come"
	2.PL	atí-**a**	atí-**ga**	—	—	atí-**ku**	"you come"
	3.PL	atí-**a**	atí-**ga**	—	atí-**hĩra**	atí-**kua**	"they come"

	atí-"来"	视觉	非视觉	引证	推断 （根据结果）	推断 （根据逻辑）	译　文
过去时	1.SG	atí-**wi**	atí-**ti**	atí-**yiro**	atí-**yu**	atí-**hĩyu**	"I came"
	2.SG	atí-**wi**	atí-**ti**	atí-**yiro**	atí-**yu**	atí-**hĩyu**	"you came"
	3.SG.M	atí-**wi**	atí-**ti**	atí-**yigi**	atí-**yi**	atí-**hĩyi**	"he came"
	3.SG.F	atí-**wo**	atí-**to**	atí-**yigo**	atí-**yo**	atí-**hĩyo**	"she came"
	1.PL	atí-**wi**	atí-**ti**	atí-**yiro**	atí-**yu**	atí-**hĩyu**	"we came"
	2.PL	atí-**wi**	atí-**ti**	atí-**yiro**	atí-**yu**	atí-**hĩyu**	"you came"
	3.PL	atí-**wi**	atí-**ti**	atí-**yira**	atí-**ya**	atí-**hĩyu**	"they came"

图于卡语有两个直接证据标记（视觉和非视觉）和三个间接证据标记（引证、按结果推断、按逻辑推断）。下例都是过去时，可以采用同样的解读（Barnes 1984：257-258）。

（67）　图于卡语（哥伦比亚境内，图卡诺安语系）

　　a.　dfig　　apé-**wi**.　　　　　　　　　　｜视觉
　　　　soccer　play-**VIS**.PST.3.SG.M　　　｜

　　"He played soccer（I saw him）."

　　b.　dfig　　apé-**ti**.　　　　　　　　　　｜非视觉
　　　　soccer　play-**NVIS**.PST.3.SG.M　　｜（听觉）

　　"He played soccer（I heard him playing）."

　　c.　dfig　　apé-**yigi**.　　　　　　　　　｜引证式
　　　　soccer　play-**QUOT**.PST.3.SG.M　　｜

　　"I heard from someone that he was playing soccer."

d. dfig　　apé-**yi**.　　　　　　　　　　　推断式
　　soccer　play-**INFER.RES**.PST.3.SG.M　（根据结果）

"He played soccer（It must be the case because his clothes are dirty）."

e. dfig　　apé-**hīyi**.　　　　　　　　　　推断式
　　soccer　play-**INFER.REAS**.PST.3.SG.M　（根据逻辑）

"He played soccer（It must be the case because he intended to do so this week）."

14.3　作业

根据形态、句法和语义特征，试分析下列语言的示证标记并归类（星号＊表示句子不合语法或无法解读）。

（68）　卡纳达语（Kannada）

nimma　pustaka　avara　　hattira　Illav-**ante**.
your 　book 　　he.POSS　near 　 NEG-QUOT

"（It is said that）your book is not with him."

（69）　列兹金语（Lezgian）

Qe　　 sobranie　že-da-**lda**.
today　meeting　 be-FUT-QUOT

"They say that there will be a meeting today."

（70）　塔克尔马语（Takelma）

a. naga-**ihiʔ**　　　　　　　b. ganē-**ihiʔ**
　 say.AOR.3.SG-QUOT　　　 now-QUOT

　"He said, it is said."　　　 "Now, it is said."

（71）　土耳其语（Turkish）

a. Ahmet　gel-**miş**
　 Ahmet　come-PST.INDIR.EVID

　"Ahmet must have come."

b. Ahmet　gel-**di**
　　　 Ahmet　come-PST.DIR.EVID

"Ahmet came."（Direct evidence）

（72）杜米语（Dumi）

ɨm-a　　　　mwo:　　dzi-t-ɨ　　　**ʔe.**
3.SG-ERG　what　　 eat-NON.PRET-s23　**QUOT**

"What did he/they/you say he was eating?"

（73）阿帕莱语（Apalaí）

moro　**puh**　t-onah-se　　　　　　rohke
that　 **VIS**　NONFIN-finish-COMPL　only

"I couldn't tell it was all gone."

（74）里加（Lega）

　a. **ámbo**　　　 mû-nw-é　　　ko　　mánɔ　　maku.
　　 INDIR.EVID　2.PL-drink-SUBJ　G6　G6.this　G6.beer

"〔It seems that〕you may drink this beer."

　b. **ámpo**　　ɛ́kurúrá　　　　　 mompongɛ.
　　 DIR.EVID　3.SG.PRES.pound.FV　3.rice

"She is assuredly pounding rice."〔I can hear it〕

第 15 章　并列构式

15.1 并列的定义

从跨语言的角度看，**并列构式** CoP(Coordinator Phrase)的定义具备下列属性。

(1) **并列的例子**

一个并列结构 CoP 由两个句法成分 A 和 B 以及一个隐性或显性并列连词组成，使得以下属性成立：

a. CoP 在形式上由一个并列连词标记，该标记对应于英语的 *and*, *or*, *but* 和 *so*。

b. A 和 B 属于相同的成分类型。要么是两个名词短语(NP)，要么是两个形容词短语(AP)、两个介词短语(PP)、两个动词短语(VP)或两个小句(S)。

c. A 和 B 在句法上和语义上相互独立。

d. CoP 可以嵌入到一个更大的结构中，在这种情况下，A 和 B 两个成分与周围的元素之间的语义和句法关系必须是相同的(Haspelmath 2007)。

并列构式(coordination)和**从属构式**(subordination)之间最重要的区别是上面的(1c)这一点，我们将在下一章进行探讨。并列涉及两个独立的成分，而在从属关系中，一个成分在句法上和语义上都依赖于另一个成分。对于与英语同类型的语言，句法上的依赖性可以用一种叫做"**孤岛条件**"(island condition)的句法约束来表示。孤岛约束是生成语法术语，描述一个构式中不允准发生 **WH**-移位的情况。这种说法背后的隐喻是，被困在岛上的人因为害怕被淹死而无法离开。下面给出孤岛约束的例子(见 Ross 1967：

158；Haspelmath 2007：5)。

（2）　**孤岛约束**

并列构式是孤岛(如：不允许 **WH**-移位)，而有的从属构式不是孤岛(如：允许 **WH**-移位)。

（3）　**并列的例子**

a. 没有 **WH**-移位：He will put the chair between some table and **what sofa**?

b. 有 **WH**-移位：***What sofa** will he put the chair between some table and _____?

（4）　**从属的例子**

a. 没有 **WH**-移位：John thought that he should move **what sofa**?

b. 有 **WH**-移位：**What sofa** did John think that he should move _____?

在过去的四十年里，出现了一些关于并列的类型学研究，包括 Payne (1985)、Stassen(2000)和 Haspelmath(2004,2007)等。本章对这些研究中描述的语言类型进行收紧、重组、补充和扩展。我们在 15.2 节中分析**联结语**(conjunctive)连词"和"-并列；在 15.3 节中分析**析取语**(disjunctive)连词"或"-并列；在 15.4 节中分析**转折语**(adversative)"但是"-并列；在 15.5 节中分析**连续语**(consecutive)"所以"-并列。15.6 节探讨并列的句法属性，即**省略**(ellipsis)和**换指**(switch-reference)。

15.2　联结并列("和")

使用"and"(或其他语言中的对应形式)的并列被称为联结语。在命题逻辑中，联结可以经由其特有的真值条件定义。一个联结并列(P∧Q)的真值可以从两个组成语句 P 和 Q 的真值中预测出来(逻辑连接词 ∧ 指"and")。考虑下面的例子。

（5）　a. P：　　John has had an accident.

　　　b. Q：　　The ambulance is on the way.

c. P∧Q：John has had an accident and the ambulance is on the way.

如果 P 和 Q 为真,那么复合语句 P∧Q 也为真。然而,如果 P 或 Q 是假的,那么这个复合语句就会是假的。最明显的情况下,当约翰没有遭遇事故且救护车不在路上时,P∧Q 为假。如果考虑 P 和 Q 为真或假的所有可能性,那么就可以得出下面的真值表(表 15.1),该表与析取联结(15.3 节)或推断(15.5 节)的真值表不同(15.5 节)。

表 15.1 联结的真值表

P	Q	P∧Q
T$_{rue}$	T	T
T	F$_{alse}$	F
F	T	F
F	F	F

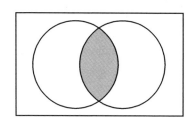

图 15.1　P∧Q

15.2.1 连接词位置

联结并列可能涉及一个、两个或多个并列词。在一些语言中,并列词是独立词素,不附着于并列项,而在其他语言中,并列词可以与其中一个并列项结合。我们区分**无标并列**(asyndetic coordination,15.2.1.1 节)、**单一/单偶并列**(monosyndetic coordination,15.2.1.2 节)、**双偶并列**(bisyndetic coordination,15.2.1.3 节)、**多偶并列**(polysyndetic coordination,15.2.1.4 节)①。这些术语指的是在一个并列结构中使用的并列词的数量。

15.2.1.1　无标并列

无标并列(asyndetic coordination 或 juxtaposition)这种连接性并列策略,指的是名词短语、动词短语或小句连接在一起,不使用显性的连接词。大多

---

① 英语使用特殊的语言学术语 syndetic(来自希腊语 *syndein* "bind together")和希腊语/拉丁语数前缀(a- "no", mono- "one", bi- "two", poly- "many")。

数采用无标并列的语言也拥有一个"和"一类的显性连接词。然而,有少数语言没有"和"式连词,把无标并列作为唯一的并列策略。恩汉达语(Nhanda, Blevins 2001:134)和阿拉瓦语(Alawa, Sharpe 1972:218)是澳大利亚西部和北部的两种濒亡语言,它们只用无标并列连接名词短语、形容词短语、动词短语和小句,没有显性连词。

(6) 恩汉达语(澳大利亚境内,帕马-努干语系)

a. pundu-gu　　nguuti-i　　| acijadi-wana　、| mirla-wana.　|　NP
　　rain-ERG　　wet-PFV　　| clothes-1.PL　 | rug-1.PL

"The rain wet our clothes and our rugs."

b. arnmanu-lu　| wanyja-yi　widaa　、　|　VP
　　man-ERG　　| throw-PFV　spear

| unhii　　　yaward.
| hit.PST　 kangaroo

"The man threw a spear and hit a kangaroo."

c. | watpa-nggu　　ngalaka　　yawarda　,　|　TP
　 | other-ERG　　 eat.HAB　　kangaroo　　　　小句

| ardu-nygu　　malya　　ngalungga.
| spouse-2.SG　NEG　　 eat.PRS

"That other fellow eats kangaroo, but your husband doesn't."

Haspelmath(2013)考察301种语言的样本发现,有15种语言(5%)的名词、动词和小句并列中,主要的并列策略是不带显性连词。大多数语言都将无标并列作为一种策略,与显性连词一起使用。汉语同时使用这两种策略,并以"和"作为显性连词。

(7) 汉语

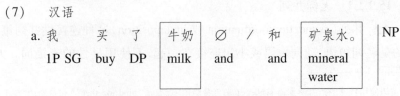

"I bought milk and mineral water."

第15章 并列构式 399

b. 我 | 唱 歌 | ∅ / 和 | 写 信。| VP
1P SG | sing song | and and | write letter |

"I sing a song and write a letter."

c. 他 | 唱 歌 | ∅ / (？和) | TP
3P SG sing song | and and | 小句

你 | 写 信。
2.SG | write letter

"He sings songs and you write letters."

非洲和西欧似乎是世界上仅有的两个除少数孤例以外不使用无标并列的区域(Stassen 2000：9)。

15.2.1.2 单一并列

在单一并列中,两个短语(或小句)通过一个显性连词结合起来。并列连词逻辑上一共可能有四种位置:第一个并列项的左边或右边,第二个并列项的左边或右边。此外,我们还区分第五种模式,即[A] and [B]模式,其中并列连词不依附于并列项。

A. [and-A][B]

似乎不存在语言将连词作为前缀附着于第一个并列项而在第二个并列项上不使用任何标记,见 Stassen(2000：15)和 Haspelmath(2007：10)的讨论。Haspelmath 通过语法化的过程来解释为什么[and-A][B]模式缺失。这种模式下,连词"and"必须从句子初始位置上的一个词源经历共时变化而来,但很难说这一语法化的来源会是什么。仅举两个潜在的来源说明,伴随前置介词和焦点小品词(见 15.2.2.1 和 15.2.2.6 节)。在任何语言中,伴随前置介词几乎从未出现在句子的初始位置。焦点小品词也很少出现在初始位置。因此,[and-A][B]的潜在语法化来源本身就缺少,可以解释[and-A][B]模式的缺失。

B. [A-and][B]

在有 13 万人使用的缅甸语言哈卡·钦语(Hakhai Chin 或 Lai)中,并列词=leé 附着于名词并列项中的第一个名词短语上,而=ʔií 则附着于动词并列中的第一个动词短语或小句(Peterson 和 van Bik 2004:335-336)。

(8) 哈卡·钦语(缅甸境内,汉藏语系)

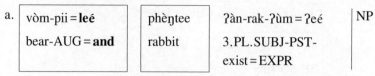

"There was a bear and a rabbit."

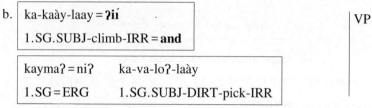

"I climb and pick up."

另一种具有这种并列词的语言是南阿塞拜疆语,该语是在伊朗使用的突厥语。南阿塞拜疆语在第一个名词短语前有一个名词短语连词-inAn。具体的语音受元音和谐(vowel harmony)的制约,取决于其前缀宿主名词的元音(Dehghani 2000:211-212)。

(9) 南阿塞拜疆语(伊朗境内,阿尔泰语系)

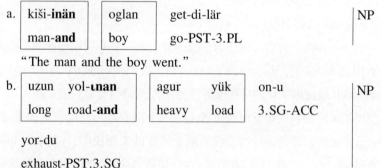

"The long road and heavy load exhausted him."

C. [A] and [B]

勒纳克尔语(Lenakel)是南太平洋瓦努阿图岛约有 12,000 人使用的语言,使用独立语素 mine 连接名词短语,另一个独立语素 kani 连接动词短语和小句(Lynch 1978:114)。

第 15 章 并列构式

（10）勒纳克尔语（瓦努阿图境内，南岛语系）

a.

Uus	aan	**mine**	rɨm-n		NP
man	that	**and**	father-3.SG		

k-am-u-arɨk　　　　i-hie?
3.SG-CNT-DU-live　LOC-where

"Where do that man and his father live?"

kuri	ka	r-ɨm-kɨs	io	**kani**	VP
dog	that	3.SG-PST-bite	1.SG	**and**	

m-akɨmw.
ANA-run.away

"That dog bit me and ran away."

b.

Nasu	r-vɨn	apwa	Lenakel	**kani**	TP
Nasu	3.SG-go	LOC	Lenakel	**and**	小句

ner-n	r-ɨm-arou-pn
child-3.SG	3.SG-PST-follow-there

"Nasu went to Lenakel and his son followed him there."

D. [A][and-B]

并列连词在第二个并列项短语前作为前缀出现是相对罕见的。在尼日利亚有 40 万人使用的恩加斯语（Angas），在第二个并列名词短语前有一个前缀连词 kí-"和"（Burquest 1973：54）。

（11）恩加斯语（尼日利亚境内，亚非语系）

a.

mun	**kí-mwa**	mu	ji.		NP
1.PL	**and-3.PL**	1.PL	come		

"We and they came."

b.

Musa	**kí-Bitrus**	mva	ji.		NP
Musa	**and-Bitrus**	3.PL	come		

"Musa and Bitrus came."

E. [A][B-and]

拉丁语有一个著名的名词连词-que"和",连接在第二个名词短语之后或一系列名词短语中的最后一个名词短语之后。它与连词 et"和"一起,可以构成双偶并列 et...-que"既……又"(2.1.3B 节)。下例引自 Meagan(2014b)。

(12) 拉丁语(意大利境内,印欧语系)

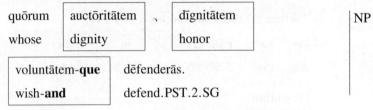

"whose dignity, honor, and wishes you had defended."

15.2.1.3 双偶并列

双偶并列关系下,并列项由两个不同的并列词或同一并列词的两个拷贝连接。有些语言将双偶并列作为表达连词的正常方式,不可以缺省其中任何一个并列词,有些语言则只在强调中使用两个并列词(both...and),而且可以省略其中一个并列词。同样的,并列连词的位置有四种逻辑上的可能性,下面举例说明。

A. [and-A][and-B]

约鲁巴语是尼日利亚 4,500 万人口使用的语言,它采用双偶并列 ti "和",必须出现在两个并列短语上。此外还有一个并列连词 àti"和",可以在第一个并列短语之前省略(Awobuluyi 1982: 105)。

(13) 约鲁巴语(尼日利亚境内,尼日尔-刚果语系)

第15章 并列构式

B. [and-A][B-and]

这种类型以及下一小节的类型只有在两个不同的连接词组合成一个表强调的连接词时才会出现。在拉丁语中,自由连接词素 et "和"和后缀-que "和"可以在单偶并列中单独使用,也可以组合成强调性的双偶连词 et…-que "既……又"。下面的例子引自罗马哲学家西塞罗在公元前 45 年左右在古城图斯库兰(Tusculan)的演讲(Moser 1836：18)。

(14) 拉丁语

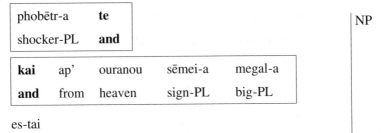

"Epaminondas and Themistocles are opposed to each other."

C. [A-and][and-B]

在古希腊语中,两个并列词 te "和"和 kai "和"可以单独用于单偶并列,也可以连接成强调性的双偶连词…te kai… "既……又",如下例所示。

(15) 古希腊语(希腊境内,印欧语系)

phobētr-a	te				NP
shocker-PL	and				
kai	ap'	ouranou	sēmei-a	megal-a	
and	from	heaven	sign-PL	big-PL	

es-tai

be.FUT-3.SG

"There will be fearful events and great signs from heaven."

(《圣经·路加福音》21：11)

D. [A-and][B-and]

巴布亚新几内亚桑道恩省(Sandaun)有 250 人使用的伊孟达语(Imonda)采用两个名词连接词,一个用于有生命名词短语,另一个用于无生命名词短语。它们必须作为后缀附着于两个名词短语,才可以表达并列关系(Seiler 1985:68-69)。

（16）伊孟达语（巴布亚新几内亚境内，保得语系）

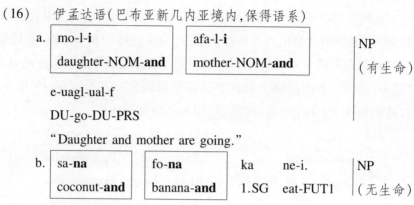

a. mo-l-**i**　　　　afa-l-**i**　　　　　　　　　　　NP
　daughter-NOM-**and**　mother-NOM-**and**　　　　　（有生命）

　e-uagl-ual-f
　DU-go-DU-PRS

"Daughter and mother are going."

b. sa-**na**　　fo-**na**　　ka　ne-i.　　　　NP
　coconut-**and**　banana-**and**　1.SG　eat-FUT1　（无生命）

"I am going to eat coconuts and bananas."

在印度南部有 3,500 万人口使用的马拉亚拉姆语（Malayalam），在名词短语、动词短语和小句上使用双偶并列词-um"和"。标记-um 必须作为两个并列名词短语、动词短语或小句的后缀。此外小句间的并列还存在一个限制：-um 不能附着于有时态的动词上，只能附着于不具备时态有体态的动词上（Asher 和 Kumari 1997:135, 142）。

（17）马拉亚拉姆语（印度境内，达罗毗荼语系）

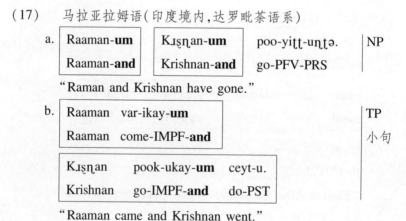

a. Raaman-**um**　　Kɹʂɳan-**um**　　poo-yitt-uɳʈə.　NP
　Raaman-**and**　Krishnan-**and**　go-PFV-PRS

"Raman and Krishnan have gone."

b. Raaman　var-ikay-**um**　　　　　　　　　　　TP
　Raaman　come-IMPF-**and**　　　　　　　　　小句

　Kɹʂɳan　pook-ukay-**um**　ceyt-u.
　Krishnan　go-IMPF-**and**　do-PST

"Raaman came and Krishnan went."

15.2.1.4　多偶并列列表

有两个以上并列项的结构（*n*>2）被称为多偶并列或多偶列表。语言可以通过六种方式实现多偶并列。一种语言或者将连词与列表中的每一项都

第15章 并列构式

放在一起,或者与前 n-1 个项目或最后 n-1 个项目放在一起,或者省略并列项,只标记列表中的第一个或最后一个项,或者使用无标并列。这样共有六种类型,我们下面用具体语言说明。

表 15.2　形成多偶并列的六种策略

类型	结　　构				语　　言
1	[A and]	[B and]	[C and]	[D and]	阿本语
2	[A and]	[B and]	[C and]	[D]	列兹金语
3	[A]	[B and]	[C and]	[D and]	波纳佩语、格陵兰语
4	[A and]	[B]	[C]	[D]	阿姆哈拉语
5	[A]	[B]	[C]	[D and]	英语、阿姆哈拉语、格陵兰语
6	[A]	[B]	[C]	[D]	老挝语、汉语

每种结构所对应的都是语言当中形成并列的默认、非焦点策略。有时语言也可以额外多添加连词以表强调。这种强调有些语境下是不通的,例如英语的这个例子 I bought eggs（? and）vegetables（? and）apples and oranges。

第一类的阿本语(Abun)在西巴布亚(印度尼西亚)约有 3,000 人使用。该语把连接词放在列表中的每个项目后面,不可缺省任何一个连接词(Berry and Berry 1999：96)。

(18) 阿本语(印度尼西亚境内,孤立语言)

nin	we	git	suge	sato	nok	e
2.PL	NUM.2	eat	animal	like	wild.pig	**and**

be	e	ron	e	ne	
kangaroo	**and**	tree.kangaroo	**and**	DET	

"Eat animals such as wild pigs, kangaroos, tree kangaroos and the like."

在俄罗斯南部高加索地区有 80 万人口的列兹金语属于**第二类**。在无焦点情况下,必须在列表的前 $n-1$ 项中使用连词-**ni**。把-**ni** 加到最后一项上时,就会表示对最后一项的特别强调,有时会导致句义不通(Haspelmath 1993:327)。

(19) 列兹金语(俄罗斯境内,北高加索语系)

k'üd	warz-**ni**		k'üd	juǧ-**ni**
NUM.9	month-**and**		NUM.9	day-**and**

k'üd	deq'iq'a	alat-na
NUM.9	minute	pass-PST

"Nine months, nine days and nine minutes have passed."

在密克罗尼西亚的加罗林群岛有 29,000 人使用的波纳佩语属于**第三类**语言。连词 oh "and" 强制附着于列表最后 $n-1$ 项之前。数据来源于 Rehg(1981:333)。

(20) 波纳佩语(密克罗尼西亚联邦境内,南岛语系)

Soulik	**oh**	Ewalt		**oh**	Casiano
Soulik	**and**	Ewalt		**and**	Casiano

oh	Damian		**oh**	Pendu	pahn	doadoahk	lakapw.
and	Damian		**and**	Pendu	FUT	work	tomorrow

"Soulik, Ewalt, Casiano, Damian, and Pendu will work tomorrow."

格陵兰语是**第三类**和**第五类**之间的混合型。它允许两种中性的列举方式,一种是在最后 $n-1$ 个项目上使用连接性的附言=lu "和",一种是只在最后一项上。当列举的名词短语是复杂名词短语时,=lu 插入短语内第一个成分的后面(Fortescue 1984:127)。

(21) 格陵兰语(格陵兰境内:爱斯基摩·阿留申语系)

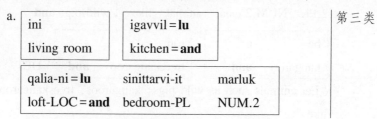

a.
ini		igavvil=**lu**		第三类
living room		kitchen=**and**		

qalia-ni=**lu**	sinittarvi-it	marluk
loft-LOC=**and**	bedroom-PL	NUM.2

"a living room, a kitchen and two bedrooms in the loft"

"a living room, a kitchen and two bedrooms in the loft"

阿姆哈拉语是埃塞俄比亚的官方语言,有 3,200 万人口使用,是介于**第四类**和**第五类**之间的混合语言。连词省略的具体形式是连词-(ə)nna 不加区别地出现在列表首项或末项(Leslau 1995:725)。

(22) 阿姆哈拉语(埃塞俄比亚境内,亚非语系)

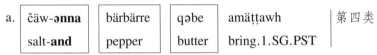

"I brought salt, pepper and butter."

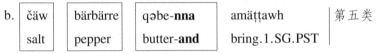

"I brought salt, pepper and butter."

老挝的官方语言老挝语(Lao)和汉语一样属于**第六类**。在中性情况下,多偶并列通过平行的方式组合起来,没有任何显性的连接词(Enfield 2007:455)。

(23) 老挝语(老挝境内,台-卡岱语系)

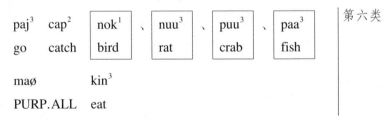

"(We'd) go and catch birds, rats, crabs and fish to eat."

15.2.2 连接词的意义

连词并列词可能有第二个义项,这反过来又可以作为证明它们是由这些意义语法化而来的证据。在这些意义中,有伴随性介词(15.2.2.1节)、工具性介词(15.2.2.2节)、数字"二"(15.2.2.3节)、双数代词(15.2.2.4节)、存在动词(15.2.2.5节)、焦点小品词(15.2.2.6节)。

15.2.2.1 伴随性"跟"

连词的形式往往与伴随介词相同。Stassen(2013)发现,在世界44%的语言中,连词"和"与伴随介词"跟"是相同的。在诺苏语中,并列词 si^{33}ni^{21} "和"可以作为伴随后置介词使用,但在语法上有区别。作为名词连词,si^{33}ni^{21} 被插入两个 NP 之间,而作为伴随后置介词,它出现在第二个 NP 之后。

(24)　　诺苏语(中国境内,汉藏语系)

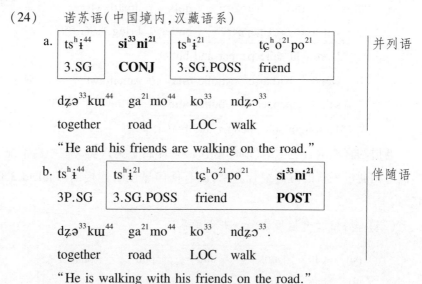

a.　ts^{h}ɨ^{44}　　si^{33}ni^{21}　　ts^{h}ɨ^{21}　　tɕ^{h}o^{21}po^{21}　　　　并列语
　　3.SG　　CONJ　　3.SG.POSS　　friend

　　dʑə^{33}kɯ^{44}　　ga^{21}mo^{44}　　ko^{33}　　ndʐɔ^{33}.
　　together　　road　　LOC　　walk

"He and his friends are walking on the road."

b.　ts^{h}ɨ^{44}　　ts^{h}ɨ^{21}　　tɕ^{h}o^{21}po^{21}　　si^{33}ni^{21}　　伴随语
　　3P.SG　　3.SG.POSS　　friend　　POST

　　dʑə^{33}kɯ^{44}　　ga^{21}mo^{44}　　ko^{33}　　ndʐɔ^{33}.
　　together　　road　　LOC　　walk

"He is walking with his friends on the road."

15.2.2.2 伴随性"用"

在加纳有18万人使用的沿海语言阿乌图语(Awutu)中,连词 nɛ "和"可以作为工具性和伴随性后置介词使用,类似于英语中的介词 with,后者也兼具工具义和伴随义。下面的数据来源于 Frajzyngier (1974:8)。

(25) 阿乌图语(加纳境内,尼日尔-刚果语系)

a. | ńša | koáni | bansrá | mɔ | **nɛ** | 并列
   | some | people | visited | him | **and** | 连接词

   | amɔ | nɛ | ńta | tumpáɲ | komɛ | ba. |
   | they | with | bottle | of | liquor | brought |

   "Some people came to visit him and they brought a bottle of liquor."

b. | mɔ | **nɛ** | éyibí | ɲwé | mi. | 工具性
   | 3.SG | **INSTR** | stick | hit | 1.SG |

   "He hit me with the stick."

c. | mɔ | **nɛ** | aní | ódéfee | ca. | 伴随性
   | 3.SG | **COM** | our | chief.DEF | quarrel.PST |

   "He quarreled with our chief."

15.2.2.3 数字"二"

有些语言使用的连词也表达数字"二"的意义。澳大利亚北部地区约有2,000人使用的东阿里恩特语(Eastern Arrernte),从英语中借用了连词 **ante** "和",而在连接表人类名词时采用另一种策略,通过在两个并列的名词短语后加数字 **therre** "二"来连接。例(26b)给出并列词的情形(Wilkins 1989:145, 371)。

(26) 东阿里恩特语(澳大利亚境内,帕马-努干语系)

a. | Re | patele | **therre** | ine-ke | ante | "二"
   | 3.SG | bottle | **NUM.2** | get-PST | and |

   | patele | **therre**-me-rle | ntywe-ke |
   | bottle | **NUM.2**-DEF-FOC | drink-PST |

   "He got two bottles and drank both bottles."

b. Ayenge　　lhe-ke
1.SG　　　　go-DAT

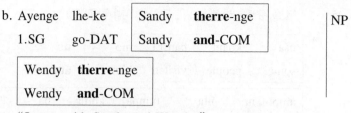

NP

"I went with Sandy and Wendy."

15.2.2.4 双数代词

与表示数字"二"的连词有关的是从双数代词演变而来的连词。越南中部有 10 万人使用的色登语(Sedang),其主要并列策略是使用第三人称双数代词 préi,它被摆在两个并列短语之前。例(27a)给出双数代词的例子,(27b)则体现出其连词结构的功能(Smith 1979:92,128)。

(27) 色登语(越南境内,南亚语系)

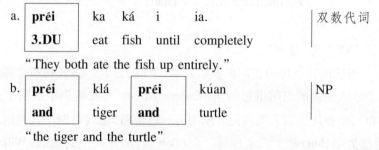

"They both ate the fish up entirely."

"the tiger and the turtle"

15.2.2.5 存现动词

在一些语言中,并列连词是由存现动词衍生出来的。在路易斯安那州(美国)有 20,000 人使用的乔克托语(Choctaw)中,从存现动词 mih "be same"产生出一个小句并列连词。由于乔克托语复杂句使用换指系统,mih 与两个后缀-cha(相同的主语)和-ma(不同的主语)相结合,形成了两个连词 mi-cha"和"(相同的主语)和 mih-ma"和"(不同的主语)。例(28a)取自 19 世纪传教士 Byington(1915:258)的字典,(8b)取自 Broadwell 的乔克托语语法(2006:233)。

第 15 章　并列构式　　　　　　　　　　　　　　　　　　　　411

(28)　乔克托语（美国境内，穆斯科吉语系）

    a.　**mih**　　　　a-tok　　　mona.　　　　　　　"be same"
        be.same　COP-PST　completely

    "He is completely the same as he was."

    b.　iya-ttock　　**mih**-ma　　nan＝imaayithana　　TP
        go-REM.PST　**and**-DS　　disciple　　　　　　小句

        lawa-h　　　**mi**-cha
        many-TNS　**and**-SS

        oklah　　lawa-h　　　ayina-t　　　apiiha-t
        people　many-TNS　do.too-PRT　be.with-PRT

        ilhkoli-ttook.
        go.PL-REM.PST

    "He went (to Nain) and many disciples went with him and many people went too."（《圣经·路加福音》7: 11）

　　在韩语中，助动词 ha-"be"可以与句子连词-ko "and"（见 15.2.3.4 节）结合，形成一个新的名词连词 hako "and"。这种名词性连词也具有伴随后置介词的功能。当作为连词使用时，它出现在两个并列短语[A hako B]之间，当作为后置介词使用时，它出现在第二个短语[A B hako]之后。例子(29a—c)说明了这些功能(Sohn 1999: 278, 283)。

(29)　韩语（韩国境内，孤立语言）

    a.　kil　　i　　　mikkul-mikkul　　**ha**-ta.　　　　"be"
        road　NOM　slippery　　　　　**be**-DECL

    "The road is slippery."

    b.　mwuna　**hako**　ku　　uysa　　　ka　　　NP
        sister　　**and**　　the　doctor　NOM

        khisuhay-ss-eyo
        kiss-PST-POL

    "My older sister and the doctor kissed."

c. hyeng   un   Mia   hako   kukcang   伴随
   brother TOP   Mia   with   theatre   介词

   ey   ka-ss-eyo.
   to   go-PST-POL

"My older brother went to the movies with Mia."

15.2.2.6 焦点小品词

在一些语言中,并列词是由焦点标记衍生出来的。焦点标记附在一个成分上,以建立与另一个成分的对比。汉语中的[是……的]结构和英语中的**分裂结构**(cleft construction)"it is...that"的作用都是将一个成分标记为对比性焦点。请看下面的汉语例子和它的英文翻译(Paul and Whitman 2008: 415)。

(30) 汉语

他   **是**   在   北京   学   语言学   **的**
3.SG   **COP**   in   Beijing   study   linguistics **NMLZ**

不   是   在   上海   学   的。
NEG   COP   in   Shanghai   study   NMLZ

"**It's** in Beijing **that** he studied linguistics, not in Shanghai."

汉语和英语的结构与连词并列无关,但在一些语言中,一个焦点标记用在一个成分后面,与汉语的[是……的]结构的使用方式相同。这种焦点标记已经进一步语法化,成为一般的并列连词,可以用于名词短语、动词短语和句子。在巴布亚新几内亚 8,000 人使用的南岛语马纳姆语(Manam)中,焦点后缀-be 就可以认为是具备这种功能。数据引自 Lichtenberk(1983: 365, 483, 523)。

(31) 马纳姆语(巴布亚新几内亚境内,南岛语系)

a. siŋaba-ló-**be**   u-múle.   焦点
    bush-from-**FOC**   1.SG-return

"It was from the bush that I came back."

第15章 并列构式   413

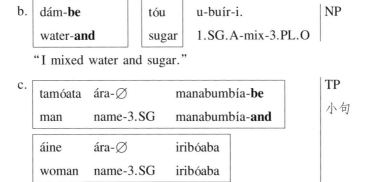

"I mixed water and sugar."

"The man's name is Manabumbia, and the woman's name is Iriboaba."

15.2.3 连接词的数量

许多语言使用两个或更多的连接词,其间往往有语义上的差异。例如,在15.2.1.3.D节中介绍的伊孟达语,对有生命和无生命的名词短语使用两种不同的连接词。同样,法属圭亚那2,500人使用的阿拉瓦克语,对阳性和阴性名词短语分别使用两种连接词(Pet 1987: 87)。

(32)　阿拉瓦克语(法属圭亚那境内,阿拉瓦克语系)

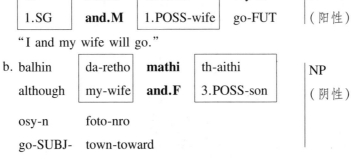

"I and my wife will go."

"Although my wife and her sone went to town..."

我们在本节讨论的不是具有语义差异的连词,而是连接不同句法成分的连词。在介绍完Payne并列图之后(15.2.3.1节),我们介绍不使用任何显性连接词的语言(15.2.3.2节),和那些使用一个(15.2.3.3节)、两个(15.2.3.4

节）到三个连接词的语言（15.2.3.5 节）。

15.2.3.1　Payne 连接图

在对并列策略的调查中，Payne（1985）提出一个并列图的概念，理解起来与类型学中常见的蕴涵层级不同。Payne 称其为"并列层级"，但 Haspelmath（2007：22）正确地指出，此处的"层级"并不是为了导出蕴涵共性，而应该被看作是对句子成分的应用范围作出的预测。

（33）　**Payne 连接图**

　　a. **S-VP-AP-PP-NP**

　　b. 任何语言中的任何并列策略（如并列连接词）都只作用在上述短语类型分布中的相邻范围（比如，可能的分布：√VP，√S；不可能的分布：√NP，×VP，√S）。

从类型学的角度来看（Drellishak 2004），我们感兴趣的是一种语言用来涵盖（33a）中全部成分需要用到的并列连词的数量。我们已在 15.2.3.2 至 15.2.3.5 节提到，一共有四种语言类型。

表 15.3　连接图中分出来的并列连接词数量

类型	连接词数量	范围	语言
1	0	S – VP – AP – PP – NP	恩汉达语、阿拉瓦语
2	1	S – VP – AP – PP – NP	匈牙利语、英语
3a	2	S – VP – AP – PP ｜ NP	呢苏语、韩语
3b	2	S ｜ VP – AP – PP – NP	卡约语、克萨拉楚语
4	3	S ｜ VP – AP – PP ｜ NP	阿法尔语、索马里语

15.2.3.2　没有连接词

在 15.2.1.1 节中，我们已说明恩汉达语（Blevins 2001：134）和阿拉瓦语

(Sharpe 1972:218)这两种语言不使用显性的连接词,而是对整个句法成分进行无标记并列。它们代表了**第一类型**。

15.2.3.3 一个连接词

世界上许多语言都属于第二类,使用相同的形式进行名词和动词连接。例如,汉语使用和,英语使用 and 来连接两个 NP、AP、PP、VP 和 S(小句)。同样,匈牙利语也用 és 来连接所有的成分。下例来自 Kenesei(1998:102, 106, 107)。

(34) 匈牙利语(匈牙利境内,乌拉尔语系)

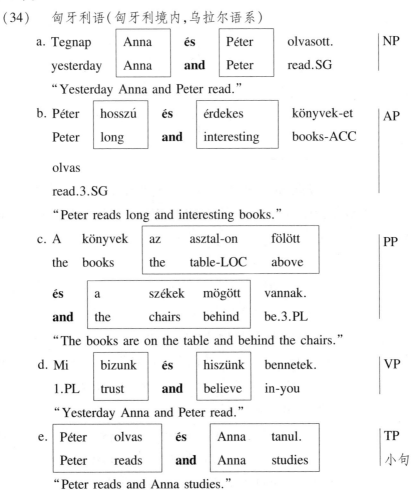

a. Tegnap | Anna | **és** | Péter | olvasott. | NP
yesterday | Anna | **and** | Peter | read.SG |

"Yesterday Anna and Peter read."

b. Péter | hosszú | **és** | érdekes | könyvek-et | AP
Peter | long | **and** | interesting | books-ACC |
olvas
read.3.SG

"Peter reads long and interesting books."

c. A könyvek | az | asztal-on | fölött | | PP
the books | the | table-LOC | above |
és | a | székek | mögött | vannak.
and | the | chairs | behind | be.3.PL

"The books are on the table and behind the chairs."

d. Mi | bizunk | **és** | hiszünk | bennetek. | VP
1.PL | trust | **and** | believe | in-you |

"Yesterday Anna and Peter read."

e. Péter | olvas | **és** | Anna | tanul. | TP
Peter | reads | **and** | Anna | studies. | 小句

"Peter reads and Anna studies."

15.2.3.4 两个连接词

黔西彝语也叫呢苏语，在中国贵州省有 60 万人使用。有意思的是，这门语言拥有十种并列词：五个并列词通过衍生前缀 ɔ³³-从其余五个中衍生出来。充当前缀的并列词可以出现在有多个并列词的复杂结构中，而不充当前缀的并列词则不能。每个并列词可并列的成分见下表（Gerner 2022a）。

表 15.4　呢苏语的十种并列连词

	S	VP	AP	PP	NP			S	VP	AP	PP	NP
ȵi³³ "and"	×	×	×	×	√	→	ɔ³³ȵi³³ "and"	√	√	√	√	×
nu³³ "or"	×	×	×	×	√	→	ɔ³³nu³³ "or"	√	√	√	√	×
dze³³ "so, then"	√	√	√	√	×	→	ɔ³³dze³³ "therefore"	√	√	√	√	×
se⁵⁵ "only then"	√	√	√	√	×	→	ɔ³³se⁵⁵ "only therefore"	√	√	√	√	×
de⁵⁵ "but"	√	√	√	√	×	→	ɔ³³de⁵⁵ "however"	√	√	√	√	×

呢苏语属于**类型 3a** 的语言，表现为不充当前缀的连词 ȵi³³ 和充当前缀的连词 ɔ³³ȵi³³ 之间存在分工，前者连接 NP，而后者与其他成分 S、VP、AP 和 PP 结合。

(35)　呢苏语（中国境内，汉藏语系）

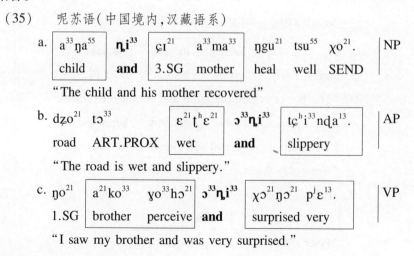

"The child and his mother recovered"

"The road is wet and slippery."

"I saw my brother and was very surprised."

b.
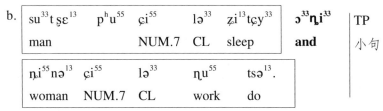

"Seven men slept, and/or seven women worked."

非洲和亚洲的许多语言使用替换形式来并列名词和动词。例如,韩语体现了 **3a 类型**,涉及两种形式 ilang(用于 NP)和 -ko(用于其他成分)之间替换(Sohn 1999:339,305)。

(36) 韩语(韩国境内,孤立语言)

a.
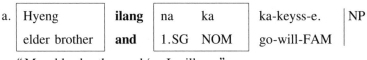

"My older brother and/or I will go."

b.
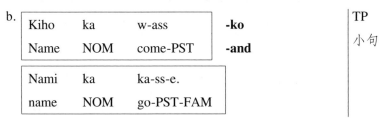

"Kiho came, and/or Nami went."

印度尼西亚苏门答腊岛上有 10 万人使用的卡约语(Gayo)的并列图分割方式很有意思。卡约语代表 **3b 类型**,使用连词 urum "和"连接所有短语,包括动词短语。对于小句,卡约语则采用专门的连词 den,而该连词不能用于动词短语或其他短语(Eades 2005:311)。

(37) 卡约语(印度尼西亚境内,南岛语系)

a.
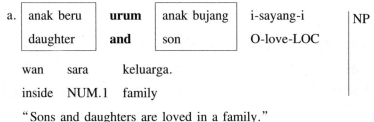

"Sons and daughters are loved in a family."

b. Manuk=a | kucak | **urum** | ilang. | AP
bird=DEM.DIST | small | **and** | red |

"That small and red bird"

c. Beluh | ku | ume | **urum** | ku | empus. | PP
go | to | rice.paddy | **and** | to | garden |

"(He) went to the rice paddy and to the garden."

d. Aku | m-inum | tèh | **urum** | m-angas | VP
1.SG | INTR-drink | tea | **and** | INTR-chew.betel |

"I am drinking tea and chewing bethel."

e. Kebetulen   wan   kapal=ne   ara | TP
in.fact   inside   boat=earlier   exist | 小句

sara   kekanak   rawan   mi   **den**
NUM.1   child   boy   more   **and**

kebetulen,   i   wan   kapal=ne
in.fact   LOC   inside   boat=earlier

tetulun=é.   i-bobon   sara   kamar.
~NUM.3=3.POSS   O-put   NUM.1   room

"In fact, on the ship was one more boy and inside the ship the three people were put into one room."

克萨拉楚语（Xârâcù）与卡约语相似，使用 mê 来连接 NPs、APs、PPs 和 VPs，使用 nä 来并列小句（见 Moyse-Faurie 1995, Haspelmath 2004）。

15.2.3.5 三个连接词

极少数语言将并列图分成三部分，用一个连词表示 NP，一个连词表示其他短语（AP、PP、VP），一个连词表示小句（类型 4）。属于这一类型的语言中，阿法尔语和索马里语都是在埃塞俄比亚和索马里使用的非亚语。

第 15 章　并列构式

表 15.5　带三个并列连接词的语言

句子成分	阿法尔语并列连接	索马里语并列连接
NP	'kee	iyo
AP, PP, VP	无标并列	oo
小句	-yi/-yu/-ya	-na/oo

阿法尔语是埃塞俄比亚的一门官方语言，有 200 万人使用。该语对 AP、PP 和 VP 使用排列无标并列，对 NP 和小句使用两个显性连接词（Bliese 1977：103-113）。

（38）　阿法尔语（埃塞俄比亚境内，亚非语系）

a.　'mutuk　　**'kee**　　xa'da　　es'gel-la　　'hee　　　|　NP
　　 ointment　**and**　　wood　　mix-PL　　do.PST.3.SG

"He mixed ointment and wood（myrrh）."

b.　'beera　　'isin　　ar'de-t-t-on　　、　　　　　　　　|　VP
　　 tomorrow　2.SG　　run-FUT-2-PL

　　dig're-t-t-on
　　play-FUT-2-PL

"Tomorrow you will run and play."

c.　a'nu　　'ginni　　'ma-y-yu-**yu**　　　　　　　　　　|　TP
　　1.SG　　demon　　NEG-have-1.SG-**and**　　　　　　　 |　小句

　　'inni　　　　'Abba　　a-yna'be.
　　1.SG.POSS　　father　　1.SG-honor.IMPF

"I do not have a demon, but（and）I honor my father."（《圣经·约翰福音》8：49）

索马里语是索马里的官方语言，有 2,200 万人口使用，它也有三种并列连词。小品词 **iyo** 是用于名词短语的专用连词，而小品词 **oo** 可用于动词短语和简单小句。此外，索马里语还采用专门的小句标记 **-na**，一般用在第二个小句中的成分后充当后缀(Saeed 1993：271-273)。

(39) 索马里语(索马里境内，亚非语系)

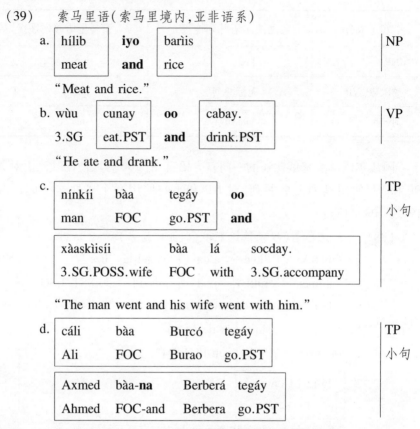

a. hílib   iyo   barìis   NP
   meat   and   rice
   "Meat and rice."

b. wùu   cunay   oo   cabay.   VP
   3.SG   eat.PST   and   drink.PST
   "He ate and drank."

c. nínkíi   bàa   tegáy   oo   TP 小句
   man   FOC   go.PST   and
   xàaskìisíi   bàa   lá   socday.
   3.SG.POSS.wife   FOC   with   3.SG.accompany
   "The man went and his wife went with him."

d. cáli   bàa   Burcó   tegáy   TP 小句
   Ali   FOC   Burao   go.PST
   Axmed   bàa-na   Berberá   tegáy
   Ahmed   FOC-and   Berbera   go.PST
   "Ali went to Burao and Ahmed went to Berbera."

15.3 析取并列("或")

使用相当于英语中"or"的并列词的并列结构被称为**析取并列**(disjunction)。析取连接可用于连接两个 NP、AP、PP、VP 和小句，与并列连接类似。然而，与并列连接不同，析取连词有两类语义不同的版本：**相容性**(inclusive)和**不相容性**(exclusive)。两者的真值行为不同。下面考虑两个例子(40)和(41)。

(40) a. P：   John will go to the library.
     b. Q：   Mary will go to the supermarket.

第 15 章 并列构式

    c. P∨Q： John will go to the library *or* Mary will go to the supermarket.

在(40)中,连词 or 表达相容性连接,因为命题 John will go to the library (P)和 Mary will go to supermarket(Q)可以相互独立地为真或为假。这反映在相容性连接真值表 15.6 中。相关的文氏图可更直观地说明(图 15.2)。

表 15.6 相容性析取的真值表

P	Q	P∨Q
T$_{rue}$	T	T
T	F$_{alse}$	T
F	T	T
F	F	F

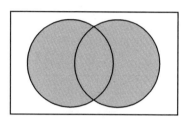

图 15.2　P∨Q

与之相反,(41)中的连接词 or 代表不相容性析取,因为 John was born in 1990(P)和 John was born in 1992(Q)这两个命题不可能同时为真。因此,不相容性析取连接与相容性连接的真值行为不同,其真值见表 15.7 及相关的文氏图 15.3。

    (41) a. P： John was born in 1990.
         b. Q： John was born in 1992.
         c. P ∨$_e$ Q： John was born in 1990 *or* John was born in 1992.

表 15.7 不相容性析取的真值表

P	Q	P∨$_e$Q
T$_{rue}$	T	F
T	F$_{alse}$	T
F	T	T
F	F	F

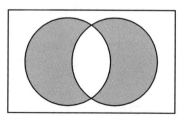

图 15.3　P∨$_e$Q

我们在15.3.1节中探讨世界上的语言如何表达相容性和不相容性并列之间的区别。在15.3.2节中,我们考察语言用来连接不同句法成分所采用的析取连词的数量。

15.3.1 相容性和不相容性

根据语言采用何种策略来表达相容性和不相容性析取连接之间的区别,我们可以将语言分为三种类型(见表15.8)。**第一类**语言使用两种不同的连接词,我们表示为 or_{incl} 和 or_{excl}。两者分别编码相容性和不相容性析取连接。

表15.8 相容性和不相容性析取连接

类型	语言	相容性	不相容性	参 考 文 献
1	迪维希语	A nuvata B	A nūni B	Bruce（2000：82）
	汉语	A 或者 B	A 还是 B	Li and Thompson（1981：533）
	锡达莫语	A=woi B	A=nso B	Kawachi（2007：283）
2	英语	A or B	either A or B	
	阿拉伯语	A ʔaw B	ʔiimaa A ʔaw B	Ryding（2005：418）
	芬兰语	A tai B	joko A tai B	Sulkala et al.（1992：104）
	埃维语	A alo B	A loo alo B	Dzameshie（1998：75）
3	布拉灰语	A ya B	ya A ya B	Andronov（2006：103）
	迈蒂利语	A ki B	ki A ki B	Yadav（1996：341）
	韩语	A-kena B	A-kena B-kena	Sohn（1994：306）
	日语	A ka B	A ka B ka	Kobayashi（2016：190）

第二类语言采用两个析取连接词。其中一个连接词(or)在相容性和不相容性之间存在歧义;另一个连接词(either)是不相容性析取的专用标记,但不能单独出现,只能与第一个连接词(or)一起出现在类似[either A or B]这

第15章 并列构式

样的结构中。**第三类**语言采用一个相容性和不相容性上存在歧义的连接词 or。在编码不相容性析取连接时，用两个连接词，即使用诸如[or A or B]或[A or B or]这样的结构。

迪维希语(Dhivehi)在马尔代夫有34万人使用。它代表第一种类型，即有两个析取连接词 nuvata 和 nūni，它们的区别正好是相容性与不相容性的区别。这两个连接词都可以用于陈述句和问句(Bruce 2000:82)。

(42) 迪维希语(马尔代夫境内，印欧语系)

a. Kāšidu-akī | kāši | košāru | **nuvata**
  Kāšidu-EQ | cocunut | storehouse | or.INCL

  divehi | rukuge | bagīccā.
  Dhivehi | cocunut.tree.GEN | garden

  "Kāshidu is a coconut storehouse **or** a garden of Maldivian coconut trees."

b. Kāšidu-akī | kāši | košāru | **nūni**
  Kāšidu-EQ | cocunut | storehouse | or.EXCL

  divehi | rukuge | bagīccā.
  Dhivehi | cocunut.tree.GEN | garden

  "Kāshidu is **either** a coconut storehouse **or** a garden of Maldivian coconut trees."

汉语普通话也属于第一类，使用一个相容性析取连接词"或者"和一个不相容性连接词"还是"。这两个连接词还有一个区别。相容性连接词"或者"只能出现在陈述句中，而不相容性连接词"还是"必须用在问句中(Li and Thompson 1981:533)。此外汉语还使用一个不相容性连接词"要么……要么"，在这一点上表现出第三类语言的特点。锡达莫语(Sidamo)的两个非连接词表现出与汉语类似的句型差异。

(43) 汉语

a. 他 | 今天 | **或者** | 明天 | 来。 | 析取
  3.SG | today | or.INCL | tomorrow | come | (相容)

  "He is coming today or tomorrow (possibly on both days)."

b. 他　　今天　　　还是　　　　明天　　　来？　析取
   3.SG today   or.EXCL tomorrow come （不相容）

"Is he either coming today or tomorrow（but not on both days)?"

c. 他　要么　　今天　　要么　　明天　　　来。　析取
   3.SG or   today   or   tomorrow come （不相容）

"He is either coming today or tomorrow（but not on both days)."

第二类语言中有一个不相容性的析取连词,它不能单独出现,只能与相容性连词结合。埃维语的不相容连词…loo alo…将两个并列词放在并列短语之间（Dzameshie 1998：75）。

(44) 埃维语（加纳境内,尼日尔-刚果语系）

a. Kofi   alo   Kɔbla   析取
   Kofi   or.INCL Kɔbla   （相容）

"Kofi or Kɔbla."

b. afɔkpa   loo alo   awu   析取
   shoe   or.EXCL   shirt   （不相容）

"either a shoe or a shirt."

布拉灰语（Andronov 2006：103）和日语（Kobayashi 2016：190）属于**第三类**语言。单一出现的析取连接词在表达相容和不相容性上存在歧义,而双重连词则编码不相容性。唯一的区别是连接词的位置。布拉灰语的连词置于第一个并列项的两侧,而日语连词则置于第二个并列项两侧。

(45) 布拉灰语（巴基斯坦境内,达罗毗荼语系）

a. tēnaṭ   barēs   yā   析取
   2.SG.REFL   come.2.PSG   or   （相容）

   tēnā   māre   ētis.
   2.SG.POSS   son   send

"You may come yourself or send your son（or come both)."

第 15 章 并列构式　　　425

b.
yā	tēnaṭ	barēs	yā
or	2.SG.REFL	come.2.PSG	or

tēnā	māre	ētis.
2.SG.POSS	son	send

析取
（不相容）

"You may either come yourself or send your son (but not come both)."

（46）日语（孤立语）

a.
Mary-wa	meido-o	sagasitei-ru	ka
Mary-TOP	maid-ACC	look.for-PRS	or

kokku-o	sagasitei-ru.
cook-ACC	look.for-PRS

析取
（相容）

"Mary is looking for a maid or looking for a cook."

b.
Mary-wa	meido-o	sagasitei-ru	ka
Mary-TOP	maid-ACC	look.for-PRS	or

kokku-o	sagasitei-ru	ka	da.
cook-ACC	look.for-PRS	or	COP

析取
（不相容）

"Mary is **either** looking for a maid **or** looking for a cook."

15.3.2 并列连词的数量

与并列连接词一样，析取连接词可以与两个 NP、AP、PP、VP 或两个小句相结合。然而，从数量的角度讲，只有两种主要的语言类型。语言中不可以使用无标并列来表达析取连接，必须有一个或两个显性连词。另一方面，似乎不存在有三个析取并列连词的语言。

表 15.9　从并列图中拆分出的析取连词数量类型

类型	析取数量	范　　围	语　　言
1	1	S – VP – AP – PP – NP	塔马舍克语、汉语、英语
2a	2	S – VP – AP – PP ｜ NP	呢苏语、韩语
2b	2	S ｜ VP – AP – PP – NP	马拉亚拉姆语

塔马舍克语（Tamashek）是马里有 50 万人口使用的一种柏柏尔语，使用一个连接词 **méɣ** 来连接所有的句法成分（Heath 2005：703-704）。也即是说，塔马舍克语代表**第一类**，就像汉语的"或"和英语的"or"一样。

(47) 塔马舍克语（马里共和国境内，亚非语系）

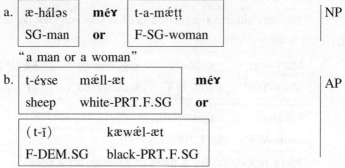

a. æ-háləs **méɣ** t-a-mǽṭṭ | NP
   SG-man **or** F-SG-woman
   "a man or a woman"

b. t-éɣse mǽll-æt **méɣ** | AP
   sheep white-PRT.F.SG **or**
   (t-ī) kæwǽl-æt
   F-DEM.SG black-PRT.F.SG
   "a white or black sheep (= a white sheep or a black one)."

c. ∅-osǽ-dd **méɣ** | TP
   3.SG.A.M-arrive.PFV-CTRP **or** | 小句
   wǽr-d ∅-osa.
   NEG-CTRP 3.SG.A.M-arrive.PFV
   "He either did or did not come."

呢苏语属于**类型 2a**，因为它对 NP 使用析取连接词 **nu³³**，对所有其他短语和小句使用 **ɔ³³nu³³**（Gerner 2022a）。韩语也属于这一类型。

(48) 呢苏语（中国境内，汉藏语系）

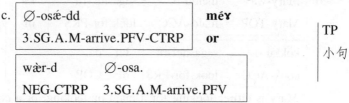

a. çɪ²¹ nə⁵⁵mba³³ **nu³³** ṣa³³mba³³ hɪ⁵⁵. | NP
   3.SG Neasu **or** Chinese speak
   language language
   "He speaks Neasu or Chinese."

b. bo²¹ tɕʰɔ³³m̩³³ **ɔ³³nu³³** hu̱³³ndə⁵⁵ | AP
   mountain high **or** bare
   ga⁵⁵ di¹³.

   DEM.DIST PL
   "those high and bare mountains"

第 15 章 并列构式

c.	tʂa³³va²¹	sə³³	gɔ¹³	lə⁵⁵	ɔ³³nu³³	TP
Chava	walk	home	go	**or**	小句

na³³li⁵⁵	sə³³	gɔ¹³	lə⁵⁵.
Nali	walk	home	go

"Chava walks home or Nali walks home."

另一方面,马拉雅拉姆语(**类型 2b**)使用一种 Payne 并列图上罕有的拆分方式。一个连词用于连接短语(NPs, APs, PPs, VPs),另一个用于连接小句。以下是一些例子(Asher and Kurami 1997:140)。

(49) 马拉亚拉姆语(印度境内,达罗毗荼语系)

a.	ɲaan	cooɻ-**oo**	cappaattiy-**oo**	kaẓik-ka-am	NP
1.SG	rice-**or**	chapati-**or**	take-FUT-IRR

"I'll take rice or chapati."

b.	niŋŋaɭk-kə	kiʈakka-yil-**oo**	paaya-yil-**oo**	PP
2.SG-DAT	bed-LOC-**or**	mat-LOC-**or**

kiʈak-kaam
lie-DEO.POS

"You can lie on the bed or on the mat."

c.	avan	innə	vara-ɳam	**illeŋkil**	TP
3.SG	today	come-DEO.NES	**or**	小句

jooli	naʂʈappeʈ-um.
job	lost-FUT

"He must come today, or the job will be lost."

15.4 转折并列("但是")

转折并列是一种特殊的并列,其中第二并列项与第一并列项在语义上构成冲突对立。诸如 but 这样的转折连接词可以连接两个 AP、VP 和小句,但一般不结合两个 NP。在相当长的一段时间里,学界区分**反预期**(counter-expectational)**but** 和**纠正性**(corrective)**but**。纠正性解读通常需要在第一个并列项中加入一个否定小品词(Abraham 1979)。下面两个例子说明了英语 but 的这两种转折意义(Vicente 2010:384)。

(50) 英语

  a. Randy is a taxi driver, but he has a truck driving license. 反预期

  b. This is not probable, but merely possible. 纠正性

汉语使用两种不同的并列词来表达这两种转折意义:"但是"表反预期的对比,在第一个小句中也可以选择性地使用否定词。"而是"表达纠正义,需要在第一个小句中使用否定词(Zuo 2019)。

(51) 汉语

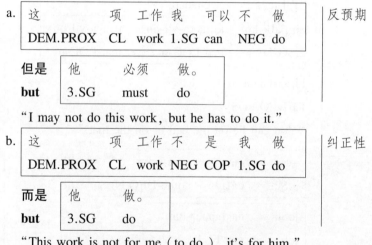

"I may not do this work, but he has to do it."

"This work is not for me (to do), it's for him."

世界上的语言分为两个阵营。它们要么像英语一样,用一个转折语来表达反预期和纠正性的意思,要么用两个转折语来分别表达这两种意思。语言谱系和地域因素对如何划分并不起作用。例如,德语是英语的近亲,但其与英语不同,而是像汉语一样使用两个连接词。表 15.10 节选了一部分语言的情形。

表 15.10 反预期连词和纠正性连词

类型	语言	反预期	纠正性	参考文献
1	英语	but	but	Vicente（2010：384）
1	莫科维语	qam	qam	Grondona（1998：217）
1	恩吉提语	pbɛ̀tù	pbɛ̀tù	Lojenga（1994：394）
2	汉语	但是	而是	Zuo（2019）
2	西班牙语	pero	sino	Butt（1988：467）
2	德语	aber	sondern	Abraham（1979）
2	特伯里语	okóm	mom	Porter（1977：149）
2	阿拉伯语	ʔinna-maa	bal	Ryding（2005：411-412）

15.5 连续并列（"所以"）

连续并列由两个主句组成，第二个小句（即结果句）是第一个小句（即前句）在时间上或逻辑上的结果。连续句在语义上与条件句相同，但在句法上与之不同。连续句没有连词 if。有 if 的构式是把前句作为一种从句引入的。并列连词 so（或 then）是英语中连续句形式上的标志。

(52) a. P：　　Mary finished the letter.
　　　b. Q：　　I talked to her.
　　　c. P→Q：Mary finished the letter, so I talked to her.

连续句的真值行为是**实质蕴含**（material implication）的。如果 Mary finished the letter(P) 和 I talked to her(Q) 都是真的，那么命题 Mary finished the letter, so I talked to her(P→Q) 为真。如果 P 为真，但 Q 为假，那么 P→Q 为假。此外，如果 P 为假，那么 P→Q 总是为真。表 15.11 显示了连续句的真值模式及其相关的文氏图。

表 15.11　相容性连续句真值表

P	Q	P→Q
T$_{rue}$	T	T
T	F$_{alse}$	F
F	T	T
F	F	T

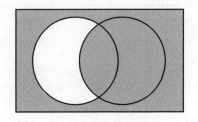

图 15.4　P→Q

有些语言,特别是东亚的语言,有两种连续并列词,一种是相容性的(如汉语"就"或英文 so),一种是不相容性的(如汉语"才"或英文 only then)。在相容性并列词中,前句被看作后句的几个触发因素之一,而在不相容性并列词中,前句被解读为唯一的触发因素(Li and Thompson 1981:655)。

(53) a. P:　　　她卷了头发。
　　 b. Q:　　　她漂亮。
　　 c. P↔Q:　　她卷了头发才漂亮。

从逻辑学的角度来看,不相容性连续连接词的真值行为等同于**实质双蕴含**(material bi-implication)。(53)中的"漂亮"被表述为等同于有卷曲的头发。实质双蕴含的真值表和文氏图如下所示。

表 15.12　不相容性连续句真值表

P	Q	P↔Q
T$_{rue}$	T	T
T	F$_{alse}$	F
F	T	F
F	F	T

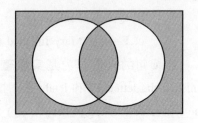

图 15.5　P↔Q

第 15 章 并列构式

不相容性连续连接词要么像汉语"才"一样经历词汇化,成为单一的小品词,要么像英语一样被表达为复合词(only then)。东亚的语言倾向于表现出两个连续连接词,一个是相容的,一个是不相容的,而其他地方的语言则倾向于采用复合形式,如英语,或使用条件句。

表 15.13 相容性和不相容性连续连接词

类型	语言	相容性	不相容性	参 考 文 献
1	汉语	就	才	Li and Thompson (1981)
	诺苏	lo^{44}	zi^{44}ni^{21}	Gerner (2013b:477)
	侗语	su^{33}	ɕɪ^{33}	贵州省民族语文指导委员会研究室(1959:194, 223)
	牡语	Ga^{55}	tɕɯ^{31}	张永祥、许士仁(1989:164, 252)
2	英语	so	only then	
	法语	alors	alors seulement	

在中国贵州省有 150 万人口的苗瑶语牡语(Hmu)使用相容性的连续连接词将第一小句作为第二小句的一个触发点,而插入到第二小句主语之后的不相容性连续连接词则将第一小句确定为第二小句的唯一触发点(张永祥等 1990:164, 252)。

(54) 牡语(中国境内,苗瑶语系)

a. nən^{55} moŋ^{11}, vi^{11} **Ga^{55}** moŋ^{11}.   相容
   3.SG go   1.SG **so.INCL** go
   "He will go, so will I."

b. nən^{55} ko^{11} vi^{11} vi^{11} **tɕɯ^{31}** lo^{11}.   不相容
   3.SG summon 1.SG 1.SG **so.EXCL** come
   "Only if he summons me, I will come."

15.6 句法属性

并列结构的句法特性很有意思,特别是在冗余元素的省略(15.6.1 节)和主语的换指标记(15.6.2 节)方面。

15.6.1 省略

当小句并列时,那么小句的一部分可能是多余的,如下例所示。出于经济原则,多余成分可以删除(或称为"省略"ellipsis)。

	A	B	C	D	E	F
(55) a.	John	sold		and Mary	bought	a car.
b.	John	bought	a car	and	filled up	with petrol.
c.	John	manipulates	numbers	and Bill		people.

在(55a)中,我们对第一个直接宾语(C)进行了**后向省略**(backward ellipsis);在(55b)中,第二个主语(D)被省略,这种模式称作**前向省略**(forward ellipsis)。例子(55c)中,第二个动词(E)被省略,这又是一类向前省略。英语省略句可能出现在{C,D,E}这些点位中,但可能不会出现在{A,B,F}中。我们可以将英语的省略模式与汉语进行比较,后者只允许在适当的结构中删除{C,D}段(Li and Thompson 1981:596, 609)。

	A	B	C	D	E	F
(56) a.	他	骑	马		抽	烟。
b.	我	劝		他	念	医学。

Sanders(1977)认为,并列结构中多余成分的省略只取决于句法点位,而不取决于成分可能发挥的语义作用。他区分了可能发生省略的六个点位 {A,B,C,D,E,F}。不同语言可以选择这些点位中的某些子集执行省略操作,包括空集(也即没有省略)和全集(此时所有点位皆可省略)。这样的子集数量共计有 2^6 个,也即 64 个。然而据 Sanders 调查,世界上的语言中只有 6 个这样的子集找得到。

第 15 章 并列构式

表 15.14 六种省略模式

省略的点位子集	语 言 举 例
{C,D}	汉语
{C,D,E}	英语、日语
{D,E,F}	克丘亚语
{C,D,E,F}	俄语
{B,C,D,E,F}	印地语、萨波特克语
{A,B,C,D,E,F}	托尤拉巴尔语

除英语和汉语之外,我们还举例讨论山谷萨波特克语(Valley Zapotec)的省略模式。这门语言在墨西哥瓦哈卡州有约 29,000 人使用。山谷萨波特克语在简单句中词序灵活,可能出现省略的位置很广泛(A 除外)(Rosenbaum 1974:21-37)。

(57)　山谷萨波特克语(墨西哥境内,欧托曼格语系)

	A	B	C	D	E	F
a.	Ndoʔ mole		Xwain Juan	ne and	garbanz chickpeas	g-o FUT-eat	Marku Mark

"Juan will eat Mole, and Mark chickpeas."(回应问题:"What will they eat?")

	A	B	C	D	E	F
b.		Xwain Juan	jume basket	ne and	Marku Mark	yuu house	been PST-make

"Juan made a basket, and Mark a house."(回应问题:"What did they make?")

	A	B	C	D	E	F
c.	N-ap PRS-have	Xwain Juan	yuu house	ne and		Marku Mark	yu. land

"Juan has a house and Mark land."(回应问题:"What do they have?")

	A	B	C	D	E	F
d.	Ndoʔ mole	g-o FUT-eat	Xwain Juan	ne and	garbanz chickpeas		Marku Mark

"Juan will eat mole, and Mark chickpeas."(回应问题:"What will they eat?")

e.	Xwain	jume	been	ne	Marku	yuu
	Juan	basket	PST-make	and	Mark	house

"Juan made a basket, and Mark a house."（回应问题："What did they make?"）

表 15.14 中的模式似乎属于一种蕴涵层次结构，即一种可及性层级结构。在第 10 章中，我们探讨了标记性层级。可及性层次与标记性层次可以类似地理解，只需用"可及"代替"有标记"（Klein 1980：873；Haspelmath 2007：45）。

(58) 省略可及性层级

a. $D > \begin{Bmatrix} C \\ E > F \end{Bmatrix} > B > A$

b. 对任意比 Y 排名更高的 X，X>Y，其中 X，Y ∈ {A, B, C, D, E}，任何一门语言如果 Y 是可及的（即允许 Y 的省略），那么 X 也是可及的。

Sanders（1977）提出，可及性低的位置发生省略，需要花费更多的努力才能被听者解读。根据省略层级结构，可及性低的位置出现在第一小句中，因此后向省略比前向省略要花费相对更多的精力来跟进。

15.6.2 换指

某些语言在复句中使用**换指**（switch-reference）标记来表示第一个子句的主语与第二个子句的主语是否相同。换指标记在并列和从属关系中都可以出现。下面这对例子引自巴布亚新几内亚 2,000 人使用的哈鲁埃语（Haruai），这里存在两个连接词。一个连接词将第一个分句的主语带入第二个分句（**SS** = 同一主语），而另一个则表示主语的转换（**DS** = 不同主语）。数据来源于 Comrie（1989a）。

(59) 哈鲁埃语（巴布亚新几内亚境内，皮阿维语系）

a.	Ha	döyw	nwgʷ-ön	bör	dw-a	SS
	child	rat	see-and.SS	run	go.PRS.3.SG.DECL	

"The child saw the rat and he (= the child) ran away."

第 15 章 并列构式

b. | Ha | döyw | nwgʷ-**mön** | | bör | dw-a | DS |
    | child | rat | see-**and.DS** | | run | go.PRS.3.SG.DECL | |

"The child saw the rat and it (= the rat) ran away."

换指系统也应用在从属结构中。除了北美和南美之外，澳大利亚也是换指系统较多存在的一个地区，这里的语言存在并列、补语从句和关系从句的换指。南澳大利亚的濒亡语言迪里语（Dieri）就具备以下的系统（Austin 1981：313-318）。

表 15.15 迪里语的换指

小句类型	SS	DS
并列	-lha	-rnanthu
定语从句（未完成体）	-rna	-rnanhi
定语从句（完成体）	-rnandu	-ni(ngurra)

下面两个例子中有两个关系从句，关系从句的主语分别与句首主语共指和不共指。关系从句的动词上相应地标注了相同主语和不同主语。

（60）迪里语（澳大利亚境内，帕马-努干语系）

a. | nhu-lu | puka-∅ | thayi-**rna**, | | SS |
    | 3.SG-ERG | food-ABS | eat-**REL.IMPF.SS** | | |

    | nha-wu | pali-rna | warrayi. |
    | 3.SG-NOM | die-PRT | AUX.PST |

"He who was eating died."

b. | karna-li | wilha-∅ | nhayi-yi | | DS |
    | man-ERG | woman-ABS | see-PRS | | |

    | kirli-**rnanhi** |
    | dance-**REL.IMPF.DS** |

"The man sees the woman who is dancing."

换指系统通常是二元的，即每个小句类型有两个标记（SS 和 DS）。但瓦尔皮里语（Warlpiri）比较特殊，它允许并列句中出现三元的换指系统：有三个连接词，一个显示两个子句中 S/A 论元的同一性；一个显示第一个子句的 S/A 论元和第二个子句的 O 论元；还有一个表示主语转移到不同的成分（Austin 1981：325）。

表 15.16　瓦尔皮里语的换指

小句类型	并列连词
SS(S/A=S/A)	-karra
S/A=O	-kurra
DS	-ngkarni/rlarni

（61）　瓦尔皮里语（澳大利亚境内，帕马-努干语系）

a.　ngarrka-∅　　ka　　　wangka-mi,
　　man-ABS　　　AUX　　speak-NPST

　　karli-∅　　　　　jarnti-rninja-**karra**
　　boomerang-ABS　trim-INF-**and.S/A=S/A**

　　"The man is speaking and trimming a boomerang."

b.　ngajulu-rlu　　rna　　yankirri-∅　　pantu-rnu,
　　1.SG-ERG　　　AUX　　emu-ABS　　　spear-PST

　　ngapa-∅　　　　nga-rninja-**kurra**.
　　water-ABS　　　drink-INF-**and.S/A=O**

　　"I speared the emu and it (= the emu) was drinking water."

c.　kurdu-∅　　　ka　　　jarda-nguma-mi
　　child-ABS　　AUX　　sleep-lie-NPST

　　kirda-nyanu-ku　　　karli-∅　　　　　jarnti-rninja-**rlarni**
　　father-own-DAT　　 boomerang-ABS　　trim-INF-**and.DS**

　　"The child is sleeping and his father trims a boomerang."

第15章 并列构式

换指语言一般都是主语-宾语-动词（AOV）词序，尽管有些是动词居首型语言。句子成分顺序（OV 或 VO）决定了哪个分句带有标志相同或不同主语的词素。通常情况下，在 SOV 语言中，较先出现的子句带标记，而在 VO 语言中则相反。

15.7 作业

试分析下列语言中连词"and"的类型，并作分类。根据标记的类型将语言分为不同类型。

(62) 英语（英国境内，印欧语系）

 a. John and Mary went to the movies.

 b. John went to the movies with Mary.

(63) 恩言克勒语（乌干达境内，尼日尔-刚果语系）

 n-ka-za-yo | na | Mugasho

 1.SG-REC.PST-go-there | and/with | Mugasho

 "Mugasho and I went there./I went there with Mugasho."

(64) 奥图语（巴布亚新几内亚境内，塞皮克语系）

 Yowmen   Yawur   du-k-puy-ey

 Yowmen   Yawur   DUR-IMPF-hit-IMPF

 "Yowmen and Yawur are hitting（someone）."

(65) 泰米尔语（斯里兰卡境内，达罗毗荼语系）

 Akkaa-yum   tangkacci-yum

 elder.sister-and   younger.sister-and

 "elder sister and younger sister."

(66) 贝贾语（苏丹境内，亚非语系）

 a. ani-wa   baruk-wa   b. mek-wa   laga

   1.SG-and   2.SG-and   donkey-and   calf

   "you and I"   "a donkey and a calf"

(67) 达扎加语(乍得境内,尼罗-撒哈拉语系)
    a. turku   ye   molofur   ye
       jackal   and   hyena   and
       "the jackal and the hyena"
    b. wuden   arko   ye
       antelope goat   and
       "the antelope and the goat"

(68) 尤比克语(俄罗斯境内,北高加索语系)
    Go-u-ji-k'ä-qa
    3.SG-2.SG-with-come-PRF
    "He came with you."

(69) 沃纳语(阿根廷境内,乔恩语系)
    Kokoš   telken   okel-enen
    Kokoš   boys   with-go
    "Kokoš goes with the boys."

第 16 章 从属构式

16.1 三种从句类型

从句(subordinate clauses)是指在句法和语义上依赖于主句中某个成分的句子。从句所依赖的成分可以是名词或动词。其中,**定语从句**(也称**关系从句**,relative clauses)是指依赖于主句中名词的从句,而**补语从句**(complement clauses)和**状语从句**(adverbial clauses)则是指依赖于主句中动词的从句。传统语法中一般经常讨论的三种从句类型就是定语从句、补语从句和状语从句。

定语从句起到的作用与简单名词短语中的限定词(或修饰性形容词)相似,而补语从句和状语从句的作用则类似于简单句中的核心论元和斜论元。

表 16.1 从句与短语成分间的对应关系

复杂句				名词短语或简单句		
定语从句	—	名词	↔	限定词	—	名词
补语从句	—	动词	↔	核心论元(e.g. direct object)	—	动词
状语从句	—	动词	↔	斜论元(e.g. location)	—	动词

由于从句和短语成分之间存在这种语义对应关系,语言有时会使用同一种标记来编码这两种成分,如例(1)—(3)所示。苗瑶语的指示代词充当名词限定词,同时也用于作定语标记(Gerner and Bisang 2010:590)。

(1) 花苗语(中国境内,苗瑶语系)

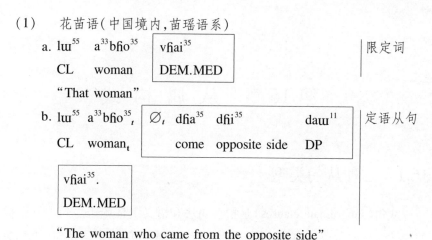

"That woman"

"The woman who came from the opposite side"

其他语言也存在用宾格标记编码补语从句的情况,这种标记在简单句中也用于编码直接宾语。例如,韩语对于这两种成分统一使用宾格后缀-ul 标记。在例(2)中,从句必须名词化之后才能带宾格标记(Rhee 2011:398; Sohn 1999:330)。

(2) 韩语(韩国境内,孤立语)

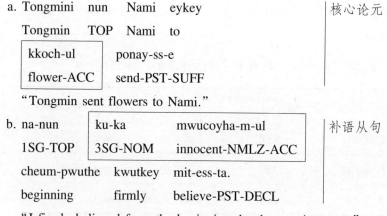

"Tongmin sent flowers to Nami."

"I firmly believed from the beginning that he was innocent."

还有一些语言使用斜论元的前置介词充当状语从句的连接词。如英语的 since,汉语的"因为",以及诺苏语的 si⁴⁴。这些都是标记斜论元的前置介词,同时用来引导状语从句。

第 16 章　从属构式

(3) a. John attended school [**since** last year].　　　斜论元
　　b. John attended school [**since** he was six years old].　状语从句

(4) a.【因为他】，我明天不能到达。　　　斜论元
　　b.【因为天黑了】，我没出去。　　　状语从句

(5) 诺苏语（中国境内，汉藏语系）

　a. dʑɯ³³mo²¹　tsʰɿ⁴⁴　　　　gɯ³³　si²¹　　　斜论元
　　 money　　 DEM.PROX　 CL　　with　　　（工具介词）

　　 vi⁵⁵ga³³　vzɿ³³　　ʐ³³.
　　 clothes　 buy　　go

　　 "Buy some clothes with this money."（Gerner 2013b：234）

　b. vu²¹du³³　tɕi⁴⁴su³³　li⁴⁴tɕʰə³³　si⁴⁴　dʑɯ⁵⁵mo²¹　状语从句
　　 bone　　 ART　　　 break　　　 RES　 piece　　　（结果句）

　　 dʙu³³　o⁴⁴.
　　 exit　 DP

　　 "The bone broke into pieces."（Gerner 2013b：469）

下文中，16.2 节讨论定语从句在类型学中的变异，16.3 节讨论补语从句在类型学中的变异，最后在 16.4 节讨论状语从句相关的变异。

16.2　定语从句

定语从句是指用来修饰名词或名词短语的从句，并使用一些特定的语法策略来表示定语从句中的某一个论元是被修饰的名词或名词短语。例如，在 John spoke to the person [who saw the accident] 中，这里的从句 [who saw the accident] 是一个定语从句，因为它修饰名词 person（人），并使用关系代词 who 来表示从句和主句名词中所指的是同一个人。

语言之间在表达定语从句的策略上有所不同（16.2.1 小节）。此外，在究竟哪些句法角色可以充当定语从句中心语这一方面，语言之间也存在一些区别（16.2.2 小节）。16.2.3 小节将讨论两类定语从句，即限定性定语从句和非限

定性定语从句,并讨论一些使用特殊语法工具表达非限定性定语从句的语言。

16.2.1 定语从句策略

很多语言都通过使用省略或反身代词的方式来表示主句的名词中心语和在定语从句中的同一个名词。此外,他们还倾向于用一个显性的词素来标记定语从句各个元素的从属地位。这些方式的组合可以产生五种标记策略,我们将分节在下文进行讨论(关于主语定语从句化的策略,见 Comrie 和 Kuteva 2013):只使用省略(见16.2.1.1节),省略和关系词素共用(见16.2.1.2节),省略和关系代词共用(见16.2.1.3节),复述代词和关系语气词共用(见16.2.1.4节)。在某些语言中,与中心语同指的名词短语完整出现在定语从句中,在主句中通过复述代词追踪。这种有内置中心语的定语从句属于第五种策略(16.2.1.5节)。

16.2.1.1 只使用省略

有些语言的定语从句不使用任何形态标记(Gerner 2012:805,个人田野笔记),而是将定语从句表示为**连动结构**(serial verb construction)。获得定语从句的解读,就只靠连动结构的意义和某些名词短语的省略。侗语(Kam)属于只使用省略这一种策略来构成定语从句的语言类型。侗语有固定的基本词序(AOV),如(6)所示。例(7a—b)中,主语和直接宾语分别构成定语从句(成为从句中心语)。例(8)中的连动结构则用来表示补语从句,而不表示定语从句。

侗语(中国境内,台-岱语系)

(6) tçiu^{55} yao^{13} mao^{33}. | 简单句
    1.PL.EXCL   fear   3.SG | AVO 词序
    "We fear him."

(7) a. mao^{33},   tçaŋ^{323} (muŋ^{31})   ȵən^{11} | 定语从句
      3.SG   COP   CL   person | 主语
      ∅$_i$ yao^{13} tçiu^{55}.
          fear   1.PL.EXCL
      "He is a person who fears us."

第 16 章　从属构式　　　443

　　b. mao³³　tɕaŋ³²³　(muŋ³¹)　n̪ən¹¹ₜ　　　　定语从句
　　　 3.SG　 COP　 CL　 person　　　　宾语
　　　 tɕiu⁵⁵　　yao¹³　　∅ₜ.
　　　 1.PL.EXCL　fear

　　"He is a person whom we fear."

(8)　mao³³　tok¹¹lʲaŋ³⁵　(muŋ³¹)　n̪ən¹¹　　　补语从句
　　 3.SG　 like　 CL　 person
　　 ma³⁵　 jan¹¹.
　　 come　 home

　　"He wants someone to come to his home (Not: He likes the person who comes to his home)."

16.2.1.2　省略与关系词素共用

有些语言用不变的连接词形式来标记定语从句,并省略与中心语有共指关系的名词。例如,汉语中的"的"用来标记定语从句(如"他种的菜")。但它不是一个专门标记,因为它也可以标记其他依存关系,如领有式名词短语("他的书包")。在马来西亚有 6,300 人使用的舍弥来语(Semelai)中,有一个后附词 mə=,专门用于标记定语从句。这个标记与定语从句中的动词相连。如下面(9b)所示,共指名词短语被缺省。如果(9b)中的后附词省略,那么该结构则被分析为一个并列构式,如(9c)。数据来源于 Kruspe (2004:340)。

(9) 舍弥来语(马来西亚境内,南亚语系)

　　a. jkɔs　　　 ki=jəl　　 la=cɔ.　　　　　　主句
　　　 porcupine　3.A=bark.at　ERG(A)=dog　　OVA
　　　 "The dog barked at the porcupine."

　　b. jkɔsₜ　　　 ∅ₜ　mə=ki=jəl　　　la=cɔ　　　定语从句
　　　 porcupine　　 REL=3.A=bark.at　ERG(A)=dog　宾语
　　　 paloh.
　　　 flee
　　　 "The porcupine that the dog barked at fled."

c.

jkɔs	ki = jəl	la = cɔ.	paloh.	并列连接
porcupine	3.A = bark.at	ERG(A) = dog	flee	

"The porcupine was barked at by the dog and fled."

16.2.1.3 省略与关系代词标记共用

关系代词(relative pronoun)是一类定语从句标记,与名词中心语在语法性别、生命度、格和数等范畴上构成一致性关系。使用关系代词的语言几乎都在欧洲。英语关系代词参与生命度和格的一致,但其中格一致的表达已经大量脱落。

表 16.2　英语中的关系代词

	有生命	无生命
主格	who	which
属格	whose	
宾格	whom	which

斯拉夫语的关系代词系统最为丰富。克罗地亚语有 24 个关系代词(在 9.2.2.3 小节作过介绍)。下表以保加利亚语(Bulgarian)为例介绍。该语的关系代词数量虽稍少,但仍有 9 个不同的关系代词。数据来自 Scatton(1984:154)。

表 16.3　保加利亚语中的关系代词

	单　数			复　数
	阳性	阴性	中性	
主格	koĭto	koyato	koeto	koito
属格	chiĭto	chiyato	chieto	chiito
宾格	kogoto	koyato	koeto	koito

(10) 保加利亚语(保加利亚境内,印欧语系)

a. Másata_t | **koyato** ∅_t e stara. | 定语从句
　 table.F | **RP.NOM.SG.F** COP.3.SG old | 主语

"The table which is old."

b. Čovékŭt_t | **kogoto** poznávam. ∅_t. | 定语从句
　 person.M | **RP.ACC.SG.M** know.1.SG | 宾语

"The person whom I know."

16.2.1.4　复述代词和关系词素共用

有些语言不省略共指名词,而是在共指名词中心语该出现的位置上使用一个**复述回指代词**(resumptive anaphoric pronoun)。哪些句法角色引发复述代词则因语言而异。比如约鲁巴语(Yoruba)的主语引发复述代词,而直接宾语引发省略策略(详见 Awobuluyi 1982:94)。

(11) 约鲁巴语(尼日利亚境内,尼日尔-刚果语系)

Ọkùnrin | **tí ó** pè mí | 复述代词
man | **REL 3.SG** call 1.SG | 主语

"The man who called me."

粤语的直接和间接宾语引发复述代词,但主语使用省略。

(12) 粤语(中国境内,汉藏语系)

嗰　个 | 你　打　低　过　**佢　嘅** | 人 | 复述代词
gó　go | néi　dáa　dāi　gwo　**kéui　ge** | jàhn | 直接宾语
DEM CL | 2.SG hit RES EXP **3.SG REL** | person |

"The person whom you have beaten up."

文戈语(Vengo)使用复述代词回指定语从句中的共指主语和宾语(见 Schaub 1985:34,123)。

(13) 文戈语（喀麦隆境内，尼日尔-刚果语系）

a. mə̀　　　yè　　　　wə́　　　　ntíə　　　　　　　复述代词
　 1.SG　　see.PFV　person　　DEM.DIST　　　　主语

fáŋ	ŋwə́	dɔ̀ŋsə̀	Làmbí.
REL	3.SG	push.PFV	Lambi

"I have seen the man who pushed Lambi."

b. mə̀　　　yè　　　　wěembwā　　　　　　　　　复述代词
　 1.SG　　see.PFV　child　　　　　　　　　　　　直接宾语

fáŋ	tīi	wī	sɨ̀	sǎŋ	ŋwə́
REL	father	3.POSS	PST2	beat.PFV	3.SG

"I have seen a child whom his father had beaten."

波斯语（Persian）对核心间接宾语使用复述代词，但对主语和直接宾语则使用省略（例子取自 Comrie 1998：63）。

(14) 波斯语（伊朗境内，印欧语系）

　mardhâi　| ke　| ketâbbâ-râ　| be　　　　　　　复述代词
　man.PL　　| REL | books-ACC　| PREP.to　　　　间接宾语

ânbâ	dâde	bud-id.
3.PL	give.PRT	be.PST-2.SG

"The men [that you had given the books to]"

16.2.1.5　中心语内置和关系词素并用

有些语言在定语从句中保留完整的共指名词短语，并在主句中或者省略或者采用显性标记。这样的定语从句称为**中心语内置定语从句**（internally-headed relative clause）。美国亚利桑那州仅 35 人使用的濒危语言马里科帕语（Maricopa）在定语从句中保留充当中心语的名词短语，而在主句中将中心语省略。此外，主语作中心语时触发定语从句前缀 kw-，但直接宾语作中心语时则通过将动词名词化表现出来（例子引自 Gordon 1986：255，261）。

(15) 马里科帕语(美国境内,科奇米·约曼语系)

a. Aany=lyvii=m　　　　'iipaa*t*
　　yesterday　　　　　　man

　　Ny-**kw**-tshqam-sh　　∅*t*　shmaa-m.
　　1-**REL**-slap.DIST-SUBJ　　　sleep-REAL

　　"The man who beat me is asleep."　　　中心语内置主语

b. kwnho **mvar***t*　Ily-m-**uuchash**-sh　　∅*t*
　　basket flour　LOC-2.SG-put.NMLZ-SUBJ

　　m'iily-k
　　infested-REAL

　　"The flour you keep in the basket is infested."　　　中心语内置直接宾语

16.2.2　定语从句可及性层级

Keenan 和 Comrie(1977)开创性地提出了**定语从句可及性层级**(relativization accessibility hierarchy),是语言类型学中最早提出的蕴涵层级之一。这一层级对于给定的定语从句策略中,哪些句法角色可以作为中心语出现,给出了预测。

(16) **定语从句可及性层级**

　　a. SU>DO>IO>XO>PR>OCOMP

　　b. 每一种语言的定语从句策略中,都至少允许主语充当定语从句中心语。

　　c. 如果某种语言的某种定语从句策略中允许 Y 构成定语从句(即定语从句中心语的位置对 Y 可及),则对于排名更高的 X,X>Y,其中 X,Y∈{SU,DO,IO,XO,PR,OCOMP},该策略也允许 X 构成定语从句。

与 2.1.1.1.2 节提到的标记性层级相似,这里的可及性层级可以导出一些理论上的语言类型。在定语从句层级下,正好有七种类型,其中有一种不可能存在的类型(因为 16b 中要求至少主语可以作定语从句中心语)。我们在下表中列举了符合这六种类型的语言。

表 16.4 可作定语从句中心语的句法角色

语言类型	SU	DO	IO	XO	PR	OCOMP	例子
1	+	+	+	+	+	+	乌尔霍博语（Keenan 和 Comrie 1977：75）
2	+	+	+	+	+	-	英语
3	+	+	+	+	-	-	韩语（Sohn 1994：311）
4	+	+	+	-	-	-	巴斯克语（Hualde 2003：333-334）
5	+	+	-	-	-	-	威尔士语（Thorne 1993：171）
6	+	-	-	-	-	-	马达加斯加语（Keenan 1972）
7	-	-	-	-	-	-	—

上述层级有许多例外。例如汉语就存在反例，因为它允许地点处所等斜宾语（XO）充当定语从句中心语，但不允许间接宾语充当中心语（Li and Thompson 1981：582）。

(17) a. 张三画画儿的房间　　　　　　　XO（地点处所）
　　　b. *我问了两个问题的学生　　　　　*IO

马达加斯加语（Malagasy）是马达加斯加的国语，有 2,500 多万人使用。该语和其他一些南岛语不允许任何句法角色参与定语从句，只有主语除外。例（18a）可以看出主语能参与定语从句，例（18b）可以看出直接宾语不能参与。例子引自 Kenan（1972）。

(18) 马达加斯加语（马达加斯加境内，南岛语系）

　　a. ny　mpianatra, izay　nahita　∅, ny　vehivavy.　　SU
　　　 DEF student　　REL　 saw　　 DEF woman
　　　 "The student that saw the woman"

第 16 章　从属构式

b. *ny vehivavy_t **izay** nahita ny mpianatra ∅_t　　*DO
　　DEF woman **REL** saw DEF student

"The woman that the student saw"

英国威尔士有 90 万人使用的威尔士语(Welsh)只允许主语和直接宾语充当定语从句中心语。威尔士语的策略包括关系词素和省略(Thorne 1993：171)。

(19) 威尔士语(英国境内，印欧语系)

a. welwch gapel_t bach　　　　　　　　　　　　SU
　　see.2.SG chapel small

a	saif	∅_t	ar	ymyl	chwarel	ddofn
REL	stand		on	edge	quarry	deep

"You see a small chapel that stands near a deep quarry."

b. Beth yw'r pethau_t olaf　　　　　　　　　　DO
　　what be.SG thing.PL last

a	gofiaf	∅_t	cyn	dod	yma?
REL	remember.1.SG		before	come	here

"What are the last things that I remember before coming here?"

巴斯克语(Basque)的主语、直接宾语和间接宾语之间存在三重一致关系，我们已在 9.2.1.3 小节中描述过。仅有这三个句法角色参与定语从句，并受这种一致模式制约。定语从句的形式标记则是通过附着在从句动词上的后缀 **-n** 和共指中心语的省略进行，如下例(20a—d)所示。数据引自 Lafitte (1962)以及 Hualde et al.(2003：224)。

(20)　巴斯克语(西班牙境内，孤立语)

a. Gizon-a-k emakume-a-ri liburu-a-∅　　　　简单句
　　man-DEF-ERG woman-DEF-DAT book-DEF-ABS
　　eman d-i-o-∅
　　give 3.SG.O-AUX-3.SG.B-3.SG.A

"The man has given the book to the woman."

b.

$\emptyset_t$	emakume-a-ri	liburu-a-$\emptyset$	eman	SU
	woman-DEF-DAT	book-DEF-ABS	give	

d-i-o-$\emptyset$-**n**	gizon-a$_t$.
3.SG.O-AUX-3.SG.B-3.SG.A-**REL**	man-DEF

"The man who has given the book to the woman"

c.

Gizon-a-k	emakume-a-ri	$\emptyset_t$	eman	DO
man-DEF-ERG	woman-DEF-DAT		give	

d-i-o-$\emptyset$-**n**	liburu-a$_t$.
3.SG.O-AUX-3.SG.B-3.SG.A-**REL**	book-DEF

"The book that the man has given to the woman"

d.

Gizon-a-k	$\emptyset_t$	liburu-a-$\emptyset$	eman	IO
man-DEF-ERG		book-DEF-ABS	give	

d-i-o-$\emptyset$-**n**	emakume-a$_t$
3.SG.O-AUX-3.SG.B-3.SG.A-**REL**	woman-DEF

"The woman that the man has given the book to"

韩语允许主语、直接宾语、间接宾语和斜宾语四种句法角色参与定语从句,但不允许领有者和比较对象参与(Sohn 1994:311)。

(21) 韩语(韩国境内,孤立语)

a.

$\emptyset_t$	Nami	-lul	manna-**n**	Kiho$_t$	SU
	Nami	ACC	meet-**REL**	Kiho	

"Kiho, who met Nami"

b.

nay	-ka	$\emptyset_t$	manna-**n**	yeca$_t$	DO
1.SG	NOM		meet-**REL**	woman	

"The woman whom I met"

c.

Kiho	-ka	∅$_t$	chayk	-ul	tuli-**n**	IO
Kiho	NOM		book	ACC	give-**REL**	

sensayng$_t$

teacher

"The teacher to whom Kiho gave a book"

d.

nay	-ka	∅$_t$	na-o-**n**	kukcang$_t$	XO
1.SG	NOM		come-out-**REL**	theatre	

"The theatre from which I came"

当有生命关系代词作为定语从句标记时,英语中几乎所有的句法角色都能参与定语从句,只有比较对象除外。比如(22f)不是每个母语者都能接受。

(22) a. The man [**who** ∅ wears a hat]　　　　　　　SU
　　　b. The teacher [**whom** every student likes ∅]　DO
　　　c. The student [**whom** Mary gave a book to ∅] IO
　　　d. The man [**whom** Mary spoke with ∅]　　　　XO
　　　e. The man [**whose** ∅ dog is barking]　　　　　PR
　　　f. ?? The man [**who** John is older than ∅]　　*OCOMP

乌尔霍博语(Urhobo)所有的句法角色都能参与定语从句充当中心语,包括比较对象在内,其策略是通过关系词素和复述代词来进行标记。下面的数据由 Keenan 和 Comrie(1977:75)提及,但他们没有提供数据的一手来源。

(23) 乌尔霍博语(尼日利亚境内,尼日尔-刚果语系)

oshale	na	**l-**	i	Mary	rho	n-	**o**	OCOMP
man	DEF	**REL**	VOC	Mary	big	than	**3.SG**	

"The man that Mary is bigger than"

16.2.3　限定性与非限定性定语从句

不同的语言之间也可能在定语从句与其中心语的语义关系上存在差异。试比较以下两句(24a)和(24b)。

(24) a. My classmate **who went abroad for studies** is moving back next year.

b. My classmate, **who went abroad for studies**, is moving back next year.

我们通过标点符号(逗号)的使用区分这两种定语从句。例子中标点符号表示短的语调停顿,而停顿或不停顿分别代表两种不同的含义。如(24a)那样不使用停顿时,定语从句理解为限制了 my classmate 的可能指称范围。使用停顿时,如(24b),my classmate 则只有一个指称。定语从句提供的信息可以是非限制性的,纯粹描述性的。

这两个例子分别对应两类定语从句,前者称为**限定性**(restrictive),后者称为**非限定性**(non-restrictive)。这种语义上的差异不仅与语音上的差异(停顿)相关,也与形态上的差异相关。限定性定语从句可以用关系词素 that 代替关系代词,而非限定性定语从句则不能。

(25) a. My classmate **that went abroad for studies** is moving back next year.

b. *My classmate, **that went abroad for studies**, is moving back next year.

大多数语言不从形式上区分限定性和非限定性定语从句,只从上下文区分。然而,在诺苏语中,限定性与非限定性定语从句的区别可以在语法上体现出来。名词后的定语从句总是限定性的,而名词前的定语从句总是非限定性的。例如,当名词后定语从句所修饰中心语的指称对象不是限定性的专有名词时,该结构不符合语法,如(26b)。例子引自 Gerner(2012:822)。

(26) 诺苏语(中国境内,汉藏语系)

a. ts^{h}o^{33} | na^{44} dzo^{33} ŋgo^{33} dzo^{33} su^{33}. | 限定性
person | illness have illness have REL | 普通名词

"The people who are ill"

b. *mu^{33}ka^{33} | na^{44} dzo^{33} ŋgo^{33} dzo^{33} su^{33}. | 限定性
name | illness have illness have REL | 专有名词

"*The Muga who is ill"

c. | na⁴⁴ dʑo³³ ŋgo³³ dʑo³³ **su³³** tsʰo³³. | 非限定性
   | illness have illness have **REL** person | 普通名词

"The people who are ill"

d. | na⁴⁴ dʑo³³ ŋgo³³ dʑo³³ **su³³** mu³³ka³³. | 非限定性
   | illness have illness have **REL** name | 专有名词

"Muga who is ill"

16.3 补语从句

补语是依赖于主句中动词的一种从句。补语所依赖的主动词往往都是一些抽象动词，包括 saying, believing, knowing, attempting 和 causation 这一类的动词。补语的语义内容与主动词之间存在一种基本的互相依存关系。补语揭示了其所依存动词的基本信息。没有这些信息主动词的意义就不完整。术语"补语"这个名称就来源于这一功能。它是一种对主动词的意义进行补充的从句。不同的语言使用一系列不同的策略来编码补语。语言学家 Michel Noonan(1985: 29-65)和 Kaoru Horie(2001: 979-980)概括了六种策略，我们在下面举例进行说明。

（27）**无标并列**

汉语

我没想到你住在纽约。

（28）**无标并列**

兰戈语（乌干达境内，尼罗-撒哈拉语系） （Noonan 1985: 55）

Dákó **òkòbbì** ìcó **òkwɔ̀rɔ̀** kál
woman **tell.PST.3.SG.DAT** man **sift.PST.3.SG** millet

"The woman told the man to sift millet."

（29）**引导词，带直陈语气**

英语

John said [**that** it rain-**ed** yesterday].

(30) 引导词,带虚拟语气

西班牙语(西班牙境内,印欧语系)

Espero **que** le convenz-**as**
hope-PRS.1.SG **COMP** 3.SG.O convince-**SBJV.2.SG**

"I hope that you convince him."

(31) 引导词,内部主语的外部格标记

戴尔博尔语(澳大利亚境内,帕马·努干语系)(Dixon 1995:208)

ŋaja ŋamba-n **ŋinu-na** milga-**ŋu**
1.SG-NOM hear-PST **2.SG-ACC** chastise-**COMP**

"I heard that you were chastised."

(32) 动词分词形式,内部主语的外部格标记

古希腊语(希腊境内,印欧语系) (Brownson et al. 1979)

ɛkuse **Kyr-on** en Kilikia **ɔnta**
hear.PST.3.SG **Cyrus-ACC** LOC Cilicia **be.PRT**

"I heard that Cyrus was in Cilicia." (Xenophon, Anabasis 1.4.5)

(33) 动词不定式,内部主语的外部格标记

俄语(俄罗斯境内,印欧语系) (Koptjevskaja-Tamm 1993)

Ja ne ljublju gromk-o čita-**t'** stix-i
1.SG NEG like loud-ADV read-**INF** poem-ACC.PL

"I do not like to read poems loudly."

16.3.1 节中介绍控制关联,即针对形式标记的程度和主动词对补语的控制程度之间的关联提出的一种假设。第 3.2 节中我们给出支持控制关联的经验数据。

16.3.1 控制关联

Talmy Givón(1980)提出,主句的形式属性与主动词对补语所表达的控制程度相关联。Givón 的关联性大致覆盖了我们在 12.4.2 节中描述过的 Haiman 的直接因果关系。Givón 考虑了这些动词所表达的形式属性和对补语中内容的控制程度属性,据此对带补语的动词进行排序。

第 16 章　从属构式

语义的控制属性

(34) a. 主动词的主语对补语中的主语施加控制。

　　 b. 主句所描述的情景**隐含**(*implicates*)补语从句所描述的情景。

(35) a. 例:"John persuaded me to come"隐含"I came"。

　　 b. 例:"John wanted me to come"不隐含"I came"。

　　 c. 例:"John prevented me from coming"隐含"I did not come"。

(36) 动词的控制层级

　　　CAUSE>REQUEST>WANT>KNOW>BELIEVE>SAY

(36)中所列的动词代表了具有类似含义的动词类型,也涵盖了它们在其他语言中对应的翻译。(36)中排名最高的动词类型(CAUSE)表达了对补语中事件的最大控制,而排名最低的动词类型(SAY)则对补语中的事件不产生任何影响。此外,Givón 还描绘了形式上的控制属性并给出排序。

(37)　形式上的控制属性

　　 a. 补语从句中的主语由主动词分配格。(The subject of the complement clause is assigned case by the main verb.)

　　 b. 补语从句中的动词在时、体、语态标记上不如主动词具备标记性。(The verb of the complement clause is less marked for tense, aspect and modality than the main verb.)

　　 c. 补语从句中的动词与主动词合并为同一个动词。(The verb of the complement clause is lexicalized as one verb with the main verb.)

如果(37)中的两个或三个属性成立,则主句表现出**高度**的形式控制,如果满足一个或两个属性,则表现出**中等程度**的控制,如果(37)中没有属性成立或只有一个属性成立,则可以理解为主句只有**较低**的控制程度。在此基础上,Givón 提出了形式控制和语义控制属性之间的相关性。

(38)　**Givón 控制关联性**

　　 a. 形式上的控制层级(主句中):高度>中度>低度

　　 b. 语义上的控制层级(主动词):CAUSE>REQUEST>WANT>KNOW>BELIEVE>SAY

c. 主句的形式控制程度越高,主动词的语义控制程度越高。

汉语不是非常符合 Givón 控制关联性,但同时也没有表现出不符合的倾向。我们用下面的例子进行说明。

(39) a. CAUSE　　我们禁止　　[他们在这里抽烟]。
　　　b. REQUEST　张三让　　　[我修车]。
　　　c. WANT　　　张三要　　　[我过来]。
　　　d. KNOW　　　张三知道　　[李四病了]。
　　　e. BELIEVE　 我觉得　　　[你不应该去]。
　　　f. SAY　　　 张三告诉我　[你头疼]。

16.3.2　经验证据

本节提供一些支持 Givón 的控制关联理论的数据。我们首先探讨内部主语的外部格标记对主动词控制的影响(16.3.2.1 节)。下一步探讨不定式和定式补语动词对主动词控制的影响(16.3.2.2 节)。最后提供一些主动词和补语动词发生熔合的语言数据,并探讨熔合对主动词控制程度的影响(16.3.2.3 节)。

16.3.2.1　内部主语的外部格标记

英语可以使用两种主要补语类型,一种类型带有显性引导词(如 that)和定式补语动词,另一种类型则没有引导词,并带有不定式补语动词。在控制层级上排名较低的主要动词(SAY,BELIEVE,KNOW)需要带有直陈语气的显性引导词从句,而排名较高的动词则需要或倾向带没有显性引导词的不定式补语从句。REQUEST 动词允许使用定式补语和不定式补语。当使用定式补语时,如(40b),动词必须使用虚拟语气,不使用直陈语气(然而,近年来年轻人也开始使用直陈语气)。当使用不定式补语时,主语赋宾格,和它作为主句宾语时的表现形式一致。但作为一种句法整合的标志,内部主语的外部格只适用于排序较高的动词,这与 Givón 的关联性相符。

(40) a. CAUSE　　He made　　　[[*that Bill leave/me leave] the room].
　　　b. REQUEST He demanded　[[that Bill leave/me to leave] the room].

c. WANT　　　He wanted　　　[[*that Bill leave/me to leave] the room].
d. KNOW　　　He knew　　　　[[that Bill left/ *me to leave] the room].
e. BELIEVE　　He believed　　 [[that Bill left/ *me to leave] the room].
f. SAY　　　　He said　　　　[[that Bill left/ *me to leave] the room].

芬兰语的直接宾语有两个句法格,一个**宾格**,一个**部分格**(partitive case)。宾格是一般直接宾语所带的格标记。当直接宾语的不定指部分受到影响,或者句中包含疑问句或否定时,就会使用部分格,如例(40b)(Sulkala 1992:213)。

(41) 芬兰语(芬兰境内,乌拉尔语系)

　　a. Autan　　　　　　sinu-**t**
　　　 help.FUT.1.SG　　2.SG-**ACC**
　　　 "I will help you."

　　b. En　　　　　auta　　sinu-**a**
　　　 NEG.1.SG　　help　　2.SG-**PAR**
　　　 "I won't help you."

这两种格也可以标记补语的主语,但他们存在一些有意思的区别。首先,使动结构总是用宾格而不是部分格来标记主语(受动者)。对于低排序动词,两种格都可以使用,宾格表示更大的控制,部分格表示较小的控制,如(43)—(44)。对于低排序 SAY-动词,补语的主语被指定为主格,这是主语的正常表现情况,如(44)(Givón 1980:350-352)。

(42)　hän　　syö-tt-i　　　　　　miehe-n　　　　| CAUSE
　　　3.SG　 eat-CAUS-PST.3.SG　 man-ACC　　　 | (单句)
　　　"He made the man eat."

(43) a. hän　　käsk-i　　　　　　　　　　　　　　| REQUEST
　　　　3.SG　demand-PST.3.SG　　　　　　　　　　| (stronger)
　　　　miehe-**n**　　syö-mä-än
　　　　man-**ACC**　　eat-NMLZ-into
　　　　"He demanded the man to eat."

b. hän　　käsk-i　　　　　　　　　　　　REQUEST
3.SG　demand-PST.3.SG　　　　　　　(weaker)

mies-**tä**　　syö-mä-än
man-**PAR**　eat-NMLZ-into

"He told the man to eat."

(44) a. hän　　halus-i　　　　　　　　　　　WANT
3.SG　want-PST.3.SG　　　　　　　　(stronger)

miehe-**n**　　syö-vä-än
man-**ACC**　eat-PRT-ACC

"He wanted the man to eat."

b. hän　　halus-i　　　　　　　　　　　　WANT
3.SG　want-PST.3.SG　　　　　　　　(weaker)

mies-**tä**　　syö-mä-än
man-**PAR**　eat-NOM-into

"He liked the man to eat."

(45) hän　　sano-i　　　　　　　　　　　　SAY
3.SG　say-PST.3.SG

että　　　mies-Ø　　　sö-i
COMP　man-**NOM**　eat-PST.3.SG

"He said that the man ate."

16.3.2.2　不定式和定式补语动词

与定式动词形式相比，不定式动词不显示人称标记，也不显示或很少显示 TAM 标记（TAM 代表时态、体态和情态）。例如，英语具有三种不定式动词形式，即不定式、动名词或未完成体分词和完全体分词（例如，to show, showing, shown）。

在赞比亚有 410 万人使用的本巴语可以用于佐证 Givón 的控制关联。有几个本巴语的主动词存在 CAUSE 和 REQUEST 之间的歧义。当补语动词为不定式时，主动词解读为 CAUSE 动词；当补语动词为定式时，主动词解读为排名要更低的 REQUEST 动词。下面用动词 koonkomeshya "强迫/告诉"和动词 kaanya "防止/禁止"进行举例说明（Givón 1971：74-76；1980：348）。

本巴语（赞比亚境内，尼日尔-刚果语系）

(46) a. John   a-à-koonkomeshya   CAUSE
         John   3.SG-PST-force/tell   不定式
         | Robert   **uku**-boomba. |
         | Robert   **INF**-work |
         "John forced Robert to work."

   b. John   a-à-koonkomeshya   REQUEST
      John   3.SG-PST-force/tell   定式
      | Robert   **a**-boomb-**e**. |
      | Robert   **3.SG**-work-**SBJV** |
      "John ordered Robert to work."

(47) a. n-a-mu-kaanya   CAUSE
         1.SG-PST-3.SG-prevent/forbid | **uku**-boomba. | 不定式
                                            | **INF**-work |
         "I prevented him from working."

   b. n-a-mu-kaanya   REQUEST
      1.SG-PST-3.SG-prevent/forbid | **a**-boomb-**e**. | 定式
                                            | **3.SG**-work-**SBJV** |
      "I forbade him to work."

16.3.2.3　补语动词和主动词的熔合

韩语存在一个意义较为空泛的主动词 **ha-ta** "do"。这个动词的确切含义由与之共现的引导词来表达。在这些引导词中，"说"引导词是一个独立词素，而其他引导词是补语动词的后缀。一方面是主动词的空泛含义，另一方面是引导词与补语动词的熔合，两者相结合可以体现出 Givón 的控制关联性（数据引自 Sohn 1994：314-326）。

(48) 韩语(韩国境内,孤立语)

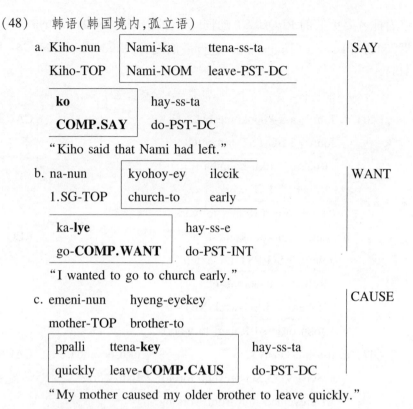

"Kiho said that Nami had left."

"I wanted to go to church early."

"My mother caused my older brother to leave quickly."

16.4 状语从句

状语构式通常被认为是一种附加语成分,因为它们通常是对主句提供非必要的补充信息,就像简单句中的斜宾语是非必要论元一样。根据状语从句的分类,下文 16.4.1 节将统一讨论时间、条件和违实(反事实)句子,16.4.2节中统一讨论因果句和目的句。

16.4.1 时间、条件、违实

很多语言通常用条件连词对**条件句**(conditional clause)进行编码,也可以使用同一种连词编码**时间句**(temporal clause)和**违实句**(counterfactual clause)。根据连接词的数量,可以区分出三种类型的语言。

第 16 章　从属构式

表 16.5　时间连词、条件连词、违实连词

类　型	连接词	分　工	语　言
1	一	时间＝条件＝违实	傈僳语（Hope 1974：66, 110）
2	二	时间≠条件＝违实	汉语，英语
3	三	时间≠条件≠违实	牡语（Gerner 2019：116-117）

傈僳语使用于中国和泰国境内，属于**类型 1**。在该语中，时间状语、条件状语和违实状语都采用单一的连词。具体是哪一种语义取决于两个小句之间的逻辑关系。连词 nya 来自一个话题语气词，这个功能我们在本节末尾会详细说明（Hope 1974：66, 110）。

(49)　傈僳语（泰国境内，汉藏语系）

a. | yí-phwɨ | xŭ | a | **nya** | ŋʷa | nya |
   | INT-price | right | DP | **when, if** | 1.SG | TOP |

ámù　vwù　a.
horse　sell　DP

(i) 时间："When the price is right, I will sell my horse."

(ii) 条件："If the price is right, I will sell my horse."

(iii) 违实："If the price had been right, I would have sold my horse."

b. | ása | nya | dzagwu | wa | pe | ye | a | **nya** |
   | Asa | TOP | road | at | reach | go | DP | **when, if** |

yí　nà　ɣə　a.
3.SG　stop　RES　DP

(i) 时间："When Asa reached the road, he stopped."

(ii) 条件："If Asa reaches the road, he stops."

(iii) 违实："If Asa had reached the road, he would have stopped."

汉语则属于**类型 2**,带一个时间连词"的时候",另外在条件句和违实句中使用连词"如果"。违实的含义是通过不同的语法手段来实现的,例如通过使用体标记"了"。

(50) a. 时间:【他小**的时候**】,没人照顾他。

　　b. 条件:【**如果**你问一下路】,就不会走丢。

　　c. 违实:【**如果**你问一下路】,就不会走丢了。

英语同属**类型 2**,条件句和违实句的连词一致,通过在违实结构中使用伪过去时标记来区分(此外使用单独的时间连词 when)。

(51) a. 时间:**When** Bill arrives, we will join you.

　　b. 条件:**If** you can't beat'em, join'em.

　　c. 违实:**If** I **knew** the answer **now**, I would tell you.

代表**类型 3**的牡语采用三个专门的连词,一个时间连词,一个条件连词和一个违实连词。时间连词 ço^{44}...i^{35} "when" 由两部分组成:名词 **ço^{44}** "time" 和指示词 i^{35}(Gerner 2019:116-117)。

(52) 牡语(中国境内,苗瑶语系)

a. | **ço^{44}** | çi^{44}çi^{44} | tso^{44}no^{13} | lɛ^{33} | fhu^{35}ki^{35} | nen^{35} | **i^{35}**, | 时间连词 |
|---|---|---|---|---|---|---|---|
| **time** | PROG | consider | CL | matter | DEM | DEM | |

　　nən^{55}　ça^{53}　k^{h}o^{33}　sa^{35}　mɛ^{13}.
　　3.SG　comb　head　wash　face

　　"When he was considering the matter, he combed his hair and washed his face."

b. | **χaŋ^{35}χo^{44}** | moŋ^{55} | nɛ^{13} | ki^{35}, | ɛ^{44}təi^{13} | səi^{55} | 条件连词 |
|---|---|---|---|---|---|---|
| **COND** | 2.SG | ask | road | how | also | |

　　a^{55}　sha^{35}　ki^{35}. jaŋ^{55}.
　　NEG　wrong　road　DP

　　"If you ask someone the way, you will never get lost."

第 16 章　从属构式　　　　　　　　　　　　　　　　　　　　　　　　　　463

c. | tɬa³³χo⁴⁴ | moŋ⁵⁵ | nɛ¹³ | ki³⁵, | 违实
| --- | --- | --- | --- | --- |
| COUN | 2.SG | ask | road | 连词 |

ɛ⁴⁴təi¹³　səi⁵⁵　a⁵⁵　sha³⁵　ki³⁵　jaŋ⁵⁵.
how　　　also　NEG　wrong　road　DP

"If you had asked someone the way, you would have never got lost."

大多数语言都有较多时间连词(如英语 after、before、as 等),但有些语言采用无标并列的方式作为表达时间句的主要策略。此时,两个小句的时态决定了主句和从句的相对时间。例如,危地马拉的苏杜旭语(Tzutujil)将时间句表现为两个无标并列的小句。从句动词上出现零现在时标记,就表示其事件与主句事件同时发生(Dayley 1985:367;Cristofaro 2003:43)。

(53) 苏杜旭语(危地马拉境内,玛雅语系)

Kongáana　q'ab'arik　nb'ajni　　　　时间连词
tremendous　drinking　do.PASS

k'o	q'ojoom.
exist	marimba

"Tremendous drinking is done, when there is a marimba."

有些语言则从名词短语话题标记中衍生出条件连接词。Haiman(1978)首次注意到,一系列无亲缘关联的语言中都存在条件连接词和话题语气词之间的关系。名词短语话题设定了句子的话语框架。类似的,条件句的前句可以理解为一个句子话题,为后句设定框架。使用名词短语话题语气词来标记句子话题的语言包括上面提到的傈僳语。傈僳语使用多功能的语气词 nya。类似的话题语气词还可以在呢苏语(Neasu)中找到,见下例。

(54) 呢苏语(中国境内,汉藏语系)

a. | ɕɪ²¹ | n̥³³tsʰɤ³³mi²¹ | tʰo³³ | nɔ³³ | 名词短语
| --- | --- | --- | --- | --- |
| 3.SG | hair | ART.PROX | TOP | 话题

tʂʰɛ⁵⁵　pʲɛ¹³.
long　very

"Her hair is very long."

b.	çɪ²¹	na³³	**nɔ³³**	ŋo²¹	la¹³tʂu³³a⁵⁵	句子话题
3.SG	watch	**TOP**	1.SG	little finger	（条件句）

tʰa²¹ po¹³ tʂʰə²¹ də⁵⁵ka⁵⁵ çɪ²¹ ga⁵⁵ na³³.
NUM.1 CL stretch exit 3.SG CAUS look

"If he watches, I let him see a little finger of mine."

c.	na²¹	tɕʰi⁵⁵	ȵɪ⁵⁵	ʐo²¹	kʰɤ²¹	**nɔ³³**	句子话题
2.SG	wife	NUM.2	CL	marry	**TOP**	（条件句）

dʐo²¹ \<ma⁵⁵\>dzu³³ ŋɤ⁵⁵.
reasonable\<NEG\> COP

"If you marry two women, it will be unreasonable."

抚州赣语具有一个名词短语话题语气词（提顿词）çi，这一语气词同时用于标记条件句，如下例所示。数据来自 Jin（2020）。

（55） 赣语（中国境内，汉藏语系）

a.	老	王	**系，**	早干	名词短语
lau⁴⁵	wɔŋ²¹³	**ɕi**	tsau⁴⁵kan¹¹	话题
old	Wang	**COP.TOP**	morning

才 碰到 渠。
tshai²⁴ pʰʊŋ⁴¹tau¹¹ kɛ⁴⁵.
just meet him

"(As for) old Wang, (I) just saw him this morning."

b.	渠	不	同意	**系，**	嗰	句子话题
kɛ⁴⁵	puʔ²²	tʰʊŋ²⁴ji²¹²	**ɕi**	koi³²	（条件句）
3.SG	NEG	agree	**COP.COND**	DEM

件 事 就 办 不 到 咾。
tɕhjɛn⁴¹ sɨ⁴¹ tɕhju⁴¹ pan⁴¹ puʔ²² tan⁴¹ tɛ¹¹
CL issue then achieve NEG RES LNK

"If he does not agree, we won't be able to get this issue done."

16.4.2 因果句和目的句

因果句和目的句在语义上是相关的,其中原因小句在其主句之前实现,而目的小句在其主句之后实现。原因小句是一个状语从句,代表主句事件发生的原因或理由。这里需要注意区分**因果句**(causal clause)与受个人意愿驱使的使动结构。因果句所指的原因,不受个人意愿影响。**目的句**(purposive clause)也定义为一类状语从句,表示通过主句事件的执行获得从句事件的实现。

由于这两种小句语义上很接近,有些语言使用相同的从属连词配上其他的附加标记来区分这两种子句。尼日利亚境内有8万人使用的恩吉津语(Ngizim)使用一种连词,既表示"因为"的意思,也表示"为了"的意思。该标记需要与非现实语气词 dà 配合。dà 不出现时,句子表达原因;dà 出现时,句子表达目的(Shuh 1972:379-380)。

(56) 恩吉津语(尼日利亚境内,亚非语系)

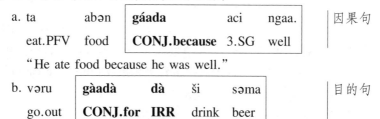

a. ta abən **gáada** aci ngaa. 因果句
 eat.PFV food **CONJ.because** 3.SG well
 "He ate food because he was well."
b. vəru **gàadà dà** ši səma 目的句
 go.out **CONJ.for IRR** drink beer
 "He went out to drink beer."

有些语言以标记受益名词短语的形式来标记因果句或目的句。例如,尼泊尔的尼瓦尔语(Newar)使用受益格标记 lāgin 与名词化后缀 -e 相结合来标记因果句。例(57a)说明 lāgin 可以作为后置介词使用,(57b)说明其可作为连词后缀使用(见 Genetti 2007:463;2011:175)。

(57) 尼瓦尔语(尼泊尔境内,汉藏语系)

a. santān=e **lāgin** 受益者
 heir=GEN **POSTP.for**
 "for the sake of heirs"

b.
dukha	bi-e-**lāgin**
trouble	give-NMLZ-**CAUSAL**

āpen=ri   jaŋgal oŋ-an   con-hin   hā.
3.PL=IND jungle go-PRT stay-3.PL.PST EVID

原因句

"Because she gave them trouble, they went and stayed in the jungle."

使用于乌干达的兰戈语(Lango),受益后置介词 mé 可以兼作目的连词(Noonan 1992:148,245)。

(58) 兰戈语(乌干达境内,尼罗-撒哈拉语系)

a. gwók-kì   **mé**-rî
   dog-DEM.PROX   **for**-2.SG

受益者

"This dog is for you."

b. lócə̀   ò-bí-nô   **mê**   càm-mò   gwɛ̀nò
   man   3.SG-come-PFV   **PURP** eat-INF   chicken

目的句

"The man came to eat chicken."

因果连词和目的连词也可以从具有其他语义的介词派生出来。例如,在俄罗斯境内使用的尤卡吉尔语(Yukaghir)中,因果连词后缀-gen 是由处所格标记-gen 衍生出来的。这个后缀被称为**延展格**(prolative case)标记,意为"沿着"(Maslova 2003:113)。

(59) 科雷马·尤卡吉尔语(俄罗斯境内,尤卡吉尔语系)

a. | čuge-de-**gen** | qon-ŋi. |
   |---|---|
   | trace-POSS.3.SG-**PROL** | go-3.PL.S |

延展格
"沿着"

"They went along his trace."

b. taŋ   marqil'   eris'
   DEM.DIST   girl   badly

ann'ōl-de-**gen**
speak-NMLZ-POSS.3.SG-**CAUSAL**

tabud-ek   lem-mele
DEM.DIST-PRED   eat-OF.3.SG

原因句

"Because that girl had spoken wrongly, he ate her."

在印度尼西亚使用的穆纳语(Muna)由双及物配价后缀-ghoo(双及物动词的形式标记)派生出目的连词-ghoo(van den Berg 1989:176, 264)。

(60) 穆纳语(印度尼西亚境内,南岛语系)

a. ne-owa-**ghoo** ama-ku kenta. | 接受者
3.SG-bring-**DITR** father-1.SG.POSS fish
"She brought my father some fish."

b. horo-kaeta a-munda-**ghoo** | 目的句
move-1.PL.O 1.SG.S-jump-**PURP**
"Let us move a little so that I can jump."

16.5 作业

请分析下面例子中从属连词的位置,并建立语言类型。

(61) 马拉亚拉姆语(印度境内,达罗毗荼语系)

mara peyyuka-āne-enkil-**um**, John purattu pokunnu.
rain fall.INF-AUX-**although** John out go
"Although it is raining, John is going."

(62) 侗语(中国境内,台-卡岱语系)

ɕi¹¹ mao³³ tɕi⁵⁵ əu³¹ tɕa³³, ȵa¹¹ ma³⁵ jaŋ³¹.
time 3.SG eat food **DEM** 2.SG come DP
"When he was eating, you came."

(63) 恩言克勒语(乌干达境内,尼日尔-刚果语系)

wa-kami **obu** y-aa-tuuriza enjojo
mister-rabbit **when** 3.SG-today.PST-challenge elephant
"When Mr. Rabbit challenged the elephant."

(64) 古希腊语(希腊境内,印欧语系)

ean eip-ēi ti autou akou-s-ometha
if say-3S.AOR.SBJV anything him hear-FUT-1P.IND
"If he said anything, we will hear him."

(65) 科雷马·尤卡吉尔语(俄罗斯境内,尤卡吉尔语系)

ulum   gud-uj-l'ie-t   **tit**
mad   become-RED-INGR-SS.IMPF   **although**
"Although he was going mad"

参 考 文 献

Abbott, Miriam (1991). Macushi. In Desmond Derbyshire and Geoffrey Pullum (eds.), *Handbook of Amazonian Languages*, Volume 3, pp.23-160. Berlin: De Gruyter Mouton.

Abraham, Werner (1979). But. *Studia Linguistica* 33, 89-119.

Acharya, Jayaraj (1991). *A Descriptive Grammar of Nepali and an Analyzed Corpus*. Washington: Georgetown University Press.

Aikhenvald, Alexandra (2000). *Classifiers: A Typology of Noun Categorization Devices*. Oxford: Oxford University Press.

Aikhenvald, Alexandra (2003). *A Grammar of Tariana from Northwest Amazonia*. Cambridge: Cambridge University Press.

Aikhenvald, Alexandra (2004). *Evidentiality*. Oxford: Oxford University Press.

Allen, W. Sidney (1956). Structure and system in the Abaza verbal complex. *Transactions of the Philological Society* 55, 127-176.

Amado, Rosane de Sá and Lilian de Carvalho de Souza (2007). Notas sobre a Fonologia da Lingua Timbira. *Revista Virtual de Estudos da Linguagem ReVEL* 4 (7) (www.revel.inf.br).

Ames, Roger T. and Henry Rosemont (1998). *The Analects of Confucius: A Philosophical Translation (Complete Translation)*. New York: Ballantine Books.

Anceaux, Johannes Cornelis (1965). *The Nimboran Language: Phonology and Morphology*. The Hague: Martinus Nijhoff.

Andersen, Torben (1988). Ergativity in Parï, a Nilotic OVS language. *Lingua*

75, 289-324.

Anderson, Judi Lynn (1989). Comaltepec Chinantec Syntax. *Studies in Chinantec Language* 3. Dallas: The Summer Institute of Linguistics and The University of Texas at Arlington.

Andronov, Mikhail S. (2006). Brahui, A Dravidian language. *Lincom Studies in Asian Linguistics* 65. Munich: Lincom Europa.

Antonov, Anton and Guillaume Jacques (2014). Transitive need does not imply transitive have. *Linguistic Inquiry* 45, 147-158.

Arkadiev, Peter M. (2020). *Abaza. A Grammatical Sketch.* (https://doi.org/10.13140/RG.2.2.13434.31683.)

Aronoff, Mark and Kirsten Fudeman (2005). *What is Morphology?* Oxford: Blackwell.

Arsenijević, Boban and Martina Gračanin-Yuksek. (2016). Agreement and the structure of relative clauses. *Glossa* 1(1), 17. 1-16.

Asher, Ronald E. (1985). *Tamil.* London: Croom Helm.

Asher, Ronald E. and T. C. Kumari (1997). *Malayalam.* London: Routledge.

Austin, John Langshaw (1962). *How to Do Things with Words.* Cambridge, Mass.: Harvard University Press.

Austin, Peter Kenneth (1978). *A Grammar of the Diyari Language of Northeast South Australia.* Ph. D Dissertation. Canberra: Australian National University.

Austin, Peter Kenneth (1981). Switch-Reference in Australia. *Language* 57(2), 309-334.

Awobuluyi, Qladele (1982). *Essentials of Yoruba Grammar.* Ibidan: University Press Limited (originally published by Oxford University Press in 1978).

Baerman, Matthew and Dunstan Brown. (2013). Case Syncretism. In Matthew S. Dryer and Martin Haspelmath (eds.), *The World Atlas of Language Structures Online.* Leipzig: Max Planck Institute for Evolutionary

Anthropology (http://wals.info/chapter/28).

Bani, Ephraim (1987). Garka a ipika: Masculine and feminine grammatical gender in Kala Lagaw Ya. *Australian Journal of Linguistics* 7(2), 189–201.

Baratin, Marc, Bernard Colombat and Louis Holtz (eds.) (2009). *Priscien. Transmission et refondation de la grammaire, de l'antiquité aux modernes.* Turnhout: Brepols Publishers.

Bareggi, Cristina (2010). *Oxford-Paravia Italian Dictionary.* Oxford: Oxford University Press.

Barnes, Janet (1984). Evidentials in the Tuyuca Verb. *International Journal of American Linguistics* 50(3), 255–271.

Beier, Christine, Cynthia Hansen, I-Wen Lai, and Lev Michael (2011). Exploiting word order to express an inflectional category: Reality status in Iquito. *Linguistic Typology* 15(1), 65–99.

Bell, Allan (1978). Language Samples. In Joseph Greenberg (ed.), *Universals of Human Language*, Volume 1: Method and Theory, pp.123–156. Standford: Stanford University Press.

Bergen, John (1980). The semantics of gender contrasts in Spanish. *Hispania* 63(1), 48–57.

Berghäll, Liisa (2010). *Mauwake reference grammar.* Ph.D. Dissertation. University of Helsinki.

Bergsland, Knut (1997). *Aleut Grammar.* Fairbanks: University of Alaska.

Berlin, Brent and Paul Kay (1969). *Basic Color Terms: Their Universality and Evolution.* Berkeley and Los Angeles: University of California Press.

Berry, Keith and Christine Berry (1999). *A Description of Abun: A West Papuan Language of Irian Jaya.* Pacific Linguistics B–115. Canberra, Australia: Australian National University.

Björverud, Susanna (1998). *A Grammar of Lalo.* Ph.D. dissertation. Lund University.

Blake, Barry J. (1979). *A Kalkatungu Grammar*. Pacific Linguistics B-57. Canberra: Pacific Linguistics.

Blake, Barry J. (1994). *Case*. Cambridge: Cambridge University Press.

Blevins, Juliette (2001). *Nhanda: An Aboriginal Language of Western Australia*. Honolulu: University of Hawaii Press.

Blevins, Juliette and Sheldon Harrison (1999). *Trimoraic Feet in Gilbertese*. Oceanic Linguistics 38 (2), 203-230.

Bliese, Loren Frederick (1977). *A Generative Grammar Study of Afar*. Ph.D. Dissertation. The University of Texas at Austin.

Bloom, Roberta (1999). Map of Eskimo-Aleut languages. In Marianne Mithun (ed.), *The Languages of Native North America*, pp. xviii - xxi. Cambridge: Cambridge University Press.

Blutner, Reinhard (2000). Some aspect of optimality in natural language interpretation. *Journal of Semantics* 17, 189-216.

Bond, Oliver and Marina Chumakina (2016). Agreement domains and targets. In Oliver Bond, Greville G. Corbett, Marina Chumakina, and Dunstan Brown (eds.), *Archi: Complexities of Agreement in Cross-Theoretical Perspective*, pp.43-76. Oxford: Oxford University Press.

Bowden, J. (1997). Taba (Makian Dalam): *Description of an Austronesian Language from Eastern Indonesia*. Ph. D. Dissertation. Department of Linguistics and Applied Linguistics. The University of Melbourne.

Bowern, Claire (2012). *A Grammar of Bardi*. Berlin: De Gruyter Mouton.

Breedveld, Johanna Odilia (1995). *Form and Meaning in Fulfulde: A Morphophonological Study of Maasinankoore*. Ph.D. Dissertation. Leiden: Research School CNWS, Leiden University.

Broadwell, George Aaron (2006). *A Choctaw Reference Grammar*. Lincoln: University of Nebraska Press.

Bromley, Myron (1967). The linguistic relationships of Grand Valley Dani: A lexico-statistical classification. *Oceania* 37(4), 286-308.

Brown, Lea (2001). *A Grammar of Nias Selatan*. Ph.D. Dissertation. University of Sydney.

Brownson, Carleton, E. C. Marchant, O. J. Todd and Walter Miller (1979). *Xenophon in Seven Volumes*, Volume 4: Memorabilia, Oeconomicus, Symposium, Apology. Cambridge, Massachusetts: Harvard University Press.

Bruce, Dwayne Cain (2000). *Dhivehi (Maldivian): A Synchronic and Diachronic Study*. Ph. D. Dissertation. Ithaca, New York: Cornell University.

Bruce, Les (1984). *The Alamblak Language of Papua New Guinea (East Sepik)*. Pacific Linguistics C - 81. Canberra: Australian National University.

Burquest, Donald Arden (1973). *A Grammar of Angas*. Ph.D. Dissertation. Los Angeles: California University Press.

Butt, John and Carmen Benjamins (1988). *A New Reference Grammar of Modern Spanish*. New York: McGraw Hill.

Byarushenga, Ernest R. (1977). Preliminaries. Haya grammatical structure. In Ernest R. Byarushenga, Alessandro Duranti, and Larry M. Hyman (eds.), *Southern California Occasional Papers in Linguistics* 6, pp.1-15. Los Angeles: University of Southern California.

Bybee, Joan (1985). *Morphology: A Study of the Relation between Meaning and Form*. Amsterdam: Benjamins.

Bybee, Joan, William Pagliuca and Revere Perkins (1990). On the asymmetries in the affixation of grammatical material. In William Croft, Keith Denning and Suzanne Kemmerer (eds.), *Studies in Typology and Diachrony: Papers Presented to Joseph Greenberg on His 75th Birthday*, pp.1-42. Amsterdam: Benjamins.

Bybee, Joan, William Pagliuca and Revere Perkins (1994). *The Evolution of Grammar: Tense, Aspect and Modality in the Languages of the World*.

Chicago: The University of Chicago Press.

Byington, Cyrus (1915). *A Dictionary of the Choctaw Language*. Edited by John R. Swanton and Harry S. Halbert. Bureau of American Ethnology, Bulletin 46. Washington, D.C.: Government Printing Office.

Cain, Bruce Dwayne and James W. Gair. (2000). *Dhivehi (Maldivian)*. Munich: Lincom Europa.

Campbell, Lyle, Vit Bubenik and Leslie Saxon (1988). Word Order Universals: Refinements and Clarifications. *Canadian Journal of Linguistics* 33, 209-230.

Casad, Eugene H. (1984). Cora. In Langacker, Ronald W. (ed.), *Studies in Uto-Aztecan Grammar. Volume 4: Southern Uto-Aztecan Grammatical Sketches*, pp.151-459. Dallas: Summer Institute of Linguistics.

Chao, Yuen-Ren (1930). ə sistim əv "toun-letəz" [A system of "tone-letters"]. *Le Maître Phonétique* 30, 24-27.

Chapman, Shirley and Desmond Derbyshire (1991). Paumarí. In Desmond Derbyshire and Geoffrey Pullum (eds.), *Handbook of Amazonian Languages*, Volume 3, pp.161-354. Berlin: De Gruyter Mouton.

Chappell, Hilary and Alain Peyraube (2006). The diachronic syntax of causative structures in Early Modern Southern Min. In Dah-an Ho (ed.), *Festschrift for Ting Pang-Hsin, 973-1011*. Taipei: Academia Sinica.

Chappell Hillary, Li Ming and Allain Peyraube (2007). Chinese linguistics and typology: The state of the art. *Linguistics Typology* 11(1), 187-211.

Chen, Weirong (2020). *A Grammar of Southern Min: The Hui'an Dialect*. Sinitic Languages of China Volume 3. Berlin: De Gruyter Mouton.

Chirikba, Viacheslav (2003). Evidential category and evidential strategy in Abkhaz. In Aikhenvald, Alexandra and Robert Dixon (eds.), *Studies in Evidentiality*, pp.243-272. Amsterdam: John Benjamins.

Chirikba, Vyacheslav A. (2003). *Abkhaz*. Munich: Lincom Europa.

Chomsky, Noam (1981). *Lectures on Government and Binding*. Dordrecht:

Foris Publications.

Chumakina, Marina (2016). Competing controllers and agreement potential. In Oliver Bond, Greville G. Corbett, Marina Chumakina, and Dunstan Brown (eds.), *Archi: Complexities of Agreement in Cross-Theoretical Perspective*, pp.43–76. Oxford: Oxford University Press.

Chumakina, Marina, Oliver Bond and Greville Corbett (2016). Essentials of Archi grammar. In Oliver Bond, Greville G. Corbett, Marina Chumakina, and Dunstan Brown (eds.), *Archi: Complexities of Agreement in Cross-Theoretical Perspective*, pp.17–42. Oxford: Oxford University Press.

Clark, Larry (1998). *Turkmen Reference Grammar*. Wiesbaden: Harrassowitz.

Colarusso, John (1992). *A Grammar of the Kabardian Language*. Calgary, Alberta: University of Calgary Press.

Colarusso, John (2006). *Karbardian (East Circassian)*. Munich: Lincom Europa.

Comrie, Bernard (1976). *Aspect*. Cambridge: Cambridge University Press.

Comrie, Bernard (1978). Ergativity. In W. P. Lehmann (ed.), *Syntactic Typology*, pp.328–394. Hassocks, England: Harvester Press.

Comrie, Bernard (1981). *Language Universals and Linguistic Typology*. Oxford: Basil Blackwell.

Comrie, Bernard (1982). Grammatical relations in Huichol. In Paul. J. Hopper and Sandra Thompson (eds.), *Studies in Transitivity*, pp.95–115. Syntax and Semantics 15. New York: Academic Press.

Comrie, Bernard (1985). *Tense*. Cambridge: Cambridge University Press.

Comrie, Bernard (1986). Conditionals: A typology. In Traugott, Elizabeth Closs, Alice Ter Meulen, Judy Snitzer Reilly and Charles A. Ferguson (eds.), *On Conditionals*, pp.77–99. Cambridge: Cambridge University Press.

Comrie, Bernard (1989a). *Language Universals and Linguistic Typology* (2nd Edition). Chicago: University of Chicago Press.

Comrie, Bernard (1989b). Some general properties of reference-tracking systems. In Doug Arnold, Martin Atkinson, Jacques Durand, Claire Grover and Louisa Sadler (eds.), *Essays on Grammatical Theory and Universal Grammar*, pp.37-51. Oxford: Oxford University Press.

Comrie, Bernard (1998). Rethinking the typology of relative clauses. *Language Design* 1, 59-86.

Comrie, Bernard (2013). Alignment of Case Marking of Full Noun Phrases. In Matthew S. Dryer and Martin Haspelmath (eds.), *The World Atlas of Language Structures Online*. Leipzig: Max Planck Institute for Evolutionary Anthropology (http://wals.info/chapter/98).

Comrie, Bernard and Tania Kuteva (2013). Relativization on Subjects. In: Matthew S. Dryer and Martin Haspelmath (eds.) *The World Atlas of Language Structures*. Leipzig: Max Planck Institute for Evolutionary Anthropology. (http://wals.info/chapter/122.)

Conklin, Harold C. (1955). Hanunóo Color Categories. *Southwestern Journal of Anthropology* 11, 339-344.

Corbett, Greville G. (1991). *Gender*. Cambridge: Cambridge University Press.

Corbett, Greville G. (2006). *Agreement*. Cambridge: Cambridge University Press.

Corbett, Greville G. (2013). Sex-based and Non-sex-based Gender Systems. In Matthew S. Dryer and Martin Haspelmath (eds.), *The World Atlas of Language Structures Online*. Leipzig: Max Planck Institute for Evolutionary Anthropology (http://wals.info/chapter/31).

Coulson, Michael (1976). *Teach Yourself Sanskrit*. London: Hodder and Stoughton.

Cristofaro, Sonia (2003). *Subordination*. Oxford: Oxford University Press.

Croft, William, Keith Denning, Suzanne Kemmer (1990). *Studies in Typology and Diachrony: Papers Presented to Joseph H. Greenberg on His 75th Birthday*. Amsterdam: John Benjamins.

Crowley, Terry (1982). *The Paamese Language of Vanuatu*. Pacific Linguistics B-87. Canberra: Australian National University.

Cutler, Anne, John A. Hawkins and Gary Gilligan (1985). The Suffixing preference: A processing explanation. *Linguistics* 23, 723-758.

Dahl, Östen and Viveka Velupillai (2013a). Tense and aspect. In Matthew S. Dryer and Martin Haspelmath (eds.), *The World Atlas of Language Structures Online*. Leipzig: Max Planck Institute for Evolutionary Anthropology (http://wals.info/chapter/s7).

Dahl, Östen and Viveka Velupillai (2013b). The Perfect. In Matthew S. Dryer and Martin Haspelmath (eds.), *The World Atlas of Language Structures Online*. Leipzig: Max Planck Institute for Evolutionary Anthropology (http://wals.info/chapter/68).

Das Gupta, Kamalesh (1971). *An Introduction to the Nocte Language*. Shillong: North-East Frontier Agency.

Davidson, Thomas (1874). *The Grammar of Dionysios Thrax* (Translated from the Greek by Thomas Davidson). St. Louis, Missouri: Studley.

Davies, John (1981). *Kobon*. Lingua Descriptive Studies 3. Amsterdam: North-Holland.

Davies, William D. (1999). Madurese and Javanese as Strict Word-Order Languages. *Oceanic Linguistics* 38(1), 152-167.

Davies, William D. (2010). *A Grammar of Madurese*. Berlin: De Gruyter Mouton.

Dayley, Jon P. (1985). *Tzutujil Grammar*. University of California Publications in Linguistics 107. Berkeley: University of California Press.

De Haan, Ferdinand (2013). Semantic Distinctions of Evidentiality. In Matthew S. Dryer and Martin Haspelmath (eds.), *The World Atlas of Language Structures Online*. Leipzig: Max Planck Institute for Evolutionary Anthropology (http://wals.info/chapter/77).

De Hoop, Helen and Andrej L. Malchukov (2008). Case Marking Strategies.

Linguistic Inquiry 39(4), 565-587.

Declerck, Renaat, Susan Reed and Bert Cappelle (2006). *The Grammar of the English Verb Phrase, Volume 1: The Grammar of the English Tense System: A Comprehensive Analysis.* Berlin: Mouton de Gruyter.

DeLancey, Scott (1981). An interpretation of Split Ergativity. *Language* 57, 626-657.

DeLancey, Scott (2003). Lhasa Tibetan. In Graham Thurgood and Randy LaPolla (eds.), *The Sino-Tibetan Languages*, pp.270-288. London: Routledge.

Dickinson, Connie (2000). Mirativity in Tsafiki. *Studies in Language* 24(2), 379-422.

Diercks, Michael and Meghana Rao (2019). Upward-oriented complementizer agreement with subjects and objects in Kipsigis. In Emily Clem, Peter Jenks and Hannah Sande (eds.), *Theory and Description in African Linguistics: Selected Papers from the 47th Annual Conference on African Linguistics*, pp.369-393. Berlin: Language Science Press.

Dik Bakker (2013). Person Marking on Adpositions. In Matthew S. Dryer and Martin Haspelmath (eds.), *The World Atlas of Language Structures Online.* Leipzig: Max Planck Institute for Evolutionary Anthropology (http://wals.info/chapter/48).

Dik, Simon (1997). *The Theory of Functional Grammar: The Structure of the Clause*, edited by Kees Hengeveld. Berlin: De Gruyter Mouton.

Ding, Sizhi (1998). *Fundamentals of Prinmi (Pumi): A Tibeto-Burman Language of Northwestern Yunnan, China.* Ph.D. Dissertation. Canberra: Australian National University.

Dixon, Robert (1972). *The Dyirbal Language of North Queensland.* Cambridge: Cambridge University Press.

Dixon, Robert (1979). Ergativity. *Language* 55(1), 59-138.

Dixon, Robert (1982). *Where Have All the Adjectives Gone?* Berlin: De

Gruyter Mouton.

Dixon, Robert (1994). *Ergativity*. Cambridge Studies in linguistics 69. Cambridge: Cambridge University Press.

Dixon, Robert (2003). Evidentiality in Jarawara. In Aikhenvald, Alexandra and Robert Dixon (eds.), *Studies in Evidentiality*, pp.165-188. Amsterdam: John Benjamins.

Dobrushina, Nina, Johan van der Auwera and Valentin Goussev (2013). The Optative. In Matthew S. Dryer and Martin Haspelmath (eds.) *The World Atlas of Language Structures Online*. Leipzig: Max Planck Institute for Evolutionary Anthropology (http://wals.info/chapter/73).

Dol, Philomena (1999). *A Grammar of Maybrat, A Language of the Bird's Head Peninsula, Papua Province, Indonesia*. Canberra: Pacific Linguistics.

Donaldson, Bruce (1997). *Dutch: A Comprehensive Grammar*. London: Routledge.

Donohue, Mark (2002). Tobati. In John Lynch and Malcolm Ross and Terry Crowley (eds.), *The Oceanic Languages*, pp. 186 - 203. Richmond: Curzon.

Drellishak, Scott (2004). *A Survey of Coordination Strategies in the World's Languages*. M.A. Dissertation. University of Washington.

Dryer, Matthew S. (1989). Large linguistic areas and language sampling. *Studies in Language* 13, 257-292.

Dryer, Matthew S. (1992). The Greenbergian word order correlations. *Language* 68, 81-138.

Dryer, Matthew S. (2013a). Definite Articles. In Matthew S. Dryer and Martin Haspelmath (eds.), *The World Atlas of Language Structures Online*. Leipzig: Max Planck Institute for Evolutionary Anthropology (http://wals.info/chapter/37).

Dryer, Matthew S. (2013b). Order of Subject, Object and Verb. In Matthew

S. Dryer and Martin Haspelmath (eds.), *The World Atlas of Language Structures Online*. Leipzig: Max Planck Institute for Evolutionary Anthropology (http://wals.info/chapter/81).

Dryer, Matthew S. (2013c). Position of Interrogative Phrases in Content Questions. In Matthew S. Dryer and Martin Haspelmath (eds.), *The World Atlas of Language Structures Online*. Leipzig: Max Planck Institute for Evolutionary Anthropology (http://wals.info/chapter/93).

Dryer, Matthew S. (2013d). Position of Tense-Aspect Affixes. In Matthew S. Dryer and Martin Haspelmath (eds.), *The World Atlas of Language Structures Online*. Leipzig: Max Planck Institute for Evolutionary Anthropology (http://wals.info/chapter/69).

Dryer, Matthew S. (2018). On the order of demonstrative, numeral, adjective and noun. *Language* 94, 798–833.

Dryer, Matthew S. and Orin D. Gensler (2013). Order of object, oblique, and verb. In Matthew S. Dryer and Martin Haspelmath (eds.), *The World Atlas of Language Structures Online*. Leipzig: Max Planck Institute for Evolutionary Anthropology (http://wals.info/chapter/84).

Dum-Tragut, Jasmine (2009). *Armenian (Modern Eastern Armenian)*. Amsterdam: Benjamins.

Dzameshie, Alex K. (1998). Structures of coordination in Ewe. *Journal of West African Languages* 27(1), 71–81.

Eades, Domenyk (2005). *A Grammar of Gayo, A Language of Aceh, Sumatra*. Pacific Linguistics 567. Canberra: The Australian National University.

Eaton, Helen (2010). *A Sandawe Grammar*. Texas: SIL International.

Eberhard, David M., Gary F. Simons and Charles D. Fennig (eds.). (2022). *Ethnologue: Languages of the World*. 25th edition. Dallas, Texas: SIL International. Online version: http://www.ethnologue.com.

Ebert, Karen (1997). *A Grammar of Athpare*. Munich: Lincom Europa.

Einarsson, Stefán (1945). *Icelandic: Grammar, Texts, Glossary*. Baltimore, Maryland: The Johns Hopkins University Press.

Elson, Benjamin P. (1956). *Sierra Popoluca Morphology*. Ph.D. Dissertation. Ithaca: Cornell University.

Enfield, Nick (2007). *A Grammar of Lao*. Berlin: De Gruyter Mouton.

Epps, Patience (2005). *A Grammar of Hup*. Ph.D. Dissertation. University of Virginia.

Evans, Nicholas D. (1995). *A Grammar of Kayardild: With Historical-Comparative Notes on Tangkic*. Berlin: De Gruyter Mouton.

Everett, Daniel L. (1986). Pirahã. In Derbyshire, Desmond C. and Geoffrey K. Pullum (eds.), *Handbook of Amazonian Languages* 1, pp.200-325. Berlin: De Gruyter Mouton.

Everett, Daniel L. and Barbara Kern (1997). *Wari: The Pacaas Novos Language of Western Brazil*. Descriptive Grammar Series. London: Routledge.

Ezard, Bryan (1997). *A Grammar of Tawala, An Austronesian Language of the Milne Bay Area, Papua New Guinea*. Pacific Linguistics C-137. Canberra: Australian National University.

Feldman, Harry (1986). *A Grammar of Awtuw*. Pacific Linguistics B-94. Canberra: Australian National University.

Ferguson, Charles A. (1974). Universals of nasality. *Working Papers on Language Universals* 14, 1-16.

Fernández Garay, Ana V. (1998). *El Tehuelche: Una lengua en vías de extinción*. Valdivia: Universidad Austral de Chile (in Spanish).

Firchow, Irwin and Jacqueline Firchow (1969). An abbreviated phoneme inventory. *Anthropological Linguistics* 11, 271-276.

Fisiak, Jacek (1980). *Theoretical Issues in Contrastive Linguistics*. Amsterdam: John Benjamins.

Flemming, Edward, Peter Ladefoged and Sarah Thomason (1994). *Phonetic structures of Montana Salish*. UCLA Working Papers in Phonetics 87: 1-33.

Foley, William A. (1986). *The Papuan Languages of New Guinea*. Cambridge: Cambridge University Press.

Foley, William A. (1991). *The Yimas Language of New Guinea*. Stanford: Stanford University Press.

Fortescue, Michael (1984). *West Greenlandic*. London: Croom Helm.

Frajzyngier, Zygmunt (1974). *NP ne NP in Awutu: A Problem in Case Grammar*. Language Sciences 33, 8-14.

Frajzyngier, Zygmunt (1993). *A Grammar of Mupun*. Berlin: Dietrich Reimer Verlag.

Friberg, Barbara (1996). Konjo's Peripatetic Person Markers. In Steinhauer, H. (ed.), *Papers in Austronesian Linguistics* 3, pp.137-171. Canberra: Australian National University.

Gabas, Nilson (1999). *A Grammar of Karo, Tupi (Brazil)*. Ph.D. Dissertation. Santa Barbara: University of California.

Gardner, P. M. (1966). *Ethnoscience and Universal Domains: A Culture without Color Categories*. Austin. Unpublished manuscript.

Garrett, Edward John (2002). *Evidentiality and Assertion in Tibetan*. Ph.D. Dissertation. Los Angeles: University of California.

Genetti, Carol (2007). *A Grammar of Dolakha Newar*. Berlin: Mouton de Gruyter.

Genetti, Carol (2011). Nominalization in Tibeto-Burman languages of the Himalayan area: A typological perspective. In Foong Ha Yap, Karen Grunow-Hårsta and Janick Wrona (eds.), *Nominalization in Asian Languages*, pp.163-193. Amsterdam and Philadelphia: John Benjamins.

Georg, Stefan (2007). *A Descriptive Grammar of Ket (Yenisei-Ostyak)*. Folkestone: Global Oriental.

Gerlach, Birgit (2002). *Clitics Between Syntax and Lexicon*. Amsterdam: John

参考文献

Benjamins.

Gerner, Matthias (2002). *Predicate Compounding in the Yi Group: The Continuum of Grammaticalization.* Studia Typologica Monographien 3. Berlin: Akademie Verlag.

Gerner, Matthias (2004). On a partial, strictly word-order based definition of grammatical relations in Liangshan Nuosu. *Linguistics*, 42(1), 109-154.

Gerner, Matthias (2006). Noun classifiers in Kam and Chinese Kam-Tai languages: Their morphosyntax, semantics and history. *Journal of Chinese Linguistics* 34(2), 237-305.

Gerner, Matthias (2007). The lexicalization of causative verbs in the Yi Group. *Folia Linguistica Historica* 28 (1/2), 145 – 185. Societas Linguistica Europaea.

Gerner, Matthias (2008). Ambiguity-Driven Differential Object Marking in Yongren Lolo. *Lingua* 118(3), 296-331.

Gerner, Matthias (2010). The fuzzy logic of socialised attitudes in Liangshan Nuosu. *Journal of Pragmatics* 42, 3031-3046.

Gerner, Matthias (2012). The typology of nominalization. *Language and Linguistics* 13(4), 803-844.

Gerner, Matthias (2013a). Yi future: Tense or evidential? *Language and Linguistics* 14(1), 167-192.

Gerner, Matthias (2013b). *Grammar of Nuosu.* MGL 64. Berlin: Mouton de Gruyter.

Gerner, Matthias (2014). Non-compositional scopal verb morphology in Yi. *Morphology* 24, 1-24.

Gerner, Matthias (2016a). Differential subject marking in Azhee. *Folia Linguistica* 50(1), 137-173.

Gerner, Matthias (2016b). Binding and Blocking in Nuosu. *The Linguistic Review* 33(2), 277-307.

Gerner, Matthias (2017). Specific classifiers versus unspecific bare nouns.

Lingua 188, 19–31.

Gerner, Matthias (2019). *Highlights from three Language Families in Southwest China*. Duisburg: RFLR (https://doi.org/10.23772/9783947306916).

Gerner, Matthias (2022a). A recursive prefix in Neasu. *The Linguistic Review* 39(2) (https://doi.org/10.1515/tlr-2022-2086).

Gerner, Matthias (2022b). Derivational Zero Affixes Worldwide. *Lingua* 278 (https://doi.org/10.1016/j.lingua.2022.103414).

Gerner, Matthias and Walter Bisang (2010). Classifier declinations in an isolating language. *Language and Linguistics* 11(3), 576–623.

Gibson, Jeanne (1980). *Clause Union in Chamorro and in Universal Grammar*. Ph.D. Dissertation. San Diego: University of California.

Giegerich, Heinz (1992). *English Phonology: An Introduction*. Cambridge: Cambridge University Press.

Gill, Harjeet Singh (1962). *A Descriptive Grammar of Panjabi*. Ph.D. Dissertation. University of Connecticut.

Givón, Talmy (1971). Dependent modals, performatives, factivity, Bantu subjunctives and what not. *Studies in African Linguistics* 2(1), 61–81.

Givón, Talmy (1976). Topic, pronoun and grammatical agreement. In Li, Charles (ed.), *Subject and Topic*, pp. 149–188. New York: Academic Press.

Givón, Talmy (1980). The Binding Hierarchy and the typology of complements. *Studies in Language* 4, 333–377.

Givón, Talmy (2001). *Syntax, Volume 1*. Amsterdam and Philadelphia: John Benjamins.

Goddard, Cliff (2006). *Semantic Analysis. A Practical Introduction*. Oxford: Oxford University Press.

González, Hebe Alicia (2005). *Grammar of Tapiete*. Ph.D. Dissertation. Pittsburgh: University of Pittsburgh.

Goodberg, John Stuart (1963). Malayalam Color Categories. *Anthropological Linguistics* 5, 1-12.

Gordon, Lynn (1986). *Maricopa Morphology and Syntax*. University of California Publications in Linguistics, 108. Berkeley: University of California Press.

Gorelova, Liliya M. (2002). *Manchu Grammar*. Leiden: Brill.

Greenberg, Joseph (1963). Some Universals of Grammar with Particular Reference to the Order of Meaningful Elements. In Joseph H. Greenberg (ed.), *Universals of Language*, pp.73-113. London: MIT Press.

Greenberg, Joseph (1978a). *Universals of Human Language. Volume 1: Model and Theory*. Stanford, California: Stanford University Press.

Greenberg, Joseph (1978b). *Universals of Human Language. Volume 2: Phonology*. Stanford, California: Stanford University Press.

Greenberg, Joseph (1978c). *Universals of Human Language. Volume 3: Word Structure*. Stanford, California: Stanford University Press.

Greenberg, Joseph (1978d). *Universals of Human Language. Volume 4: Syntax*. Stanford, California: Stanford University Press.

Grimes, Barbara F. (ed.) (1997). *Ethnologue: Languages of the World*. 13th edition. Dallas: Summer Institute of Linguistics.

Grimes, Charles E. (1991). *The Buru Language of Eastern Indonesia*. Ph.D. Dissertation. Canberra: The Australian National University.

Grondona, Verónica María (1998). *A Grammar of Mocoví*. Ph. D. Dissertation. University of Pittsburg.

Guerin, Françoise (2001). *Description de l'Ingouche: Parler du centre nord du Caucase*. Lincom studies in Caucasian Linguistics 15. Munich: Lincom Europa.

Guillaume, Antoine (2008). *A Grammar of Cavineña*. Berlin: De Gruyter Mouton.

Hagman, Roy Stephen (1977). *Nama Hottentot Grammar*. Bloomington:

Indiana University Press.

Hahn, Reinhard (2006). *Spoken Uighur*. Seattle: University of Washington Press.

Haiman, John (1978). Conditionals are topics. *Language* 54(3), 564–589.

Haiman, John (1980). *Hua: A Papuan Language of the Eastern Highlands of New Guinea*. Amsterdam: John Benjamins.

Haiman, John (1983). Iconic and economic motivation. *Language* 59, 781–819.

Hammarström, Harald (2016). Linguistic diversity and language evolution. *Journal of Language Evolution* 1 (1), 19–29.

Hammarström, Harald, Robert Forkel, Martin Haspelmath and Sebastian Bank (2022). *Glottolog 4.6*. Leipzig: Max Planck Institute for Evolutionary Anthropology (https://doi.org/10.5281/zenodo.6578297).

Hardman, Martha J. (2000). *Jaqaru*. (Languages of the World/Materials, 183.) München: Lincom Europa.

Hardy, Heather and Timothy Montler (1988). Alabama radical morphology: H-infix and Disfixation. In William Shipley (ed.), *In Honor of Mary Haas*, pp.377–410. Berlin: De Gruyter Mouton.

Harves, Stephanie and Richard Kayne (2012). Having "need" and needing "have". *Linguistic Inquiry* 43, 120–132.

Harvey, Mark (2002). *A Grammar of Gaagudju*. Berlin: De Gruyter Mouton.

Hashimoto, Mantaro (1976). Language diffusion on the Asian continent: Problems of typological diversity in Sino-Tibetan. *Computational Analyses of Asian and African Languages* 3: 49–65.

Hashimoto, Mantaro (1986). The Altaicization of Northern Chinese. In John McCoy and Timothy Light (eds.), *Contributions to Sino-Tibetan Studies*, pp.76–97. Leiden: Brill.

Haspelmath, Martin (1993). *A Grammar of Lezgian*. Berlin: De Gruyter Mouton.

Haspelmath, Martin (2002). *Understanding Morphology*. London: Arnold.
Haspelmath, Martin (2004). Coordinating constructions: An overview. In Haspelmath, Martin (ed.), *Coordinating Constructions*, pp. 3 - 39. Typological Studies in Language 58. Amsterdam: John Benjamins.
Haspelmath, Martin (2007). Coordination. In Shopen, Timothy (ed.), *Language Typology and Syntactic Description*, Volume 2, pp. 1 - 51. Cambridge: Cambridge University Press.
Haspelmath, Martin (2013). Nominal and Verbal Conjunction. In Matthew S. Dryer and Martin Haspelmath (eds.), *The World Atlas of Language Structures*. Leipzig: Max Planck Institute for Evolutionary Anthropology (http://wals.info/chapter/64).
Haspelmath, Martin, Matthew Dryer, David Gil and Bernard Comrie (2005). *The World Atlas of Language Structures*. Oxford: Oxford University Press.
Hawkins, John and Anne Cutler (1988). Psycholinguistic Factors in Morphological Asymmetry. In John Hawkins (ed.), *Explaining Language Universals*, pp.280-317. Oxford: Blackwell.
Hawkins, Roger (1981). Towards an account of the possessive constructions: NP's N and the N of NP. *Journal of Linguistics* 17, 247-269.
Heath, Jeffrey (1984). *Functional Grammar of Nunggubuyu*. Canberra: Australian Institute of Aboriginal Studies.
Heath, Jeffrey (2005). *A Grammar of Tamashek (Tuareg of Mali)*. Berlin: De Gruyter Mouton.
Hercus, Luise A. (1994). *A Grammar of the Arabana-Wangkangurru Language, Lake Eyre Basin, South Australia*. Pacific Linguistics C-128. Canberra: Australian National University.
Herder, Johann Gottfried (1772). *Treatise on the Origin of Language* [*Abhandlung über den Ursprung der Sprache*]. Berlin: Christian Friedrich Voß.
Hewitt, B. G. (1995). *Georgian: A Structural Reference Grammar*. London

Oriental and African Language Library. Amsterdam: Benjamins.

Hewitt, B. George (1979). *Abkhaz*. (Lingua Descriptive Studies 2.) Amsterdam: North-Holland.

Hopkins, Alice Woodward (1988). *Topics in Mohawk Grammar*. Ph. D. Dissertation. New York: City University of New York.

Horie, Kaoru (2001). Complement Clauses. In Armin Burkhardt, Hugo Steger and Herbert Ernst Wiegand (eds.), *Handbooks of Linguistics and Communication Science, Volume 20.2: Language Typology and Language Universals*, pp.979-993. Belin: De Gruyter Mouton.

Hualde, José Ignacio and Jon Ortiz de Urbina (2003). *A Grammar of Basque*. Berlin: Mouton de Gruyter.

Huang, James and Luther Liu (2001). Logophoricity, attitudes and ziji at the interface. *Syntax and Semantics 33 (Long-distance reflexives)*, 141-195.

Hudson, Richard (1980). *Sociolinguistics*. Cambridge: Cambridge University Press.

Huffman, Franklin E. (1970). *Modern Spoken Cambodian*. New Haven: Yale University Press.

Humboldt, Wilhelm von (1836). *On the Diversity of Human Language Structure and Its Influence on Mental Evolution of the Human Race (Über die Verschiedenheit des menschlichen Sprachbaues und ihren Einfluß auf die geistige Entwicklung des Menschengeschlechtes)*. Berlin: Königlich-Preussische Akademie der Wissenschaften.

Hutchison, John P. (1981). *The Kanuri Language: A Reference Grammar*. Madison: African Studies Program, University of Wisconsin.

Huttar, George L. and Mary Huttar (1994). *Ndyuka*. Descriptive Grammar Series. London: Routledge.

Hyman, Larry M. (1980). Relative time reference in the Bamileke tense system. *Studies in African Linguistics* 11 (2), 227-237.

Iggesen, Oliver A. (2013). Number of Cases. In Matthew S. Dryer and Martin

Haspelmath (eds.), *The World Atlas of Language Structures Online*. Leipzig: Max Planck Institute for Evolutionary Anthropology (http://wals.info/chapter/49).

Ingram, David (1978). Typology and universals of personal pronouns. In Joseph H. Greenberg, Charles Ferguson and Edith Moravcsik (eds.), *Universals of Language, Volume 3: Word Structure*, pp. 213–247. Stanford, California: Stanford University.

Iwasaki, Shoichi and Preeya Ingkaphirom (2005). *A Reference Grammar of Thai*. Cambridge: Cambridge University Press.

Jacobson, Steven A. (1995). *A Practical Grammar of the Central Alaskan Yup'ik Eskimo Language*. Fairbanks: University of Alaska.

Jacobson, William Horton (1964). *A Grammar of the Washo Language*. Ph.D. Dissertation. Berkeley: University of California.

Janhunen, Juha A. (2012). *Mongolian*. Amsterdam: Benjamins.

Jensen, John Thayer (1977). *Yapese Reference Grammar*. Honolulu: University of Hawai'i Press.

Jin, Dawei (2020). Copula functions in a cross-Sinitic perspective. *Folia Linguistica* 54(1), 89–132.

Jones, Linda K. (1986). The Question of Ergativity in Yawa, a Papuan Language. *Australian Journal of Linguistics* 6, 37–56.

Kachru, Yamuna (2006). *Hindi*. Amsterdam: John Benjamins.

Kadmon, Nirit and Fred Landman (1993). Any. *Linguistics and Philosophy* 16, 353–422.

Kawachi, Kazuhiro (2007). *A Grammar of Sidaama (Sidamo): A Chushitic Language of Ethiopia*. Ph.D. Dissertation. Buffalo: State University of New York.

Kawasha, Boniface (2006). The structure of complement clauses in Lunda. *Studies in African Linguistics* 35(1), 1–32.

Kay, Paul and Luisa Maffi (1999). Color Appearance and the Emergence and

Evolution of Basic Color Lexicons. *American Anthropologist* 101, 743 - 760.

Keating, Patricia, Wendy Linker and Marie Huffman (1983). Patterns in Allophone Distribution for Voiced and Voiceless Stops. *UCLA Working Papers in Phonetics* 57, 61-78.

Keenan, Edward L. (1972). Relative Clause Formation in Malagasy. In Paul M. Peranteau, Judith N. Levi, and Gloria C. Phares (eds.), *The Chicago Which Hunt*, pp.169-189. Chicago Linguistic Society.

Keenan, Edward L. and Bernard Comrie (1977). Noun Phrase Accessibility and Universal Grammar. *Linguistic Inquiry* 8(1), 63-99.

Kenesei, István, Robert M. Vago and Ana Fenyvesi (1998). *Hungarian*. London: Routledge.

Kennedy, Benjamin Hall (1871). *The Revised Latin Primer. Edited and Further Revised by Sir James Mountford*. Reprinted in 1962. London: Longman.

Kepping, Ksenia Borisovna (1980). Elements of ergativity and nominativity in Tangut. In Frans Plank (ed.), *Ergativity: Towards A Theory of Grammatical Relations*, pp.263-278. London: Academic Press.

Khan, Sameer ud Dowla and Constanze Weise (2013). Upper Saxon (Chemnitz dialect). *Journal of the International Phonetic Association* 43, 231-241.

Kibrik, Alexandr E. (1985). Towards a typology of ergativity. In Johanna Nichols and Anthony Woodbury (eds.), *Grammar Inside and Outside the Clause*, pp.268-323. Cambridge: Cambridge University Press.

Kimball, Geoffrey (1991). *Koasati Grammar*. Lincoln, Nebraska: University of Nebraska Press.

Kinkade, M. Dale (1998). Is irrealis a grammatic category in Upper Chehalis? *Anthropological Linguistics* 40(2), 234-244.

Klein, Wolfgang (1980). Some remarks on Sanders' typology of elliptical coordinations. *Linguistics* 18, 871-876.

Kobayashi, Ryoichiro (2016). The Repetitive Coordinator-ka in Japanese and either in English as Scope Indicators in Disjunction. *University of Pennsylvania Working Papers in Linguistics* 22(1), 187-196 (https://repository.upenn.edu/pwpl/vol22/iss1/21).

Koptjevskaja-Tamm, Maria (1993). *Nominalizations*. London: Routledge.

Kruspe Nicole (2004). *A Grammar of Semelai*. Cambridge: Cambridge University Press.

Kuipers, Aert H. (1960). *Phoneme and Morpheme in Kabardian*. The Hague: Mouton.

Labov, William (1972). *Sociolinguistic Patterns*. Oxford: Blackwell.

Ladefoged, Peter (2005). *Vowels and Consonants*. Oxford: Blackwell.

Ladefoged, Peter and Antony Traill (1984). Linguistic phonetic descriptions of clicks. *Language* 60(1), 1-20.

Ladefoged, Peter and Ian Maddieson (1996). *The Sounds of the World's Languages*. Oxford: Blackwell.

Ladefoged, Peter and Sandra Ferrari Disner (2001). *Vowels and Consonants*. Oxford: Blackwell.

Ladefoged, Peter, Kay Williamson, Benjamin O. Elugbe and A. Uwulaka (1976). The stops of Owerri Igbo. *Studies in African Linguistics Supplement* 6, 147-163.

Lafitte, Pierre (1962). *Grammaire basque*. Bayonne: Editions des "Amis du Musée Basque" et "Ikas".

Landaburu, Jon (2000). La Lengua Andoque. In González de Pérez, María Stella and Rodríguez de Montes, María Luisa (eds.), *Lenguas indígenas de Colombia: una visión descriptiva*, pp. 275-288. Santafé de Bogotá: Instituto Caro y Cuervo.

LaPolla, Randy J. and Huang Chenglong (2003). *A Grammar of Qiang*. Berlin: De Gruyter Mouton.

Le Coeur, Charles (1956). *Grammaire et têtes Tada-Daza.* Dakar: Mémoires de l'Institut Français D'Afrique Noir.

Lee, Kee-Dong (1975). *Kusaiean Reference Grammar.* Honolulu: University of Hawaii Press.

Lefebvre, Claire and Anne-Marie Brousseau (2002). *A Grammar of Fongbe.* Berlin: De Gruyter Mouton.

Lehmann, Thomas (1993). *A Grammar of Modern Tamil.* Pondicherry: Pondicherry Institute of Linguistics and Culture.

Lehmann, Winfred P. (1973). A structural principle of Language and its implications. *Language* 49, 47-66.

Leslau, Wolf (1995). *Reference Grammar of Amharic.* Wiesbaden: Harrassowitz.

Lewis, G. L. (1967). *Turkish Grammar.* Oxford: Oxford University Press.

Li, Charles and Sandra Thompson (1981). *Mandarin Chinese: A Functional Reference Grammar.* Berkeley: University of California Press.

Li, David C. S. and Zoe Pei-sui Luk (2018). *Chinese-English Contrastive Grammar.* Hong Kong: Hong Kong University Press.

Li, Jinfang and Luo, Yongxiang (2010). *The Buyang Language of South China.* Pacific Linguistics 607. Canberra: The Australian National University.

Lin, Jo-Wang (2006). Time in a language without tense. The case of Chinese. *Journal of Semantics* 23, 1-53.

Linn, Mary Sarah (2001). *A Grammar of Euchee (Yuchi).* Kansas City, Kansas: University of Kansas.

Liu, Jian & Alain Peyraube (1994). History of some coordinative constructions in Chinese. *Journal of Chinese Linguistics* 22: 179-201.

Lojenga, Constance Kutsch (1994). *Ngiti. A Central-Sudanic Language of Zaire.* Köln: Rödiger Köppe Verlag.

Long, Yaohong and Zheng Guoqiao (1998). *The Dong Language in Guizhou*

Provinve, China. (Translated by Norman Geary.) Publications in Linguistics 126. Dallas: Summer Institute of Linguistics and the University of Texas at Arlington.

Lorimer, David Lockhart Robertson (1935). *The Burushaski Language. Volume 1: Introduction and Grammar*. Cambridge, Massachusetts: Harvard University Press.

Lotfi, Achmad. R. (2006). Agreement in Persian. *Linguistik Online* 29(4), 123−141 (https://doi.org/10.13092/lo.29.560).

Loughnane, Robyn (2005). *Materials on Golin: Grammar, Texts and Dictionary*. Melbourne: University of Melbourne.

Loughnane, Robyn (2009). *A Grammar of Oksapmin*. Ph.D. Dissertation. University of Melbourne.

Lu, Tian Qiao (2008). *A Grammar of Maonan*. Boca Raton, Florida: Universal Publishers.

Lüpke, Friederike (2005). *A Grammar of Jalonke Argument Structure*. Ph.D. Dissertation. University of Nijmegen.

Lyman, Thomas Amis (1979). *Grammar of Mong Njua (Green Miao): A Descriptive Study*. Sattley, California: The Blue Oak Press.

Lynch, John (1978). *A Grammar of Lenakel*. Pacific Linguistics B−55. Canberra: The Australian National University.

Lyons, Christopher (1999). *Definiteness*. Cambridge: Cambridge University Press.

Lyons, Don (1967). Tlahuitoltepec Mixe Verb Syntagmemes. *International Journal of American Linguistics* 33, 34−45.

Lyons, Shirley (1967). Tlahuitoltepec Mixe Clause Structure. *International Journal of American Linguistics* 33, 25−33.

Macaulay, Monica (1996). *A Grammar of Chalcatongo Mixtec*. Berkeley: University of California Press.

MacDonald, Lorna (1990). *A Grammar of Tauya*. Berlin: Mouton de Gruyter.

Maddieson, Ian (1984). *Patterns of Sounds*. Cambridge: Cambridge University Press.

Maddieson, Ian (1987). The Margi vowel system and labiocoronals. *Studies in African Linguistics* 18, 327-355.

Maddieson, Ian (2005). Bilabial and labio-dental fricatives in Ewe. *UC Berkeley Phonology Lab Annual Report*, 199-215 (https://escholarship.org/content/qt4r49g6qx/qt4r49g6qx.pdf).

Maddieson, Ian (2013a). Absence of Common Consonants. In Matthew S. Dryer and Martin Haspelmath (eds.), *The World Atlas of Language Structures Online*. Leipzig: Max Planck Institute for Evolutionary Anthropology (http://wals.info/chapter/18).

Maddieson, Ian (2013b). Consonant Inventories. In Matthew S. Dryer and Martin Haspelmath (eds.), *The World Atlas of Language Structures Online*. Leipzig: Max Planck Institute for Evolutionary Anthropology (http://wals.info/chapter/1).

Maddieson, Ian (2013c). Consonant-Vowel Ratio. In Matthew S. Dryer and Martin Haspelmath (eds.), *The World Atlas of Language Structures Online*. Leipzig: Max Planck Institute for Evolutionary Anthropology (http://wals.info/chapter/3).

Maddieson, Ian (2013d). Glottalized Consonants. In Matthew S. Dryer and Martin Haspelmath (eds.), *The World Atlas of Language Structures Online*. Leipzig: Max Planck Institute for Evolutionary Anthropology (http://wals.info/chapter/7).

Maddieson, Ian (2013e). Presence of Uncommon Consonants. In Matthew S. Dryer and Martin Haspelmath (eds.), *The World Atlas of Language Structures Online*. Leipzig: Max Planck Institute for Evolutionary Anthropology (http://wals.info/chapter/19).

Maddieson, Ian (2013f). Tone. In Matthew S. Dryer and Martin Haspelmath (eds.), *The World Atlas of Language Structures Online*. Leipzig: Max

Planck Institute for Evolutionary Anthropology (http://wals.info/chapter/13).

Maddieson, Ian (2013g). Vowel Quality Inventories. In Matthew S. Dryer and Martin Haspelmath (eds.), *The World Atlas of Language Structures Online*. Leipzig: Max Planck Institute for Evolutionary Anthropology (http://wals.info/chapter/2).

Maiden, Martin and Cecilia Robustelli (2000). *Reference Grammar of Modern Italian*. New York: McGraw-Hill.

Mallinson, Graham (1986). *Rumanian*. (Descriptive Grammars) London: Croom Helm.

Manley, Timothy (1972). *Outline of Sre Structure*. Honolulu: University of Hawaii Press.

Manova, Stela (2011). Understanding Morphological Rules: With Special Emphasis on Conversion and Subtraction in Bulgarian, Russian and Serbo-Croatian. *Studies in Morphology, Volume 1*. Heidelberg: Springer.

Maslova, Elena (2003). *A Grammar of Kolyma Yukaghir*. Berlin: De Gruyter Mouton.

Maslova, Elena (2003). Evidentiality in Yukaghir. In Aikhenvald, Alexandra and Robert Dixon (eds.), *Studies in Evidentiality*, pp. 219 – 236. Amsterdam: John Benjamins.

Matasović, Ranko (2010). *A Short Grammar of East Circassian (Kabardian)*. Zagreb: University of Zagreb.

Matasović, Ranko (2018). *An Areal Typology of Agreement Systems*. Cambridge: Cambridge University Press.

Mathiot, Madeleine and Marjorie Roberts (1979). Sex roles as revealed through referential gender in American English. In Madeleine Mathiot (ed.), *Ethnolinguistics: Boas, Sapir and Whorf Revisited*, pp.1-47. The Hague: Mouton.

Matthews, Stephen and Virginia Yip (1994). *Cantonese: A Comprehensive*

Grammar. London: Routledge.

Matzel, Klaus (1966). *Einführung in die singhalesische Sprache*. Wiesbaden: Otto Harrassowitz.

Mauri, Caterina and Andrea Sansò (2016). The Linguistic Marking of (Ir)realis and Subjunctive. In J. Nuyts, J. van der Auwera (eds.), *The Oxford Handbook of Mood and Modality*, pp.166-195. Oxford: Oxford University Press.

McDonald, Mundi and Stephen Adolphe Wurm (1979). *Basic Materials in Wangkumara: Grammar, Sentences and Vocabulary*. Pacific Linguistics B-65. Canberra: The Australian National University.

McDonough, Joyce (1999). *Tone in Navajo*. Anthropological Linguistics 41 (4), 503-540.

McGregor, William (1994). *Warrwa*. Languages of the World/Materials 89. Munich: Lincom Europa.

McLendon, Sally (2003). Evidentials in Eastern Pomo. In Aikhenvald, Alexandra and Robert Dixon (eds.), *Studies in Evidentiality*, pp.101-129. Amsterdam: John Benjamins.

Meagan Ayer, Allen (2014a). Pluperfect and Future Perfect Tenses. *Greenough's New Latin Grammar for Schools and Colleges*. Carlisle, Pennsylvania: Dickinson College Commentaries. (https://dcc.dickinson.edu/grammar/latin/pluperfect-and-future-perfect-tenses).

Meagan Ayer, Allen (2014b). Conjunctions. *Greenough's New Latin Grammar for Schools and Colleges*. Carlisle, Pennsylvania: Dickinson College Commentaries. (https://dcc. dickinson. edu/grammar/latin/uses-conjunctions).

Meira, Sérgio (1999). *A Grammar of Tiriyó*. Ph.D. Dissertation. Houston (Texas): Rice University.

Merlan, Francesca C. (1982). *Mangarayi*. Lingua Descriptive Series Vol. 4. Amsterdam: North Holland.

Mettke, Heinz (1993). *Mittelhochdeutsche Grammatik.* Tübingen: Max Niemeyer Verlag.

Miller, Marion (1999). *Desano Grammar.* Studies in the Languages of Colombia 6. Dallas: SIL and University of Texas.

Mithun, Marianne (1991). Active/agentive case marking and its motivations. *Language* 67(3), 510-546.

Mohammed, Mohamed Abdulla (2001). *Modern Swahili Grammar.* Nairobi: East African Educational Publishers.

Morales, Salome Gutierrez (2006). Morpho-syntactic expressions of possession and existence in Sinhala. In Robert Englebretson and Carol Genetti (eds.), *Santa Barbara Papers in Linguistics* 17, pp.20-28.

Moran, Steven and Daniel McCloy (eds.) (2019). *PHOIBLE 2.0-Repository of Cross-Linguistic Phonological Inventory Data.* Jena: Max Planck Institute for the Science of Human History (http://phoible.org).

Moravcsik, Edith (1978). Agreement. In Joseph H. Greenberg (ed.), *Universals of Human Language, Volume 4: Syntax*, pp. 249-290. Stanford: Stanford University Press.

Morolong, Malillo and Larry M. Hyman (1977). Animacy, objects and clitics in Sesotho. *Studies in African Linguistics* 8(3), 199-218.

Mortensen, Charles A. (1999). *A Reference Grammar of the Northern Emberá Languages.* Dallas: SIL and University of Texas.

Moser, Georg Heinrich (1836). *The Conversations of Marcus Tullius Cicero at Tusculan.* Volume 5. (Latin: Marcus Tullii Ciceronis Tusculanarum disputationum, Libri Quinque.) Hanover: Hahn Publisher.

Moshi, Lioba (1994). Time reference markers in KiVunjo-Chaga. *Journal of African Languages and Linguistics* 15, 127-159.

Mous, Martinus (1992). *A Grammar of Iraqw.* Ph.D. Dissertation. University of Leiden.

Moyse-Faurie, Claire (1995). *Le xârâcùù: Langue de Thio-Canala (Nouvelle-*

Calédonie): Éléments de syntaxe. Langues et cultures du Pacifique 10. Paris: Peeters.

Mugane, John M. (1997). *A Paradigmatic Grammar of Gĩkũyũ*. Stanford Monographs in African Languages. Stanford: CSLI Publications.

Munro, Pamela. (1976). *Mojave Syntax*. New York: Garland.

Nakagawa, Hirosi (1996). *An Outline of ǀGui Phonology*. African Study Monographs Supplement 22, 101–124.

Namai, Kenichi (1997). *The Multiple Subject Construction in Japanese*. Ph.D. Dissertation. Washington: Georgetown University.

Nedjalkov, Igor (1997). *Evenki*. London: Routledge.

Newmark, Leonard, Philip Hubbard and Peter Prifti (1982). *Standard Albanian: A Reference Grammar for Students*. Stanford: Stanford University Press.

Nguyen, Đình-Hoà (1957). Classifiers in Vietnamese. *Word* 13 (1), 124–152.

Nguyen, Đình-Hoà (1995). *NTC's Vietnamese-English dictionary*. Lincolnwood, Illinois: National Textbook Company.

Nguyen, Đình-Hoà (1997). *Vietnamese*. Amsterdam: John Benjamins.

Nichols, Johanna (1986). Head-Marking and Dependent Marking Grammar. *Language* 62, 56–119.

Nichols, Johanna (1992). *Linguistic Diversity in Space and Time*. Chicago: University of Chicago Press.

Nolan, Barbara (2020). *Anishinaabemwin: A Beginners' Ojibway Language Course*. Ohsweken: Ontario Native Literacy Coalition.

Noonan, Michael (1985). Complementation. In Shopen, Timothy (ed.), Language typology and syntactic description, Vol. 2. *Complex Constructions*, pp.42–140. Cambridge: Cambridge University Press.

Noonan, Michael (1992). *A Grammar of Lango*. Mouton Grammar Library 7. Berlin: Mouton de Gruyter.

Noonan, Michael (2007). Complementation. In Timothy Shopen (ed.),

Language Typology and Syntactic Description, Volume 2, pp. 52 – 150. Cambridge, UK: Cambridge University Press.

Nordbustad, Froydis (1988). *Iraqw Grammar: An Analytical Study of the Iraqw Language*. Berlin: Dietrich Reimer Verlag.

Norman, Jerry (1988). *Chinese*. Cambridge: Cambridge University Press.

O'Herin, Brian (2001). Abaza applicatives. *Language* 77(3), 477-493.

O'Herin, Brian (2002). *Case and Agreement in Abaza*. Arlington: SIL International and University of Texas Press.

Obata, Kazuko (2003). *A Grammar of Bilua*. Canberra: Pacific Linguistics.

Okell, John W. A. (1969). *A Reference Grammar of Colloquial Burmese*. Volume 1 and 2. London: Oxford University Press.

Pai, Pushpa (1976). *Kokborok Grammar*. CIIL Grammar Series-3. Mysore: Central Institute of Indian Languages.

Palmer, F. (1986). *Mood and Modality*. Cambridge: Cambridge University Press.

Panov, Vladimir (2020). Final particles in Asia: Establishing an areal feature. *Linguistic Typology* 24(1), 13-70.

Paul, Waltraud and Whitman, John (2008). Shi ... de focus clefts in Mandarin. *The Linguistic Review* 25, 413-451.

Payne, Doris L. and Payne, Thomas (1990). Yagua. In Derbyshire, Desmond C. and Pullum, Geoffrey K. (eds.), *Handbook of Amazonian Languages* 2, pp.249-474. Berlin: De Gruyter Mouton.

Payne, John R. (1980). The Decay of Ergativity in Pamir Languages. *Lingua* 51, 147-186.

Payne, John R. (1985). Complex phrases and complex sentences. In Shopen, Timothy (ed.), *Language Typology and Syntactic Description*, Volume 2, pp.3-41. Cambridge: Cambridge University Press.

Pet, Willem J. A. (1987). *Lokono Dian, the Arawak Language of Suriname: A Sketch of Its Grammatical Structure and Lexicon*. Ph.D. Dissertation.

Ithaca: Cornell University.

Peterson, David and Kenneth van Bik (2004). Coordination in Hakha Lai (Tibeto-Burman). In Haspelmath, Martin (ed.), *Coordinating Constructions*, pp.333-356. Typological Studies in Language 58. Amsterdam: Benjamins.

Plaisier, Heleen (2007). *A Grammar of Lepcha*. Leiden Brill.

Plank, Frans and Elena Filimonova (2000). The Universals Archive: A Brief Introduction for Prospective Users. *Sprachtypologie und Universalienforschung* 53, 109-123 (https://typo.uni-konstanz.de/rara/).

Polinsky, Maria (2013a). Antipassive Constructions. In Matthew S. Dryer and Martin Haspelmath (eds.), *The World Atlas of Language Structures Online*. Leipzig: Max Planck Institute for Evolutionary Anthropology (http://wals.info/chapter/108).

Polinsky, Maria (2013b). Applicative Constructions. In Matthew S. Dryer and Martin Haspelmath (eds.), *The World Atlas of Language Structures Online*. Leipzig: Max Planck Institute for Evolutionary Anthropology (http://wals.info/chapter/109).

Porter, Doris (1977). *A Tboli Grammar*. Philippine Journal of Linguistics, Special Monograph Issue Number 7. Manila: Linguistic Society of the Philippines.

Premsrirat, Suwilai (1987). *Khmu, A Minority Language of Thailand*. Papers in South-East Asian Linguistics No.10. Canberra: Australian National University.

Press, Ian (1986). *A Grammar of Modern Breton*. Berlin: Mouton de Gruyter.

Pugh, Stefan M. (1999). *Ukrainian, A Comprehensive Grammar*. London: Routledge.

Pulte, William (1985). The experienced and nonexperienced past in Cherokee. *International Journal of American Linguistics* 51(4), 543-544.

Quitout, Michel (1997). *Grammaire Berbère*. Paris: L'Harmattan.

Rabel, Lili (1961). *Khasi, A Language of Assam*. Baton Rouge: Louisiana

State University Press.

Ramat, Paolo (2010). The (Early) History of Linguistic Typology. In Jae Jung Song (ed.), *The Oxford Handbook of Linguistic Typology*, pp.9-24. Oxford: Oxford University Press.

Raz, Shlomo (1983). *Tigre Grammar and Texts*. Malibu: Undena Publications.

Reesink, Ger P. (1999). *A Grammar of Hatam, Bird's Head Peninsula, Irian Jaya*. Pacific Linguistics C-146. Canberra: Australian National University.

Refsing, Kirsten (1986). *The Ainu Language: The Morphology and Syntax of the Shizunai Dialect*. Aarhus: Aarhus University Press.

Rehg, Kenneth L. (1981). *Ponapean Reference Grammar*. Honolulu: University of Hawai'i Press.

Reid, Nicholas (1997). Class and Classifier in Ngan'gityemerri. In Mark Harvey and Nicholas Reid (eds.), *Nominal Classification in Aboriginal Australia*, pp.165-228. Amsterdam: John Benjamins.

Rhee, Seongha (2011). Nominalization and stance marking in Korean. In Foong Ha Yap, Karen Grunow-Hårsta and Janick Wrona (eds.), *Nominalization in Asian Languages*, pp. 393 – 422. Amsterdam and Philadelphia: John Benjamins.

Rijkhoff, Jan and Dik Bakker (1998). Language sampling. *Linguistic Typology* 2, 263-314.

Rijkhoff, Jan, Dik Bakker, Kees Hengeveld and Peter Kahrel (1993). A method of language sampling. *Studies in Language* 17(1), 169-203.

Roberts, John (2003). *Persian Grammar Sketch*. Leipzig: Max Planck Institute (https://www.eva.mpg.de/lingua/tools-at-lingboard/pdf/Roberts_PersianGrammarSketch.pdf).

Robinson, Stuart (2006). The Phoneme Inventory of the Aita Dialect of Rotokas. Oceanic Linguistics 45(1), 206-209.

Rood, David S. (1976). *Wichita Grammar*. New York: Garland.

Rosenbaum, Harvey (1974). *Language Universals and Zapotec Syntax*. Ph.D.

Dissertation. University of Texas at Austin.

Ross, John Robert (1967). *Constraints on Variables in Syntax*. Ph. D. dissertation. Cambridge: Massachusetts Institute of Technology.

Ruhlen, Merritt (1987). *A Guide to the World's Languages. Volume 1: Classification*. London: Edward Arnold.

Rupp, James (1989). *Lealao Chinantec Syntax*. Publication 88. Dallas: Summer Institute of Linguistics and The University of Texas at Arlington.

Ryding, Karin (2005). *A Reference Grammar of Modern Standard Arabic*. Cambridge: Cambridge University Press.

Saeed, John (1993). *Somali Reference Grammar*. 2nd Revised Edition. Kensington: Dunwoody Press.

Salkie, Raphael (2010). Will: tense or modal or both. *English Language and Linguistics* 14(2), 187−215.

Sanders, Gerald A. (1977). A functional typology of elliptical coordinations. In Eckman, Fred R. (ed.), *Current Themes in Linguistics*, pp.244−270. Washington: Hemisphere.

Sapir, Edward (1921). *Language*. New York: Harcourt, Brace and World.

Scatton, Ernest A. (1984). *Reference Grammar of Modern Bulgarian*. Bloomington (USA): Slavica Publications.

Schachter, Paul and Fé T. Otanes (1972). *Tagalog Reference Grammar*. Berkeley: University of California Press.

Schiffmann, Harold F. (1999). *A Reference Grammar of Spoken Tamil*. Cambridge: Cambridge University Press.

Schlegel, August von (1818). *Observations on the Occitan Language and Literature (Observations sur la langue et la littérature provençales)*. Paris: Librairie grecque-latine-allemande.

Schwarzschild, Roger (2002). Singleton Indefinites. *Journal of Semantics* 19, 289−314.

Searle, John (1969). *Speech Acts*. Cambridge: Cambridge University Press.

Seiler, Walter (1985). *Imonda: A Papuan language.* Canberra: Pacific Linguistics.

Seiler, Wolf (1978). The Modalis Case in Iñupiaq. *Work Papers of the Summer Institute of Linguistics* 22: 71-85. North Dakota: Summer Institute of Linguistics.

Senft, Gunter (1996). *Classificatory Particles in Kilivila.* Oxford: Oxford University Press.

Sharpe, Margaret C. (1972). *Alawa Phonology and Grammar.* Canberra: Australian Institute for Aboriginal Studies.

Shibatani, Masayoshi (1973). Lexical versus Periphrastic Causatives in Korean. *Journal of Linguistics* 9: 281-297.

Shibatani, Masayoshi (1990). *The Languages of Japan.* Cambridge: Cambridge University Press.

Shuh, Russell G. (1972). *Aspects of Ngizim Syntax.* Ph.D. Dissertation. Los Angeles: California University Press.

Siemund, Peter (2002). Animate pronouns for inanimate objects. Pronominal gender in English regional varieties. In Dieter Kastovsky, Gunter Kaltenböck and Susanne Reichl (eds.), *Anglistentag 2001 Vienna Proceedings*, pp.19-34. Trier: Wissenschaftlicher Verlag.

Siewierska, Anna (2004). *Person.* Cambridge: Cambridge University Press.

Siewierska, Anna (2013a). Alignment of Verbal Person Marking. In Matthew S. Dryer and Martin Haspelmath (eds.), *The World Atlas of Language Structures Online.* Leipzig: Max Planck Institute for Evolutionary Anthropology (http://wals.info/chapter/100).

Siewierska, Anna (2013b). Passive Constructions. In Matthew S. Dryer and Martin Haspelmath (eds.), *The World Atlas of Language Structures Online.* Leipzig: Max Planck Institute for Evolutionary Anthropology (http://wals.info/chapter/107).

Siewierska, Anna (2013c). Verbal Person Marking. In Matthew S. Dryer and

Martin Haspelmath (eds.), *The World Atlas of Language Structures Online*. Leipzig: Max Planck Institute for Evolutionary Anthropology (http://wals.info/chapter/102).

Silverstein, Michael (1976). Hierarchy of Features and Ergativity. In Robert M. W. Dixon, *Grammatical Categories in Australian Languages*, pp.112-171. Canberra: Australian Institute of Aboriginal Studies.

Simeone-Senelle, Marie-Claude and Mohamed Hassan Kamil (2013). Agreement in 'Afar. *43rd Colloquium on African Languages and Linguistics*, August 2013, University of Leiden.

Simpson, Jane Helen (1983). *Aspects of Warlpiri Morphology and Syntax*. Ph.D. Dissertation (Volume 1 and Volume 2). Cambridge: Massachusetts Institute of Technology.

Smith, Kenneth D. (1979). *Sedang Grammar: Phonological and Syntactic Structure*. Pacific Linguistics B - 50. Canberra: Australian National University.

Sneddon, James (1996). *Indonesian: A Comprehensive Grammar*. London: Routledge.

So-Hartmann, Helga (2008). *A Descriptive Grammar of Daai Chin*. STEDT Monograph 7. Berkeley: University of California Press.

Sohn, Ho-Min (1999). *The Korean Language*. Cambridge: Cambridge University Press.

Song, Jae Jung (2013). Nonperiphrastic Causative Constructions. In Dryer, Matthew S. & Haspelmath, Martin (eds.), *The World Atlas of Language Structures Online*. Leipzig: Max Planck Institute for Evolutionary Anthropology (http://wals.info/chapter/111).

Song, Jae Jung (2018). *Linguistic Typology*. Oxford Textbooks in Linguistics. Oxford: Oxford University Press.

Sridhar, S. N. (1990). *Modern Kannada Grammar*. London: Routledge.

Staal, Frits (1969). Sanskrit philosophy of language. In Thomas Sebeok (ed.), *Current Trends in Linguistics 5: Linguistics in South Asia*, pp.499-531. The Hague: Mouton.

Stassen, Leon (2000). AND-languages and WITH-languages. *Linguistic Typology* 4, 1-54.

Stassen, Leon (2013). Noun Phrase Conjunction. In Matthew S. Dryer and Martin Haspelmath (eds.), *The World Atlas of Language Structures*. Leipzig: Max Planck Institute for Evolutionary Anthropology (http://wals.info/chapter/63).

Stenson, Nancy (2020). *Modern Irish: A Comprehensive Grammar*. London: Routledge.

Stevens, Stanley Smith (1946). On the Theory of Scales of Measurement. *Science* 103 (2684), 677-680.

Stolz, Thomas (1996). Some Instruments Are Really Good Companions — Some Are Not. *Theoretical Linguistics* 23, 113-200.

Stolz, Thomas, Cornelia Stroh, Aina Urdze (2013). Comitatives and Instrumentals. In Matthew S. Dryer and Martin Haspelmath (eds.). *The World Atlas of Language Structures Online*. Leipzig: Max Planck Institute for Evolutionary Anthropology. (http://wals.info/chapter/52).

Stump, Gregory and Raphael Finkel (2013). *Morphological Typology: From Word to Paradigm*. Cambridge: Cambridge University Press.

Sulkala, Helena and Merja Karjalainen (1992). *Finnish*. London: Routledge.

Sun, Chaofen (1996). *Word-Order Change and Grammaticalization*. Stanford: Stanford University Press.

Tarpent, Marie-Lucie. (1987). *A Grammar of the Nisgha Language*. Ph.D. Dissertation. Victoria: University of Victoria.

Thompson, Hanne-Ruth (2010). *Bengali, A Comprehensive Grammar*. London: Routledge.

Timyan, Judith E. (1977). *A Discourse-Based Grammar of Baulé: The Kode Dialect*. Ph.D. Dissertation. New York: City University of New York.

Tingsabadh, M.R. Kalaya and Arthur Abramson (1993). Thai. *Journal of the International Phonetic Association* 23 (1), 24-28.

Toivonen, Ida (2007). Verbal agreement in Inari Saami. In Ida Toivonen and Diane Nelson (eds.), *Saami Linguistics*, pp. 227 - 258. Amsterdam: Benjamins.

Tomlin, Russell S. (1986). *Basic Word Order: Functional Principles*. London: Croom Helm.

Trask, Robert Lawrence (1996). *Historical Linguistics*. London: Edward Arnolds Publishers.

Traunmüller, Hartmut (1982). Vokalismus im Ostmittelbairischen. *Zeitschrift für Dialektologie und Linguistik* 2, 289-333.

Turner, Victor (1966). Color Classification in Ndembu Ritual. In Banon, Michael (ed.). *Anthropological Approaches to the Study of Religion*, pp.47-84. Association of Social Anthropology Monographs. London: Tavistock Publications.

Usenkova, Eleonora (2015). Evidentiality in the Samoyedic languages: A study of the auditive forms. *Acta Linguistica Hungarica* 62(2), 171-217.

Van de Velde, Mark (2008). *A Grammar of Eton*. Berlin: Mouton de Gruyter.

Van den Berg, Helma (1995). *A Grammar of Hunzib*. Munich: Lincom Europa.

Van den Berg, René (1989). *A Grammar of the Muna Language*. Verhandelingen van het Koninklijk Instituut voor Taal-, Land- en Volkenkunde, 139. Dordrecht: Foris.

Van der Auwera, Johan and Andreas Ammann (2013). Overlap between Situational and Epistemic Modal Marking. In Matthew S. Dryer and Martin Haspelmath (eds.), *The World Atlas of Language Structures Online*. Leipzig: Max Planck Institute for Evolutionary Anthropology (http://wals.info/chapter/76).

Van der Velde, Mark (2008). *A Grammar of Eton*. Berlin: Mouton de

Gruyter.

Van Driem, George (1987). *A Grammar of Limbu*. Berlin: Mouton de Gruyter.

Vanvik, Arne (1972). A phonetic-phonemic analysis of Standard Eastern Norwegian. *Norwegian Journal of Linguistics* 27, 130-139.

Velupillai, Viveka (2012). *An Introduction to Linguistic Typology*. Amsterdam: John Benjamins.

Vendler, Zeno (1967). *Linguistics in Philosophy*. Ithaca: Cornell University Press.

Vennemann, Theo (1973). Explanation in Syntax. In J. Kimball (ed.), *Syntax and Semantics*, pp.1-50. New York: Academic Press.

Vennemann, Theo (1976). Categorial Grammar and the order of meaningful elements. In A. Juilland, Saratoga (ed.), *Linguistics Studies offered to Joseph Greenberg on the Occasion of His 60th Birthday*, pp.615-634. Saratoga, California: Anma Libri.

Vicente, Luis (2010). On the syntax of adversative coordination. *Natural Language and Linguistic Theory* 28, 381-415.

Warburton, Irene, Prosper Kpotufe and Roland Glover (1968). *Ewe Basic Course*. Bloomington: Indiana University.

Wash, Suzanne (2001). *Adverbial Clauses in Barbareño Chumash Narrative Discourse*. Ph.D. Dissertation. Santa Barbara: University of California.

Watkins, Justin W. (2001). Illustrations of the IPA: Burmese. *Journal of the International Phonetic Association* 31(2), 291-295. (https://doi.org/10.1017/S0025100301002122)

Watters, David (2002). *A Grammar of Kham*. Cambridge: Cambridge University Press.

Whaley, Lindsay J. (1997). *Introduction to Typology: The Unity and Diversity of Language*. Thousand Oaks: Sage Publications.

Wiese, Richard (1996). *The Phonology of German*. Oxford: Oxford

University Press.

Wilkins, David P. (1989). *Mparntwe Arrernte (Aranda): Studies in the Structure and Semantics of Grammar*. Ph. D. Dissertation. Canberra: Australian National University.

Willet, Thomas (1988). A cross-linguistic survey of the grammaticalization of evidentiality. *Studies in Language* 12(1), 51-97.

Williams, Corinne J. (1980). *A Grammar of Yuwaalaraay*. Pacific Linguistics B-74. Canberra: Australian National University.

Wivell, Richard (1981). *Kairiru Grammar*. M. A. Dissertation. University of Auckland.

Xióng, Yùyǒu 熊玉有 and Diana Cohen 戴虹恩 (2005). 苗汉英学习实用手册 [*Student's practical Miao-Chinese-English Handbook*]. 昆明 [Kūnmíng]: 云南民族出版社 [Yúnnán Nationalities Press].

Yadav, Ramawatar (1996). *A Reference Grammar of Maithili*. Berlin: Mouton de Gruyter.

Yanda, Laura and Tore Nesset (2011). The metaphorical shape of actions: verb classification in Russian. Presented at the *11th International Cognitive Linguistics Conference* in Xi'an, held between 11th and 16th of July 2011.

Young, Robert W. and Morgan, William, Sr. (1987). *The Navajo Language: A Grammar and Colloquial Dictionary*. Albuquerque: University of New Mexico Press.

Yue-Hashimoto, Oi-Kan. (1993). *Comparative Chinese Dialectal Grammar — Handbook for Investigators* (Collection des Cahiers de Linguistique d'Asie Orientale 1). Paris: Ecole des Hautes Etudes en Sciences Sociales, Centre de Recherches Linguistiques sur l'Asie Orientale.

Zaharlick, Ann Marie (1977). *Picuris Syntax*. Ph. D. Dissertation. Washington: The American University.

Zhang, Min. (2000). The grammaticalization of "give" in Chinese dialects: A cognitive approach. Paper presented at the 9th International Conference on

Chinese Linguistics (the 9th Annual Meeting of IACL), Singapore, June 2000.

Zhang, Min (2002). The negative-existential cycle as manifested in Archaic Chinese, Middle Chinese, and the Modern Southern dialects. *International Symposium on the Historical Aspect of the Chinese Language: Commemorating the Centennial Birthday of the Late Professor Li Fang-Kuei.* (Vol II.) University of Washington, Seattle, August 15-17.

Zhu, Xiaonong (2006). *A Grammar of Shanghai Wu.* Lincom Studies in Asian Linguistics 66. Munich: Lincom Europa.

Zuo, Baiyao (2019). A Crosslinguistic Study of Adversative and Corrective Clauses from a Cognitive Perspective. *Journal of Foreign Languages* 42 (6), 28-38.

曹志耘(主编)(2008):《汉语方言地图集》,北京:商务印书馆。

戴庆厦、崔志超(1985):《阿昌语简志》,北京:民族出版社。

贵州省民族语文指导委员会研究室(1959):《侗汉简明词典(初稿)》,贵阳:贵州民族出版社。

胡增益、朝克(1986):《鄂温克语简志》,北京:民族出版社。

江蓝生(1990):《疑问副词"可"探源》,《古汉语研究》第3期,44—50。

蒋绍愚(2002):《"给"字句、"教"字句表被动的来源》,《语言学论丛》26:159—177。

刘丹青(2017):《语言类型学》,上海:中西书局。

陆丙甫、金立鑫(主编)(2015):《语言类型学教程》,北京:北京大学出版社。

邵敬敏、周娟(2007):《汉语方言正反问的类型学比较》,《暨南学报(人文科学与社会科学版)》第2期,108—117。

桥本万太郎(1987):《汉语被动式的历史·区域发展》,《中国语文》1:36—49。

孙宏开(1982):《独龙语简志》,北京:民族出版社。

孙宏开、胡增益、黄行(2007):《中国的语言》,北京:商务印书馆。

王辅世(1985):《苗语简志》,北京:民族出版社。

吴福祥(2003):《汉语伴随介词语法化的类型学研究》,《中国语文》1:43—58。

徐杰、张媛媛(2011):《汉语方言中可 VP 问句的性质》,《汉语学报》第 2 期, 60—70。

徐烈炯、刘丹青(1998):《话题的结构与功能》,上海:上海教育出版社。

张敏(1990):《汉语方言反复问句的类型学研究》,北京大学博士学位论文。

张永祥、许士仁(1990):《苗汉词典(黔东方言)》,贵阳:贵州民族出版社。

中国社会科学院语言研究所编(1987):《中国语言地图集》,北京:商务印书馆。

周植志、颜其香(1984):《佤语简志》,北京:民族出版社。

朱德熙(1985):《汉语方言里的两种反复问句》,《中国语文》1,10—20。

主题索引

absolutive 通格 140,141,152,169,170, 192,196,197,211,221,233,247,299, 300,303

accomplishment 达成 334

achievement 成就 22,334,335

activity 活动 190,236,300,334,335

affix, derivational 派生词缀 111,113,297

affix, inflectional 屈折词缀 111,112, 137,297

affix, phrasal 短语层面词缀 113

affix, portemanteau 衣架词缀 349

affix, word 词缀 11,14,18,19,32,98, 108—111,113—115,118,120—126, 128—130,132—138,140,141,143,149, 150,152,170,172,181,186,187,189, 209,216,218,221,229,232,233,241, 247,262,280,293,296,298,302,304, 305,307,311,323,325,327,330,332, 334,340,342,343,345,350,356

affix, zero 零词缀 17,123,136,241

agent 施事者 181—183,185,190

agreement 一致 30,111,132,133,135, 144,146,147,172,196,215—234,239— 247,249,251,252,255,257—259,261, 263,268,271—274,278,280,283,284, 286,288,289,292,294,299,300,302, 305,321,349,366,372,377,391,444, 449,456,462

air lock 鼻腔气闸 62

alignment, ergative-absolutive 作格-通格式配列 196

alignment, intransitive-transitive 不及物-及物配列 197

alignment, neutral case 中性式配列 192, 193

alignment, nominative-accusative 主格-宾格式配列 195

alignment, tripartite 三分式 198

allomorph 异形词 136,139—141,144, 207,249

allomorphy 词素变体 129,139

American Descriptivism 美国描述主义 20

American Structuralism 美国结构主义 20

animacy 生命度 32,144,200,202,236, 238,239,241,261,274,280,444

animate 有生命 32,144,185,187,200, 207,218,238,241,242,257,258,280, 281,403,404,413,444,451

anterior 前置 20,21,45,55,145,174,187, 234,256,326—329,399,440

apocope 尾音脱落 123

apophony 元音变化 266,298

aspect 体态 125,150,153,200,312,314, 321,334,342,343,345,348,349,404,458

aspect, completive 结行体/完结体 336, 337

aspect, continuative 持续体 324,336, 337,343

aspect, experiential 经历体 340,341

aspect, habitual 习惯体 340,341,349

aspect, imperfective 未完成体 153,294, 334,338,365,374,435,458

aspect, ingressive 起行体/开始体 336, 337

aspect, lexical 词汇体态 334

aspect, perfective 完成体 23,115,117, 150,293,294,321,328,329,334,338— 340,342,343,365,374,435

aspect, periodical 周期体 341

aspect, perspectival 视角体态 334

aspect, phasal 相位体态 334

aspect, quantificational 量化体态 334

attribute 属性 2,5,20,22,31—35,37,39, 55,70,83,98,126,129—131,143,144, 146,147,158,161,168,174,178,200, 201,215,261,262,264,395,396,454,455

bearer 承载者 182—184,186

beneficiary 受益者 159,182,260,304, 305,465,466

Binding Principle A 约束原则 A 2

case, ablative 离格 205—210,212,213

case, accusative 宾格 35,110,116,130, 131,133,181,185,192—195,197,198, 202,205—208,210,225,230,237,241, 248,249,251,253,257,440,444,456,457

case, adessive 位置格 209

case, allative 往格 209,210

case, causal 因果格 208

case, companion 伴随格 25,189,190,208

case, dative 与格 26,35,42,116,130, 131,133,189,199,205—208,210,225, 229,230

case, delative 掉格 209

case, direct 直接格 110,204—206

case, distributive 分配格 208,455

case, elative 出格 209

case, ergative 作格 114,170,192,196, 198,201,205,211,221,233,247,299, 300,303

case, essive 在格 50,208,217,222,226, 337

case, essive-formal 正式在格 209

case, external 外部格标记 454,456

case, formal 正式格 208

case, genitive 属格 35,116,130,131, 133,148,186,187,194,205—207,210, 213,225,230,444

case, illative 进格 209

case, inessive 在内格 209

case, instrument 工具格 25,116,189, 190,208,210,299

case, locative 处格 133,206—208,210

case, morphological 形态格标记 181,189

case, nominative 主格 35,110,116,130, 131,133,181,191,192,194,195,197, 198,201,205—208,210,225,230,248, 249,444,457

case, oblique 斜格 197,204—206,300

case, partitive 部分格 457

case, sociative 协同格 208

case, sublative 底格 209

case, superessive 超处格 209

case, terminative 终格 209

case, translative 越格 209

case, vocative 呼格 110,116,191

causation, direct 直接使动 310

causation, indirect 间接使动 310

causative 使动式 123,335

causative, analytical 分析使动态 307, 309,310

causative, lexical 词汇使动态 307

causative, morphological 形态使动态 307,310

causee 受动者 233,306,307,310,457

causer 使动者 233,306

circumfix 环缀 119—121,134,209,210

classifier 量词 14,16,27,109,110,147, 251,254,261—266,272,282—284,286, 289—293

clause, adverbial 状语从句 314,439— 441,460,465

clause, causal 因果句 460,465

clause, complement 补语从句 172,435, 439—443,455,456

clause, conditional 条件句 39,357,429, 431,460,462—464

clause, counterfactual 违实句 333,460, 462

clause, direct 直接小句 220,301

clause, internally-headed relative 中心语内置定语从句 446

clause, inverse 倒置小句 220,302

clause, non-restrictive relative 非限定性定语从句 441,442,451,452

clause, purposive 目的句 460,465—467

clause, relative 定语从句 145,154,162, 168,169,174,224—226,264,265,355, 435,439—452

clause, restrictive relative 限定性定语从句 441,452

clause, subordinate 从句 24,146,153, 154,156,170,172,174,223,224,330, 354—356,399,429,435,439—442,449, 453,456,463,465

clause, temporal 时间句 460,463

click accompaniment 搭嘴音伴随类型 85

clitic 半词缀 98,109,113,126

color opponency 色彩对立 36

companion 伴随 25,85,86,89,90,121, 182,190,399,408,409,411,412

complement 补语 3,154,300,334,335, 453—459

compositional 组构的 353

confix 中后缀 38,115,120,121

conjugation 变位 112, 137, 141—143, 227, 251, 252, 258, 294, 297, 298, 321, 330—333, 365, 371, 377

consecutive, exclusive 不相容性连续并列 430

consecutive, inclusive 相容性连续并列 430

consonant, alveolar 齿龈音 58—60, 67—69, 84, 88

consonant, bilabial 双唇音 58, 68, 69, 91

consonant, click 搭嘴音 64, 66, 67, 85, 89, 90

consonant, creaky 喉化音 64

consonant, ejective 挤喉音 63, 64, 67, 68, 84, 85, 105, 106

consonant, fricative 擦音 58—68, 81, 82, 85, 88, 89, 91, 92, 104, 106, 107

consonant, glottal 声门音 58, 62, 63

consonant, implosive 内爆音 64, 68, 69

consonant, interdental 齿间音 57—59

consonant, inventory 辅音库存 83, 84, 87, 88, 91, 93

consonant, labiodental 唇齿音 57—59

consonant, palatal 硬腭音 58, 61, 69, 85

consonant, pharyngeal 咽音 58, 62, 63

consonant, plosive 塞音 57—69, 83—92, 101, 104, 105, 107

consonant, retroflex 卷舌音 58, 60, 88

consonant, trill 颤音 63—66

consonant, uvular 小舌音 58, 61, 62, 68, 69

consonant, velar 软腭音 58, 61, 62, 68, 69, 88, 91

construction, analytical passive 分析被动 298

construction, anti-causative 反使动构式 296

construction, anti-passive voice 反被动语态构式 296, 299

construction, applicative 双系构式 304—306

construction, causative 使动构式 306, 310

construction, cleft 分裂结构 412

construction, conative 尝试构式 300

construction, coordination 并列构式 395, 396, 443

construction, passive voice 被动语态构式 296

construction, serial verb 连动结构 442

construction, subordination 从属构式 395, 396, 439

Contrastive Linguistics 对比语言学 1, 9, 10

control 控制 12, 167, 182, 183, 186, 187, 189, 271, 310, 454—458

coordination, adversative 转折并列 427

coordination, asyndetic 无标并列 397—399, 405, 419, 425, 453, 463

coordination, bisyndetic 双偶并列 397, 402, 404

coordination, conjunctive 联结并列 396, 397

coordination, consecutive 连续并列 429, 430

coordination, disjunctive 析取并列 420, 425

coordination, monosyndetic 单偶并列 397,403

coordination, polysyndetic 多偶并列 397, 404,405,407

correlation, agreement 一致相关性 226

correlation, control 控制关联性 455,456, 459

declension 变格 110,141,142

deduction 演绎 1,2,5,8

demonstrative 指示词 262—265,273, 275,286,462

destination 终点 182

disfix 减缀 122,123

disjunction 析取并列 420,425

disjunction, exclusive 不相容性析取并列 422

disjunction, inclusive 相容性析取并列 422

distal 远距 323,342

distribution, complementary 互补分布 64,65,94,139,140

distribution, identical 处于相同分布 139

diversity value 多样性值 50,52,53

ellipsis 省略 147,211,396,402,405,407, 432—434,442—446,449

ellipsis, backward 后向省略 432,434

ellipsis, forward 前向省略 432,434

empirical science 经验科学 1

epistemic 认识性 350,351,353

European Functionalism 欧洲功能主义 19

European Structuralism 欧洲结构主义 19

event, caused 受动事件 307,308,310

event, causing 使动事件 306—308,310

evidential, attested 验证 24,32,39,108, 109,236,456

evidential, auditory 听觉证据 373,380, 390

evidential, direct 直接证据 374,380, 384—386,389,390,392

evidential, ego 自我证据 373,374

evidential, indirect 间接证据 373—375, 384—387,389,390,392

evidential, inferential by reasoning 逻辑推断证据 373,377,383,385,392

evidential, inferential by result 结果推断证据 373,377,386,392

evidential, inferential 推断证据 373,376, 377,381,383,384

evidential, participated 亲身参与证据 373

evidential, quotative 引证式证据 373

evidential, second-hand 二手证据 373, 380,381,391

evidential, sensory 感官证据 384

evidential, sociocentric 社会中心示证 376,390

evidential, third-hand 三手证据 373,380, 391

evidential, visual 视觉证据 373,377

evidentiality 示证 323,350,372—381, 383,384,386—391,393

exponence 指数 129—131,133,134,150

exponence, average 平均指数 130,132, 251

exponence, maximal 最大指数 130

exponence, minimal 最小指数 130,133

force 语力 182,184

force, impersonal 非人格语力 183

free variation 自由变化 139

fusion 熔合 129,130,218,291,294,346, 456,459

future in the future 未来中的未来时 326

future in the past 过去中的未来时 326, 332,333

future perfect 未来完成时 326

gap 空缺 57

gender 语法性别 118,130,143,204,215, 223,226,227,229,234,261,262,267, 272,274,279,285,350,444

gender, feminine 阴性 32,130,147,204, 223—225,233,262,270—272,274,275, 277—280,286,288,332,413,444

gender, masculine 阳性 18,32,33,130, 147,204,223—225,233,262,270—272, 274—276,278—280,286,288,332,348, 413,444

gender, neuter 中性 32,130,147,191— 194,224,225,271,274—279,284,332, 406,407,444

Generative Grammar 生成语法 1—3,5, 158,395

grammatical 合语法 2,184,239,247,374, 393,452

harmony 和谐性 160,161,165

head 中心语 3,4,27,114,143,145—147, 149,168,169,173—176,215,224—226, 229,283,355,441—449,451,452

hierarchy, animacy 生命度层级 202,236, 238,239,242—244

hierarchy, case 格范畴层级 35

hierarchy, implicational 蕴涵层级 34,35, 39,414,447

hierarchy, nasal 鼻音层级 34,35

hierarchy, number 数范畴层级 35

hierarchy, person 人称层级 220,236, 243—246

hierarchy, reference 指称层级 236,237, 243

hierarchy, relativization accessibility 定语从句可及性层级 447

Historical Linguistics 历史语言学 14,25, 178

inalienable 不可分割 147

inanimate 无生命 32,144,187,190,200, 218,238,241,242,244,257—259,266, 270,271,279—281,283,403,404,413, 444

inchoative 起始式 123

induction 归纳 1,2,5,8,9,386

infix 中缀 32,115,118—121,170,172, 209,262,268

主题索引　　517

ingressive 内吸　68
invariable 不变　5,111,225,247,261,264,269,443
island condition 孤岛条件　395
labial-velar plosive 双唇-软腭塞音　90
language genus 语言属　22,56
language tree 语言家族树　50
language type 语言类型　1,5,8,10,14,23,25,31—36,39,55,57,129,178,216,236—238,351,365,368,396,414,425,442,447,448,467
language, agglutinative 黏着型语言　18
language, incorporating 合并型语言　19
language, inflectional 屈折型语言　18
language, isolating 孤立型语言　137
language, omnisyllabic 全音节声调语言　74
language, polyexponential 多指数语　130,141
language, polysynthetical 超熔语　135,141
layer, illocution 言语行为层　125,126
layer, predicate 谓词层　125,126
layer, predication 述谓关系层　125,126
layer, proposition 命题层　125,126
Linguistic Typology 语言类型学　1,2,5,8—11,13,16,18—20,22—24,28,29,32,35,37,47,49,447
location 处所　159,182,199,207,212,222,234,306,448,466
logophoric anaphor 话者指示词　212,381
marked 标记　2,5—8,10,16,25—27,34,35,42,74,115,117,125,132,135,140,143—149,152,153,159,165,170,172,176,181,183—192,194—207,212,213,215—221,223—225,227,229,230,232,236—239,241,242,244,247,248,250,251,253—255,257,259,260,278,280,283,287,288,294,298—300,302—305,307,312,314,315,318—321,323,324,334,335,338,342,344—347,350—353,360—362,364—369,371—374,376—381,383—393,395,399,404,405,412,415,419,422,432,434,436,437,439,440,442—444,446,447,449,451,454,455,457,458,462—467
marking, differential object 差异性宾语标记　6,192,200,203
marking, differential subject 差异性主语标记　6,200
marking, head agreement 中心语一致标记　146
material bi-implication 实质双蕴含　430
material implication 实质蕴含　429
mean 平均数　87,93,134,289
medial 中距　323
median 中位数　87
minimal pair 最小对　57,70,98,99,123,254
Modal Logic 模态逻辑　350
modality 情态　22,115,125,126,130,135,137,142,146,150,200,302,315,319,322,342,350,351,353,354,458

modality, deontic 义务情态　350—352

modality, epistemic 认识情态　320,350—352

mode 众数　87

mood 语气　112,125,327,328,350,354,357,360—364,366,368,371,372,381,387,389,442,461,463,464

mood, indicative 直陈语气　354—356,453,456

mood, irrealis 非现实语气　315,340,354,356—359,465

mood, jussive 弱祈使语气　365

mood, realis 现实语气　315,354,356—359

mood, subjunctive 虚拟语气　354—356,454,456

morpheme 词素　10,24,108—110,113,114,117,118,124,133,138,141,170—172,201,225,234,261,264,292,303,314,315,348,368,387,397,403,437,442,443,445,446,449,451,452,459

morpheme, bound 非独立的词素　138

morpheme, free 独立的词素　108,109,138

normative 规范性　8

noun class 名词类　132,144,196,198,261,262,268,273,274,280,282—284,286,289—291

noun, definite 定指名词　9,11,237,242,248—251

noun, generic 类指名词　251,254,255,256,274,282

noun, indefinite 不定指名词　251

noun, proper 专有名词　169,193,194,196,200,237,242,247—249,252,253,452,453

noun, specific 特定名词　237,242,250,253

noun, unspecific 非特定名词　237,242,253

number of segments 音段数量　57

numeral 数词　118,119,154,161—165,251,252,262—266,268,291

object saliency 宾语突出性　160,161

object, adjunct 附加语　145,154,159—161,460

object, direct 直接宾语　19,117,132,159—161,170,189,202,204,205,216,218,220,222,228,230,237,238,241,245,246,251—253,255,256,268,296,304,335,359,432,440,442,445—450,457

object, indirect 间接宾语　161,187,188,216,220,222,233,245,260,277,296,445,446,448—450

object, oblique 斜宾语　159,216,220,222,349,448,450,460

oblique argument 斜论元　42,439—441

oblique role 斜角色　182

Optimality Theory 优选论　1,2,5

oral cavity 口腔　57,58,64,66—68,96,106,107

主题索引

parameter setting 参数设置　3

part of speech 词类　17,24,39,113,129,130,141,150,298,347,455

past in the future 未来中的过去时　326

past in the past 过去中的过去时　326

patient 受事者　181,183,185,186,191,195

phi-feature phi(φ)-特征　14,15,24,27—29,57,70,73,83,85,86,89,90,111,143,183,200,207,215,223—225,229,238,239,251,253,254,264,266,274,296,297,299,354,393

phonetics 语音学　23,57,85

phonology 音系学　35,36,38,57

phrase structure rules 短语结构规则　3,5,157,158,160,161

phrase, possessive 领属短语　264

pitch 音高　70—72,74,76

pluperfect 过去完成时　130,294,326,330,331

positioner 定位者　182—184

possessor 领有者　20,21,42,46,47,114,147—149,154,162,167,168,174,182,185—187,194,205,206,247,450

predicate, effect 受动谓语　307

prefix 前缀　32,37,38,113—117,132,134—136,144,170,172,174,209—211,217,218,221,233,239,240,242—245,247,249,255,259,266,268,271,273,274,280,291—294,299,302,305,307,317,327,335,338,339,342,344,345,349,397,399—401,416,446

present perfect 现在完成时　130,326,327

pronoun 代词　10,17,39,114,148,154,161—165,193—199,201,204,205,212,223—225,232,236,237,241,242,246—249,252,253,262,270,272,273,281,286,291,318,408,410,439,442,445,446,451

pronoun, personal 人称代词　148,183,189,194,200,201,211,236,239,241,246,252,270,271,281,286

pronoun, reflexive 反身代词　2,218,442

pronoun, relative 关系代词　225,441,442,444,451,452

pronoun, resumptive anaphoric 复述回指代词　445

proximal 近距　323,342

recipient 接受者　181,182,187—189,194,199,206,467

reference, definite 定指的指称　250,251,254

reference, generic 类指的指称　250,251,254

reference, indefinite 不定的指称　251,254

reference, specific 特定的指称　250,253

reference, unspecific 非特定的指称　253—255

rewrite rules 重写规则　3

root 词根　18,19,98,108—113,115,118,119,121,122,124,125,134—136,139,144,172,174,221,318,344,347

sampling, areal 区域抽样　48,56

sampling, convenience 方便抽样 47—49
sampling, genetic 遗传性抽样 48,49
sampling, proportional 比例抽样 47,48,50
sampling, random 随机抽样 47
semantic macro-role 宏观角色 182,183,191,193
semantic role 语义角色 181—186,189—193,200,234,306
sentence, declarative 陈述句 31,32,157,314,360,361,365,369,374,375,423
sentence, expressive 表达语 116,183,370
sentence, hortative 劝告句 365
sentence, imperative 祈使句 33,364—369
sentence, interrogative 疑问句 32,33,174,360,362,457
sentence, jussive 弱祈使句 365,368,369
sentence, optative 祈愿句 360
sentence, performative 施为句 375
sentence, prohibitive 禁止句 368
sex, female 雌性 271,274,278
sex, male 雄性 271,274,276,278
shared innovation 共同创新 14
situation 情境 110,312,327
Sociolinguistics 社会语言学 1,11—13
sound space 语音空间 57
source 起点 182
state 状态 60,143,144,178,186,305,334,335,349
subject 主语 3—7,31,112,116,132,133,143,144,146,151,152,154,157,158,172,183,195,200—203,205,216—218,220,222,227—233,239—242,244,247,249,251,257,258,268,269,271,278,280,296—300,302,307,339,345,346,348,359,364—367,371,373—377,387,410,431,432,434—437,442,445—450,455—457
subject, internal 内部主语 454,456
subject-object reversal 主宾反转 301
subtractive morphology 减法式形态 122
sufficient condition 充分条件 9,319
suffix 后缀 6,7,32,33,37,38,110,112,114—117,120,123,124,130—136,139,140,144,146,147,152,169,170,172,174,187,190,191,196,202,206,207,209,210,213,217—221,224,227,230,247,249,251,260,274,278,279,283,297,301—305,307,317,318,320,327,330,337—340,342,345,346,348,351,356,357,360,361,363,364,367,368,372,377,379,380,382—385,391,403,404,410,412,420,440,449,459,465—467
suppletive 异干替换 227,228,342,344
suprafix 超缀 115,121
suprasegmental phenomenon 超音段现象 121
switch-reference 换指 396,410,432,434—437
symmetry 对称性 57,165,353
syncretic 合并的 12,13,183

主题索引

synthesis 综合 23,28,129,133—137
synthesis, average 平均综合 135,136,251
synthesis, minimal 最小综合 135,137
systematic covariance 系统性的协同变异 215
tense 时态 22,112,125,126,130,132—134,144,145,151,197,200,201,312—329,334,339,342—348,350,377,391,404,458,463
tense, absolute 绝对时态 312,313,325
tense, future 未来时态 313,315,316,318,322—324,345
tense, past 过去时态 144,313,314,317,322—324
tense, present 现在时态 313,322—324,366
tense, relative future 相对未来时态 332
tense, relative past 相对过去时态 326
tense, relative 相对时态 312,313,325—327
time, situation 情景时间 312—314,325,326,334
time, utterance 话语时间 312,313,325,326
tone, contour 轮廓声调 74
tone, dipping 谷调 78
tone, falling 降调 76,77,101,347
tone, flat 平调 74—76,98—103
tone, high 高调 75,98,347
tone, low 低调 75,98
tone, monotone 单一调式 74

tone, peaking 峰调 78
tone, rising 升调 76—78,101
tone, undulated 起伏调式 74,76
underspecified 未指定 111,112,297
Universal Grammar 普遍语法 2,3,5
universal, absolute 绝对共性 33
universal, complex 复杂共性 43
universal, conjunctive 并取共性 20,39,40
universal, disjunctive 析取共性 40,41
universal, implicative 蕴涵共性 20,27,34,40,43,55,164,173,414
universal, probabilistic 概率共性 31—33,44,46
universal, simple 简单共性 20,39
unspecified 不指定 111,112,343
variable 变量 8—10,12,13,22,28—32,35—37,39,45,47,129
variable, interval 等距变量 35,37
variable, nominal 名目变量 32,33,39,46,55
variable, ordinal 次序变量 33,34
variable, ratio 等比变量 37
verb, high affect 高度影响性的动词 186
verb, strong 强动词 119,316,329,372
verb, weak 弱动词 119,120,316,329,372
vowel, back 后元音 64,70,82
vowel, central 央元音 70,82
vowel, front 前元音 70,72,82
word, analytical 分析词 134,150
word, synthetical 结合词 134

语 言 索 引

ISO 639-3 | 语言名称(国家,语系)

aar | Afar 阿法尔语(埃塞俄比亚境内,亚非语系)　271,272,414,418,419

abk | Abkhaz 阿布哈兹语(格鲁吉亚境内,北高加索语系)　38,93,235,387,388

abq | Abaza 阿巴扎语(俄罗斯境内,北高加索语系)　84,93,94,97,104,105,216,232,233

aer | Eastern Arrernte 东阿里恩特语(澳大利亚境内,帕马·努干语系)　409

afu | Awutu 阿乌图语(加纳境内,尼日尔-刚果语系)　408,409

agx | Aghul 阿格呼尔语(俄罗斯境内,北高加索语系)　63

ain | Ainu 阿伊努语(日本境内,孤立语言)　241,242,352,353

ale | Eastern Aleut 东阿留申语(美国境内,爱斯基摩·阿留申语系)　51

ale | Kodiaq Aleut 科迪亚克·阿留申语(美国境内,爱斯基摩·阿留申语系)　51

alh | Alawa 阿拉瓦语(澳大利亚境内,昆维古安语系)　205,388,398,414

als | Albanian 阿尔巴尼亚语(阿尔巴尼亚境内,印欧语系)　344

amh | Amharic 阿姆哈拉语(埃塞俄比亚境内,亚非语系)　230,365,405,407

amp | Alamblak 阿拉姆布拉克语(巴布亚新几内亚境内,塞皮克语系)　348

anc | Angas 恩加斯语(尼日利亚境内,亚非语系)　401

ane | Xârâcùù 克萨拉楚语(新喀里多尼亚境内,南岛语系)　414,418

ank | Goemai 格梅语(尼日利亚境内,亚非语系)　20

ano | Andoque 安多克语(哥伦比亚境内,博拉·维托托语系)　38,104

aph | Athpare 阿瑟帕里亚语(尼泊尔境内,汉藏语系)　170,171

apy | Apalaí 阿帕莱语(巴西境内,加勒比语系)　394

aqc | Archi 阿奇语(俄罗斯境内,北高加索语系)　118,119,262,263,268,269,285,288

arb | Arabic 阿拉伯语(沙特阿拉伯境内,亚非语系)　4,150,285,286,422,429

ard | Arabana 阿拉巴纳语(澳大利亚境内,帕马·努干语系)　234

arn | Mapuche 马普切语(智利境内,阿劳坎语系)　136,137

语言索引

arr | Karo 卡罗语(巴西境内,图皮语系) 21
arw | Arawak 阿拉瓦克语(法属圭亚那境内,阿拉瓦克语系) 380,413
ayz | Maybrat 麦布拉特语(印度尼西亚境内,孤立语言) 168,234
azb | Southern Azeri 南阿塞拜疆语(伊朗境内,阿尔泰语系) 400
bav | Vengo 文戈语(喀麦隆境内,尼日尔-刚果语系) 285,289,445,446
bci | Baoulé 巴奥勒语(科特迪瓦境内,尼日尔-刚果语系) 347
bcj | Bardi 巴迪语(澳大利亚境内,努尔努兰语系) 114
bej | Beja 贝贾语(苏丹境内,亚非语系) 437
bem | Bemba 本巴语(赞比亚境内,尼日尔-刚果语系) 289,458,459
ben | Bengali 孟加拉语(孟加拉国境内,印欧语系) 227
bhq | Tukang Besi 图康·贝斯语(印度尼西亚境内,南岛语系) 302,303,305,306
blb | Bilua 比鲁阿语(所罗门群岛境内,中所罗门语系) 176,177
bod | Tibetan 藏语(中国境内,汉藏语系) 4,6,7,13—15,19,59,60,64,75,101,122,126,127,138,146,148,160,169—172,178,179,184,188,196,203,212,219,220,244,246,265,308,309,314,315,336,341,345,353,361,369,370,373,374,377,381,388—390,400,408,416,426,441,445,452,461,463—465
boi | Barbareño 巴尔巴雷诺语(美国境内,丘马什语系) 234
bre | Breton 布列塔尼语(法国境内,印欧语系) 35,112
brh | Brahui 布拉灰语(巴基斯坦境内,达罗毗荼语系) 190,191,422,424
bsk | Burushaski 布鲁沙斯基语(巴基斯坦境内,孤立语言) 48,54,367
bul | Bulgarian 保加利亚语(保加利亚境内,印欧语系) 444,445
cav | Cavineña 卡维内纳语(玻利维亚境内,塔卡南语系) 297
cco | Comaltepec Chinantec 科马尔特佩克·奇南特克语(墨西哥境内,欧托·曼格语系) 115
cha | Chamorro 查莫罗语(关岛境内,南岛语系) 304
chb | Chibcha 奇布查语(哥伦比亚境内,奇布查语系) 48
cho | Choctaw 乔克托语(美国境内,穆斯科吉语系) 410,411
chr | Cherokee 切罗基语(美国境内,易洛魁语系) 384,389
cjh | Upper Chehalis 上奇黑利斯语(美国境内,萨利希语系) 356—358
ckt | Chukchi 楚科奇语(俄罗斯境内,楚科奇·堪察加语系) 299,300
cku | Koasati 科萨提语(美国境内,穆斯科吉语系) 135,136

cle | Lealao Chinantec 雷阿劳·奇南特克语（墨西哥境内，欧托·曼格语系） 3,155

cmn | Mandarin Chinese 普通话（中国境内，汉藏语系） 13,23,37,38,88,100,117,137,
138,328,362,364,423

cng | Northern Qiang 北羌语（中国境内，汉藏语系） 377,390

cnh | Hakhai Chin 哈卡·钦语（缅甸境内，汉藏语系） 399,400

cof | Tsafiki 萨菲吉语（厄瓜多尔境内，巴尔巴克恩语系） 383,390,391

cqd | White Hmong 白苗语（中国境内，苗瑶语系） 110

crn | Cora 科拉语（墨西哥境内，犹他·阿兹特克语系） 44

cym | Welsh 威尔士语（英国境内，印欧语系） 49,247,448,449

dao | Daai 达依语（缅甸境内，汉藏语系） 133,134

dbl | Dyirbal 戴尔博尔语（澳大利亚境内，帕马·努干语系） 201,237,285,288,318,
319,454

ded | Dedua 德杜阿语（巴布亚新几内亚境内，跨新几内亚语系） 90

des | Desano 德萨诺语（哥伦比亚境内，图卡诺安语系） 377,378

deu | Amstetten German 阿姆施泰滕·德语（奥地利境内，印欧语系） 72

deu | Bavarian dialect 巴伐利亚方言（德国境内，印欧语系） 65,66

deu | German 德语（德国境内，印欧语系） 35,65,66,72,93—96,120,139,140,153,229,
230,248,274,285,288,298,316,317,334,363,364,379,428,429

dif | Dieri 迪里语（澳大利亚境内，帕马·努干语系） 277,278,435

dih | Jamul Tiipay 加穆提派语（美国境内，科奇米·约曼语系） 244,245

div | Dhivehi 迪维希语（马尔代夫境内，印欧语系） 422,423

djk | Maroon Creole 马隆·克里奥语（苏里南境内，克里奥尔语） 179

dni | Grand Valley Dani 大谷达尼语（印度尼西亚境内，跨新几内亚语系） 36

dus | Dumi 杜米语（尼泊尔境内，汉藏语系） 394

dzg | Dazaga 达扎加语（乍得境内，尼罗·撒哈拉语系） 37,438

emp | Northern Emberá 北埃姆贝拉语（哥伦比亚境内，乔科安语系） 380,381,390,391

ems | Pacific Gulf Yupik 太平洋海湾·尤皮克语（美国境内，爱斯基摩·阿留申语系）
51

eng | English 英语（英国境内，印欧语系） 3,9—13,24,35,37,38,48,57,59,60,88,97,
99,104,107,110,112,114,119—121,139,151,152,172,174,179,186,187,189,190,
193,204,205,207,212,238,251,264,270,300,309,314,316,319,329,330,334,335,

语言索引 525

338,351,362,363,366,387,395,397,405,408,409,412,414,415,420,422,425,426,
428,429,431—433,437,440,444,448,451,453,456,458,461—463

esi ｜ Mackenzie Inupiatun 马肯杰·伊努皮亚屯语(美国境内,爱斯基摩·阿留申语系)
51

esk ｜ Malimiut Eskimo 马里缪特·爱斯基摩语(美国境内,爱斯基摩·阿留申语系)　51

ess ｜ Central Siberian Yupik 中西伯利亚·尤皮克语(美国境内,爱斯基摩·阿留申语系)
51

esu ｜ Kuskokwim Yupik 卡斯科奎姆·尤皮克语(美国境内,爱斯基摩·阿留申语系)
51

eto ｜ Eton 伊顿语(喀麦隆境内,尼日尔-刚果语系)　125,285,289

ett ｜ Etruscan 伊特拉斯坎语(意大利境内,孤立语言)　54

eus ｜ Basque 巴斯克语(西班牙境内,孤立语言)　48,216,220,221,365,366,448,449

ewe ｜ Ewe 埃维语(加纳境内,尼日尔-刚果语系)　58,59,90,91,422,424

fin ｜ Finnish 芬兰语(芬兰境内,乌拉尔语系)　48,144,285,286,316,317,422,457

fon ｜ Fongbe 丰语(贝宁境内,尼日尔-刚果语系)　162

fra ｜ French 法语(法国境内,印欧语系)　15,116,170,171,218,223,285,286,321,350,
431

ful ｜ Fula 富拉语(加纳境内,尼日尔-刚果语系)　48,285,289

gan ｜ Gan Chinese 赣语/赣方言(中国境内,汉藏语系)　15,23,464

gay ｜ Gayo 卡约语(印度尼西亚境内,南岛语系)　120,121,414,417,418

gbu ｜ Gagadu 加加杜语(澳大利亚境内,昆维古安语系)　229

gil ｜ Kiribati 克里巴提语(吉里巴斯境内,南岛语系)　92

gle ｜ Irish 爱尔兰语(爱尔兰境内,印欧语系)　193,194

gmh ｜ Middle High German 中古高地德语(德国境内,印欧语系)　238,248,249

grc ｜ Ancient Greek 古希腊语(希腊境内,印欧语系)　17,18,130,131,141,206,297,327,
371,403,454,467

grn ｜ Guarani 瓜拉尼语(巴拉圭境内,图皮语系)　48

gvf ｜ Golin 戈林语(巴布亚新几内亚境内,跨新几内亚语系)　356,357

gvr ｜ Gurung 西古隆语(尼泊尔境内,汉藏语系)　15

gwj ｜ ｜ Gui 圭语(博茨瓦纳境内,科依桑语系)　38,84—86,89

gyd ｜ Kayardild 卡亚迪尔德语(澳大利亚境内,帕马·努干语系)　208,266

had | Hatam 哈塔姆语(印度尼西亚境内,西巴布亚语系)　170,171
hak | Hakka Chinese 客家语/客家方言(中国境内,汉藏语系)　15
haw | Hawaiian 夏威夷语(美国境内,南岛语系)　97
hay | Haya 哈亚语(坦桑尼亚境内,尼日尔-刚果语系)　163,164
hch | Huichol 惠考尔语(墨西哥境内,犹他·阿兹特克语系)　228
hea | Hmu 牡语(中国境内,苗瑶语系)　75,254,264,265,431,461,462
heb | Modern Hebrew 现代希伯来语(以色列境内,亚非语系)　48
hin | Hindi 印地语(印度境内,印欧语系)　241,433
hmd | Ahmao 花苗语(中国境内,苗瑶语系)　16,254,255,285,289,440
hni | Hani 哈尼语(中国境内,汉藏语系)　15,16
hnj | Green Hmong 绿苗语(泰国境内,苗瑶语系)　16,38,102
hnn | Hanunoo 哈努诺语(菲律宾境内,南岛语系)　37
hrv | Crotian 克罗地亚语(克罗地亚境内,印欧语系)　225,444
hsn | Xiang Chinese 湘语/湘方言(中国境内,汉藏语系)　15,23
huc | Hoa 赫阿语(博茨瓦纳境内,科依桑语系)　89
hun | Hungarian 匈牙利语(匈牙利境内,乌拉尔语系)　35,134,208,230,231,237,251,
    252,414,415
huz | Hunzib 胡尼兹布语(俄罗斯境内,北高加索语系)　285,288
hye | Eastern Armenian 东亚美尼亚语(亚美尼亚境内,印欧语系)　328,329
ibo | Igbo 伊博语(尼日利亚境内,尼日尔-刚果语系)　36,37,68
iii | Nuosu 诺苏语(中国境内,汉藏语系)　16,64,440,441,452
ike | Labrador Inuktitut 拉布拉多·因纽特语(加拿大境内,爱斯基摩·阿留申语系)　51
ikt | Copper Inuktitut 铜因纽特语(加拿大境内,爱斯基摩·阿留申语系)　51
imn | Imonda 伊孟达语(巴布亚新几内亚境内,保得语系)　268,285,291,403,404
ind | Indonesian 印度尼西亚语(印度尼西亚境内,南岛语系)　342,343
inh | Ingush 印古什语(俄罗斯境内,北高加索语系)　285,289
ipk | Iňupiaq 伊努皮亚克语(爱斯基摩·阿留申语系,格陵兰)　300
iqu | Iquito 伊基托语(秘鲁境内,萨帕罗语系)　357,359
irk | Iraqw 伊拉库语(坦桑尼亚境内,亚非语系)　44,45
isl | Icelandic 冰岛语(冰岛境内,印欧语系)　329,330
ita | Italian 意大利语(意大利境内,印欧语系)　48,65,114,163,217,224,262,355

语言索引   527

jaa ǀ Madí 马迪语(巴西境内,阿拉瓦语系)　388,389

jpn ǀ Japanese 日语(日本境内,日本语系)　3,31,48,97,307,422,424,425,433

jup ǀ Hupdë 胡普德语(巴西境内,普那维恩语系)　362,363

kal ǀ Kalaallisut 格陵兰语(格陵兰境内,爱斯基摩·阿留申语系)　160,337,338,351,
  405,406

kan ǀ Kannada 卡纳达语(印度境内,达罗毗荼语系)　48,115,116,144,145,345,346,393

kat ǀ Georgian 格鲁吉亚语(格鲁吉亚境内,卡特维尔语系)　201,202,222

kbd ǀ Kabardian 卡巴尔迪安语(俄罗斯境内,北高加索语系)　38,61,62,220

ket ǀ Ket 愒语(俄罗斯境内,德内·叶尼塞语系)　54,98,100

kgr ǀ Abun 阿本语(印度尼西亚境内,孤立语言)　405

kha ǀ Khasi 卡西语(印度境内,南亚语系)　223,224

khk ǀ Mongolian 蒙古语(蒙古国境内,阿尔泰语系)　237,253

khm ǀ Khmer 高棉语(柬埔寨境内,南亚语系)　118

khq ǀ Songhay 桑海语(马里境内,尼罗·撒哈拉语系)　49

kij ǀ Kilivila 基里维拉语(巴布亚新几内亚境内,南岛语系)　285,286,291,292

kik ǀ Kikuyu 基库尤语(肯尼亚境内,尼日尔-刚果语系)　273,285,289

kin ǀ Kinyarwanda 基尼阿万达语(卢旺达境内,尼日尔-刚果语系)　232

kjc ǀ Konjo 贡觉语(印度尼西亚境内,南岛语系)　217,218

kjg ǀ Khmu 克木语(老挝境内,南亚语系)　167,192,193

kjl ǀ Kham 堪语(尼泊尔境内,汉藏语系)　388,389

kld ǀ Gamilaraay 加米拉雷语(澳大利亚境内,帕马·努干语系)　168—170

kmc ǀ Kam 侗语(中国境内,台·卡岱语系)　76,77,103,149,204,237,239,254,255,
  282—284,311,431,442,467

kmg ǀ Kâte 卡特语(巴布亚新几内亚境内,跨新几内亚语系)　90

kmn ǀ Awtuw 奥图语(巴布亚新几内亚境内,塞皮克语系)　170,171,202,437

knc ǀ Kanuri 卡努里语(尼日利亚境内,尼罗·撒哈拉语系)　160

kor ǀ Korean 韩语(韩国境内,孤立语言)　310,360,361,411,414,417,422,425,426,440,
  448,450,459,460

kos ǀ Kosraean 科斯拉伊语(密克罗尼西亚境内,南岛语系)　249,250

kpm ǀ Koho 科霍语(越南境内,南亚语系)　163

kpw ǀ Kobon 科邦语(巴布亚新几内亚境内,跨新几内亚语系)　217

ktg ｜ Kalkutung 卡尔库同语(澳大利亚境内,帕马·努干语系) 38

kut ｜ Kutenai 库特奈语(加拿大境内,孤立语言) 302,303

kxa ｜ Kairiru 开里鲁语(巴布亚新几内亚境内,南岛语系) 179

laj ｜ Lango 兰戈语(乌干达境内,尼罗·撒哈拉语系) 453,466

lao ｜ Lao 老挝语(老挝境内,台·卡岱语系) 405,407

lat ｜ Latin 拉丁语(意大利境内,印欧语系) 17,35,111,141—143,147,189,191,204, 205,238,327,330—333,373,397,402,403

lbe ｜ Lak 拉克语(俄罗斯境内,北高加索语系) 208

lea ｜ Lega 里加(刚果·金,尼日尔-刚果语系) 394

lep ｜ Lepcha 雷布查语(印度境内,汉藏语系) 309

lez ｜ Lezgian 列兹金语(俄罗斯境内,北高加索语系) 38,140,141,372,382,387,388, 393,405,406

lif ｜ Limbu 林布语(尼泊尔境内,汉藏语系) 368,369

lis ｜ Lisu 傈僳语(中国境内,汉藏语系) 16,461,463

lkr ｜ Päri 帕里语(南苏丹境内,尼罗·撒哈拉语系) 3,4,156

lrc ｜ Luri Persian 北部鲁里语(伊朗境内,印欧语系) 356

lun ｜ Lunda 隆达语(赞比亚境内,尼日尔-刚果语系) 36,172,173

mad ｜ Madurese 马都拉语(印度尼西亚境内,南岛语系) 175

mai ｜ Maithili 迈蒂利语(印度境内,印欧语系) 422

mal ｜ Malayalam 马拉亚拉姆语(印度境内,达罗毗荼语系) 37,124,238,320,404,425, 427,467

mas ｜ Masai 马萨伊语(肯尼亚境内,尼罗·撒哈拉语系) 48

mbc ｜ Macushi 马库什语(巴西境内,加勒比语系) 247,248

mfc ｜ Mba 姆巴语(刚果·金,尼日尔-刚果语系) 285,289

mhl ｜ Mauwake 矛瓦克语(巴布亚新几内亚境内,跨新几内亚语系) 123

mhs ｜ Buru 布鲁语(印度尼西亚境内,南岛语系) 21

mig ｜ San Miguel Mixtec 圣米格尔·米克斯特克语(墨西哥境内,欧托曼格语系) 358

mjb ｜ Makalero 马卡雷洛语(东帝汶境内,跨新几内亚语系) 227,228

mky ｜ Taba 塔巴语(印度尼西亚境内,南岛语系) 307

mlg ｜ Malagasy 马达加斯语(马达加斯加境内,南岛语系) 448

mmd ｜ Maonan 毛南语(中国境内,台·卡岱语系) 78,264,265

语言索引

mmr | Xong 雄语(中国境内,苗瑶语系) 73,74,149

mnb | Muna 穆纳语(印度尼西亚境内,南岛语系) 467

mnc | Manchu 满语(中国境内,阿尔泰语系) 15,29,42,175,199,212,213

mni | Manipuri 曼尼普尔语(印度境内,汉藏语系) 6,7

moc | Mocoví 莫科维语(阿根廷境内,瓜库路安语系) 429

moh | Mohawk 莫霍克语(美国境内,易洛魁语系) 348,349

mpc | Mangarrayi 曼加拉伊语(澳大利亚境内,昆维古安语系) 210

mrc | Maricopa 马里科帕语(美国境内,科奇米·约曼语系) 180,446,447

mrt | Marghi 马尔格希语(尼日利亚境内,亚非语系) 61

mrz | Marind 马林德语(印度尼西亚境内,跨新几内亚语系) 266,267

mud | Aleut Creole 阿留申·克里奥语(俄罗斯境内,克里奥尔语) 285,286

mus | Creek 克里克语(美国境内,穆斯科吉语系) 163

mva | Manam 马纳姆语(巴布亚新几内亚境内,南岛语系) 412

mwp | Kala Lagaw Ya 卡拉·拉告·雅语(澳大利亚境内,帕马·努干语系) 275,276

mxp | Tlahuitoltepec Mixe 特拉惠托特佩克·米克斯语(墨西哥境内,米塞·索克语系) 242,243

mya | Burmese 缅甸语(缅甸境内,汉藏语系) 59,315,399

myp | Pirahã 皮拉哈语(巴西境内,穆麟语系) 35

nam | Ngan'gityemerri 南吉库鲁格尔语(澳大利亚境内,戴利语系) 285,289

nan | Southern Min Chinese 闽南语/闽南方言(中国境内,汉藏语系) 13,14,15,23,29,265,362,363

naq | Nama 纳马语(纳米比亚境内,科依桑语系) 285,288

nav | Navajo 纳瓦霍语(美国境内,埃雅克·阿萨巴斯卡语系) 98—100,239,240,242

ncg | Nisga'a 尼斯加语(加拿大境内,钦希安语系) 61,62

ncl | Nahuatl 纳瓦特尔语(墨西哥境内,犹他·阿兹特克语系) 19

new | Newar 尼瓦尔语(尼泊尔境内,汉藏语系) 170,172,465

ngi | Ngizim 恩吉津语(尼日利亚境内,亚非语系) 465

nha | Nhanda 恩汉达语(澳大利亚境内,帕马·努干语系) 398,414

nia | Nias 尼亚斯语(印度尼西亚境内,南岛语系) 211

nio | Nganasan 恩加纳桑语(俄罗斯境内,萨摩耶语系) 390

nir | Nimboran 尼姆波然语(印度尼西亚境内,尼姆波然语系) 70,71

niv | Nivkh 尼维克语(俄罗斯境内,孤立语言) 54
niy | Ngiti 恩吉提语(刚果·金,尼罗·撒哈拉语系) 429
njb | Nocte Naga 诺克特·纳加语(印度境内,汉藏语系) 244
nlx | Nahali 纳哈里语(印度境内,孤立语言) 54
nor | Norwegian 挪威语(挪威境内,印欧语系) 48,71
npi | Nepali 尼泊尔语(尼泊尔境内,印欧语系) 346
nuf | Nase 纳瑟语(中国境内,汉藏语系) 353
nuy | Nunggubuyu 农古布尤语(澳大利亚境内,昆维古安语系) 367,368
nyn | Nyankole 恩言克勒语(乌干达境内,尼日尔-刚果语系) 437,467
oji | Ojibwe 奥吉布瓦语(加拿大境内,阿尔冈琴语系) 280,281
ona | Ona 沃纳语(阿根廷境内,乔恩语系) 438
onw | Nubian 努比亚语(埃及境内,尼罗·撒哈拉语系) 49
opm | Oksapmin 奥克萨普敏语(巴布亚新几内亚境内,跨新几内亚语系) 376,390
pad | Paumarí 帕马里语(巴西境内,阿拉瓦语系) 205
pan | Panjabi 旁遮普语(巴基斯坦境内,印欧语系) 110,205,206
pav | Pakaásnovos 帕卡斯诺沃斯语(巴西境内,恰帕库兰语系) 179
peb | Eastern Pomo 东波莫语(美国境内,波莫语系) 390,391
pes | Persian 波斯语(伊朗境内,印欧语系) 237,238,251,257,258,446
piu | Loritja 鲁利加语(澳大利亚境内,帕马·努干语系) 48
pma | Paama 帕马语(瓦努阿图境内,南岛语系) 235
pmi | Pumi 普米语(中国境内,汉藏语系) 16,178
poi | Sierra Popoluca 高地珀珀鲁卡语(墨西哥境内,米塞·索克语系) 305
pol | Polish 波兰语(波兰境内,印欧语系) 234,298
pon | Pohnpeian 波纳佩语(密克罗尼西亚境内,南岛语系) 405,406
poo | Central Pomo 中部波莫语(美国境内,波莫语系) 183
que | Quechua 克丘亚语(秘鲁境内,克丘亚语系) 49,433
ram | Canela 卡内拉语(巴西境内,让语系) 96
rif | Berber 柏柏尔语(摩洛哥境内,亚非语系) 38,48,426
rnd | Ruund 隆德语(刚果·金,尼日尔-刚果语系) 259
ron | Rumanian 罗马尼亚语(罗马尼亚境内,印欧语系) 204,205
roo | Rotokas 罗托卡斯语(巴布亚新几内亚境内,北布干维尔语系) 38,83,84

语言索引 531

rus | Russian 俄语（俄罗斯境内，印欧语系） 35,37,229,292—294,338,339,355,433,454
sad | Sandawe 桑达韦语（坦桑尼亚境内，科依桑语系） 67
san | Sanskrit 梵语（前 1500 至前 600）（印度境内，印欧语系） 17,191,195,237,238
sed | Sedang 色登语（越南境内，南亚语系） 410
sel | Selkup 赛尔库普语（俄罗斯境内，萨摩耶语系） 379,390
sgc | Kipsigis 基普斯吉斯语（肯尼亚境内，尼罗·撒哈拉语系） 172
sgh | Rushani 鲁沙尼语（阿富汗境内，印欧语系） 197
sid | Sidamo 锡达莫语（埃塞俄比亚境内，亚非语系） 422,423
sin | Sinhala 僧伽罗语（斯里兰卡境内，印欧语系） 42,298
smn | Inari Sami 伊纳里·萨米语（芬兰境内，乌拉尔语系） 258
som | Somali 索马里语（索马里境内，亚非语系） 414,418—420
spa | Spanish 西班牙语（西班牙境内，印欧语系） 97,159,224,238,239,256,285—287,354,429,454
spo | Spokane 斯珀坎因语（美国境内，萨利希语系） 67,68
sur | Mwaghavul 姆瓦吾尔语（尼日利亚境内，亚非语系） 168,169
sux | Sumerian 苏美尔语（伊拉克境内，孤立语言） 54
swh | Swahili 斯瓦西里语（坦桑尼亚境内，尼日尔-刚果语系） 97,144,285,289,301,344—346
sza | Semelai 舍弥来语（马来西亚境内，南亚语系） 443
tae | Tariana 塔里亚纳语（巴西境内，阿拉瓦克语系） 380
taj | Tamang 塔芒语（尼泊尔境内，汉藏语系） 15
tam | Tamil 泰米尔语（斯里兰卡境内，达罗毗荼语系） 35,37,209,210,278,279,285,288,437
tbl | Tboli 特伯里语（菲律宾境内，南岛语系） 429
tbo | Tawala 塔瓦拉语（巴布亚新几内亚境内，南岛语系） 216—218
teh | Tehuelche 特胡埃尔切语（阿根廷境内，乔恩语系） 97,98
tge | Gorkha 格尔卡语（尼泊尔境内，汉藏语系） 15
tgl | Tagalog 他加禄语（菲律宾境内，南岛语系） 285,286
tha | Thai 泰语（泰国境内，台·卡岱语系） 15,16,18,23,26,27,42,49,73,101,113,148,175,199,207,212,253,285,289,364,400
tig | Tigre 提格雷语（厄立特里亚境内，亚非语系） 46,176,177

tkm ｜ Takelma 塔克尔马语（美国境内，孤立语言） 393

tmd ｜ Haruai 哈鲁埃语（巴布亚新几内亚境内，皮阿维语系） 434

tmh ｜ Tamasheq 塔马舍克语（马里境内，亚非语系） 113，155，425，426

tnl ｜ Lenakel 勒纳克尔语（瓦努阿图境内，南岛语系） 400，401

toj ｜ Tojolabal 托尤拉巴尔语（墨西哥境内，马雅语系） 433

tpj ｜ Tapieté 塔佩特语（巴拉圭境内，图皮语系） 160

tpt ｜ Tepehua 特佩华语（墨西哥境内，托戈纳克语系） 334，335

tpy ｜ Trumai 特鲁麦语（巴西境内，孤立语言） 206，207

tri ｜ Tiriyó 提里约语（苏里南境内，加勒比语系） 270，281

trp ｜ Kokborok 库克博罗克语（印度境内，汉藏语系） 345

tti ｜ Tobati 托巴提语（印度尼西亚境内，南岛语系） 4，156

tue ｜ Tuyuca 图于卡语（哥伦比亚境内，图卡诺安语系） 391，392

tuk ｜ Turkmen 土库曼语（土库曼斯坦境内，阿尔泰语系） 364

tur ｜ Turkish 土耳其语（土耳其境内，阿尔泰语系） 18，49，133，148，393

twf ｜ Northern Tiwa 北缇瓦语（美国境内，基欧瓦·塔诺安语系） 132，133

txg ｜ Tangut 西夏语（中国境内，汉藏语系） 246

tya ｜ Tauya 陶亚语（巴布亚新几内亚境内，跨新几内亚语系） 167

tzh ｜ Tzeltal 泽套语（墨西哥境内，马雅语系） 37

tzj ｜ Tzutujil 苏杜旭语（危地马拉境内，马雅语系） 463

uby ｜ Ubykh 尤比克语（俄罗斯境内，北高加索语系） 438

uig ｜ Uyghur 维吾尔语（中国境内，阿尔泰语系） 207

ukr ｜ Ukrainian 乌克兰语（乌克兰境内，印欧语系） 154

urd ｜ Urdu 乌尔都语（巴基斯坦境内，印欧语系） 37

urh ｜ Urhobo 乌尔霍博语（尼日利亚境内，尼日尔-刚果语系） 448，451

vie ｜ Vietnamese 越南语（越南境内，南亚语系） 37，71，137，138，192，238，285，291

vun ｜ Vunjo 温尤语（坦桑尼亚境内，尼日尔-刚果语系） 323，324

was ｜ Washo 瓦舍语（美国境内，孤立语言） 390

wbk ｜ Waigali 维嘉里语（阿富汗境内，印欧语系） 163

wbp ｜ Warlpiri 瓦尔皮里语（澳大利亚境内，帕马·努干语系） 151—153，436

wic ｜ Wichita 维奇塔语（美国境内，卡多语系） 35，92

wrr ｜ Wardaman 沃达曼语（澳大利亚境内，昆维古安语系） 167

语言索引

wuu | Shanghai Wu 上海话（中国境内，汉藏语系）　13, 14, 170

wuu | Wu Chinese 吴语/吴方言（中国境内，汉藏语系）　15, 23, 24

wwr | Warrwa 瓦尔瓦语（澳大利亚境内，努尔努兰语系）　190

xct | Classical Tibetan 古典藏语（中国境内，汉藏语系）　360, 361

xhu | Hurrian 胡里语（伊拉克境内，孤立语言）　54

xkf | Khengkha 科亨克哈语（不丹境内，汉藏语系）　15

xmr | Meroitic 麦罗埃语（苏丹境内，孤立语言）　54

xwk | Wangkumara 旺库马拉语（澳大利亚境内，帕马·努干语系）　198, 199

yad | Yagua 亚瓜语（秘鲁境内，雅干语系）　322

yal | Yalunka 雅伦卡语（几内亚境内，尼日尔-刚果语系）　340

ybb | Yemba 耶姆巴语（喀麦隆境内，尼日尔-刚果语系）　324, 325

ycl | Lolo 罗罗语（中国境内，汉藏语系）　7, 8, 16, 203, 335, 336

yee | Yimas 伊马斯语（巴布亚新几内亚境内，拉穆·下塞皮克语系）　172, 173, 283—285, 289

ygr | Yagaria 雅加利亚语（巴布亚新几内亚境内，跨新几内亚语系）　255, 317, 318

yig | Neasu 呢苏语（中国境内，汉藏语系）　60, 127, 414, 416, 425, 426, 463

yii | Yidiny 意第尼语（澳大利亚境内，帕马·努干语系）　266

yix | Axi 阿细语（中国境内，汉藏语系）　16, 75, 76

yiz | Azhee 阿哲语（中国境内，汉藏语系）　16, 184

yln | Buyang 布央语（中国境内，台·卡岱语系）　16, 69

ynk | Naukan Yupik 瑙坎·尤皮克语（俄罗斯境内，爱斯基摩·阿留申语系）　51

yor | Yoruba 约鲁巴语（尼日利亚境内，尼日尔-刚果语系）　90, 99, 402, 445

ysr | Sirenik Yupik 西伦克尼·尤皮克语（俄罗斯境内，爱斯基摩·阿留申语系）　51

yuc | Euchee 尤齐语（美国境内，孤立语言）　378, 379, 388, 389

yue | Cantonese 广东话（中国境内，汉藏语系）　14, 23

yue | Yue Chinese 粤语/粤方言（中国境内，汉藏语系）　101

yux | Kolyma Yukaghir 科雷马·尤卡吉尔语（俄罗斯境内，尤卡吉尔语系）　385, 386, 466, 468

yva | Yawa 亚瓦语（印度尼西亚境内，西巴布亚语系）　219

ywt | Lalo 拉罗语（中国境内，汉藏语系）　15, 16, 265, 387, 388

zab | Valley Zapotec 山谷萨波特克语（墨西哥境内，欧托·曼格语系）　433